COLLOQUES, CONGRÈS ET CONFÉRENCES
SUR LA RENAISSANCE EUROPÉENNE
sous la direction de Claude Blum
70

Série *Lectures de la Renaissance latine*
dirigée par Hélène Casanova-Robin
2

# Au-delà de l'élégie d'amour

# Au-delà de l'élégie d'amour

## Métamorphoses et renouvellements d'un genre latin dans l'Antiquité et à la Renaissance

Études réunies par Laure Chappuis Sandoz

PARIS
CLASSIQUES GARNIER
2011

Laure Chappuis Sandoz est professeure associée de langue et littérature latines à l'université de Neuchâtel. À côté d'une monographie *Terres d'abondance...* (Bruxelles, 2004), ses travaux portent sur Ovide, la littérature érotique (priapées), la construction de l'image de la femme aux époques classique et chrétienne, ainsi que sur la réception d'Ovide dans les traductions françaises autour de 1800.



ISBN 978-2-8124-0319-4
ISSN 2107-1829

# AVERTISSEMENT

Ce volume réunit les actes du colloque international intitulé « Au-delà de l'élégie d'amour : Thèmes, formes et genres parallèles de l'élégie latine », qui s'est tenu les 7 et 8 mai 2010 à la Faculté des lettres et sciences humaines de l'université de Neuchâtel (Suisse). Y participèrent des intervenants en provenance de France, d'Angleterre, d'Italie, du Canada et de Suisse.

La publication de ce volume a bénéficié du soutien financier de la CUSO (Conférence des universités de Suisse Occidentale) ainsi que du Fonds des publications de l'université de Neuchâtel (Suisse).

Les abréviations utilisées pour les revues sont celles de l'*Année Philologique*.

Sauf mention contraire, les textes antiques et leur traduction sont cités d'après la Collection des universités de France, Paris, Les Belles Lettres.

*Je saisis ici l'occasion de remercier tous les contributeurs au volume ainsi que les participants au colloque pour l'ambiance vivifiante et sympathique des discussions. Ma reconnaissance va en particulier à Hélène Casanova-Robin pour ses conseils stimulants et amicaux ; à Marie-Christine Haller Aellig pour son précieux et efficace appui, ainsi qu'à David Amherdt pour sa disponibilité ; de même à Thomas ; à Raphaël Colin qui interpréta lors de la soirée du colloque deux élégies au piano (Liszt,* 1re Élégie *et Rachmaninoff,* Élégie Op. 3 n[o] 1*), avec un art qui a rappelé la dimension mélancolique attachée à l'élégie dans sa réception culturelle.*

*... ecquis erit, dixit, tibi finis amandi,*
*O argumenti lente poeta tui ?*
« Auras-tu un jour fini d'aimer, me dit-elle, poète trop attaché à ton sujet ? »

OVIDE, *Amours* III, 1, 15-16

# INTRODUCTION

## Au-delà de l'élégie d'amour : limites et ambitions du genre

### PROBLÉMATIQUE ET PERSPECTIVES

*Élégie érotique romaine, römische Liebeselegie, römische Liebesdichtung, Latin Love Poetry, Latin Erotic Elegy, Roman Love Poetry, elegia d'amore*... Les qualificatifs attribués dans la littérature secondaire à l'élégie romaine insistent fréquemment sur l'ancrage du genre latin dans la thématique amoureuse[1]. Les approches récentes ont toutefois montré que la thématique amoureuse n'est pas la seule abordée par les élégiaques augustéens. La critique a notamment souligné l'imbrication et l'interaction de l'élégie latine dans les autres genres (la bucolique, la poésie didactique, l'épopée, l'épigramme, la comédie...). On a de même relevé les aspirations de ses représentants à l'élargissement thématique, au renouvellement[2] et à l'élévation générique. Le vaste potentiel d'interprétation de la production élégiaque a été aujourd'hui reconnu et a conduit à des mises en valeur selon des perspectives très variées : analyses historiques ou sociopolitiques[3],

---

1 En témoignent par ex. et sans exhaustivité les titres des ouvrages suivants : M. Baar, *Dolor et ingenium. Untersuchungen zur römischen Liebeselegie*, Stuttgart, 2006 ; *Latin Erotic Elegy. An Anthology and Reader*, édit. P. A. Miller, London/New York, 2002 ; N. Holzberg, *Die römische Liebeselegie : eine Einführung*, Darmstadt, 2001 (1990) ; R. M. Lucifora, *Prolegomeni all'elegia d'amore*, Pisa, 1996 ; P. Veyne, *L'Élégie érotique romaine. L'amour, la poésie, l'Occident*, Paris, 1983 ; G. Luck, *Die römische Liebeselegie*, Heidelberg, 1961 (*The Latin Love-Elegy*, London, 1959) ; A. A. Day, *The Origins of Latin Love-Elegy*, Oxford, 1938.

2 Le titre de l'ouvrage de J. Debrohun est très significatif : *Roman Propertius and the Reinvention of Elegy*, Ann Arbor, 2003.

3 Notamment F. Cairns, *Sextus Propertius : The Augustan Elegist*, Cambridge, 2006 ; A. Barchiesi, *The Poet and the Prince. Ovid and Augustan Discourse*, Berkeley/Los Angeles, 1997 ; H.-P. Stahl, *Propertius. Love and War. Individual and State under Augustus*, Berkeley/Los Angeles/London,

études genres[1], critique littéraire[2], ou lectures rhétoriques portant attention aux particularités poétiques et énonciatives du genre[3].

Les contributions de ce volume ont plus spécifiquement pour objectif d'examiner ce qui se passe aux marges et au-delà de l'élégie latine d'inspiration amoureuse, dans une double perspective synchronique – dans le corpus de l'élégie augustéenne – et diachronique. Le premier objectif de ce volume est de questionner cette définition limitative du genre élégiaque latin comme poésie d'amour, dans le but d'une réévaluation de l'importance et de la richesse de l'élégie latine dans l'histoire des formes et des genres littéraires. Le second objectif est de suivre le prolongement, l'appropriation et la métamorphose des thèmes et formes élégiaques dans d'autres genres littéraires ainsi que chez les poètes latins ultérieurs, qu'il s'agisse des productions tardives ou néo-latines, au croisement d'autres genres que sont le panégyrique, la silve ou l'épigramme. L'élégie latine ne meurt pas avec Ovide, et les bornes chronologiques posées à l'élégie comme genre augustéen éclatent alors que se manifeste la vivacité et le renouvellement de l'élégie à l'époque tardo-antique puis à la Renaissance.

## AU-DELÀ DE L'ÉLÉGIE D'AMOUR

### L'ÉLÉGIE ET L'AMOUR : LIMITES DU GENRE

La primauté de l'amour dans la définition du genre et de son inspiration telle que la dessinent les élégiaques eux-mêmes a tendance à

---

1985 ; T. Woodman et D. West, *Poetry and Politics in the Age of Augustus*, Cambridge/London, 1984 ; Veyne, *L'Élégie érotique romaine…*, *op. cit.*

1 Voir entre autres les études de M. Wyke (notamment : *The Roman Mistress : Ancient and Modern Representations*, Oxford, 2002), d'E. Greene (*Gendered Dynamics in Latin Love Elegy*, édit. R. Ancona et E. Greene, Baltimore, 2005), d'A. Sharrock (« Gender and Sexuality » in *The Cambridge Companion to Ovid*, édit. Ph. Hardie, Cambridge/New York, 2002, p. 95-107).

2 Par ex. J.-C. Julhe, *La critique littéraire chez Catulle et les Élégiaques augustéens*, Louvain/Paris/Dudley, 2004.

3 Par ex. S. Franchet d'Espèry, « Le statut du "tu" dans le monologue tibullien » in *Jeux de voix : énonciation, intertextualité et intentionnalité dans la littérature antique*, édit. D. Van Mal-Maeder *et al.*, Bern, 2009, p. 119-139 ; É. Delbey, *Poétique de l'élégie romaine. Les âges cicéronien et augustéen*, Paris, 2001 ; J.-Y. Maleuvre, *Jeux de masques dans l'élégie latine. Tibulle, Properce, Ovide*, Louvain/Namur, 1998.

biaiser la perception des variations génériques et thématiques présentes dans le corpus élégiaque latin. Le fait est que le *je* élégiaque se présente sous la *persona* de l'amoureux et que le poète se définit dans son activité créatrice comme un poète de l'amour, attaché de manière répétitive (*totiens*) à la *mollitia* des tendres sujets :

> *Quaeritis, unde mihi totiens scribantur amores,*
> *unde meus ueniat mollis in ore liber.*
> *[...]*
> *ingenium nobis ipsa puella facit*[1].
>
> « Vous cherchez à savoir pourquoi j'écris si souvent de mes amours et d'où me vient aux lèvres un livre de mollesse ; [...] ma maîtresse elle-même fait mon inspiration. »

S'avouant tributaires de la seule inspiration que faire naître en eux leur bien-aimée maîtresse, *Nam sine te nostrum non ualet ingenium*[2], les poètes-amants lui promettent une fidélité qui est aussi celle qui les lie, sous la forme d'un *foedus* esthétique contraignant, au genre dont la *puella-domina* est le sujet (*materia/materies*)[3].

Le pendant programmatique de cette posture énonciative du *je* élégiaque comme poète de l'amour passe par la réécriture, chez les élégiaques augustéens, de l'histoire littéraire antérieure en conformité avec cette perspective d'une thématique élégiaque prioritairement dévolue aux *erôtika* : ainsi les élégiaques modèlent et modélisent comme prédécesseurs du genre les figures de Mimnerme, Philétas ou Callimaque en poètes exclusifs de l'amour[4], ou associent, avec une systématique qui

1 Properce II, 1, 1-2 et 4.

2 Properce II, 30, 40.

3 Par ex. Ovide, *Amours* I, 3, 15-16 et 19 : *Non mihi mille placent, non sum desultor amoris ; / Tu mihi, siqua fides, cura perennis eris ; / [...] / Te mihi materiem felicem in carmina praebe.* – Sur la femme comme *materia* du texte élégiaque, voir E. Greene, « Elegiac Woman : Fantasy, *Materia*, and Male Desire in Propertius 1.3 and 1.11 », *AJPh* 116.2, 1995, 303-318 ; voir aussi la contribution de C. Scheidegger Lämmle dans ce volume. Lors du colloque, Cl.-E. Centlivres Challet, lors d'un exposé non intégré à ce volume, relevait dans les lettres « intimes » de Pline à sa femme une propension à l'auto-représentation du *je* aux dépens de la femme, *materia* du texte.

4 Properce I, 9, 11 : *Plus in amore ualet Mimnermi uersus Homero* ; Properce II, 34, 30-32 : *nil iuuat in magno uester amore senex. / Tu satius memorem Musis imitere Philetan / et non inflati somnia Callimachi* ; Ovide, *Remedia* 379-382 : *Blanda pharetratos Elegia cantet Amores, / Et levis arbitrio ludat amica suo. / Callimachi numeris non est dicendus Achilles, / Cydippe non est oris, Homere, tui.* – Ce passage est commenté dans la contribution de C. Scheidegger Lämmle dans ce volume.

dénote la construction littéraire, une maîtresse à chaque poète inclus dans la généalogie des élégiaques[1].

Même quand jeunesse se passe, le poète élégiaque définit son nouveau rôle comme celui d'un maître d'amour[2], créant des émules en foule et restant par là fidèle à l'orientation érotique de son œuvre tout en assurant la pérennité de son nom et de sa gloire :

*Ah ualeat, Phoebum quicumque moratur in armis !*
*Exactus tenui pumice uersus eat,*
*quo me Fama leuat terra sublimis, et a me*
*nata coronatis Musa triumphat equis,*
*et mecum in curru parui uectantur Amores,*
*scriptorumque meas turba secuta rotas.*
*Quid frustra immissis mecum certatis habenis ?*
*Non datur ad Musas currere lata uia*[3].

« Arrière quiconque retient Phébus sous les armes ! Que le vers aille, achevé à la pierre ponce fine, là où la Renommée me soulève de terre dans un envol, où la Muse née de moi triomphe sur ses chevaux couronnés de fleurs, et avec moi sur son char sont portés de petits Amours, et une troupe d'écrivains suivent mes roues. Pourquoi rivalisez-vous en vain avec moi, à bride abattue ? Il n'est pas donné de courir vers les Muses par une large voie. »

Et quand la mort viendra :

*Nec poterunt iuuenes nostro reticere sepulcro :*
*« Ardoris nostri magne poeta, iaces*[4] *».*

« Et les jeunes gens ne pourront pas se taire sur ma tombe : "Grand poète de nos passions, tu reposes ici." »

Les élégiaques portent un attachement quasi obsessionnel à la mémoire de leur nom et de leur œuvre, à leur postérité poétique comme à leur gloire éternelle et leur immortalité littéraire. La personnification de la

1 Ainsi dans la généalogie littéraire que propose Properce en II, 34, 85-94, chaque poète est présenté aux côtés de la femme qu'il aime (et chanta) : Varron et Leucadie (*maxima flamma*), Catulle et Lesbie, Calvus et Quintilie, Gallus et Lycoris, Properce et Cynthie. Le motif est repris chez Apulée, *Apologie* 10, 2-3.

2 Motif du *magister/praeceptor amoris* : déjà chez Tibulle I, 4, 79-80 : *Tempus erit, cum me Veneris praecepta ferentem / deducat iuuenum sedula turba* ; puis bien sûr Ovide, par ex. *Amours* II, 18, 19-20.

3 Properce III, 1, 7-14.

4 Properce I, 7, 23-24.

*Fama*[1] qui intervient chez Properce (ci-dessus III, 1, 9 : *me Fama leuat terra sublimis*) pour accompagner son couronnement triomphal (III, 1, 10 : *coronatis Musa triumphat equis*) thématise la réception de l'œuvre élégiaque. Ceci nous incite, au-delà de la conservation du corpus élégiaque canonique, à envisager comme axe d'analyse la pérennité, la réception et le renouvellement de la forme et des thèmes élégiaques après l'époque augustéenne, indépendamment de la frontière des genres.

## PASSER LES BORNES ? LA TENTATION DE LA GRANDEUR

> *Cur tua praescripto seuecta est pagina gyro*[2] *?*
> « Pourquoi ta page s'est-elle laissé emporter hors du cercle prescrit ? »

Parallèlement à leur refus de pratiquer les grands genres par conformité à l'esthétique callimaquéenne de la *leuitas*, les élégiaques augustéens présentent leurs tentatives dans les genres plus élevés (épopée, tragédie, poésie didactique et astronomique) comme des échecs. Ces essais de grandeur poétique auraient pour effet soit de leur fermer la porte de leur bien-aimée[3] – ce qui permet de réactiver le motif du *paraclausithuron* élégiaque –, soit de provoquer l'intervention, souvent moqueuse, d'une divinité venue briser cet élan et cette audace[4], et les remettre sur l'étroit chemin de l'élégie d'amour – occasion de mettre en scène et de réaffirmer leur orientation poétique, et de souligner par là-même le dialogue, fût-il polémique, avec les autres genres. Les « poètes de l'amour » disent vouloir (ou devoir) rester ou retourner dans les limites du genre élégiaque et de la forme du distique présenté comme une réduction du grand genre héroïque[5]. Aussi

1 Sur l'importance de cette figure dans les liens entre épopée et élégie, on se référera à la contribution de Ph. Hardie dans ce volume.

2 Properce III, 3, 21.

3 Par ex. Tibulle I, 4, 15-20 ; Properce II, 34, 51-54 ; Ovide, *Amours* II, 1, 11-22 (en particulier v. 11 : *Ausum eram, memini, caelestia dicere bella* ; cet échec provoque le retour à l'élégie amoureuse : 21-22 : *Blanditias elegosque leuis, mea tela, resumpsi ; / Mollierunt duras lenia uerba fores*).

4 Par ex. Ovide, *Amours* II, 18, 3 : *Et tener ausuros grandia frangit Amor* ; 11-12 : *Vincor et ingenium sumptis reuocatur ab armis / Resque domi gestas et mea bella cano*.

5 Réduction comique par le retrait d'un pied chez Ovide, *Amours* I, 1, 1-4, dont l'ironie rappelle l'intervention d'Apollon chez Virgile, *Bucolique* VI, 3-5. – Les enjeux de cette idée de réduction sont soulignés par ex. par I. Jouteur, « Les fondations épiques de

répètent-ils à l'envi les métaphores de la course limitée et des bornes (*orbis*, *gyrus*, *modus*, *meta*) :

> *Carminis interea nostri redeamus in orbem*[1] ;
>
> « Cependant rentrons dans le cercle de notre chant. »
>
> *mollia sunt paruis prata terenda rotis*[2].
>
> « Ce sont de moelleuses prairies que doivent fouler de petites roues. »
>
> *Hic modus ; haec nostro signabitur area curru ;*
> *Haec erit admissa meta premenda rota*[3].
>
> « Voilà nos limites ; voilà la carrière où notre char laissera sa trace ; voilà la borne que devra serrer la roue lancée à toute vitesse. »

Constamment néanmoins, le poète élégiaque envisage une réorientation de son œuvre, varie le ton qui, loin de se limiter à la plainte amoureuse, alterne satire, pointe épigrammatique, préceptes didactiques, éloge, récit mythologique ou étiologique. Il intègre régulièrement d'autres thèmes moins étroitement liés à l'amour. *Rura cano rurisque deos...*, chantait déjà Tibulle dans une élégie faisant la part belle au sujet romain et semblant annoncer le programme du livre IV de Properce avant celui des *Fastes* d'Ovide[4]. Et quand Properce thématise, dans la première élégie du livre IV, sa réorientation vers la poésie étiologique, il met en scène avec tant d'ironie la figure contradictoire de l'astrologue Horus pour lui rappeler la spécificité prétendue du genre qu'il pratique[5] qu'on ne peut penser qu'il s'agisse là d'une réelle hésitation à élargir son inspiration.

Ainsi, malgré (ou derrière) ces *recusationes* récurrentes des grands genres, derrière les déclarations de modestie, de faiblesse physique ou de limites du génie personnel se fait jour l'idée d'une évolution et d'une

l'élégie romaine classique : acte de naissance d'un genre boiteux », in *Les genres de travers. Littérature et transgénéricité*, édit. D. Moncond'huy et H. Scepi, Rennes, 2008, p. 271-295, en particulier p. 280-282.

1 Properce III, 2, 1.

2 Properce III, 3, 18.

3 Ovide, *Art d'aimer* I, 39-40.

4 Tibulle II, 1, 37 ; *cf.* Properce IV, 1, 69 : *Sacra deosque canam et cognomina prisca locorum* ; Ovide, *Fastes* II, 7 : *idem sacra cano...*

5 Properce IV, Ib, 135-136 : *At tu finge elegos, fallax opus, – haec tua castra ! – / scribat ut exemplo cetera turba tuo.*

progression au sein d'un genre perpétuellement aux limites de la rupture. Cette progression au sein de la hiérarchie des genres est régulièrement alignée sur un critère biographique : le choix des genres doit s'adapter au fil des ans et aux étapes de la carrière de poète. À l'élégie, définie à la fois comme un genre jeune car nouveau, et comme un genre de la jeunesse[1], doivent succéder des genres et des contenus « plus » élevés, « plus » sérieux qui sont l'apanage de l'âge mûr :

> Aetas prima *canat Veneres, extrema tumultus :*
> *bella canam, quando scripta puella mea est.*
> *Nunc uolo subducto* grauior procedere *uultu,*
> *nunc aliam citharam me mea Musa docet.*
> Surge, *anima,* ex humili*; iam, carmina, sumite uires ;*
> *Pierides,* magni *nunc erit oris opus*[2].

« Que la jeunesse chante les amours, et la fin de la vie, les mêlées : je chanterai la guerre après avoir écrit sur mon amie. Maintenant, je veux m'avancer plus gravement, le front haut ; maintenant, ma Muse m'enseigne une autre cithare. Lève-toi, mon âme, de ton abaissement ; désormais, mes vers, prenez des forces ; Piérides, maintenant, j'aurai besoin d'une grande voix. »

> crescet *et ingenium sub tua iussa meum ;*
> *[...]*
> *Mollia tu coeptae fautor cape lora* iuuentae
> *dexteraque immissis da mihi signa rotis*[3].

« [...] et mon génie croîtra sous les ordres. [...] Patron des entreprises de ma jeunesse, prends doucement les rênes, fais des signes favorables à mon char qui entre dans la course ! »

La forme comparative (*grauior*) souligne l'idée de progression (*procedere*) qui reflète cette tentation de la grandeur (*magni... oris opus*) et de l'élévation (*surge, anima, ex humili... carmine*; *crescet et ingenium*) qui anime le poète élégiaque, dont l'ambition se marque ailleurs par la revendication des titres de *sacerdos* et de *uates* accompagnant l'idée de primauté et de nouveauté[4].

---

1 Pour suivre ce motif de la jeunesse des poètes élégiaques, on se rapportera par ex. à l'index de Julhe, *op. cit.*, p. 439.

2 Properce II, 10, 7-12.

3 Properce III, 9, 52 et 57-58.

4 Tibulle II, 5, 1 : *Phoebe, faue* : nouus *ingreditur tua templa sacerdos* ; 6 : ... *ad tua sacra ueni*, qu'on comparera à Properce III, 1, 3 : Primus *ego ingredior puro de fonte sacerdos*, et

Conformément à la hiérarchie établie des genres, le poète élégiaque envisage donc constamment de dépasser les limites étroites du genre élégiaque et de progresser dans cette hiérarchie en renouvelant la source de son inspiration. Ainsi, à l'étroitesse poitrine callimaquéenne invoquée par Properce dans la *recusatio* de l'épopée adressée à Mécène (étroitesse qui se veut à l'image de la limitation à des thématiques amoureuses évoquées par l'*angusto lecto* du vers 45) s'opposera bientôt le souffle tonnant du lyrisme de Pindare (et d'Horace), nourrissant sa nouvelle inspiration :

> *Neque (...) / intonet* angusto *pectore Callimachus*[1]
>
> « Et Callimaque à la poitrine étroite ne fera pas tonner... »

> *Haec ego* non humili *referam memorando coturno,*
> *qualis Pindarico spiritus ore tonat*[2].
>
> « Moi je raconterai ta légende sur un coturne sans humilité, avec un souffle qui tonne comme de la bouche de Pindare. »

Le poète d'Ombrie, le futur Callimaque romain, préfère à la seule *humilitas* l'édification d'une œuvre plus ambitieuse, qu'il veut *monumentum*[3], puis *moenia*, à l'heure d'aborder le sujet romain :

> *Moenia namque pio coner disponere uersu :*
> *(...)*
> Scandentis *quisquis cernit de uallibus arces,*
> *ingenio muros aestimet ille meo !*
> *Roma, faue, tibi* surgit opus *; date candida, ciues,*
> *omina ; et inceptis dextera cantet auis !*
> *Sacra deosque canam et cognomina prisca locorum :*
> *has meus ad metas sudet oportet equus*[4].
>
> « Car je voudrais pouvoir mettre en place ces remparts de mes vers pieux ; [...] Quiconque voit les citadelles s'élevant de leurs vallées, qu'il mesure ces murs d'après mon génie ! Rome, sois-moi favorable, c'est pour toi que

---

Properce IV, 6, 1 : *Sacra facit uates : sint ora fauentia sacris.* – Sur l'idée de nouveauté chez les élégiaques, on se reportera à la contribution de H. Casanova-Robin dans ce volume.

1 Properce II, 1, (39-)40 ; *cf.* v. 45 : *nos contra augusto uersamus proelia lecto.*

2 Properce III, 17, 39-40. – Le *non humili* du vers 39 est un écho d'Horace, *Odes* III, 25, 17 : *nil parum aut humili modo.*

3 Properce III, 2, 18 : *carmina erunt formae tot monumenta tuae*, qui, avec les vers qui suivent, évoque Horace, *Odes* III, 30, 1 : *Exegi monumentum aere perennius.*

4 Properce IV, 1, 57 et 65-70.

se dresse mon œuvre ; donnez, citoyens, de radieux présages et que l'oiseau chante à droite pour mon entreprise ! Je chanterai les cérémonies et les dieux et les noms antiques des lieux : il faut que mon cheval écumant parvienne jusqu'à cette borne. »

Les images de hauteur, d'élévation (*scandentis*, *surgit opus*) soulignent cette ambition poétologique[1]. De même quand Ovide prépare ses adieux au genre élégiaque au livre III des *Amours*, il use de comparatifs pour marquer cette progression et cette élévation, dans la première pièce, face aux récriminations de Tragédie :

> ... *a tergo* grandius *urguet opus*[2]
>
> « ... derrière eux, une œuvre plus noble me presse. »

et dans la dernière pièce (où l'on soulignera les formes comparatives *grauiore* et *area maior*), alors qu'il envisage d'entamer une carrière « plus vaste » :

> *Corniger increpuit thyrso* grauiore *Lyaeus :*
> *Pulsanda est magnis area* maior *equis.*
> *Inbelles elegi, genialis Musa, ualete,*
> *Post mea mansurum fata superstes opus*[3].
>
> « Bacchus au front armé de cornes m'a envoyé une inspiration plus haute ; mes coursiers vigoureux doivent frapper de leurs sabots une carrière plus vaste. Molles élégies, et vous, Muse badine, adieu ; adieu, recueil, qui continueras à vivre après ma mort. »

Cette ambition de l'élégie ovidienne sera réalisée dans les *Fastes*, où Ovide réconcilie la forme brève de l'élégie avec les grands sujets politiques et religieux en justifiant la refondation du genre à l'appui du mythe des origines de l'*Urbs*[4]. Ainsi dans le Prologue des *Fastes* II (v. 1-4), Ovide évoque la croissance de son œuvre (*cum carmine crescat...*) sous une inspiration plus haute (*uelis... maioribus* – la métaphore marine a remplacé ici celle de la course) qui s'oppose à l'*exiguum opus* de l'élégie amoureuse antérieure :

---

1 Voir sur ce point les contributions de C. Scheidegger Lämmle et M. Pfaff-Reydellet dans ce volume.

2 Ovide, *Amours* III, 1, 70, dernier vers.

3 Ovide, *Amours* III, 15, 17-20.

4 Ces dimensions sont développées dans la contribution de M. Pfaff-Reydellet dans ce volume.

*Ianus habet finem : cum carmine* crescat *et annus.*
*Alter ut hic mensis, sic liber alter eat.*
*Nunc primum uelis, elegi,* maioribus *itis :*
Exiguum*, memini, nuper eratis opus.*

« Janvier prend fin : que l'année avance en même temps que mon chant. Qu'à l'instar d'un autre mois, vienne un autre chant. Pour la première fois, Élégies, vous déployez les grandes voiles : naguère, je m'en souviens, vous ne formiez qu'une œuvre modeste. »

C'est aussi à cette ambition du genre élégiaque de dépasser les bornes qu'il s'est lui-même posées que s'intéresse ce volume. Un premier volet met en lumière quelques-unes des facettes (satiriques, polémiques, didactiques, étiologiques...) développées par les poètes augustéens pour élargir la conception de l'élégie latine comme seule poésie d'amour. L'autre limite au-delà de laquelle le champ d'études choisi ici souhaite s'avancer est celle de la limitation chronologique de l'élégie à l'ère augustéenne, les auteurs ultérieurs se réappropriant le répertoire thématique et formel de l'élégie.

## LES CONTRIBUTIONS

### LE DÉPASSEMENT DE L'ÉLÉGIE AMOUREUSE CHEZ LES POÈTES AUGUSTÉENS

Les articles réunis dans la première partie de ce volume étudient le croisement, l'hybridation[1] et le jeu du genre élégiaque avec les autres genres littéraires chez les poètes augustéens. La perspective choisie pour cet axe de la réflexion a été largement motivée, en amont, par les approches sur le croisement des genres, notamment, bien qu'indirectement, par les travaux d'Isabelle Jouteur sur le croisement des genres[2], ainsi que par les réflexions de Jacqueline Fabre-Serris sur Tibulle et la poésie didactique[3].

1 J'emprunte cette idée au récent volume consacré à l'hybridité chez Ovide : *Ovide. Figures de l'hybride. Illustrations littéraires et figurées de l'esthétique ovidienne à travers les âges*, édit. H. Casanova-Robin, Paris, 2009.

2 Notamment I. Jouteur, *Jeux de genre dans les Métamorphoses d'Ovide*, Louvain, 2001.

3 J. Fabre-Serris, « Tibulle 1, 4 : l'élégie et la tradition de la poésie didactique », *Dictynna* 1, 2004, p. 29-43.

En ouverture, les réflexions et développements de Philip Hardie sur les liens entre *amor* et *Fama*[1] permettent d'interroger l'interaction entre élégie et épopée. Ph. Hardie établit d'abord une distinction entre les acceptions positives et négatives de la *Fama* : à la Renommée laudative de l'épopée, caractéristique du héros mâle actif engagé dans la quête de la gloire, s'oppose la Rumeur, *fabula* infamante, propre à l'élégie, faite de ragots sur le comportement honteux, contraire au *pudor*, de l'amant-poète et de sa *puella*. Sur cette base, Ph. Hardie examine les interactions entre *fama* et *amor* dans des textes épiques (au travers de couples de la guerre de Troie, puis de Didon et Énée), avant d'aborder Catulle et des élégies « féminines » (*Héroïdes*, élégies de Sulpicia). Il montre alors les effets de contamination entre les genres autant que la tension ou la réconciliation du couple *fama-amor* sous la plume féminine de Sulpicia.

Anne Videau conduit une réflexion d'anthropologie poétique tendant à lier l'histoire et la fonction des formes littéraires au contexte politique de leur émergence – ici la brève période des Guerres civiles au Principat. Incluant le poème 65 de Catulle pour poursuivre avec Gallus, la *Monobiblos* et l'œuvre d'Ovide exilé, elle montre que si l'élégie amoureuse de ce temps se caractérise par la présence marquée de la subjectivité de l'*Ego*, cette posture lui permet non seulement de parler de lui et d'amour passionnel, mais aussi du déchirement de la cité, exploitant les vocations sociologiques premières du distique élégiaque. Face au *discidium*, rupture intérieure et solitude du sujet autant que de la cité au temps des Guerres civiles, l'*Ego* se soumet à la toute-puissance de la femme qui doit présider à la réconciliation, dans un monde ébranlé, dispersé par la mort. Enfin, dans les *Tristes* et les *Métamorphoses*, cette relation subjective et passionnelle déborde la sphère de l'élégie amoureuse pour s'étendre et s'installer dans le champ politique et théologique, signe d'un basculement vers le monde moderne placé sous l'autorité du Prince.

Sylvie Laigneau-Fontaine aborde la dimension satirique et potentiellement polémique du discours élégiaque, en analysant la *retractatio* ovidienne (*Art d'aimer* II) de l'épisode homérique de Mars et Vénus surpris par Vulcain. Le traitement irrévérencieux de la figure de Vulcain ainsi que la mise en scène de la nudité des amants et de la boiterie de

---

1 Ph. Hardie vient de publier une monographie autour de la *Fama*, *Rumour and Renown. Representations of Fama in Western Literature*, auprès de la Cambridge University Press. Nous le remercions d'avoir accepté de confier sa contribution à notre volume.

Vénus parlent en faveur d'un rapprochement du texte avec le genre de la satire[1]. Mais plus encore, le rôle ambigu attribué par Ovide au Soleil met en lumière la dimension probablement polémique de l'épisode : Ovide pourrait en effet bien y dénoncer les incohérences de l'empereur, à la fois promoteur, par une législation sévère en matière d'adultère, d'un nouvel ordre moral, et contradicteur de ces principes dans sa vie privée comme en témoignent les anecdotes relatées par les historiens.

L'article de Cédric Scheidegger Lämmle est centré sur l'excursus apologétique des *Remèdes à l'amour* où Ovide se défend contre les reproches d'impudicité tout en développant, non sans recourir à une obscénité à peine latente, sa propre poétique des genres. Au travers notamment de la figure « cavalière » d'Andromaque, C. Scheidegger Lämmle montre comment les conseils plutôt crus d'Ovide sur les diverses pratiques et positions sexuelles sont tout à la fois un prétexte pour ébranler le *decorum* des genres et élaborer sa propre théorie critique des genres – en lien étroit avec l'*Art poétique* d'Horace[2]. Dans cette critique mêlant hommage, éloge et satire épigrammatique, Ovide vise avant tout à se mesurer à Virgile par l'exploitation détournée et irrévérencieuse des *Géorgiques* : il revisite ainsi le statut canonique de ce dernier tout en cherchant à se positionner lui-même dans l'histoire littéraire romaine, révélant son ambition de construire une Œuvre à la hauteur de celle du grand classique.

Maud Pfaff-Reydellet questionne les enjeux de l'élégie étiologique dans les *Fastes*, en particulier le choix du genre élégiaque pour traiter du thème majeur de la fondation de la cité. Par l'examen des tableaux champêtres de la Rome primitive, M. Pfaff-Reydellet montre d'abord comment Ovide résout l'apparent paradoxe entre la *leuitas* propre à l'esthétique de l'élégie et la *grauitas* politique et religieuse du sujet des origines, traditionnellement épique : l'élégie prend le contre-pied programmatique de l'épopée qu'elle parvient à défier sur son propre terrain, celui du récit des origines. Car nul genre mieux que l'élégie ne pouvait révéler les germes de grandeur de la future Rome, abrités d'abord dans

1 Dans le même ordre d'idée, J. Fabre-Serris avait relevé, dans la conférence présentée lors du colloque et qu'elle a réservée pour une publication indépendante, les implications satiriques des élégies 7, 8 et 9 du livre IV de Properce : elle les a notamment interprétées comme des réponses de Properce aux maintes attaques formulées par Horace contre l'élégie.

2 Le débat avec l'*Art poétique* dans le livre IV de Properce était aussi envisagé par J. Fabre-Serris dans la conférence précitée.

les entrailles d'une Vestale *grauida*, puis dans la *parua casula* des rives du Tibre, et dépeindre la métamorphose d'un humble village de bergers en une capitale d'Empire. Dans un deuxième temps, M. Pfaff-Reydellet souligne la dimension réflexive du thème de la fondation de la cité et du surgissement des remparts qui représente, par métaphore, la naissance du poème, épique ou élégiaque. Elle montre comment Ovide s'engage, après Virgile et Properce, dans une réflexion sur le poète fondateur (*uates conditor*) et son rôle face au Prince, refondateur de la cité après les Guerres civiles.

## MÉTAMORPHOSES GÉNÉRIQUES : RÉCEPTION ET TRANSFORMATION DE L'ÉLÉGIE À L'ÉPOQUE TARDO-ANTIQUE

La deuxième partie du présent ouvrage propose trois éclairages sur le prolongement, l'appropriation et la métamorphose des thèmes et formes élégiaques chez les auteurs latins ultérieurs – sans contrainte nécessaire du genre littéraire où cet héritage élégiaque s'exprime.

Judith Hindermann étudie la réception des motifs élégiaques du *servitium* et de la *militia amoris* dans les *Métamorphoses* d'Apulée. Ces motifs servent à façonner, différemment que dans le modèle grec de l'*Onos*, les relations entre Lucius et les protagonistes féminines du roman : le « couple » élégiaque formé par Lucius et Photis dans les trois premiers livres trouve ainsi son pendant au livre XI, dans la relation de Lucius à Isis ; le rapport entre le myste et la déesse se trouve alors stylisé en une dépendance élégiaque – ce qui remet en question l'interprétation religieuse et sérieuse du dernier livre. J. Hindermann souligne ainsi l'importance de l'élégie pour la compréhension de l'intertextualité telle que la pratique Apulée en digne représentant de la Seconde Sophistique, tout en mettant en lumière une appropriation et une métamorphose de l'élégie dans le genre romanesque.

Alessandro Franzoi s'attache à la renaissance tardive de l'élégie chez Maximien. Il en étudie les procédés compositionnels et expressifs favorisant le mélange des genres dans une perspective autobiographique. A. Franzoi expose d'abord la composition du recueil ; un examen des articulations et échos entre les élégies permet d'étayer la thèse d'une structure de *carmen perpetuum*. Il montre ensuite par l'analyse détaillée de quelques passages comment Maximien réinterprète les thèmes et motifs de l'élégie augustéenne dans une perspective bourgeoise. Enfin, il illustre la technique combinatoire, presque centonaire, des emprunts intertextuels (avant tout Virgile et Ovide, mais aussi Horace, Stace, Silius, Juvénal et Lucrèce, puis Juvencus, Claudien, Rutilius, mais aussi Prosper d'Aquitaine, Paulin de Périgueux et Corippe). Au-delà de la double culture païenne et chrétienne de Maximien, sans doute faut-il aussi lire dans cette pratique combinatoire l'expression du conflit entre le code érotique traditionnel de l'élégie et l'éduction morale du christianisme dominant.

Lavinia Galli Milić s'attache à trois élégies de Venance Fortunat (*Poèmes* I, 18-20) où le poète exploite le thème classique des éloges de villas pour célébrer leur propriétaire, l'évêque Léonce II de Bordeaux. Elle y questionne l'emploi du mètre élégiaque au lieu de l'hexamètre attendu pour le mode laudatif du panégyrique. L'analyse textuelle montre que Fortunat mêle à des thèmes classiques comme celui du *locus amoenus* des thématiques et une imagerie chrétiennes (imagerie baptismale, vocabulaire résurrectionnel par exemple) : il souligne ainsi l'harmonie entre l'homme et la nature autant que l'œuvre (re)créatrice de l'évêque. Certes, dans cette rhétorique de l'éloge développant la valeur encomiastique de l'élégie, le *je* s'efface un temps derrière le destinataire de l'hommage. Mais L. Galli Milić établit que le triptyque a bien une portée métapoétique : renonçant à l'emphase malgré la noblesse du destinataire et la profondeur des thèmes abordés, Fortunat s'approprie l'esthétique élégiaque pour livrer, dans l'espace réduit du distique, sa conception d'une poétique de la grandeur.

## RENAISSANCE ET RENOUVELLEMENT DU GENRE : L'ÉLÉGIE NÉO-LATINE

Enfin, la troisième partie, indissociable du projet de dépasser les bornes chronologiques de l'élégie latine comme seule élégie d'amour augustéenne, s'attache à la renaissance et au renouvellement du genre dans les productions néo-latines.

Cette idée de renouvellement s'appuie sur la notion de nouveauté qui occupe déjà une place prépondérante chez les poètes élégiaques qui, successeurs des *poetae noui*, veulent s'illustrer dans un genre défini comme nouveau. Hélène Casanova-Robin consacre son étude à cette notion de nouveauté chez Properce et à sa réception au Quattrocento italien, dans l'œuvre élégiaque de Giovanni Pontano (1429-1503), fervent lecteur de l'Ombrien. Par la confrontation textuelle et conceptuelle des élégies des deux auteurs, H. Casanova-Robin démontre la polysémie et l'ambivalence de l'adjectif *nouus* et de la notion de nouveauté : l'idée de rupture, de *discidium*, centrale dans l'élégie, met en scène à la fois une séparation affective ou morale, et une revendication poétique de la part des poètes désireux de montrer leur singularité poétique et leur « modernité ». H. Casanova-Robin démontre ainsi que les enjeux poétiques attachés à la nouveauté touchent notamment à la représentation du sujet et à la fonction de l'imaginaire : la *phantasia*, conçue comme principal moteur de la création poétique, permet de sublimer le réel.

Jean-Louis Charlet présente l'œuvre poétique de Giovannantonio Campano (1429-1477), éditée après sa mort à Rome par Michele Ferno (1495). Il détaille la composition multiforme des nombreux poèmes de cet évêque familier de Pie II, mêlant élégies, silves et épigrammes, et les replace dans leur contexte de composition. Son exposé se concentre ensuite sur un ensemble d'élégies introspectives, intitulées *Ad se ipsum*, notamment la longue élégie autobiographique I, 9 et l'adresse au cardinal Ammannati du livre V : il démontre alors que même quand Campano parle d'amour, son discours a moins pour but d'aimer que de chanter l'amour, et qu'il s'adresse autant à la femme chantée qu'à lui-même. Le but de Campano, endossant notamment le rôle ovidien de l'exilé pour justifier sa poésie, serait d'ainsi obtenir de son protecteur un meilleur évêché qui puisse nourrir et entretenir son talent poétique.

John Nassichuk étudie dans le détail l'élégie *De Surrenti amoenitate*, de la collection de *Poemata* de Pietro Gravina, parue à titre posthume aux presses napolitaines de Sulzbach en 1532. Parmi des compositions variées classées par genre poétique sur divers modes expressifs, cette élégie se distingue par sa longueur et par l'absence d'un destinataire explicite. En suivant la progression thématique de cette élégie consacrée à l'éloge de la ville et de la région de Sorrente, il montre comment Gravina emprunte aux *Silves* de Stace un thème absent de l'élégie ancienne, et le revisite dans un travail d'imitation inventive et de réécriture en distiques élégiaques, y mêlant des souvenirs de poètes augustéens, principalement Virgile et Ovide. Gravina introduit notamment dans le regard consciemment esthétique de son modèle flavien une sensibilité pastorale inspirée des *Bucoliques*, et se distingue par là de son modèle en dépeignant la Nature comme une force créatrice. Le choix du genre élégiaque suggère que

Gravina attribue à l'élégie un statut particulier, qu'il définit par rapport au rôle encomiastique dévolu à la silve : chez l'humaniste napolitain, l'élégie permet, dans le champ de la poésie occasionnelle, un ton moins solennel, plus intime, adapté aux sujets exigeant une voix subjective.

David Amherdt s'attache à la présentation et à l'analyse de deux élégies, *De paupertate* et *De beata uita*, du pasteur zurichois Johannes Fabricius Montanus, publiées en 1556 chez Gessner (Zurich), dans le *Syluarum liber unus*. Dans ces pièces consacrées à l'éloge de la pauvreté et de la vie simple, D. Amherdt met en évidence la collection de thèmes élégiaques exploités par l'humaniste protestant qui s'inspire largement de Tibulle : simplicité de la vie à la campagne, horreur de la guerre, vie en commun avec la *puella*-épouse. D. Amherdt montre comment Montanus transforme ces thèmes auxquels il mêle, dans la forme comme dans le ton, divers modèles antiques, et qu'il réinterprète selon son orientation et ses valeurs spirituelles : en proposant un modèle de vie morale conforme à la volonté de Dieu, ce « pasteur » d'âmes propose aussi un modèle littéraire, celui de l'imitation de l'Antiquité pour en investir les formes sur un mode chrétien.

Un regard rétrospectif laisse apparaître qu'on a conduit ici une forme d'archéologie du genre, de la forme, des thèmes et motifs élégiaques. Dans l'apparente *parua casula* de l'élégie augustéenne abritant ses amours dans les humbles limites de ses distiques, se cachaient des « germes de grandeur », levain d'un perpétuel renouvellement et d'une réinvention de l'univers élégiaque aux frontières des autres genres, laissant éclore ses potentialités expressives variées, de l'éloge à l'autobiographie. La renaissance du genre sous la plume des humanistes atteste quant à elle de la vivacité, de l'innovation inhérente à ce genre neuf, *nouus*, genre d'une éternelle jeunesse renaissant mieux qu'un phénix des cendres auxquelles son apparente éclipse après Ovide semblait l'avoir condamné.

Laure CHAPPUIS SANDOZ
Université de Neuchâtel

PREMIÈRE PARTIE

# LE DÉPASSEMENT DE L'ÉLÉGIE AMOUREUSE CHEZ LES POÈTES AUGUSTÉENS

# FAME AND SHAME : ELEGIAC AND EPIC MODELS

This paper is part of a larger study of the connections between love and fame. The history of these connections goes back to the beginnings of western literature in the Homeric epics : the heroes at Troy win fame, *kleos*, through a war that started because of love for a woman, Helen, and the force that drives Odysseus to the famous completion of his *nostos* is his devotion to Penelope. Love can interact positively or negatively with good fame. Positively, fame may celebrate a great and happy love or a dynastic marriage, although the most famous love affairs and weddings are perhaps those that end in disaster. The pursuit of fame, and hence of great achievement, may be fired by a desire of erotic intensity, *cupiditas gloriae*. But the love of fame and the fame of love are often at cross-purposes. The pursuit of erotic desire directed at a human individual may be in conflict with one's reputation amongst the wider social group, and may distract from the pursuit of solid and lasting achievements in the public world. Fame is the spur, but the spur of sexual desire may send one racing on a path away from fame, and towards shame and infamy. Positively, a good reputation may be actively sought through the promptings of a desire for that end, *amor famae*. Negatively, desire may pursue an end unconnected with good reputation, producing instead *fama amoris*, or rather an *amor infamis*, for which in Latin love poetry the technical term is *fabula*, a word cognate with *fama* : "talk of the town". As Goethe, in classicising mode, puts it (*Römische Elegien* 19.1-2) "Schwer erhalten wir uns den guten Namen, denn Fama / Steht mit Amorn, ich weiss, meinem Gebieter, in Streit" "We preserve our good name with difficulty, since Fama, I know, is at odds with my master, Love."

I shall look at the politics and erotics of *fama* in a range of elegiac texts. I use the Latin word *fama*, rather than the English "fame", since *fama* covers a wider range of meanings, not just good fame, but bad fame, *mala fama*, *infamia*, as well as "gossip", "rumour". The slippage between these senses is important for the play between genres in Latin poetry, above all between epic and elegy.

I start at what is virtually the end of Latin love elegy, the double *Heroides* of Ovid, and the exchange between Paris and Helen (*Her.* 16-17). Not only does the *Iliad* tell of a war fought for the love of a woman, but the fame of the martial exploits at Troy exists only through the prior existence of the fame of the woman, Helen, over whom the war was fought. According to the Hesiodic *Catalogue of Women* one of Helen's suitors "longs to be the husband of Helen of the lovely hair, never having seen her, but hearing the story from others" (εἶδος οὔ τι ἰδών, ἀλλ' ἄλλων μῦθον ἀκούων)' (fr. 199.2-3 M-W)[1]. The momentous events at Troy in turn ensure that the fame of Helen endures for future generations, who will never be able to see her in person, as Helen herself complains when she speaks to Hector in *Iliad* 6 of the trouble that besets him (355-358) : "since trouble has enveloped your heart especially because of me, the bitch, and because of the folly of Paris. Zeus dealt us an evil fate, so that even hereafter we should be the subject of song for men to come (ὡς καὶ ὀπίσσω / ἀνθρώποισι πελώμεθ' ἀοίδιμοι ἐσσομένοισι)." Helen's reputation is double : both the immortal fame of a divinely radiant perfection of beauty, and the fallen adulteress, the object of shame and opprobrium[2].

---

1 Love for an unseen person has a long history. Love at a distance, "amor de lonh" for a lady known only by fame, is a feature of Provençal poetry, e.g. the love of Jaufé Rudel for Melisenda di Tripoli. This is the background for Virgil's declaration of affection for Statius at *Purg.* 22.16-17, "Mia benevoglienza inverso te fu quale / Più strinse mai di non vista persona." Italian lyric stresses rather the sensible, ocular, origin of love ; but *cf.* e.g. Petrarch *RS* 53.102-103 "Digli : Un che no ti vide anchor da presso, / se non come per fama huom s'innamora ..." : M. Santagata (ed.), *Francesco Petrarca Canzoniere*, Milan, 1996, *ad loc.* compares Rudel *Lanquan li jorn son lonc en mai* ; Petrarch *TC* 2.22-24 ; Cic. *Lael.* 8.28 ; August. *De Trinitate* 10.1.1 *cum autem uirum bonum amamus, cuius faciem non uidimus, ex notitia uirtutum amamus, quas nouimus in ipsa ueritate* ; Boccaccio *Decam.* 4.4.3, etc. See also W. E. Mead (ed.), *The Famous Historie of Chinon of England by Christopher Middleton*, London, 1925, index s.vv. "loving unseen" ; Shakespeare *3 HenryVI* III.iii.62-64, Warwick tells the French princess that Edward, Duke of York, has told him "To tell the passion of my sovereign's heart, / Where fame, late ent'ring at his heedful ears, / Hath plac'd they beauty's image and thy virtue."

2 A. L. T. Bergren, "Language and the female in early Greek thought", *Arethusa*, 16, 1983, p. 69-95 discusses Helen's roles as both subject of poetry and counterpart of the mimetic

In *Heroides* 16 and 17 Ovid sums up the prior history of the fame – and shame – of Helen. It may also be possible to add this pair of letters to the tally of Ovidian texts that retrospectively create a genealogy of the genre, or genres, of which the Ovidian poems are belated representatives, in the way that Alessandro Barchiesi argues that the last pair of the double *Heroides*, the Acontius and Cydippe letters create a myth of origins of Latin love elegy[1]. As one of the Hesiodic suitors Paris remembers his first experience of Helen's beauty : 16.37-38 *ante tuos animo uidi quam lumine uultus ; / prima tulit uulnus nuntia fama tui* "Before I saw your face with my own eyes, I saw it in my mind. Fame bringing report of you first inflicted the wound." Of how much was that *prima fama* the beginning ? The first wound of love, but also in due course the literal wounds of the Trojan War, of which, and hence of whose immortal life in poetry, this love at first sight – or rather at first mental envisioning – is the cause. The wound inflicted by this *prima fama* also foreshadows the figurative wound turned literal which marks the beginning and end of the Virgilian story of Dido (*Aen.* 4.1-4, 663-665 : Paris "remembers" in particular 2-4 uulnus *alit uenis ... haerent infixi pectore* uultus), whose death wound flows directly from the action of *Fama* earlier in book 4 of the *Aeneid*. The Ovidian *prima fama* is the start, too, of a contest between good and bad varieties of *fama* : Paris in his letter offers to magnify the *gloria* of her beauty (*fama formae*) into divine honours (333-340) ; Helen fears the destruction of her *fama clara* "bright fame" (17.17), the essentially negative fame that a woman enjoys for *not* acting in certain ways, through the *mala murmura uulgi* "evil mutterings of the crowd" (149), the kind of rumours about Dido and Aeneas which are spread abroad by the *Fama* of *Aeneid* 4, and which create the *fabula* of erotic elegy or lyric. At the end of *Heroides* 16 Paris

poet. N. Worman, "The body as argument : Helen in four Greek texts", *ClAnt*, 16, 1997, p. 166 "Homeric tradition establishes Helen as the paradigmatic figure for praise and blame, as a character whose persona is formulated around the ambiguous resources of erotic desire and the frustration of the male desire to control its objects." M. Suzuki, *Metamorphoses of Helen : Authority, Difference, and the Epic*, Ithaca, 1989 discusses the doubleness of Helen and her association with words and fame in Virgil's *Aeneid* and Spenser's *Faerie Queene*.

1 A. Barchiesi, *Speaking Volumes. Narrative and Intertext in Ovid and other Latin Poets*, London, 2001, p. 123-126. On *Her.* 16-17 see A. Barchiesi, "Vers une histoire à rebours de l'élégie latine : les *Héroïdes* 'doubles' (16-21)", in *Élégie et épopée dans la poésie ovidienne (Héroïdes et Amours). En hommage à Simone Viarre*, édit. J. Fabre-Serris et A. Deremetz Lille, 1999, p. 59-62.

envisages the creation of universal literary *fama*, 375-376 *tu quoque, si de te totus contenderit orbis, / nomen ab aeterna posteritate feres* "You too will win a name eternally with posterity, if the whole world goes to war over you", a couplet that alludes to fame of both the epic and the elegiac variety. Paris offers as an attraction what Helen will come to regard as a curse when, at *Iliad* 6.355-358 (quoted above), she tells Hector of the evil fate which Zeus laid on Paris and herself, so that they should be the subject of song in time to come. But what Paris offers to Helen had already been offered by Ovid to his elegiac *puella*, *Amores* 1.3.25-26 *nos quoque per totum pariter cantabimur orbem / iunctaque semper erunt nomina nostra tuis* "we too will be sung of together throughout the world, and my name will always be joined to yours[1]." The moment of epistolary exchange between Paris and Helen is a moment at the origin of much of the history of *fama* in both epic and elegy.

Allusion to *Aeneid* 4 in *Heroides* 16-17 recognises the importance of *fama* not just in the episode of the personified *Fama*'s eruption after the "wedding" of Dido and Aeneas in the cave, but throughout the Virgilian story of Dido and Aeneas. Ovid also comments on the contest in *Aeneid* 4 between epic and elegiac varieties of *fama*, a topic on which there is some excellent discussion in a recent Lille thesis by Séverine Clément-Tarantino, and on which I draw here[2]. In the *Aeneid* a Trojan hero's love for a beautiful woman who is already married has historical consequences as momentous as had Paris' love for Helen. The rumour that *Fama* puts about in *Aeneid* 4 both has as its object a woman of great beauty, and is given further impetus by the unrealisable desire for that woman on the part of one of the characters involved in the propagation of *fama*, Dido's African suitor Iarbas, in whom *Fama* inflames a sexual jealousy. Aeneas' proper pursuit of epic fame through heroic action is blocked by a negative *Fama* who propagates a version of his unheroic[3] dealings with Dido, rumours that convert the epic hero and queen into the subject of an elegiac *fabula*. Dido presents a potential

1 E. J. Kenney (ed.), *Ovid Heroides XVI-XXI*, Cambridge, 1996, on v. 375 also notes that "his language ironically prefigures the terms in which the Trojan War will go down to posterity" : *cf. Aen.* 1.456-458 ... *bellaque iam fama* totum *uolgata per* orbem ; 7.222-227.

2 S. Clément-Tarantino, *Fama ou la renommée du genre. Recherches sur la représentation de la tradition dans l'Énéide*, diss. Lille, 2006.

3 "Unheroic" in the sense of delaying or diverting from the heroic *telos* of the epic. But these erotic interruptions are of course at home in the genre of epic from the *Odyssey* onwards.

threat to Aeneas' destined line of famous descendants, his *fama nepotum* (*Aen.* 8.731), through her desire to establish an alternative line through her own body, her desperate hope that before Aeneas flees she might have conceived a *paruulus Aeneas* (4.327-329). Jupiter's rebuke, relayed to Aeneas by Mercury, after *Fama*'s slanders have been conveyed up to Olympus, draws arguments both from Aeneas' concern for his own fame (or glory) and from the claims of his male line, 232-234 *si nulla accendit tantarum gloria rerum / nec super ipse sua molitur laude laborem, / Ascanione pater Romanos inuidet arces ?* "If the glory of such a destiny does not fire him, if he does not strive to win fame for himself, does he begrudge his son Ascanius the citadel of Rome ?" Later Aeneas claims to Dido that his true love must be Italy, the stage for his own glory and that of his descendants (347) : *hic amor, haec patria est*[1]. At this stage this is perhaps wishful thinking ; the end of the speech reveals that what "fires" Aeneas is not his desire for glory, as Jupiter had urged (232 *si nulla* accendit *tantarum gloria rerum*), but Dido's love-complaints, 360 *desine meque tuis* incendere *teque querelis* "stop inflaming me and yourself with your complaints." Fire imagery is, it may be noted, almost as commonly used of *fama* as it is of love.

In *Aeneid* 4, then, *amor* and *fama* enter into relationships that threaten the onward progress of the national epic. As for Dido, when she succumbs in the cave to her love for Aeneas she abandons her role as a great ruler winning glory for herself and her new city, and becomes the subject of sexual gossip. Instead of the active pursuit of *fama* of a kind that can be acquired and expanded through deeds in the wider world, "making a name for oneself", Dido is now doomed to lose the good name, reputation, *fama*, that she had enjoyed as a respectable woman expected to behave in certain ways and not in others, and in particular to preserve her *pudicitia*, "chastity". She is not inhibited by how people see her or what they say about her (*Aen.* 4.170 *neque enim specie famaue mouetur*), but she rather broadcasts her secret love, and gives it the name of a marriage. This kind of *fama*, "reputation", is closely connected with the sense of shame, *pudor*, that holds a person back from behaving in a discreditable way, in this

1 See J. D. Reed, *Virgil's Gaze. Nation and Poetry in the Aeneid*, Princeton/Oxford, 2007, p. 43 for "Aeneas' Roman mission as a kind of love or desire", and the "equat[ion of] Italy with *amor*, a substitute for – or sublimation of – his love affair with Dido". Reed also points to the well-known *Roma-amor* anagram.

instance through a "discreditable 'extension' of the self"[1] when a woman gives free rein to sexual appetite. *pudor* and *fama* are often linked[2], and in her tirade against Aeneas Dido equates her abandonment of self-regulation in accordance with *pudor* with her loss of *fama* in this sense, *Aen.* 4.321-323 *te propter eundem / exstinctus pudor et ... fama prior* "it is also because of you that I have lost my sense of shame and my previous reputation[3]".

Dido's experience has implications both for the gendering of the Virgilian plot and for the play of genres in *Aeneid* 4. In terms of gender the reader is reminded that under the normal conditions of ancient society a woman's *fama* is of that passive kind which is the avoidance of talk out of place about inappropriate behaviour, and in particular about sexual behaviour discreditably extended beyond the marital bed[4]. It is one of the signs of the instability of Dido's role as a woman trying to play a man's part in the world that she is destroyed by this loss of *pudor* and *fama*. Men of course, or at least right-thinking men, are also constantly aware of a sense of *pudor* that calls them to an urgent awareness of their *fama*-as-reputation[5], but this is just one side of the typical masculine relationship with *fama*, the other side of which is the pursuit of *fama*-as-fame. Rome is founded through the famous deeds of Romulus (which include and are not discredited by the sexual aggression of the Rape of the Sabine Women), and refounded through Lucretia's vindication through suicide of her *pudicitia* and *fama* in the sense of "good name"[6].

---

1 The phrase comes from R. A. Kaster, *Emotion, Restraint, and Community in Ancient Rome*, Oxford, 2005, p. 42-45, in his analysis of the "scripts" of *pudor* that arise from discreditable behaviour that is up to the subject himself or herself.

2 *TLL* s.v. *fama*, VI.i.227.13.

3 *Cf.* Ov. *Met.* 7.145 (Medea playing a Dido role) *tenuit reuerentia famae : / obstitit incepto pudor.*

4 Sen. *Contr.* 2.7.9 (the wife propositioned by a foreign trader, who died and left her his fortune in a will containing the *elogium*, "*pudicam reperi*", and accused by her husband on his return on suspicion of adultery) *unus pudicitiae fructus est pudicam credi, et aduersus omnes inlecebras atque omnia delenimenta muliebribus ingeniis est ueluti solum ac firmamentum* in nullam incidisse fabulam.

5 Examples of *pudor* and *fama* in Cicero : *Fam.* 6.6.6 *itaque uel officio uel fama bonorum uel pudore uictus, ut in fabulis Amphiaraus, sic ego prudens et sciens ad pestem ante oculos positam sum profectus* ; 7.3.1 *pudori tamen malui famaeque cedere quam salutis meae rationem ducere* (both of his decision to join Pompey ; cited by Kaster, *op. cit.*, p. 49-50). For other examples, with discussion, of *fama* in the context of female *pudicitia* see R. Langlands, *Sexual Morality in Ancient Rome*, Cambridge, 2006, index s.v. *fama*. The story of Claudia Quinta (Livy 29.14 ; Ov. *Fasti* 4.305-348) is a classic tale of *fama* and *pudicitia* vindicated (see Langlands, *op. cit.*, p. 65-69).

6 Lucretia succumbs to Tarquin when he threatens to destroy her *fama* by pretending that she has committed adultery with a slave, Ov. *Fasti* 2.810 *succubuit famae uicta puella metu.*

At the end of the *Odyssey* the shade of Agamemnon distinguishes between the good and bad reputations of Penelope and Clytaemestra on the grounds of their sexual behaviour, fidelity and infidelity towards their respective husbands, *Odyssey* 24.194-202 :

> ὡς ἀγαθαὶ φρένες ἦσαν ἀμύμονι Πηνελοπείῃ,
> κούρῃ Ἰκαρίου, ὡς εὖ μέμνητ' Ὀδυσῆος,
> ἀνδρὸς κουριδίου. τῶ οἱ κλέος οὔ ποτ' ὀλεῖται
> ἧς ἀρετῆς, τεύξουσι δ' ἐπιχθονίοισιν ἀοιδὴν
> ἀθάνατοι χαρίεσσαν ἐχέφρονι Πηνελοπείῃ,
> οὐχ ὡς Τυνδαρέου κούρη κακὰ μήσατο ἔργα,
> κουρίδιον κτείνασα πόσιν, στυγερὴ δέ τ' ἀοιδὴ
> ἔσσετ' ἐπ' ἀνθρώπους, χαλεπὴν δέ τε φῆμιν ὀπάσσει
> θηλυτέρῃσι γυναιξί, καὶ ἥ κ' εὐεργὸς ἔῃσιν.

> "How good was proved the heart that is in blameless Penelope, / Ikarios' daughter, and how well she remembered Odysseus, / her wedded husband. Thereby the fame (*kleos*) of her virtue shall never / die away, but the immortals will make for the people / of earth a thing of grace in the song for prudent Penelope. / Not so did the daughter of Tyndareos fashion her evil / deeds, when she killed her wedded lord, and a song of loathing / will be hers among men, to make evil the reputation (*phemis*) / of womankind, even for one whose acts are virtuous." (translation Lattimore)

Unusually, in the light of the standard division between male and female roles in antiquity, Penelope's active part in devising ways of putting off the suitors goes some way to placing her in the role of the male hero who wins κλέος through his active ἀρετή ; Penelope's part in the plot is indispensable to her husband Odysseus' success in winning the undying κλέος of his successful νόστος.

More generally a woman's loss of chastity will reflect adversely on the reputation of her menfolk, and hence impair their ability to flourish in the competitive struggle for honour and fame in the world of men. In the Mediterranean honour code of more recent times there is a close association between honour and shame, and sex, in the need to preserve a woman's reputation for chastity[1]. The feminine kind of *fama*, the kind of reputation that really consists in *not* being talked about, as the object of sexual gossip, has a crucial connection with the louder kind of *fama* that the successful male aspires to, for the reputation of the male line of

---

1 See P. Horden, N. Purcell, *The Corrupting Sea. A Study of Mediterranean History*, Oxford/ Malden, MA, 2000, p. 506-507.

descent, the *fama* of the family, depends on the perceived inviolability of the wife's chastity. The inextricable connection between feminine *fama* and the more active, masculine, *fama* of the family, and beyond that the *fama* of epic heroes, is made clear in a Catullan epithalamium, 61.209-223 :

> *Torquatus uolo paruolus*
> *matris e gremio suae*
> *porrigens teneras manus*
> *dulce rideat ad patrem*
> *semihiante labello.*
>
> *sit suo similis patri*
> *Manlio et facile insciis*
> *noscitetur ab omnibus,*
> *et pudicitiam suae*
> *matris indicet ore.*
>
> *talis illius a bona*
> *matre laus genus approbet,*
> *qualis unica ab optima*
> *matre Telemacho manet*
> *fama Penelopeo.*
>
> I wish that little Torquatus should stretch forth his tender hands from his mother's lap and smile sweetly at his father with lip half open. May he resemble his father Manlius and be easily recognised by every stranger, and may his face be proof of his mother's chastity. May he have a good name (*laus*) inherited from a good mother to establish his descent, like the matchless reputation (*fama*) derived from his excellent mother that rests on Telemachus[1].

The Catullan lines are the model for *Aeneid* 4.328-329 … *si quis mihi paruulus aula / luderet Aeneas, qui te tamen ore referret* …, where Dido dreams of a son like his father to console her in her fallen "elegiac" world, a few lines after she acknowledges that her own *fama* has been completely destroyed. When it comes to feminine *fama* Dido is an anti-Penelope[2].

In terms of generic play Dido becomes the subject of sexual gossip at the point when she descends from her epic throne to the world of the

1 For discussion see M. Bettini, *The Portrait of the Lover*, trans. L. Gibbs, Berkeley, Los Angeles/London, 1999, p. 189-198.

2 Although there are ways in which she models the role of Penelope more positively : see C. Kopff, "Dido and Penelope", *Philologus*, 121, 1977, p. 244-248.

elegiac lover[1]. Her loss of *pudor* and *fama* is the *famae iactura pudicae* of which Propertius accuses the wayward Cynthia (2.32.21). From being a pretender to epic *fama* Dido becomes the topic of elegiac *fabula*. *Fabula* is an almost technical term in elegy for the "talk of the town" that dogs the elegiac lover[2]. It is the elegist's loss of his good name because of his inability to control his sexual desire, and it is a loss of *fama* that he shares with the woman unable to maintain her *pudicitia*. Within the genre of elegy it is one of the marks of the effeminization of the lover[3]. The elegiac *fabula* that clings to a lover behaving shamefully and in a less than properly masculine way is well characterized in a non-elegiac text, but one closely related to elegy (perhaps Gallus)[4], Horace *Epode* 11.7-10 :

*heu me, per urbem (nam pudet tanti mali)*
*fabula quanta fui ! conuiuiorum et paenitet,*
*in quis amantem languor et silentium*
*arguit et latere petitus imo spiritus.*

Alas, I was the talk of all the city – such a shaming disgrace – and I regret the parties where my apathy and silence, and deep-drawn sighs, betrayed the lover[5].

1 In general see F. Cairns, *Vergil's Augustan Epic*, Cambridge, 1989, ch. 6 "Dido and the elegiac tradition" ; Cairns is silent however on the subject of *fama*, for which see the penetrating comments of Clément-Tarantino, *op. cit.*, p. 155-161 "La *Fama-malum* d'Énéide IV et la *fama peior* de l'élégie".

2 Erotic *fabula per urbem* is a special case of the common motif of *Fama*'s travels through a city, as at *Aen.* 4.298-301 *Fama ... totamque incensa per urbem / bacchatur*, 666 *concussam bacchatur Fama per urbem*. See the comparable "talk of the world" or "talk of the town" in Restoration and eighteenth-century comedy, mostly on sexual subjects : see P. M. Spacks, *Gossip*, Chicago/London, 1986, ch. 6 (with other sexual imagery of fertile gossip). On *fabula* in love poetry see Langlands, *op. cit.*, p. 193 n. 7. At Stat. *Achill.* 1.945-948 Deidamia fears that when he goes to Troy Achilles will be tempted by Helen, *incesta nimium laudata rapina*, *fama* (albeit of a negative kind) in an epic world, while he will at best tell his slaves about his affair with Deidamia, *primae puerilis fabula culpae*, a story that happened in a pre-epic, quasi-elegiac world.

3 With the difference that in the case of a man the association with effeminacy means that "violation of *pudicitia* tends to be figured ... as a discreditable 'retraction' of the self ... rather than discreditable 'extension' [as in the case of a woman]" (Kaster, *op. cit.*, p. 168) ; see also Kaster, p. 47 "Because this *pudor*-script casts me in the forceful role of an adult free male ... the *pudor* expressed by Cicero at the prospect of being a 'slave' under Caesar is no different, in the structure of its thought, from ... the *pudor* enacted by elegy's 'slave' of love."

4 L. Watson, *A Commentary on Horace's Epodes*, Oxford, 2003, p. 360-362.

5 Of earlier texts note esp. Catull 5.2-3 *rumoresque senum seueriorum / omnes unius aestimemus assis*.

The slip from the pursuit of epic *fama* into the world of elegy is also enacted in the Apollo and Daphne episode in Ovid *Metamorphoses* 1. Before he sees Daphne the Ovidian Apollo is fixated on fame : at the end of the hyper-epic episode that precedes his fall into the world of love-poetry through the agency of Cupid, he had established the Pythian games to commemorate his killing of the Python, *Met.* 1.445 *neue operis famam posset delere uetustas* "so that antiquity should not obliterate the fame of the deed", a line whose last five words are all repeated in Ovid's assertion of his own fame in the Epilogue at 15.871-879 (*delere* in the adjective *indelebile*). Cupid's use of his bow to make good his assertion that his own *gloria* (*Met.* 1.465) is superior to the *laudes* (462) of which Apollo boasts, rewrites Cupid's use of his bow to transform the would-be epic poet Ovid into a love elegist in *Amores* 1.1[1]. But Cupid's dart does not effect a complete transformation of Apollo's desires. In laying hands on the laurel into which Daphne has been metamorphosed Apollo claims for himself the *perpetuos honores* "everlasting honour" (565) of the plant of fame[2] : the fame of Apollo's poetry, the fame of Roman triumph and Augustan rule, the fame of Daphne herself and of the story that we are even now reading about Apollo's less than dignified pursuit of a girl, and hence the fame of love elegy of which the story of Apollo and Daphne is an allusive aetiology. Epic achievement and public fame, and erotic pursuit and the more private *fama/infamia/fabula* of the love-poet and his *puella*, are here tightly woven together.

One of Ovid's prime exhibits in his repeated claim that epic poets are obsessed with the erotic, that epic and elegy are not so far apart from each other, is the Song of Demodocus in *Odyssey* 8. *fabula narratur toto notissima caelo* "a tale is told that is notorious throughout heaven" (*Ars* 2.561) : the adultery of Ares and Aphrodite is a prize specimen of the art of the epic bard that is at the same time the original elegiac *fabula*[3]. The propagation of the *fabula* is ultimately the doing of Helios the sun, who spies the secret (269 λάθρῃ) love-making ; *Odyssey* 8.270-271

1 The seminal demonstration is W. S. M. Nicoll, "Cupid, Apollo and Daphne (Ovid, *Met.* 1.452 ff.)", *CQ*, 30, 1980, p. 174-182 ; see also P. Hardie, *Ovid's Poetics of Illusion*, Cambridge, 2002, p. 45-50, 129-130.

2 The standard ancient etymology of *laurus* was from *laus* (R. Maltby, *A Lexicon of Ancient Latin Etymologies*, Leeds, 1991, p. 331).

3 Even before Ovid *Venus … corrupta libidine Martis* is an example for the *fama* of the *puella* (together with Helen) at Prop. 2.32.33-34.

"at once the Sun came to Hephaestus, as the messenger who had seen them mingling in love." Helios, the god who "watches everything and listens to everything" (*Il.* 3.277, *Od.* 11.109), is like the Ovidian personification of *Fama* in *Metamorphoses* 12, from whose House, 41-42 *quod est usquam, quamuis regionibus absit / inspicitur, penetratque cauas uox omnis ad aures* "everything everywhere, however far distant, is seen, and every word reaches her hollow ears". The subject of *Fama*'s tale-telling in *Metamorphoses* 12 is not erotic, but the subject of her Virgilian equivalent in *Aeneid* 4 is just such a *fabula*.

Ovid's contamination of epic and elegiac species of *fama*, the reputable and the disreputable, perhaps reflects the instability that already characterises the love elegist's dealings in *fama*. The elegist both abases himself as the passive subject of *fabula* and exalts himself in his claim to poetic power and fame[1]. When a poet like the Horace of *Epodes* 11 laments the shameful *fabula* that he has become, the pretence is that people all over town have noticed the symptoms of love in the person of the lover, and are talking about it ; but equally, if not even more so, tittle-tattle results from the poet's own exhibitionism in making public his love-affair in his poetry. Propertius gives the game away when he puts words into the mouth of an *irrisor* in 2.24.1-10 :

> *"sic loqueris, cum sis iam noto fabula libro*
> *et tua sit toto Cynthia lecta foro ?"*
> *cui non his uerbis aspergat tempora sudor ?*
> *aut pudor ingenuis aut retinendus amor.*
> *quod si tam facilis spiraret Cynthia nobis,*
> *non ego nequitiae dicerer esse caput,*
> *nec sic per totam infamis traducerer urbem,*
> *ureret et quamuis, non mihi uerba darem.*
> *quare ne tibi sit mirum me quaerere uiles :*
> *parcius infamant : num tibi causa leuis ?*
> (Fedeli's text ; Heyworth in v. 8)

'Do you speak so, although you are the talk of the town (*fabula*) since your book became known, and your Cynthia is read all over the forum ?' Whose forehead would not be sprinkled with sweat at these words ? Freeborn men

1 See Clément-Tarantino, *op. cit.*, p. 152-155 "*Amor infamis, fama perenis* : ambivalence de la 'renommée' dans/de l'élégie" (drawing on an unpublished thesis by C. Cyr-Fréchet) ; similar points on the ambivalence of elegiac *fama* are also made by Langlands, *op. cit.*, p. 199.

> have a choice between keeping their sense of shame or holding on to their love. But if Cynthia were blowing so obligingly for us, I would not be called the wellhead of iniquity, nor would I be paraded as infamous (*infamis*) throughout the city like this, and although she burned me, I would not deceive myself (*or* give myself words). So do not be surprised that I look for prostitutes ; they bring infamy (*infamant*) more sparingly – does that seem to you a reason of little weight ? (translation Heyworth adapted)

*Fabula*, what people say, is juxtaposed with what people read, *libro*, and in the next line the *scripta puella* becomes a *lecta puella*[1]. The poet may pretend that his poems are wrung out of him by his erotic torture, and that he has a stark choice between the dictates of *pudor* (which would uphold his good name, *fama*) and *amor*[2]. But the elegiac poet, like all poets, is hungry for fame. He confesses that he has become infamous, *infamis, per totam urbem* ; but this conceals the aspiration to literary fame *per orbem* : *per totum pariter cantabimur orbem*, as Ovid promises his as yet unnamed girlfriend at *Amores* 1.3.25.

This is a fame as universal in its pretensions as the fame bestowed by the epic poet. Sometimes the elegist admits to an absolute opposition between the life of love and the active life that earns the kind of praise that is in the gift of the epic poet, as in Propertius' programmatic statement at 1.6.27-29, *multi longinquo periere in amore libenter, / in quorum numero me quoque terra tegat. / non ego sum* laudi, *non natus idoneus armis* "Many have perished willingly in a long-lasting love ; may I too be in their number when the earth covers me. I was not born suited for praise, or for warfare." In his more boastful moments the elegist lays claim to a poetic *fama* that rivals that of the epic poet : Propertius, addressing Ponticus, writer of an epic *Thebaid*, asserts his own ambition for recognition, 1.7.9-10 *hic mihi conteritur uitae modus, haec mea* fama *est, / hinc cupio nomen carminis ire mei.* "this is the way of life I tread, this is my fame, from this I desire the name of my poetry to come", – a *cupiditas famae* to be realized by recording the effects on the poet of *Cupido*[3].

1 On whether *Cynthia* here should be taken as the title of the Propertius' love-poetry see P. Fedeli, *Properzio. Il primo libro delle elegie*, Firenze, 1980, p. 10-13 (Fedeli thinks not).

2 The text of line 4 is vexed, but the opposition of *pudor* (*fama*) and *amor* is clear.

3 *Cf.* Prop. 2.7.15-20 for the elegist's claim to a greater than triumphal *gloria*, marching in step with an *amor* of greater worth than being the father of sons. Contrast 2.16.39-42 where the *infamis Amor* that told Antony to flee at Actium is opposed to *gloria Caesaris* (if 41-42 are not an interpolation : see S. J. Heyworth, *Cynthia. A Companion to the Text*

The shame, *pudor*, incurred by the lover's enslavement to his passion, is inseparable from the fame to which the poetry about the passion aspires. Propertius 2.5 begins with the complaint that Cynthia's life of shame, *nequitia* (almost a technical term for the elegiac lifestyle), is the talk of the town, 1-2 *Hoc uerum est tota te ferri, Cynthia, Roma / et non ignota uiuere nequitia ?* "Is this true that you are talked about (*or* wander about) all over Rome, and are living with your iniquity well known ?" This is *fabula* represented as beyond the control of the poet, who will take his revenge by finding another, more compliant girl, on whom he will bestow fame, of a positive kind, by his poetry, 5-6 *inueniam tandem e multis fallacibus unam / quae fieri nostro carmine nota uelit* "in the end out of many faithless women I will find one who wants to become know in my poetry." At the end of the poem Propertius envisages turning his pen against Cynthia in the mode of iambic slander rather than elegiac praise, 27-30 *scribam igitur quod non umquam tua deleat aetas : / "Cynthia forma potens, Cynthia, uerna leuis*[1]*." / crede mihi, quamuis contemnas murmura famae, / hic tibi pallori, Cynthia, uersus erit* "So I will write something that your life could never erase : 'Cynthia, powerful beauty, Cynthia, fickle slave.' Believe me, however much you despise the mutterings of rumour, this verse will make you blanch." The power of the poet's words is now collusive with, and even more potent than, the mutterings of rumour or gossip (*fama*). Part of that additional power derives from the inerasability of the poet's words (as opposed to transient rumour). Conventionally the fame bestowed by the poet is immune to the ravages of time (*aetas*)[2] ; Propertius gives a twist to this when he says that his words cannot by wiped out in (or by) Cynthia's *life*time ; however she behaves subsequently, the poetry of blame will stick to her.

At the beginning of Ovid's last book of *Amores* the personification of Tragedy, indignant that the poet has not yet moved on to higher things, casts his shame in his face (*Am.* 3.1.15-22)[3] :

---

*of Propertius*, Oxford, 2007, p. 183). At 2.13.37-38 Propertius claims that the *fama* of the humble elegist's tomb will be as widely known as that of Achilles.

1 Fedeli *ad loc.* thinks that these words will be written on the girl's door to shame her ; even if that is so, the words are also inscribed in the poet's book, and so given a wider circulation and permanence.

2 Hence the various emendations along the lines of *non ulla umquam deleat aetas* : see Heyworth, *op. cit.*, p. 134.

3 Discussed briefly at Hardie, *Ovid's Poetics... op. cit.*, p. 240.

*et prior "ecquis erit," dixit, "tibi finis amandi,*
*o argumenti lente poeta tui ?*
*nequitiam uinosa tuam conuiuia narrant,*
*narrant in multas compita secta uias.*
*saepe aliquis digito uatem designat euntem,*
*atque ait 'hic, hic est, quem ferus urit Amor !'*
*fabula, nec sentis, tota iactaris in urbe,*
*dum tua praeterito facta pudore refers."*

Speaking first she said "What end will there be to your loving, poet who cling to your subject-matter? Boozy parties tell of your iniquity, the branching crossroads tell of it. Often someone points with his finger as the poet goes by and says 'This, this is the man burned by fierce Love !' You are the talk of the whole city, although you do not realise it, while you boast of your exploits without shame."

Ovid here alludes to moments of both shame and fame in Horace : the *conuiuia*, the loss of *pudor*, and the indignity of being a *fabula* all over town repeat the situation of the lover in *Epode* 11[1]. But when people point to the *uates* in the street, Ovid remembers one of Horace's proudest moments in *Odes* 4, as people point out the poet of the *Carmen Saeculare* (whose last word is *laudes*) in the streets of Rome, *Odes* 4.3.22-23 *monstror digito praetereuntium / Romanae fidicen lyrae* "passers-by point at me with their fingers, as the player of the Roman lyre[2]". Ovid's pride is pitched even higher if we recognize in the geminated *hic, hic* allusion to the moment when the shade of Anchises points out to Aeneas the unborn soul of Augustus, at the climax of the display of the fame of future Roman heroes, *Aeneid* 6.791-792 *hic uir, hic est, tibi quem promitti saepius audis, / Augustus Caesar* "this, this is the man, of whom you have often heard promises, Augustus Caesar[3]".

The lines that follow Tragedy's opening question in *Amores* 3.1, *"ecquis erit ... tibi finis amandi"*, may help us to understand the placing of *Amores* 3.14, the last poem in Book 3 before the sphragis and formal farewell to love elegy in 3.15, and so the last love-poem proper in the *Amores* as

1 With v. 18 *cf.* Prop. 2.20.21-22 *septima iam plenae deducitur orbita lunae / cum de me et de te compita nulla tacent.*

2 Ovid might also have noticed the hint of *amor* at Hor. *Carm.* 4.3.13-15 *Romae, principis urbium, / dignatur suboles inter* amabilis / uatum *ponere me choros.*

3 J. Wills, *Repetition in Latin Poetry. Figures of Allusion*, Oxford, 1996, p. 76-77 "If Ovid's passage is allusive, the notoriety of the poet ... is being characterized in the same way as Augustus' public presence, with the sort of revelatory syntax of the *deus, deus ille* tradition."

a whole[1]. In what way might *Amores* 3.14 prepare the reader for a *finis amandi*? In this poem the poet pleads with the girl, not that she be faithful to him and preserve her *pudicitia*, but rather that she should take steps to ensure that he knows nothing of her affairs with other men : 15 *quae facis, haec facito : tantum fecisse negato* "Do what you do, but just say that you haven't done it." This is not the most obvious way to mark closure in a collection of love elegies; indeed the poet urges the girl to continue with her inventive love life, nor does he renounce his own love for her. But *Amores* 3.14 can be read as closural if we understand that it is not a *renuntiatio amoris*, but an attempt to renounce, to cancel the *fama* or *fabula* that is the elegiac text[2]. The poet asks for an end to the stories about the girl, or at least an end to stories that might reach his own ears. With the end of the *fabula* will come a *finis amandi*, in the sense that was meant by Tragedy in *Amores* 3.1, that is an end to writing about loving. The poet pleads with the girl to restore her *pudor*, but only in the sense of a reputation for *pudicitia*, not the real thing : 13 *saltemue imitare pudicas* "at least imitate chaste girls". Ovid repeatedly asks the *puella* to look to her *fama* : 6 *solaque famosam culpa professa facit* "it's only a crime confessed that brings infamy", 11 *tu tua prostitues famae peccata sinistrae?* "Will you expose your misdeeds to evil repute as if they were prostitutes[3]?" 36 *si dubitas famae parcere, parce mihi* "if you shrink from sparing your reputation, at least spare me." Confession of love to the

1 Issues of elegiac fama/fabula, of the girl's peccata, and of seeing and hearing are handled in Prop. 2.32.1-2 *qui uidet, is peccat : qui te non uiderit ergo, / non cupiet : facti lumina crimen habent*; 21-28 *famae iactura pudicae / tanta tibi miserae, quanta meretur, erit. / nuper enim de te nostras manauit ad auris / rumor, et in tota non bonus urbe fuit. / sed tu non debes inimicae credere linguae : / semper formosis fabula poena fuit. / non tua deprenso damnata est fama ueneno : / testis eris puras, Phoebe, manere manus.* 51-52 (it is impossible) *ut nostrae nolint peccare puellae : / hic mos Saturno regna tenente fuit.* G. Luck, *The Latin Love-Elegy*, London, 1959, p. 110 "Propertius 2.32 served as a model to Ovid's superbly constructed poem *Amores* 3.14" : but the two poems are not so similar if we emend credere at Prop. 2.32.25, as seems inevitable.

2 The terms of the script of *Amores* 3.14 find parallels in the *Roman de la Rose* : *pudor* and *fama* correspond to Shame and her shield Fear-of-a-Bad-Reputation, on the borders of which are portrayed many tongues (15461 ff.). Fear-of-a-Bad-Reputation is closely related to Foul Mouth, a general embodiment of slander, who quickly spreads reports in a hundred places (3033 ff.), and who finds fault with all women. But *pudor* and *fama* can be disabled by Skilful Concealment, whose quiet sword is "like a tongue cut out"; at 15502 ff. Skilful Concealment tells Shame "Now that Foul Mouth is killed, you are captured."

3 *Cf.* the image of book publication as prostitution in Horace *Ep.* 1.20.

beloved is a standard topos of *sermo amatorius* ; here the girl is asked not to make the kind of erotic confession that creates *fama sinistra.* What the poet asks is that the girl should stop being a *fabula*, and with the end of the *fabula* comes the end of love elegy. The girl should avoid negative *fama*, by definition words that circulate among the people as a whole, in order that the individual, the poet, should not find out about her promiscuity. At line 29 the wider community and the individual are lumped together : *da populo, da uerba mihi* "deceive the people, deceive me". At line 36 they are disjoined[1] : *si dubitas famae parcere, parce mihi* : the illogicality of the poet remaining blissfully ignorant if all around him are talking is then compounded in the poem's final absurdity, that if the poet were to catch the girl *in flagrante*, and if she were to deny what he had seen with his own eyes, he would believe her, 46 *concedent uerbis lumina nostra tuis*[2].

To persuade someone against the evidence of their eyes marks a *ne plus ultra* of the power of words. In *Amores* 3.14 the poet cedes to the girl the origination of words about love that normally have their source in the poet. She, not the poet, is now the sole subject of *fabula* ; she, not the poet, is asked to exercise the management of *fama* that is usually the job of the poet's elegies. There is a pun at 29-30 *da populo, da uerba mihi : sine nescius errem / et liceat stulta credulitate frui* "deceive the people, deceive me ; allow me my mistaken ignorance, and leave me to enjoy my foolish credulity." *dare uerba* ("deceive") literally means "supply words", which will create an illusion of reality for their audience. The girl is here given the power that the poet regrets that he himself has in *Amores* 3.12, where the poet's *uerba* about his girl have the power to produce *credulitas* in the minds of his readers. *Credulitas* is one of the

1 For the contrast between the judgement of the people and of the poet *cf.* Prop. 2.13.13-14 *haec ubi contigerint,* populi *confusa ualeto* / fabula *: nam domina* iudice *tutus ero* : *cf. Am.* 3.14.49-50 *cum tibi contingat uerbis superare duobus, / etsi non causa, iudice uince tuo.*

2 Statius manipulates the contrast between hearing about and seeing erotic acts in a different way to mark the end of elegy, when love becomes marital at *Silvae* 1.2.26-30 *cedant curaeque metusque, / cessent mendaces obliqui carminis astus, / Fama tace. subiit leges et frena momordit / ille solutus amor, consumpta est fabula uulgi / et narrata diu uiderunt oscula ciues.* With *Fama tace cf.* [Tib.] 3.20 *Rumor ait crebro nostram peccare puellam : / nunc ego me surdis auribus esse uelim. / crimina non haec sunt nostro sine facta* [var. *iacta*] *dolore : / quid miserum torques, rumor acerbe ? tace.* This looks like an allusion to *Am.* 3.14. On Stat. *Silv.* 1.2.26-30 as marking the turn from Stella's earlier career as a love elegist, writing elegies to his future wife Violentilla, to the legitimate love of marriage see Clément-Tarantino, *op. cit.*, p. 156-157.

subsidiary personifications in the House of *Fama* in *Metamorphoses* 12. In *Amores* 3.12 the fame bestowed on the girl by the words of the poet have made of her a common prostitute available to all : *ingenio prostitit illa meo* (3.12.8). In 3.14 it is the girl who prostitutes herself (through her sexual peccadilloes), 11 *tu tua prostitues famae peccata sinistrae.*

For the poet to cede authority in the sphere of elegiac *fama* to the *puella* is in itself a sign that the elegiac project is at an end. Yet there are hints in the poem that ultimately it is the poet who maintains control, and not just in the sense that he plays the role of a rather strange *praeceptor amoris.* Giving words the power to determine what you see or do not see has been the project of the elegiac poet all along, and just two poems earlier, in *Amores* 3.12, Ovid comes close to unmasking the reality effect of Ovid's affair with Corinna. When in 3.14 the poet asserts that he will believe the girl if she just says *"non feci"*, those two words may hint that nothing that she is supposed to have done in the three books of the *Amores* actually happened : *fecit poeta Publius Ouidius Naso.* It was always and only a question of stories, *fabulae*, *fama*, about *amor*, motivated by the poet's desire not for a girl but for his own immortal *fama.*

Ovid closes a collection of elegies by shutting up *fama.* Another elegist, Propertius, takes his farewell of elegy by putting words into the mouth of a female speaker who subscribes whole-heartedly to the values of an active masculine, public, world in which *fama* is the crown for great deeds that match an inherited nobility. In her opening reprimand to her grieving husband Cornelia links her own *fama* to the greatness of Paullus Aemilius Lepidus and of her own ancestors, 11-12 *quid mihi coniugium Paulli, quid currus auorum / profuit aut* famae *pignora tanta meae ?* "What use to me has been my marriage to Paullus, what the triumphal chariot of my forefathers, or the great pledges of my good name ?" The resemblance of Cornelia's children to their father is the guarantee of her own good name as a woman, i.e. her reputation for chastity, and also promises the replication of masculine *fama* through the achievements of the next generation. In her self-defence before the judges of the Underworld Cornelia appeals to the *fama* and *tituli* of her male ancestors, appropriating to herself the topics of the *laudatio funebris*[1], 29-32 *si cui* fama *fuit per auita tropaea* decori, */ aera Numantinos nostra*

1 See G. Hutchinson, *Propertius Elegies Book IV*, Oxford, 2006, *ad loc.*

*loquuntur auos ; / altera materni hos exaequat turba Libones, / et domus est* titulis *utraque fulta suis* "If the fame won through the trophies of ancestors has brought anyone distinction, our bronzes name our ancestors Numantian; another crowd, the Libones on my mother's side, equals these, and each of the two houses is supported by its own special honours." Cornelia herself is a link in the chain of exemplarity which encourages the perpetuation of the good *fama* of past generations in the deeds of future generations, 44 *quin et erat magnae pars imitanda domus* [*Cornelia*] "nay, even in a great house [Cornelia] was a part worthy of imitation." The *matrona* Cornelia is untouched by the kind of stain that generates the bad *fama* of the elegiac *puella* and her poet-lover (41-42, 45-46); rather she has earned the *generosi* honores (61) that come with the production of three children. She enjoins her daughter to imitate herself in taking only one husband, a route to a female version of the triumph, 71-72 *haec est feminei merces extrema* triumphi, / laudat *ubi emeritum libera* fama *torum* "This is the ultimate reward of a woman's triumph, when gossip freely praises her conjugal service as duly completed." The uncontrollable tongues of gossip that in another context produce the *fabula*, talk about town, of elegiac shame, now contribute to the praise of the kind of *militia amoris* (an image triggered by the word *emeritum*) that is practised in the conception and painful parturition of children. Fame conventionally reaches the skies; in the last couplet of 4.11 Cornelia concludes her apology, and also brings an end to Propertian love elegy, by claiming for her soul a more literal ascent to the heavens to join her famous ancestors, 101-102 (reading Heinsius' *auis* in line 102) *moribus et caelum patuit; sum digna merendo / cuius honoratis ossa uehantur auis* "To those of good character even the heaven is open : through my merits I deserve that my bones be borne to my honoured ancestors."

After these two closing poems, I bring this paper to a conclusion with a look at a poem that opens a collection. Sulpicia announces her love, and so inaugurates her elegies on her love, with an exuberant embrace of *fama*, and with an assertion of her own worth (*digna*) that is very different from the kind of *dignitas* to which Cornelia lays claim (Sulpicia 1 = [Tib.] 3.13)[1] :

1 On Sulpicia 1 and its dealings with *fama* see M. Santirocco, "Sulpicia reconsidered", *CJ*, 74, 1979, p. 229-239; S. Hinds, "The poetess and the reader : further steps towards Sulpicia", *Hermathena* 143, 1987, p. 29-46; N. Lowe, "Sulpicia's syntax", *CQ*, 38, 1988,

*Tandem uenit amor, qualem texisse pudori*
*quam nudasse alicui sit mihi fama magis.*
*exorata meis illum Cytherea Camenis*
*attulit in nostrum deposuitque sinum.*
*exsoluit promissa Venus : mea gaudia narret,*
*dicetur si quis non habuisse sua.*
*non ego signatis quicquam mandare tabellis,*
*ne legat id nemo quam meus ante, uelim,*
*sed peccasse iuuat, uultus componere famae*
*taedet : cum digno digna fuisse ferar.*

At last love has arrived, and the rumour that I have concealed it would shame me more than would the report that I have revealed it to someone. Won over by my Muses' prayers, Venus has brought and placed him in my arms. Venus has fulfilled her promise ; let my joys be told of by any of whom it will be said that he has not had his own joys. I would not choose to entrust my messages to sealed tablets, in order that no-one should read them before my lover. Rather I am pleased with my fault, and loathe to put on a front for rumour ; may it be said of me that I have met a worthy match.

Where Ovid ends his *Amores* by urging the girl to throw a veil of *pudor* over her indiscretions in order to preserve her *fama*, Sulpicia opens her opus by revealing all, wishing that it may be said of her that concealment would have been more shameful than revelation, so shattering the normal relationship between *pudor* and *amor*[1]. Alison Keith makes the attractive suggestion that Sulpicia models her affair on the experience of Dido in *Aeneid* 4, but makes a virtue of what had been Dido's downfall : where Dido had lamented her loss of *pudor* and *fama*, Sulpicia will be shamed if *Fama* does not broadcast her love[2]. Keith points especially to the parallels with the words of *Fama* at *Aen.* 4.191-192 uenisse *Aenean Troiano sanguine cretum, / cui se pulchra uiro* dignetur *iungere Dido* "that Aeneas had arrived, born of Trojan blood, to whom fair Dido sees fit to unite herself as her man". What Matthew Santirocco refers to as the "gratuitous indirect discourse" in Sulpicia's poem is cle-

p. 193-205 ; J. P. Hallett, "Woman as *same* and *other* in classical Roman élites", *Helios*, 16, 1989, p. 59-78 ; B. L. Flaschenriem, "Sulpicia and the rhetoric of disclosure", *CPh*, 94, 1999, p. 36-54 ; J. P. Hallett, "Sulpicia and her *fama* : an intertextual approach to recovering her Latin literary image", *CW*, 100, 2006, p. 37-42 ; R. O. A. M. Lyne, *Collected Papers on Latin Poetry*, Oxford, 2007, p. 348-354.

1 *Cf.* Ov. *Am.* 1.2.32 *et Pudor et castris quidquid Amoris obest.*

2 A. Keith, "*Tandem uenit amor* : a Roman woman speaks of love", in J. P. Hallett and M. B. Skinner (eds.), *Roman Sexualities*, Princeton, 1997, p. 295-310.

verly in keeping with the reported speech in which Virgil conveys what *Fama* said : *Fama* after all is reported speech. The last line of Sulpicia's poem ends with a *fama* word, *ferar*[1], governing more indirect speech, *cum digno digna fuisse*. The poem goes from the beginning of Sulpicia's love affair (*tandem uenit*) to its final memorialization in a way that looks forward to a harmonious reconciliation of *fama* and *amor*, as if inscribed on a tombstone[2]. Curiously it is only the female writer Sulpicia who is able to envisage, if not perhaps realise, a completely liberated and unanxious reconciliation of *amor* and *fama*.

Philip HARDIE
Trinity College, Cambridge

1 *Cf.* e.g. *Met.* 15.875-876 *super alta perennis / astra ferar*; see Lyne, *op. cit.*, p. 350, whose further parallels support taking *ferar* as a confident future rather than a subjunctive.

2 See Flaschenriem (art. cit.) for the points in this sentence, comparing Prop. 4.11.36 *in lapide hoc uni nupta fuisse legar.*

# ÉLÉGIE D'AMOUR, ÉLÉGIE D'EXIL : LE SUJET ROMAIN AU TEMPS DES GUERRES CIVILES

L'élégie romaine étonne parce qu'elle « fleurit » très brièvement, sur une période délimitée qui coïncide avec le moment des Guerres civiles, depuis Catulle, dont la « Boucle de Bérénice » était datée par Georges Lafaye des années 62-60 avant Jésus-Christ[1], et par Nino Marinone[2], dans une chronologie basse du *liber* catullien, plutôt des années 56-55, s'achevant avec la mort d'Auguste en 14 après Jésus-Christ et celle d'Ovide, en 17 sans doute. Il n'est sûrement pas anodin que les années 28-27 avant notre ère aient vu la publication quasi-simultanée des *Élégies* de Tibulle et de Properce, puis celle des *Amours* d'Ovide, dans le moment-même où le promoteur du premier recueil élégiaque, Gallus, était acculé au suicide pour des raisons politiques, ni qu'Ovide ait écrit ses *Tristes* et ses *Pontiques* en exil pour raison politique. Cette remarque rouvre une question d'anthropologie poétique, c'est-à-dire d'histoire des formes littéraires vis-à-vis du contexte politique de leur émergence. L'élégie amoureuse de ce temps inaugure un type d'amour nouveau avec son *elocutio* particulière. La subjectivité de l'*Ego* qui y parle, qui excède la relation amoureuse du couple, fait du distique élégiaque tel qu'Horace en a défini les vocations sociologiques premières dans l'*Art poétique* (vers 75-76) son lieu d'expression élective. Les deux pièces conclusives de la *Monobiblos* de Properce en saisissent l'émergence dans et de par le déchirement de la cité.

---

1 Catulle, *Poésies*, texte ét. et trad. par G. Lafaye, Paris, C. U. F., 1974 (1923), Introduction, p. XXIII et la note 4.

2 N. Marinone, *Berenice da Callimaco a Catullo*, Roma, 1984, p. 51, n. 47.

## L'AMOUR ÉLÉGIAQUE AU TEMPS DES GUERRES CIVILES ET DU PRINCIPAT

Ce n'est pas un hasard si Parthénios de Nicée[1] a dédié à Cornélius Gallus l'œuvre de lui qui nous a été le mieux transmise, lui disant qu'il pourrait « introduire dans des récits épiques, ou dans *des élégies* » ceux d'entre les *Érotika pathémata* « qui [lui] sembleraient plus appropriés »[2]. *Érotika pathémata* : le terme grec est parlant. Il trouve une traduction presqu'exacte en français. *Pathéma*, c'est le subi contre l'action, de *pascheïn vs poïeïn*, *patior* contre *gero*, le contraire de la conquête : « la passion (que le français féminise) amoureuse ». Gallus apparaît comme le créateur de ce premier recueil amoureux, dont le *Papyrus de Qasr Ibrim*, édité pour la première fois en 1979[3], a restitué quelques passages, réédités et traduits en 1995 par Manzoni[4]. Mais Properce et Ovide, et surtout les *Bucoliques* VI et X de Virgile, nous rendent maints échos de lui. La Dixième Bucolique, en particulier, monte un jeu subtil sur les deux genres à la mode : le bucolique et l'élégiaque, en parodiant, au sens littéral de Gérard Genette[5], à la fois l'écriture du recueil qu'elle conclut, recueil bucolique, et les *Amours* élégiaques de Gallus. Virgile, selon la métaphore finale, *gracili fiscellam texit hibisco* :

1 Voir J.-P. Boucher, *Caius Cornélius Gallus*, Paris, 1966 ; G. E. Manzoni, *Foroiuliensis poeta, Vita e poesia di Cornelio Gallo*, Milan, 1995.

2 Éd. J. M. Edmonds et S. Gaselee, Loeb Classical Library, 1989 (1916) : « Pensant que c'était à ta destination, Cornélius Gallus, qu'il convenait de rassembler des passions d'amour, j'en ai recueilli le plus possible sous la forme la plus brève et te les ai dédiées. Tu pourras ainsi connaître celles que certains poètes mentionnent sans les raconter complètement, et introduire dans des récits épiques, ou dans des élégies, celles qui t'y sembleront les plus appropriées. Et ne va pas en faire moins cas s'il ne s'y trouve pas l'élévation que tu recherches : réunies en une espèce d'aide-mémoire, elles te rendront maintenant, je crois, grand service » (trad. A. Videau).

3 R. D. J. Anderson, P. J. Parsons, R. G. M. Nisbet, « Elegiacs by Gallus from Qasr Ibrîm », *JRS*, 69, 1979, p. 125-155.

4 *Fata mihi Caesar tum erunt mea dulcia quom tu / maxima Romanae pars eri<s> historiae / postque tuum reditum multorum templa deorum / fixa legam spolieis deivitiora tueis.* – « Mes destins, César, me seront doux, lorsque tu / seras de l'histoire romaine la part majeure / et qu'après ton retour, aux temples de maints dieux / apposées, je lirai les dédicaces des dépouilles dont tu les enrichis ».

5 G. Genette, *Palimpsestes. La Littérature au second degré*, Paris, 1982.

*Haec sat erit diuæ uestrum cecinisse poetam,*
*dum sedet et gracili fiscellam texit hibisco...*[1]

« Voilà qu'il suffira, divines, qu'ait votre poète chanté !
assis, tressant une faisselle de fins brins d'hibiscus... »

« tresse » le « brin » élégiaque de Gallus avec son propre « brin » bucolique, mais pour montrer différentiellement qu'ils sont bien distincts, et que cette distinction dérive, précisément, des formes différentes de l'amour : l'amour élégiaque, représenté dans son texte par la parodie d'un Gallus tel qu'il est apparu dans ses propres *Amours*, ne saurait se confondre, fait entendre Virgile, avec le désir bucolique tel que celui de Simichidas, le pseudonyme de Théocrite dans l'*Idylle* VII des « Thalysies », « amoureux de Myrto, dit le poète sicilien, comme sont amoureuses les chèvres au printemps » (v. 97). Et cela, quand bien même pourrait le laisser croire la mort d'amour de Daphnis, fondateur de la bucolique, auquel est assimilé pour l'éloge virgilien Gallus fondateur de l'élégie mourant d'amour ! C'est ainsi que peut s'interpréter le cinquième vers du prélude de la *Bucolique* X :

*Doris amara suam non intermisceat undam.*

« Qu'ainsi.../ Doris l'amère n'entremêle aux tiennes ses ondes[2] ! »

La féminine Néréide *Doris*, *amara*, incarne et patronne de son « amertume » l'élégie. C'est de cette même amertume que Virgile qualifiera aussitôt après Gallus à son entrée en scène : *Tristis at ille*[3], du qualificatif qui ouvre le fragment de Qasr Ibrim, selon la restitution de Manzoni :

*tristia nequit{ia...} a Lycori tua,*

le même qui fera aussi le titre du premier recueil d'exil d'Ovide : *Tristia*.

Quelle est la nouveauté de cet « amour » élégiaque ? C'est celle d'un héros (*persona*) masculin, tel que Properce le peint en rendant hommage, à son tour, à Gallus, à l'ouverture de la première élégie de la *Monobiblos* :

1 *Bucolique* X, 70-71.

2 *Bucolique* X, 1-5 : « Accorde-moi, Aréthuse, cet ultime effort ! / Il faut, pour mon Gallus, que je dise quelques chants, quelques uns / mais de ceux qu'elle, Lycoris, lise : qui des chants à Gallus dénierait ? / *Sic tibi cum fluctus subterlabere Sicanos/ Doris amara suam non intermisceat undam.* / Qu'ainsi lorsque tu glisseras sous les flots de Sicile, / Doris l'amère n'entremêle aux tiennes ses ondes ! »

3 *Bucolique* X, 31 : *Tristis at ille : "Tamen cantabitis, Arcades" inquit...*

*CYNTHIA prima suis miserum me cepit ocellis,*
*contactum nullis ante cupidinibus*[1].

« Cynthie, de sa prunelle, la première m'a pris, malheureux,
que nul désir n'avait, avant, touché. »

Jeune homme captif objet : *me cepit*, d'une belle chasseresse, dont les yeux, *ocellis*, de leurs traits, suivant la conception antique du regard étudiée par Gérard Simon[2], lui ont inoculé la maladie (*contactum*), la rage folle, *furor*, dont il est dès lors la proie :

*Et mihi iam toto furor hic non deficit anno*[3]

« Et voilà que pour moi cette folie, de toute l'année, n'arrête pas... »

Il est soumis à l'Amour vainqueur auquel le Gallus virgilien de la *Bucolique* X se plie déjà :

*Omnia uincit Amor : et nos cedamus Amori*[4] *!*

« ... Amour de tout triomphe. À l'Amour cédons nous aussi ! »

Cette formule, Francis Cairns considère ses occurrences en variation chez les poètes élégiaques postérieurs comme le signe de leur origine gallienne[5]. C'est un antihéros « sur la tête » duquel Amour « a fait peser son pied », *et caput impositis pressit Amor pedibus* (I, 1, 4) :

*Tum mihi constantis deiecit lumina fastus*
*et caput impositis pressit Amor pedibus*[6]

« Alors Amour m'a fait baisser ce regard aux dédains invariables
et il a fait peser sur ma tête son pied... »

Vaincu, esclave lourdement humilié, il est désormais le servant « éperdu », *amens*, de la belle chasseresse, « blessé », *percussus uulnere*, *saucius* (v. 13-14), tel Milanion auprès d'Atalante :

1 Properce I, 1, 1-2.
2 G. Simon, *Le Regard, l'être et l'apparence dans l'Optique de l'Antiquité*, Paris, 1988 ; *Id.*, *Archéologie de la vision. L'optique, le corps, la peinture*, Paris, 2003.
3 Properce I, 1, 7.
4 *Bucolique* X, 69.
5 Voir F. Cairns, *Sextus Propertius : The Augustan Elegist*, Cambridge, 2006, p. 107.
6 Properce I, 1, 3-4.

*Milanion nullos fugiendo, Tulle, labores*
*saeuitiam durae contudit Iasidos.*
*Nam modo Partheniis amens errabat in antris,*
11a <......................................
11b ............................................................>
*ibat et hirsutas †ille uideret† feras ;*
*ille etiam Hylaei percussus uulnere rami*
*saucius Arcadiis rupibus ingemuit*[1].

« Milanion, ne fuyant aucune épreuve, Tullus,
de la dure Iaside a su briser la cruauté,
car aux vallées parthéniennes tantôt, égaré, il errait
11a <............................................................
11b ............................................................>
et il s'en allait †voir† les bêtes au poil hirsute ;
c'est lui encore, meurtri d'une blessure par la branche d'Hylée,
qui gémissait, atteint, sous les rocs arcadiens. »

De cette identification mythique, l'écho s'entend aussi chez Virgile :

*Ibo et...*
*Certum est in siluis inter spelaea ferarum*
*malle pati...*
*Interea mixtis lustrabo Mænala Nymphis,*
*aut acris uenabor apros. Non me ulla uetabunt*
*frigora Parthenios canibus circumdare saltus.*
*Iam mihi per rupes uideor lucosque sonantis*
*ire, liber...*[2]

« J'irai, et...
Je veux, dans les forêts plutôt, parmi les grottes des bêtes sauvages,
souffrir...
Cependant, aux Nymphes mêlé, je parcourrai tout le Ménale,
ou chasserai les sangliers qui chargent. Jamais frimas
n'empêchera qu'avec mes chiens j'encercle les halliers parthéniens.
Déjà je crois, à travers roches et bois sonores,
aller, j'aime à darder sur la corne d'arc parthe, des traits
cydoniens... »

Elle constitue très certainement, comme la mention des « halliers parthéniens » (v. 57) en joue, la double révérence de Virgile et, à travers Virgile, de Gallus, à Parthénios, leur maître commun en poésie grecque.

---

1 Properce I, 1, 9-14.
2 *Bucolique* X, 50 ; 52-53 ; 55-59.

Cet antihéros, Paul Veyne, dans son ouvrage mi-littéraire mi-historique de 1983, *L'Élégie érotique romaine. L'amour, la poésie, l'Occident*[1], en avait mis en évidence la condition sociale en insistant sur la discrépance entre son origine (de chevalier) et la fréquentation d'une femme interlope, matrone libre car veuve, ou affranchie courtisane, la sorte de « marginalité » qui serait la sienne. Il encourt le grief social d'*improbitas*, dont Properce qualifie l'Amour qui terrasse son héros dans le même poème initial de la *Monobiblos* (v. 5-6) :

*...donec me docuit castas odisse puellas*
*improbus ! et nullo uiuere consilio.*

« ...jusqu'à m'apprendre à détester les filles sérieuses,
le déshonnête ! et à vivre sans règle aucune. »

Ce héros se révèle non pas conquérant mais conquis, non pas dominant mais dominé, *seruus* d'une *domina* « cruelle » et « dure ». À lire Virgile dans la *Bucolique* X, la Lycoris de Gallus, courtisane et mime, serait un archétype. Lui est toujours en quête d'elle, et toujours menacé de la perdre, séparé d'elle par une distance maximale, aux extrémités de l'*orbis terrarum*, comme le typise la parodie virgilienne du *Propemptikon* adressé à sa belle par Gallus dans les *Amores* :

*"Galle, quid insanis ?" inquit, "tua cura Lycoris*
*perque niues alium perque horrida castra secuta est*[2]"

« "Pourquoi, Gallus, délires-tu ?", dit [Apollon], "Lycoris, ton souci,
par les neiges, par des camps effroyables, en a suivi un autre" ».

Comme Virgile le lui fait re-chanter : *me sine sola uides* (v. 48), Gallus instaure le leitmotiv du *sine me*, « sans moi », que déclinera en mille manières toute l'élégie romaine :

*Nunc insanus amor duri me Martis in armis*
*tela inter media atque aduersos detinet hostis.*
*Tu procul a patria (nec sit mihi credere tantum)*
*Alpinas, a dura, niues et frigora Rheni*
*me sine sola uides*[3]...

1 P. Veyne, *L'Élégie érotique romaine. L'amour, la poésie, l'Occident*, Paris, 1983.
2 *Bucolique* X, 22-23.
3 *Bucolique* X, 44-48.

« Or moi, un fol amour, de l'insensible Mars sous les armes,
parmi les traits, face à l'ennemi, me retient.
Toi, loin de la patrie, – je voudrais n'avoir pas à croire pareil prodige ! –
ah ! insensible ! les neiges alpines et les frimas du Rhin,
tu les verras seule, sans moi..., »

à l'opposé de l'univers d'amour bucolique où le même Gallus rêve de se consumer non de passion mais *tecum aeuo*, « de vieillesse avec toi » :

*...hic ipso tecum consumerer aeuo*[1].

« ...ici, c'est de vieillesse qu'avec toi je me consumerais. »

L'univers dur et glacé d'un lointain inconnu est alors devenu la métaphore de l'amour non-partagé, et de la déréliction. Ovide le déploiera dans les *Tristes* et les *Pontiques* autour de Nason exilé. À partir du double éloignement qui sépare là Gallus (... *me.../... detinet*, v. 44-45) de Lycoris (*Tu procul a patria...*, v. 46 et suiv.), Properce dédoublera dans la *Monobiblos* le *propemptikon* gallien : il esquissera en I, 6 le départ projeté d'*Ego*, puis, en I, 8, le départ projeté de Cynthie pour l'Illyrie « glacée », *sine me* (v. 4), sur une mer déchaînée, analogue aux tumultes de la passion, et les neiges, de nouveau, allégorisant la froideur de l'aimée :

*Tune igitur demens nec te mea cura moratur ?*
*An tibi sum gelida uilior Illyria ?*
*Et tibi iam tanti, quicumque est, iste uidetur,*
*ut sine me uento quolibet ire uelis ?*
*Tune audire potes uesani murmura ponti*
*fortis et in dura naue iacere potes ?*
*Tu pedibus teneris positas †fulcire† pruinas,*
*tu potes insolitas, Cynthia, ferre niues*[2] *?*

« Es-tu donc folle et nul souci de moi ne te retient ?
je compte moins pour toi que l'Illyrie glacée
et cet homme, quel qu'il soit, te semble si cher déjà
que sans moi tu veuilles partir sous n'importe quel vent ?
Peux-tu, toi, entendre le grondement de la mer en furie
bravement et coucher à la dure sur le navire, le peux-tu ?
Toi, sur tes pieds délicats †soutenir† les frimas tombés,
toi, tu peux souffrir, Cynthie, les neiges que tu ignorais ? »

---

1 *Bucolique* X, 43.
2 Properce I, 8, 1-8.

– pour passer sous silence le *Propemptikon* à Corinne des *Amours* d'Ovide, III, 11.

Toujours en situation de *discidium*, ce héros lance à l'adresse de celle qui lui est retirée et/ou qui se refuse à lui, sa plainte, *querela*, tel Milanion gémissant « aux antres parthéniens » (*ingemuit*, Properce I, 1, 9). Les prières de sollicitation qu'il module, Wilfried Stroh a magistralement démontré qu'elles constituent la position d'élocution fondamentale de l'élégie[1]. Virgile en parodie l'*elocutio* à la première personne, tout à fait originale[2] :

*Tu procul a patria (nec sit mihi credere tantum)*
*Alpinas, a dura, niues et frigora Rheni*
*me sine sola uides. A, te ne frigora lædant !*
*A, tibi ne teneras glacies secet aspera plantas*[3] *!*

« Toi, loin de la patrie, – je voudrais n'avoir pas à croire pareil prodige ! –
ah ! insensible ! les neiges alpines et les frimas du Rhin,
tu les verras seule, sans moi. Ah ! que ne te blessent les frimas,
ah ! que le tranchant de la glace ne coupe pas la tendre plante de tes pieds ! »

Ce mime de parlé pathétique se distingue par les phénomènes d'incise, au vers 46 : *nec mihi credere tantum*, par les asyndètes et les trois exclamations en forme de cris qui interrompent les paroles d'un amant aussi tourmenté et attentif à la souffrance de l'aimée que le serait… une mère.

## L'AMOUR PASSIONNEL ENTRE MORT ET SALVATION

Le *Dis-cidium* (« séparation » saisie dans son procès) est donc la situation fondamentale de cet *Ego* nouveau. Or, déjà, la première *Élégie* de la période, le *Carmen* 65-66 de Catulle, le met en scène avec une incroyable virtuosité :

---

1 W. Stroh, *Die Römische Liebeselegie als werbende Dichtung*, Amsterdam, 1971.

2 Voir le Chapitre V « Continuité et discontinuité élégiaques, tensions », in A. Videau, *La Poétique d'Ovide, de l'élégie à l'épopée des* Métamorphoses. *Essai sur un style dans l'histoire*, Paris, 2010.

3 *Bucolique* X, 46-49.

*Inuita o regina tuo de uertice cessi*
*inuita* –[1]

« Malgré moi, ô reine, j'ai quitté ton chef,
malgré moi... »,

s'écrie la Boucle de Bérénice, dédiée par la souveraine à Aphrodite au lendemain de ses noces pour obtenir le retour de son époux aimé parti conquérir l'Assyrie (Ptolémée III Évergète). La Boucle narre et plaint cette rupture et cet éloignement auquel elle a été contrainte, *semper afore* (v. 74-75), loin de celle à qui elle s'adresse d'un nom bien intéressant puisqu'elle lui dit :

*Non his tam laetor rebus quam me afore semper*
*afore me a dominae uertice discrucior*[2]

« Je ne me réjouis point tant de cela que d'être toujours séparée,
séparée du front de ma maîtresse ne me torture »

*domina*, sa « maîtresse », ce même nom dont les amants-poètes de Tibulle à Ovide ne cesseront d'appeler l'objet aimé, et que l'on trouve au vers 6 de Gallus dans le *Papyrus de Qasr Ibrim*[3], rimant avec carmina :

*...tandem fecerunt c[ar]mina Musae*
*quae possem domina deicere digna mea...*

« ...enfin les Muses ont fait des chants
que je puisse, dignes de ma maîtresse, jeter à ses pieds... »

Dans la périphrase qui désigne d'abord la Boucle de Bérénice : *e Bereniceo uertice cæsariem*, « boucle coupée au chef bérénicéen » (v. 8), le poète fait jouer *cæsaries*, mot populaire qui caractérise son parler, avec son étymologie : *a cædendo dicta cæsaries* selon Servius – *ad Æn.* I, 590 : *caedere*, « abattre en coupant », « frapper », « tuer »[4].

D'une part donc, cette *Élégie princeps* démontre magistralement que l'amour nouveau qu'il faut nommer « passionnel » (*érôtikon pathéma*) n'est pas réservé au lien de l'amant à l'aimée tel que le déploient les poètes élégiaques dans la suite des temps, et que son prototype latin en est d'une femme servante à une autre femme maîtresse.

1 Catulle 66, 39-40.
2 Catulle 66, 74-75.
3 G. E. Manzoni, *Foroiuliensis poeta...*, *op. cit.*, p. 57.
4 *D. É. L. L.*, Ernout et Meillet.

D'autre part, la situation amoureuse de séparation de la Boucle non seulement est assimilée en soi à une mort, mais elle est également offerte par le poète à son ami Ortalus dans l'*Envoi* 65, dédiée comme substitut de poème dans les circonstances de deuil qui le frappent et l'empêchent de composer un « vrai » poème, à la mort de son frère.

*Etsi me assiduo confectum cura dolore*
*seuocat a doctis Ortale uirginibus*
*nec potis est dulcis Musarum expromere fetus,*
*mens animi tantis fluctuat ipsa malis*
*namque mei nuper Lethæo in gurgite fratris*
*pallidulum manans alluit unda pedem*
*Troia Rhœteo quem subter litore tellus*
*ereptum nostris obterit ex oculis*
*— Alloquar, audiero numquam tua facta loquentem*
*numquam ego te uita frater amabilior*
*aspiciam posthac, at certe semper amabo*
*semper mæsta tua carmina morte tegam*
*qualia sub densis ramorum concinit umbris*
*Daulias absumpti fata gemens Itylei —,*
*sed tamen in tantis mæroribus Ortale mitto*
*hæc expressa tibi carmina Battiadæ*
*ne tua dicta uagis nequiquam credita uentis*
*effluxisse meo forte putes animo*
*ut missum sponsi furtiuo munere malum*
*procurrit casto uirginis e gremio*
*quod miseræ oblitæ molli sub ueste locatum*
*dum aduentu matris prosilit excutitur*
*atque illud prono præceps agitur decursu,*
*huic manat tristi conscius ore rubor.*

« Quoiqu'affligé d'une douleur sans fin, le tourment,
Ortalus, des vierges savantes me détourne
et qu'il soit impossible aux pensers de mon cœur de mettre au jour
les doux enfants des Muses, si grands malheurs les ballottent,
puisque naguère, au gouffre léthéen, l'eau qui dégoutte,
de mon frère, a baigné les pieds tout pâlis,
sur qui la terre de Troie, près des bords rhétéens,
arraché à nos yeux, pèse
– Te parlerai-je, jamais je ne t'entendrai plus parler de tes occupations,
jamais, moi, je ne te verrai, frère plus aimable
que la vie, désormais, mais du moins toujours je t'aimerai,
toujours me cacherai pour ces chants désespérés de ta mort,
pareils à ceux-là que, dans l'ombre épaisse des ramures, chante

la Daulienne, pleurant le sort d'Itylos emporté –,
mais pourtant, parmi tant d'afflictions, Ortalus, je t'envoie
ces poèmes pour toi transcrits du Battiade,
que tu n'ailles pas croire que tes mots, aux vents errants
livrés en vain, de mon cœur se soient échappés,
ainsi la pomme, cadeau furtif, envoyée par le fiancé
tombe du sein de la vierge chaste,
quand elle oublie, la pauvre, qu'elle l'a cachée sous sa robe délicate,
et s'élance au devant de sa mère, la pomme saute,
et roule tout droit en poursuivant sa course,
elle, la rougeur de l'aveu perle à son visage contrit. »

Le deuil de la Boucle aimante, morte de son attachement à sa Reine, vient donc pleurer par analogie, en forme d'allégorie, le deuil de Catulle sur son frère. Et cela avec la syntaxe typique précédemment évoquée. Aux vers 9 et suivants – *Alloquar, audiero numquam tua facta loquentem...* –, le mouvement syntaxique lancé par *Etsi*, « Quoique », initial est interrompu à deux reprises pour une sorte de *lamento* qui mime la douleur du deuil, où l'asyndète se multiplie, en une sorte de *conclamatio*.

Si ce poème double 65-66 reprend la structure de l'ex-voto sociologique, puisqu'il est composé du texte de dédicace qu'est l'*Envoi* à Ortalus, et de l'objet dédié, qu'est le poème-traduction 66, ce *Poème* 66 est lui-même à la fois élégie votive et élégie funéraire[1]. Car l'astronome Conon que met en scène Catulle découvre la Boucle *cælesti in lullimine* (v. 7)[2], le « parvis céleste » chez Callimaque : ce *limen*, seuil de l'exil loin de la chevelure de la reine, où les dieux impriment leurs pas, *uestigia diuum* (v. 69). Et la Boucle se trouve appendue non pas à l'entrée d'un temple banal tels les ex-voto ordinaires, mais aux *templa* célestes, visible désormais à tous, *hic*, « ici » (v. 59), *ad templa deum*. Ce *hic* est le lieu d'où « je » parle, moi, l'objet offert en ex-voto, mais aussi moi, pierre du tombeau ou mort ci-gisant. Le poème catullien conjoint donc les deux vocations qu'Horace attribuera au distique élégiaque sociologique dans l'*Art poétique* :

*Versibus impariter iunctis querimonia primum*
*inclusa est post etiam uoti sententia compos*

1 Pour cette démonstration, voir le chapitre 1. « Deux aperçus sur la relecture romaine d'élégies grecques », 2. « Entrée en scène de l'élégie à Rome : Catulle et Callimaque, 'La Boucle de Bérénice' » in A. Videau, *La Poétique d'Ovide..., op. cit.*

2 Voir *ibid.*

> « Dans l'union de deux vers inégaux, la plainte d'abord
> fut inscrite, puis encore l'expression d'un vœu accompli[1]. »

L'amour passionnel qui vient à se dire pour la première fois dans l'élégie romaine au temps des Guerres civiles est donc un amour fondé sur la perte. Sa déploration alterne avec la célébration d'une (res)saisie éphémère de l'objet perdu et désiré : entre mort et salvation, entre épigramme funéraire et épigramme votive, dans l'alternance binaire et indissociable de l'hexamètre plein et allant et du pentamètre catalectique.

Contrairement à ce que l'on a pu imaginer[2], ce ne serait pas la situation de parole de l'amoureux sur le seuil dans le *paraklausithyron* qui serait « transposée à l'infini dans l'élégie ». Bien plutôt, les élégies littéraires transposent, avec le mètre particulier de l'épigramme, funéraire et votive, les traits initiaux de sa situation d'énonciation et de ses deux « actes de parole », autour de la perte et/ou de l'obtention de l'objet désiré. Cette parole d'un *Ego* exclu, sollicitant, en instance de..., devient l'expression du désir passionnel d'un antihéros soumis au réel, radicale nouveauté du sujet élégiaque comme soumis à la mort et désirant, *Ego* absent, exclu, qui s'adresse de et par la pierre, puis la tablette ou le parchemin, à un destinataire aléatoire.

## BÉANCE ET CONFUSION DES VALEURS DANS LES GUERRES CIVILES

### Passage d'un monde archaïque à un monde moderne

Les deux pièces finales de la *Monobiblos* de Properce permettent de suggérer comment cet amour passionnel, polarisé sur une femme, *domina* toute-puissante, maîtresse de la vie et de la mort d'un *Ego* passionné et passif, a émergé dans les circonstances des Guerres civiles.

---

1 Horace, *Art poétique* 75-76.

2 Et à ce que nous écrivions naguère dans A. (Delibes-) Videau, « Situation du personnage élégiaque », *L'Éclat du jour. Le fait politique*, n° 4, mai 1987 (édit. J. Clims), p. 73-80.

XXI

*Tu, qui consortem properas euadere casum,*
*miles ab Etruscis saucius aggeribus,*
*quid nostro gemitu turgentia lumina torques ?*
*Pars ego sum uestrae proxima militiae.*
*Sic te seruato {ut} possint gaudere parentes,*
*†ne† soror acta tuis sentiat e lacrimis,*
*Gallum per medios ereptum Caesaris enses*
*effugere ignotas non potuisse manus,*
*et quaecumque super dispersa inuenerit ossa*
*montibus Etruscis, haec sciat esse mea.*

XXII

*Qualis et unde genus, qui sint mihi, Tulle, penates,*
*quaeris pro nostra semper amicitia.*
*Si Perusina tibi patriae sunt nota sepulcra,*
*Italiae duris funera temporibus,*
*cum Romana suos egit discordia ciuis*
*– †sit† mihi praecipue puluis Etrusca dolor,*
*tu proiecta mei perpessa es membra propinqui,*
*tu nullo miseri contegis ossa solo –,*
*proxima suppositos contingens Vmbria campos*
*me genuit terris fertilis uberibus*

XXI

« Toi qui te hâtes de fuir le sort commun,
soldat blessé, loin des remparts étrusques,
pourquoi détournes-tu à mon gémissement des yeux gonflés ?
Je suis, de votre troupe, le plus proche de toi :
qu'à ce prix puissent tes parents se réjouir de te voir sauf,
que ta sœur à tes larmes comprenne ce qui a eu lieu,
que Gallus, du milieu des épées césariennes arraché,
n'a pu à des mains inconnues échapper
et les os qu'épars, elle trouvera à la surface
des monts étrusques, elle sache qu'ils sont les miens. »

XXII

« Ma qualité, mes origines, quelles sont, Tullus, mes Pénates,
tu le demandes au nom de notre amitié de toujours :
si te sont connus les tombeaux pérugins de la patrie,
deuil d'Italie en une dure époque,
où la Discorde romaine anima les concitoyens

– oui, moi spécialement, poussière d'Étrurie, tu m'es douleur,
tu as pu souffrir de voir abattu le corps de mon parent,
du malheureux, tu ne couvres les os d'aucune terre –,
l'Ombrie toute proche, jouxtant ces plaines qu'elle surplombe,
m'a enfanté, riche en terres fécondes. »

Ces deux pièces surprennent le lecteur de la *Monobiblos* au sortir des démêlés amoureux du héros avec Cynthie et de ceux de ses destinataires et comparses avec leurs sentiments. Elles constituent à l'évidence deux variations sur l'épigramme funéraire sociologique. La première, paradoxale dans la veine d'épigrammes alexandrines de l'*Anthologie*, donne la parole non pas à un défunt mais à un agonisant, un soldat tué en marge de la guerre dans des circonstances peu glorieuses, qui redoute de n'obtenir pas la sépulture sur laquelle ordinairement s'inscrit l'épitaphe : son adresse, sa forme de prière dans les trois derniers distiques, *sic te...*, les « yeux gonflés » du soldat qui passe, son mouvement, sont conformes aux *topoï* de l'épigramme funéraire. Par l'enchâssement qu'elle présente, au sein d'une adresse à l'ami et protecteur Tullus, de la déploration d'un proche, Gallus, en une incise (v. 6-8), avec changement de destinataire dans l'apostrophe à l'Étrurie, le second poème est calqué, selon nous[1], sur la structure du *Poème* 65 de Catulle, à Ortalus. Cette *imitatio* conforte sa fonction de dédicace, d'épigramme votive, non plus d'un unique poème, comme chez Catulle pour « La Boucle de Bérénice », mais de dédicace pour toute la *Monobiblos*. « Plusieurs érudits (ainsi Dettmer 1988), dont je suis », écrit Gauthier Liberman, « y trouvent même sous forme d'anagramme au v. 2 la réponse à l'une des questions du v. 1, *PRO nostra semPER amiciTIA*, c'est-à-dire, en quelque sorte, *pars sum gentis Propertiorum*[2] ».

L'évocation d'un même lieu attache indissolublement les deux poèmes : *ab Etruscis aggeribus*, *montibus Etruscis* (I, 21, 2 et 10), *puluis Etrusca* (I, 22, 6). Or, ce lieu se découvre être double, incluant le lieu natal de Properce, l'Ombrie à la fécondité hyperbolisée : *Vmbria.../...terris fertilis uberibus* (v. 10), et le lieu de mort auquel il est contigu – d'une manière analogue à celle dont pentamètre et hexamètre élégiaques sont contigus et indissociables[3].

1 Ce passage reprend A. Videau, « Properce et le "mourir d'aimer" élégiaque », *Mélanges en l'honneur de Mme le Professeur J. Dangel*, réunis par M. Baratin, C. Lévy, R. Utard et A. Videau, Paris, 2011, p. 721-735.

2 G. Liberman, commentaire de la *Monobiblos* à paraître.

3 Ovide, *Amours* I, 1, 17-18 : *Cum bene surrexit uersu noua pagina primo / attenuat neruos proximus ille meos.* « Quand en un premier vers la page nouvelle a bien pris son élévation, / voilà

En plaçant à la fin de son Livre l'épigramme I, 22, Properce érige donc les *sepulcra* qui sont refusés au soldat de I, 21 par les circonstances. Là où la terre vient à lui manquer : *Tu nullo miseri contegis ossa solo*, et où la bouche d'aucun passant ne peut articuler pour lui le *Sit tibi terra leuis* du formulaire funéraire ; quand les os du défunt sont dispersés, voués à l'anonymat (*quaecumque*, v. 9), le poète met un nom : *Gallum*. Il laisse espérer le remembrement, l'unité : *haec sciat esse mea* (v. 10). Quand la *Romana discordia* provoque le scandale de la dispersion des membres des *ciues*, emblématique de la dissociation du corps civil, Properce signe en *sphragis*, et il dresse son Livre comme mémorial des morts de l'Italie entière (*Italiae duris funera temporibus*), en y incluant sa petite patrie dans la Guerre de Pérouse, entre l'automne 41 et février 40 avant Jésus-Christ[1], autour du plus cher de ses proches. À la clôture de la *Monobiblos* comme stèle se dresse donc, à lire désormais pour le lecteur-passant, cette inscription double : inscription d'un deuil en même temps que célébration personnelle, épigramme funéraire en même temps qu'ex-voto pour l'écriture achevée.

Ainsi Properce parachève l'accomplissement de la demande du mourant que porte I, 21 :

> *†ne† soror acta tuis sentiat e lacrimis,*
> *Gallum per medios ereptum Caesaris enses*
> *effugere ignotas non potuisse manus,*
> *et quaecumque super dispersa inuenerit ossa*
> *montibus Etruscis, haec sciat esse mea*[2].

> « ... que ta sœur à tes larmes comprenne ce qui a eu lieu,
> que Gallus, du milieu des épées césariennes arraché,
> n'a pu à des mains inconnues échapper
> et les os qu'épars, elle trouvera à la surface
> des monts étrusques, elle sache qu'ils sont les miens. »

Cette demande est destinée à une femme, une femme à qui s'adressent ces *ultima uerba*, qui aura la charge de l'*ossilegium*, de réunir les fragments du corps épars, fiancée ou épouse. Or cette scène n'est aucunement

---

que le prochain affaiblit ma vigueur. » *Ibid.* 27 : *Sex mihi surgat opus numeris In quinque residat.* « Que mon œuvre en six mesures s'élève, sur cinq retombe ! »

1 Où six légions d'Octave affrontèrent les troupes du frère d'Antoine, alors en Orient ; avec la mise à mort de notables sur ordre d'Octave.

2 Properce I, 21, 6-10.

unique dans les poèmes élégiaques de la période, elle annonce celle de l'illustre troisième *Élégie* de Tibulle (v. 1) :

> *Ibitis Aegaeas sine me Messalla per undas*
>
> « Vous irez, Messalla, par les flots égéens sans moi... »,

où le jeune accompagnateur de Messalla dans son voyage de reconquête en Orient, se projette mourant puis mort privé de l'*ossilegium* qu'accompliraient les mains d'une mère, d'une sœur, de la femme aimée Délie :

> *Me tenet ignotis aegrum Phaeacia terris*
> *Abstineas auidas Mors modo nigra manus*
> *Abstineas Mors atra precor Non hic mihi mater*
> *quae legat in maestos ossa perusta sinus*
> *non soror Assyrios cineri quae dedat odores*
> *et fleat effusis ante sepulcra comis*
> *Delia non usquam*[1]*...*
>
> « En ses terres inconnues me retient, malade, Phéacie.
> Éloigne tes mains avides, un peu, noire Mort,
> éloigne-les, Mort ténébreuse, je t'en prie ! Je n'ai pas ma mère, ici,
> pour recueillir en son sein triste mes os consumés,
> pas ma sœur pour donner des parfums d'Assyrie à ma cendre
> et pleurer, cheveux épars, devant ma tombe,
> pas Délie, nulle part... »

Le poème I, 17 de Properce, qui rejette le héros « sur un rivage ingrat », *ingrato litore*, loin de sa belle, lui fait déjà délirer sa mort prochaine, regretter des funérailles qui seraient menées par l'amante restée à Rome :

> *Illic si qua meum sepelissent fata dolorem*
> *ultimus et posito staret amore lapis*
> *Illa meos caros donasset funere crines*
> *molliter et tenera poneret ossa rosa*
> *Illa meum extremo clamasset puluere nomen*
> *ut mihi non ullo pondere terra foret*[2]
>
> « Là-bas, si les destins peut-être avaient enseveli ma douleur,
> l'ultime stèle s'élèverait sur mon amour gisant.

---

1 Tibulle I, 3, 3-9.

2 Properce I, 17, 19-24.

Elle, à mon enterrement aurait offert ses chers cheveux,
    et doucement posé mes os dans la rose tendre,
Elle, elle aurait clamé mon nom sur ma cendre, à la fin,
    que la terre sur moi ne pèse d'aucun poids ! »

À cette vision répond encore le rêve étonnant de l'*Élégie* d'ouverture de Tibulle :

« Non, moi je ne me soucie d'être loué, ma Délie : avec toi
    pourvu que je sois, je veux bien qu'on me dise lâche, indolent,
pourvu que je te voie quand pour moi sera venue l'heure ultime,
    que je te tienne, mourant, de ma main défaillante !
Tu me pleureras, Délie, étendu sur le lit prêt à se consumer
    et donneras des baisers mêlés de larmes funèbres,
tu pleureras, ton sein n'est pas bardé de chaînes
    de fer et tu n'as dans ton cœur tendre pas de pierre.
De ces funérailles-là, pas un garçon ne saura
    rentrer les yeux secs, pas une fille chez elle.
Toi, n'offense pas mes Mânes mais épargne tes cheveux
    défaits, et tes joues tendres, Délie, épargne-les[1] ! »

Et encore chez Properce, *Élégies* I, 19, 1-4 :

*Non ego nunc tristis uereor mea Cynthia Manes*
    *nec moror extremo debita fata rogo*
*Sed ne forte tuo careat mihi funus amore*
    *hic timor est ipsis durior exsequiis*

1 « Non, moi, je ne crains pas, à présent, ma Cynthie, les Mânes sinistres
    ni ne retarde le destin qui nous doit au bûcher final,
mais que, peut-être, ton amour me manque à mon enterrement,
    voilà ma peur, plus infrangible que celle des funérailles mêmes. »

Or, comme Properce l'écrit en I, 11, 21-22 :

*Ah ! mihi non maior carae custodia matris*
    *aut sine te uitae cura sit ulla meae*

« Ah ! je ne garderais pas mieux ma chère mère,
    ou, sans toi, je n'aurais nul souci de ma vie[2] ! »

---

1 Tibulle I, 1, 57-68.
2 Voir Catulle, *Poèmes* 35-36, en écho à Homère, *Iliade* VI, 429-430.

la vie de l'antihéros amoureux se confond avec celle de celle qu'il aime et le retrait de celle-ci l'anéantit. L'*érôtikon pathéma*, la passion amoureuse, fait sortir le héros élégiaque du monde, du *negotium*, des échanges avec autrui dans la paix et dans la guerre, *domi militiaeque*, qui régissent ordinairement la vie du citoyen romain. La passion l'immobilise, comme les nombreuses occurrences de la locution *me tenet*, du verbe *tenere*, « tenir », « retenir », qui assonent avec *tener*, avec la « tendresse », le disent significativement.

Ce que ce héros élégiaque semble donc demander à la femme aimée, c'est de réparer dans la relation singulière ce qui se trouve défait dans la cité par les Guerres civiles. Il est dans l'attente, comme le Gallus mourant de la pièce I, 21 de Properce, de ce qui unifierait ce dont ces Guerres manifestent la dissociation. *Illa*, la *domina*, devient la seule représentante de l'unité qui assurerait, dans sa coexistence avec l'amant, l'identité de celui-ci. Elle devient le pôle qui se substitue à la cité ruinée.

L'exil d'Ovide, à ce qu'il fait dire dans les *Tristes* à Nason, est en quelque sorte une convulsion ultime des Guerres civiles. S'adressant à Auguste, il argumente :

> « Souvent tu as accordé au parti vaincu le pardon
> que, vainqueur, il t'aurait refusé.
> J'ai même vu de richesses et d'honneurs
> comblés maints qui avaient porté les armes contre toi.
> Le même jour mit fin à la guerre et à la colère qu'elle avait en toi suscitée,
> les deux partis portèrent ensemble aux temples leurs offrandes,
> et si tes soldats se réjouissent d'avoir vaincu l'ennemi,
> l'ennemi a sujet de se réjouir de sa défaite.
> Ma cause est meilleure, car on ne m'accuse pas d'avoir suivi
> des armes ennemies ou un parti adverse[1]. »

De manière absolument nouvelle encore, Ovide introduit comme motif majeur de son épopée des *Métamorphoses* la passion amoureuse d'un héros masculin, un rapport dégagé de toute généalogie comme de tout ordre cosmique : on songe par exemple aux passions de Pyrame, et d'Iphis amoureux d'Anaxarète. Cette invention signifie l'improbabilité, en un temps de confusion, de la référence à un héros conquérant qui soit « un », au service d'une lignée, d'un combat et de valeurs définies.

1 *Tristes* II, 43-52.

En même temps, ce poème épique converge, à travers les épisodes de Cadmus, de Tirésias (III) et de la peste de Rome (XV), vers une figure unique, celle du dieu-serpent Esculape. Cette convergence entérine la fin de la République dans le recours à un dieu-*dominus* unique, re-né, maître de la vie et de la mort. L'Auguste-Jupiter que Nason sollicite dans les *Tristes* n'est pas différent. Ovide peint à travers lui la soumission de sujets en proie à la nouveauté du sentiment de culpabilité, tel le Cadmus des *Métamorphoses*, tel déjà l'*Ego* de Properce en I, 18, 7-9 :

*Qui modo felices inter numerabar amantes,*
*nunc in amore tuo cogor habere notam.*
*Quid tantum merui ? Quae te mihi crimina mutant ?*

« Moi qui, naguère, comptais au nombre des amants heureux,
dois, à présent, au registre de tes amours, porter la flétrissure.
Quelle faute si grande ai-je commise ? Quels soupçons à mon égard te changent ? »

et encore dans l'*Élégie* II, 14 :

*Magna ego dona tua figem Cytherea columna*
*Taleque sub nostro nomine carmen erit*
*« Has pono ante tuas diua Propertius aedis*
*exuuias tota nocte receptus amans »*
*[...]*
*Quod si forte aliqua nobis mutabere culpa*
*uestibulum iaceam mortuus ante tuum*[1]

Je suspendrai, ô Cythérée, ce grand trophée à tes colonnes,
avec dessous mon nom ces vers :
« Devant ton temple, ô déesse, je dépose, moi, Properce,
ces dépouilles : un amant accueilli toute une nuit. ».
[...]
S'il arrivait que tu viennes à changer pour moi par quelque faute,
puissé-je avant tomber mort devant ton seuil !

Les *Tristes*, qui transposent sur le Prince le type de sollicitation adressé à la *domina* par les poètes-amoureux élégiaques, avec l'ensemble des données d'exclusion et de recherche de l'union perdue[2], mettent en évidence les potentialités latentes dans les titres de ce Prince : « Auguste »,

1 Properce II, 14, 25-28 ; 31-32.
2 Voir A. Videau, *Les* Tristes *et l'élégie romaine. Une poétique de la rupture*, Paris, 1991.

il est Jupiter, *Pater*, il a droit de vie et de mort. Maître du sacré et du profane, source de la légitimité sacrée et publique, comme l'écrit John Scheid[1], en accaparant ces noms, Auguste a effacé les médiations propres à la République : l'individu n'est plus le citoyen qui n'a de relation avec ses dieux que par la médiation de la collectivité qui le définit, et qui le protège des effets intempestifs de leur colère ; il n'est plus le citoyen protégé des effets intempestifs du pouvoir par les règlements attachés à l'usage de l'*imperium*. Dans ce même recueil, Ovide décrit l'émergence d'une conscience coupable face à l'autorité absolue du Prince-Père.

Le rapport de domination passionnel qu'exposent les élégies au temps des Guerres civiles déborde donc la sphère amoureuse. Les *Tristes* ainsi que les *Métamorphoses* démontrent l'extension et l'installation de cette relation, une relation subjective, dans le champ théologico-politique. Une conversion éthique et politique du monde gréco-romain « archaïque » s'est produite. On croit percevoir dans la complexité de l'observation psychique qu'offrent les *Métamorphoses* quelle liberté d'un sujet moderne et déjà laïcisé cette conversion aurait pu ouvrir. Mais en l'*Ille*, *deus*, qu'annonçait le Tityre de Virgile dans sa première *Bucolique*, s'est trouvée restituée une unité, celle d'une cité différente, la cité de l'Empire et bientôt la cité de Dieu, tandis que l'élégie s'effaçait pour longtemps.

Anne Videau
Université Paris-Ouest – Nanterre
La Défense

1 J. Scheid, *Religion et piété à Rome*, Paris, 1985 (1983), p. 120 ; 122-123.

# ÉLÉGIE ET POLÉMIQUE : OVIDE ET LE SOLEIL

Dans le cadre de ce beau colloque qui cherche à aller « au-delà de l'élégie » et à montrer que, malgré sa « spécialisation [érotique] très poussée à Rome » (pour employer les mots de René Martin[1]), ce genre littéraire peut offrir d'autres perspectives, il m'a semblé intéressant de revenir sur un passage bien connu d'Ovide, qui a déjà été souvent étudié, mais auquel il est possible – je crois – de donner quelque nouvel éclairage : je veux parler de la réécriture faite par le poète augustéen de l'épisode homérique de Mars et Vénus pris au piège par Vulcain. Cette scène, dans l'*Odyssée* (VIII, 267-369), est narrée par Démodocos au banquet d'Alcinoos, et Ulysse l'écoute, aussi charmé « que tous ces armateurs et gens aux longues rames du peuple phéacien[2] ». Ovide pour sa part la raconte à deux reprises (*Ars* II, 561-592 et *Métamorphoses* IV, 167-189), et y fait brièvement allusion dans deux autres passages (*Amours* I, 9, 39-40 et *Tristes* II, 377-378). Or, s'il est bien adapté au sujet de notre colloque, c'est que ce texte me semble à la croisée de plusieurs genres littéraires, ou du moins effleurer plusieurs registres différents, quoique concomitants.

Dans l'*Art d'aimer*, il s'agit d'abord, bien entendu, comme l'œuvre dans son ensemble, d'un passage élégiaque à vocation didactique. Les marques de ce caractère didactique sont explicitement présentes à l'ouverture et à la fermeture de l'épisode, qui est encadré par des ordres donnés par le « professeur d'amour » à ses élèves. Pour l'introduire, Ovide affirme en effet :

---

1 R. Martin et R. Gaillard, *Les Genres littéraires à Rome*, Paris, 1990, p. 360.

2 Homère, Odyssée VIII, 367-369 : [...] αὐτὰρ Ὀδυσσεὺς / τέρπετ' ἐνὶ φρεσὶν ᾗσιν ἀκούων ἠδὲ καὶ ἄλλοι / Φαίηκες δολιχήρετμοι, ναυσικλυτοὶ ἄνδρες. Trad. V. Bérard, Paris, Les Belles Lettres, C.U.F., 1963 (7e tir.), t. II, p. 16.

*Sine furta tegantur* [...]
*Crescit amor prensis ; ubi par fortuna duorum est,*
*In causa damni perstat uterque sui*[1].

« Laisse-la te cacher ses fautes [...]
L'amour grandit entre deux amants que l'on a surpris ; quand leur sort à tous deux est commun,
ils persistent l'un et l'autre dans ce qui a causé leur perte. »

La tonalité jussive, rendue plus péremptoire par l'ellipse de la conjonction *ut*, est soutenue par les présents de certitude (*crescit, perstat*) qui ne souffrent pas que l'on remette en cause les affirmations du maître : Ovide est celui qui sait et qui dévoile pour ses élèves les arcanes du bon comportement amoureux. Et l'ordre est repris fermement à la fin de l'anecdote : *Hoc* (*scil. Vulcani dolum*) *uetiti uos este*, avec une formulation au passif qui le rend plus solennel, et en permet le martèlement par des allitérations en *–u* et en *–t*, qui interdisent aux disciples toute volonté de transgression.

L'histoire de Vulcain n'est donc qu'un prétexte à donner une leçon, ou plutôt un adjuvant destiné à rendre la leçon plus facilement assimilable par les élèves. Claude Rambaux a montré que, dans l'*Art d'aimer*, le recours à la mythologie survenait dès lors que les conseils donnés par le poète se révélaient, pour le lecteur romain, particulièrement choquants ou difficiles à suivre[2] : c'était par exemple le cas au livre I avec l'épisode des Sabines, censé prouver aux *ciues Romani* qu'il est légitime de chercher dans les spectacles une occasion de galantes rencontres ; ce sera plus encore le cas au livre II, après notre passage, avec l'histoire d'Hercule et Omphale, destinée à montrer qu'il n'y a rien de honteux, pour un homme amoureux, à accomplir pour son *amica* des tâches serviles. Or, la leçon qu'entend donner Ovide dans l'épisode qui nous intéresse (imposer aux hommes de fermer les yeux sur les infidélités de leur compagne) est tout aussi provocante, d'où le recours à la mythologie. Le poète fait donc de celle-ci l'usage que Lucrèce, dans le *De rerum natura*, faisait de la poésie dans son ensemble. Il s'agit – pour utiliser l'image que Lucrèce emploie – de rendre la potion moins amère en enduisant de miel les bords de la coupe[3], et d'encourager les lecteurs à la boire ainsi jusqu'au bout.

1 *Art d'aimer* II, 555 ; 559-560.
2 C. Rambaux, « Remarques sur la composition de l'*Art d'aimer* et des *Remèdes à l'amour* », *REL*, 64, 1986, p. 150-171.
3 *Cf.* Lucrèce I, 934-950.

En donnant à l'aventure de Mars et Vénus pris au piège de Vulcain un caractère didactique, Ovide est bien loin d'innover. Dès la période alexandrine, les commentateurs, soucieux de justifier le caractère quelque peu scabreux du passage – et d'affirmer ainsi son authenticité, régulièrement mise en doute[1] –, avaient suggéré qu'Homère voulait donner à ses lecteurs une leçon de morale. Jean-Christophe Jolivet cite par exemple une scholie du vers VIII, 267 de l'*Odyssée*, qui affirme : « À propos de l'union d'Arès et d'Aphrodite, le poète enseigne par de grands exemples à éviter la licence puisque les dieux mêmes perdent la bienséance par ces comportements[2]. »

Il est plus que probable qu'Ovide connaissait les débats engendrés par le passage, ainsi que les interprétations moralisatrices des commentateurs. Et il est absolument dans sa manière de récupérer le caractère didactique de l'épisode pour lui donner un sens radicalement différent : chez lui, en effet, il ne s'agit plus d'enseigner à ne pas commettre l'adultère, mais d'enseigner à ne pas s'obstiner comme Vulcain à le dévoiler.

En effet, comme on l'a depuis longtemps remarqué, dans le passage ovidien, l'accent est mis dès l'abord non sur l'adultère des amants – ce qui était le cas chez le poète grec, qui affirmait que Démodocos chantait « les amours d'Arès et d'Aphrodite à la belle couronne[3] » –, mais sur la réaction du mari trompé et le piège qu'il leur tend :

*Fabula narratur toto notissima caelo*
*Mulciberis capti Marsque Venusque dolis*[4].

---

1 Son authenticité est mise en doute aujourd'hui encore. Bérard, dans son édition de l'*Odyssée*, affirme ainsi : « [l']épisode [d'Arès et Aphrodite] doit être considéré comme une surinterpolation à l'intérieur de ce chant VIII dont la plus grande partie est elle-même une addition » (*Homère. Iliade, Odyssée*, trad. V. Bérard, notes J. Bérard, Paris, Gallimard, Bibl. de la Pléiade, 1955, p. 995). De même, l'éditeur des *Métamorphoses* dans la C.U.F. précise : « Cet épisode, sur lequel Ovide s'étend avec complaisance, est emprunté à l'*Odyssée* [...] Il est vrai que dès l'époque alexandrine, on en contestait l'authenticité. On est assez porté à croire aujourd'hui qu'en effet tout le morceau a été introduit après coup dans le poème homérique » (G. Lafaye, *Ovide, Métamorphoses*, t. I, Paris, Les Belles Lettres, 1985 [7e tir.], p. 101, n. 1).

2 J.-C. Jolivet, « Les amours d'Arès et Aphrodite, la critique homérique et la pantomime dans l'*Ars amatoria* », dans la revue en ligne *Dictynna* 2, 2005 (http://dictynna.revue.univ-lille3.fr), p. 9.

3 *Odyssée* VIII, 267 : ἀμφ' Ἄρεος φιλότητος ἐϋστεφάνου τ' Ἀφροδίτης. Trad. Laigneau-Fontaine.

4 *Art d'aimer* II, 561-562.

« Une fable est bien connue de tout l'Olympe :
celle de Mars et Vénus pris par les ruses de Vulcain. »

Les termes importants, qui ouvrent et ferment le second vers sur un effet d'écho sonore, attirent immédiatement l'attention du lecteur sur le mot *dolus*. Or, si ce substantif possède une acception positive (« adresse »), il est le plus souvent utilisé dans des contextes négatifs, accompagné de l'adjectif *malus*[1], et possède généralement le sens péjoratif de « tromperie[2] », voire, dans le *Digeste* (sur l'importance duquel on reviendra pour l'interprétation de la scène ovidienne), de « tort causé, acte blâmable[3] » ; cette interprétation est également suggérée par la forte allitération en –*s* du même vers qui, dès avant que le récit ne commence, contribue à donner une sinistre image de Vulcain. Il est en outre notable de constater qu'Ovide emprunte le terme *dolus* à l'évocation que Virgile fait des amours de Mars et de Vénus dans les *Géorgiques*, à ceci près qu'il y est question du *dolus* de Mars, et non de celui de Vulcain[4].

Car là se situe bien, comme on sait, la différence essentielle entre la scène homérique et sa *retractatio* ovidienne : si, chez le premier, la ruse de Vulcain était valorisée et les amants adultères vivement blâmés[5], il en va tout autrement chez son successeur. Loin d'être critiqués, les amants y trouvent parfois une forme de valorisation : la brève allusion faite au couple adultère dans les *Amours* se trouve dans l'élégie I, 9 *Militat omnis amans*, et l'anecdote est un *exemplum*, parmi d'autres, destinés à prouver que l'amour nécessite de l'énergie et de la vaillance : *Mars quoque*, dit Ovide, *deprensus fabrilia uincula sensit* (*Amours* I, 9, 39) et, dans le contexte de la pièce, le verbe *sensit* est à comprendre comme « eut le courage de sentir ». Dans l'*Art d'aimer* et les *Métamorphoses*, si

1 *Cf.* Cicéron, *De Officiis* III, 60 ; Tite-Live I, 24, 7, etc.

2 *Cf.* Plaute, *Ménechmes* 228 ; César, *Guerre des Gaules* IV, 13, 1 ; *Guerre civile* II, 14, 1 ; Salluste, *Conjuration de Catilina* 11, 2 ; Tite-Live XXVII, 28, 4, etc.

3 *Digeste* IV, 3, 1. Sur *dolus*, voir la rubrique du Pauly-Wissowa, *Real-Encyclopädie der classischen Altertumswissenschaft*, Stuttgart, 1903, t. 9, *ad loc.* Les auteurs, en se fondant sur les juristes romains, proposent pour synonymes de *dolus* : *calliditas, simulatio, dissimulatio, machinatio, fallacia*, et précisent : « Dolus *ist zivilrechtlich 1) im weiteren Sinne der mit dem Bewusstsein der Rechtwidrigkeit verbundene Wille zur Begehung einer widerrechtlichen Handlung ; 2) im engeren Sinne betrügerische Absicht* ».

4 Virgile, *Géorgiques* IV, 345-346 : *Inter quas curam Clymene narrabat inanem / Volcani Martisque dolos et dulcia furta.*

5 Homère, *Odyssée* VIII, 326-327 : ἄσβεστος δ' ἄρ' ἐνῶρτο γέλως μακάρεσσι θεοῖσι / τέχνας εἰσορόωσι πολύφρονος Ἡφαίστοιο et 329 : Οὐκ ἀρετᾷ κακὰ ἔργα.

la valorisation est moins nette, le reproche est néanmoins absent ; en ce sens, une différence avec le texte homérique me paraît essentielle : chez le poète grec, lorsque les dieux découvrent le spectacle que leur propose Vulcain, c'est leur chœur tout entier qui loue Héphaïstos et blâme les amants[1] ; Hermès, en revanche, se singularise en souhaitant prendre la place d'Arès :

> δεσμοὶ μὲν τρὶς τόσσοι ἀπείρονες ἀμφὶς ἔχοιεν, / ὑμεῖς δ' εἰσορόῳτε θεοὶ πᾶσαί τε θέαιναι, / αὐτὰρ ἐγὼν εὕδοιμι παρὰ χρυσῇ Ἀφροδίτῃ.
>
> « Qu'on me charge, et trois fois plus encore, dit-il, de chaînes infinies, et venez tous me voir, vous tous, dieux et déesses : mais que je dorme aux bras de l'Aphrodite d'or[2] ! »

Chez Ovide, les choses sont en quelque sorte inversées : non seulement pas un dieu ne félicite le mari vengeur, mais c'est un dieu anonyme (*aliquis*) qui s'exclame :

> *(...) In me, fortissime Mauors,*
> *Si tibi sunt oneri, uincula transfer (...)*[3].
>
> « Si ces chaînes te pèsent, ô Mars, le plus courageux des dieux,
> Passe-les-moi ! »

Que signifie cet anonymat du plaisantin ? Jean-Christophe Jolivet imagine un clin d'œil cultivé d'Ovide qui, parodiant les procédures de correction élaborées par les grammairiens, supprimerait du texte homérique ce qui avait semblé le plus choquant aux yeux du fameux Zoïle d'Alexandrie, à savoir le fait qu'Hermès émette le vœu d'être dans les liens avec Aphrodite en présence de Zeus, c'est-à-dire sans respecter la pudeur obligatoire en présence de son père[4]. Il me semble qu'au contraire, le fait de ne pas donner le nom du plaisantin rend l'anecdote encore plus provocante, dans la mesure où cette parole se transforme en ce que Jula Wildberger appelle *eine Volkesstimme*[5] : alors que, chez Homère c'étaient les dieux dans leur ensemble qui admiraient l'ouvrage rusé de Vulcain,

---

1 *Cf.* note précédente.
2 Homère, *Odyssée* VIII, 340-342 (trad. V. Bérard, *op. cit.*).
3 *Art d'aimer* II, 585-586.
4 J.-C. Jolivet, art. cit., p. 15.
5 J. Wildberger, *Ovids Schule der "elegischen" Liebe. Erotodidaxe und Psychagogie in des* Ars Amatoria, Frankfurt am Main/Bern, 1998, p. 314.

ici ce sont tous les dieux qui échangeraient volontiers leur place avec Mars, fût-ce au prix d'un moment de honte !

Non blâmés, enviés peut-être, les amants, chez Ovide, sont également plaints et la faute morale de l'aventure incombe non à eux, mais au mari. En effet, si le poète insiste sur les larmes difficilement retenues par Vénus et sur la honte du couple adultère[1], ce n'est pas en raison de leur conduite, mais parce que la ruse de Vulcain les a contraints à manquer à la plus élémentaire bienséance :

*Non uultus texisse suos, non denique possunt*
*Partibus obscenis opposuisse manus*[2].

« Protéger leur visage, enfin, cela leur est impossible,
Tout comme cacher de leurs mains leurs parties intimes. »

Ovide souligne ici un aspect absent du texte homérique : la nudité des amants, l'« obscénité » qui leur est imposée et leur impuissance (matérialisée par la répétition de la négation et la clôture du premier vers sur le verbe *possunt*) à retrouver une attitude convenable. Car on sait bien qu'à Rome, le corps doit être « décent », c'est-à-dire habillé et maîtrisé, et que c'est en cela, entre autres, que l'homme se distingue de l'animal[3]. En contraignant Mars et Vénus à se montrer à tous dans la nudité de leurs relations amoureuses, Vulcain leur ôte donc toute parcelle d'« humanité », et fait de ces dieux des bêtes. Il leur cause ainsi une honte qui, à elle seule, justifie que leur comportement en soit par la suite dépourvu : Jula Wildberger a raison de souligner que lorsqu'Ovide, au vers 590, remarque qu'après la découverte de l'adultère, les amants agissent plus librement, sans désormais prendre la peine de se cacher, car « toute pudeur a disparu » (*pudor omnis abest*), le premier responsable de cette disparition du *pudor* est le mari lui-même, qui a exposé aux yeux de tous leur nudité[4].

1 *Cf. Art d'aimer* II, 582 : *Vix lacrimas Venerem continuisse putant* ; *Métamorphoses* IV, 186-187 : *illi iacuere ligati / turpiter.*

2 *Art d'aimer* II, 583-584.

3 Sur cet aspect, on se référera par exemple à F. Dupont qui, en renvoyant à Cicéron, *De Officiis* 126-127, affirme : « La nature doit se cacher chez l'homme, c'est-à-dire tout ce qui concerne la procréation et la défécation. L'une et l'autre ne peuvent avoir lieu qu'en secret, dans des lieux cachés et il ne convient pas d'en parler. Il n'est pas honteux de le faire, mais de le dire ou de le montrer. Cette honte est constitutive de la nature humaine » (*La Vie quotidienne du citoyen romain sous la République*, Paris, 1989, p. 270).

4 J. Wildberger, *op. cit.*, p. 516.

Pire encore, Vulcain a « convoqué » les dieux pour leur offrir les captifs en « spectacle » (*Art d'aimer* II, 581 : *Conuocat ille deos ; praebent spectacula capti*) ; les deux termes sont, je crois, importants dans ce vers : *spectaculum* suggère que le mari transforme son épouse et son amant en acteurs destinés à flatter les plaisirs et les instincts les plus bas de spectateurs devenus des voyeurs ; il soumet donc en quelque sorte leur corps au plaisir d'autrui, ce qui était considéré à Rome comme le comportement le plus infâme qui soit[1]. D'autre part, en employant *conuocare* plutôt qu'*inuitare*, Ovide laisse entendre une insistance un peu perverse de la part de Vulcain, qui se comporte ce faisant, quoiqu'avec des raisons différentes, comme le fameux Candaule, le tyran de Sardes qui, chez Hérodote, contraint l'un de ses gardes à contempler la nudité de sa femme et en paie le prix que l'on sait[2]. Nous ne sommes pas ici dans un registre tragique, et Vulcain ne sera donc pas assassiné, mais seulement moqué par le poète : la piètre conséquence de sa ruse est évoquée dans l'*Art d'aimer* avec la cinglante ironie du verbe *perficere*[3], tandis que les *Métamorphoses* soulignent que c'est une véritable folie qui lui a fait « perdre l'esprit »[4].

Mais si le récit de la malencontreuse vengeance de Vulcain peut servir à l'édification des lecteurs romains, c'est bien parce que chacun peut reconnaître dans la figure du dieu tourné en dérision celle de personnages qui peuplent la vie réelle : les maris trompés. Cette reconnaissance est d'autant plus facile qu'Ovide appelle explicitement Vulcain le *maritus* de Vénus, transportant par là, comme le dit Markus Janka dans son commentaire du livre II de l'*Art d'aimer*, « das mythologische *exemplum* in die Sphäre der bürgerlichen Ehe[5] ». Là est bien finalement le sens de l'épisode ovidien : il s'agit de se moquer d'un groupe de personnes en en donnant une image ridiculisée, et en montrant à quelles extrémités stupides et préjudiciables leur comportement les pousse. On l'aura

1 Conformément aux analyses de P. Veyne (par exemple « L'homosexualité à Rome », *Communications*, 35, p. 26-33 ; « L'Empire Romain », in *Histoire de la vie privée*, vol. I, édit. Ph. Ariès et G. Duby, Paris, p. 19-223) et de F. Dupont (*Le théâtre latin*, Paris, 1999 [1re éd. 1988], p. 29), cela explique l'infamie conjointement encourue par les prostitué(e)s et les acteurs.

2 Hérodote, *Histoires* I, 7-13.

3 *Art d'aimer* II, 582 : *Hoc tibi perfecto, Vulcane*. Sur ce *tibi*, « Dativus auctoris », voir M. Janka, *Ovid. Ars Amatoria Buch II. Ein Kommentar*, Heidelberg, 1997, p. 419.

4 *Métamorphoses* IV, 175-176 : *Et mens, et quod opus fabrilis dextra tenebat / Excidit.*

5 M. Janka, *op. cit.*, p. 410.

compris, l'élégie didactique dérive dès lors vers le genre de la satire, et ce changement générique explique peut-être une scène absente chez Homère, et donc sans doute inventée par Ovide. Lorsqu'il décrit les jeux des amants qui se retrouvent dans la demeure du mari, le poète imagine en effet que la belle Vénus se moque de la claudication de son époux :

*A ! quotiens lasciua pedes risisse mariti*
*dicitur et duras igne uel arte manus*
*Marte palam simul est Vulcanum imitata*[1].

« Ah, combien de fois la toute sensuelle se gaussa-t-elle des pieds de son mari,
dit-on, et de ses mains durcies par son art et par le feu,
et combien de fois contrefit-elle Vulcain, devant Mars. »

Les commentateurs se sont interrogés sur le sens qu'il faut attribuer à l'imitation moqueuse de Vulcain par la belle Vénus. Jean-Christophe Jolivet propose d'y voir ce qu'il appelle une « archéologie de la pantomime » et suggère que le passage a été « élaboré à une époque où, sous l'impulsion d'études homériques et de créations chorégraphiques alexandrines à la cour même d'Auguste, la réflexion sur la pantomime et son histoire étaient à la mode[2] ». L'idée est séduisante, et l'analyse convaincante. Pour autant, il est aussi possible d'attribuer à cette scène une valeur métapoétique : la déesse de la beauté se transforme en boiteuse, mais Ovide précise qu'elle y conserve néanmoins sa beauté :

*Decebat*
*Multaque cum forma gratia mixta fuit*[3].

« Mais cela lui allait bien
et sa beauté y trouvait un surcroît de charme. »

Or, la belle femme boiteuse est à l'évidence, ici comme dans la pièce III, 1 des *Amours*, une image de l'élégie elle-même : dans les deux cas, sa boiterie lui confère un charme supplémentaire[4], mais cette boiterie a ici une visée très particulière : celle de faire rire (*risisse*). Il me semble que l'on peut comprendre par là que le texte proposé par Ovide garde son statut d'élégie, tout en se proposant un but qui est d'ordinaire celui du genre satirique.

1 *Art d'aimer* II, 567-569.
2 J.-Ch. Jolivet, art. cit., p. 17 et 26.
3 *Art d'aimer* II, 269-270.
4 *Cf. Amours* III, 1, 10 : *Et pedibus uitium causa decoris erat.*

De fait, l'épisode comprend un certain nombre de traits propres à ce genre littéraire : son inconvenance, qui a tant choqué, peut s'expliquer par le fait que, comme le dit Donat, la satire est « un poème de ton plaisant quoique rude et grossier, sur les vices des [hommes][1] » ; le traitement burlesque des divinités semble également une caractéristique de la satire, comme leur traitement sérieux est celle de l'épopée[2] : ici Markus Janka note que le *fortissime Mauors*, dont le plaisantin anonyme gratifie le dieu Mars, résonne de façon bien moqueuse à un moment où le dieu est nu, enchaîné et réduit à l'impuissance ; il suggère également que la suite des paroles du même dieu (*uincula transfer*) rappelle l'élégie I, 6 des *Amours* dans laquelle, pour se concilier les bonnes grâces du *ianitor* de sa maîtresse, le poète s'exclame : *in me durae transite catenae.* Selon Janka, il y a là un remarquable effet de dégradation d'un dieu de l'Olympe en *amator* élégiaque[3]. Enfin et surtout, il me semble que, dans l'*Art d'aimer*, Ovide adopte l'*êthos* du poète satirique en ce qu'il fait siens les buts que celui-ci poursuit. Si l'on en croit en effet Pascal Debailly, « le satirique se plaît à assumer une fonction civilisatrice, au service du raffinement des mœurs et du perfectionnement du goût ; il considère sa démarche comme un processus de régulation sociale et esthétique[4] ». Or, tel est bien à l'évidence le projet d'Ovide.

Dans son analyse de cette œuvre, Molly Myerowitz rappelle en effet qu'il rapproche l'art du poète et celui de l'amoureux, dans l'idée que tous deux doivent discipliner, par l'*ars*, leur *ingenium* : l'amour, contrairement aux apparences, n'est pas plus naturel que la poésie et demande un semblable apprentissage[5], qu'Ovide se propose de dispenser par divers moyens, dont la satire. Car l'amour s'enseigne et, faute de leçons, on en reste à la *rusticitas*, dont l'une des formes est justement une jalousie exacerbée fort regrettable ; dans les *Amours* déjà, il s'exclamait :

---

1 *Haec satyra igitur eiusmodi fuit, ut in ea quamuis duro et uelut agresti ioco de uitiis ciuium, tamen sine ullo proprii nominis titulo, carmen esset.* Cité et traduit par P. Debailly, *L'esthétique de la Satire chez Mathurin Régnier*, Thèse de doctorat, Paris X, 1993, tome 1, p. 32-33.

2 Sur cet aspect, voir J. Dangel et A. Videau, « L'écriture polémique au début de l'Empire », in *La parole polémique*, ét. réunies par G. Leclercq, M. Murat et J. Dangel, Paris, 2003, p. 113.

3 M. Janka, *op. cit.*, p. 416.

4 P. Debailly in *Poétiques de la Renaissance. Le modèle italien, le modèle franco-bourguignon et leur héritage en France au XVI^e^ siècle*, dir. P. Galand-Hallyn et F. Hallyn, Genève, 2001, p. 389.

5 M. Myerowitz Levine, « The Women of Ovid's *Ars Amatoria* : Nature or Culture », *SCI*, 6, 1981-1982, p. 30-56, en particulier p. 32 : la chercheuse affirme que l'image du chemin sur lequel Ovide guide ses élèves, par son association avec celle de la poésie est, dans l'*Art d'aimer*, « beyond parody ».

*Rusticus est nimium, quem laedit adultera coniunx*[1].

« Il est bien trop grossier, celui que blessent les infidélités de sa femme. »

La satire des maris jaloux que constitue l'anecdote de la ruse de Vulcain dans l'*Art d'aimer* est précisément là, avec l'exagération propre à ce genre littéraire, pour montrer aux époux le caractère dommageable (pour les autres, mais aussi pour eux-mêmes) de leur attitude, afin de leur apprendre à se comporter d'une manière plus « intelligente ».

Mais le poète n'en reste pas à cette étape de transformation de l'élégie. Car, dans l'histoire de Mars et de Vénus, le mari n'est pas le seul à être blâmé. Une autre grande différence avec le texte d'Homère, celle qui porte sans doute le sens du texte, se situe dans le traitement réservé au personnage du Soleil, celui qui dévoile à Vulcain son infortune. Chez l'aède grec, la formulation est neutre : Démodocos évoque « le Soleil allant raconter au mari qu'il les avait trouvés en pleine œuvre d'amour » et faisant le guet pour Vulcain[2]. Chez Ovide au contraire, le Soleil est directement pris à parti ; après avoir indiqué que c'est par lui que le mari est mis au courant, le poète s'exclame : « Ah, quel mauvais exemple tu donnes, Soleil[3] ! ». La plupart des commentateurs ont évidemment reconnu ici une allusion à la législation augustéenne, qui affirme en effet :

> « La loi condamne sous l'accusation de proxénétisme (*lenocinium*) le mari qui, ayant surpris sa femme en flagrant délit d'adultère, la garde auprès de lui au lieu de la renvoyer : il aurait dû en effet s'emporter contre elle (*debuit irasci*), puisqu'elle a souillé leur mariage[4]. »

Les lois de l'empereur demandent donc au mari de réagir très exactement comme Vulcain vient de le faire ; de fait, l'adultère étant devenu un *crimen*, un crime passible de répression publique, il entraîne désormais l'établissement d'une *quaestio*, d'une véritable enquête[5] : c'est aux yeux de la société tout entière que le mari trompé doit laver son honneur.

---

1 *Amours* III, 4, 37.

2 Homère, *Odyssée* VIII, 270-271 : ἄφαρ δέ οἱ ἄγγελος ἦλθεν / Ἥλιος, ὅ σφ' ἐνόησε μιγαζομένους φιλότητι. Trad. V. Bérard, *op. cit.*, p. 13.

3 *Art d'aimer* II, 575 : *Quam mala, Solis, exempla moues !*

4 *Digeste* XLVIII, 5, 30 : *Mariti lenocinium lex coercuit, qui deprehensam uxorem in adulterio retinuit adulteriumque dimisit : debuit enim uxori quoque irasci, quae matrimonium eius uiolauit.*

5 Sur la législation julienne, voir A. Mette-Dittmann, *Die Ehegezetze des Augustus. Eine Untersuchung imRahmen der Gesellschaftspolitik des Princeps*, Stuttgart, 1991.

La colère qui est attendue de lui doit donc le conduire précisément à l'attitude qui, dans l'*Art d'aimer*, est blâmée chez Vulcain. Rappelons en outre qu'aux termes de la législation julienne, le fait que l'adultère ait été consommé sous le toit conjugal est une circonstance aggravante ; c'est l'un des cas dans lesquels l'amant peut être mis à mort, car le législateur y voit une *maior iniuria*[1] : même si cette précision vient du texte homérique, Ovide a dû tout particulièrement se réjouir à l'idée de mettre en scène un couple contrevenant si ostensiblement aux règles nouvellement mises en place par Auguste.

Les commentateurs expliquent donc le vers ovidien en glosant : « tu donnes de mauvais exemples aux générations futures, qui t'imiteront », et suggèrent qu'Ovide présente le Soleil comme l'inspirateur de la législation de son lointain descendant[2]. Mais je pense que le texte est plus fort si l'on considère que le Soleil est, dans le texte, l'image même de l'empereur Auguste, tout comme Vulcain figure les maris jaloux. Cette assimilation est facilitée par les liens entretenus par l'empereur avec Apollon en tant que dieu solaire : non seulement la propagande officielle prétendait qu'il en était le fils[3], mais il n'hésita pas un jour à paraître à un banquet qu'il organisait sous les traits de Phébus, ce qui, si l'on en croit Suétone, lui attira de la part du peuple des vers anonymes mais vengeurs[4].

Mais dès lors, c'est un autre registre que touche brièvement le texte, dans la mesure où il ne se contente plus de se moquer de l'attitude ridicule d'un groupe d'hommes indéterminés (les maris trompés), mais vise une personne réelle en particulier, en se référant à une situation tout aussi précise. Or, c'est très exactement la définition que Pierre Laurens propose d'un énoncé polémique : « Pour que [le texte] assume une fonction polémique, il faut lui donner une cible réelle [...] et, au-delà de la cible ou à travers elle, un enjeu d'ordre intellectuel. L'épigramme

1 *Digeste* XLVIII, 5, 24, 2 : *Quare non,ubicumque deprehenderit pater, permittitur ei occidere, sed domi sui generiue sui tantum, illa ratio redditur, quod maiorem iniuriam putauit legislator.*

2 Voir sur ce point M. Janka, *op. cit.*, p. 413, qui renvoie à W. Stroh (« Ovids Liebeskunst und die Ehegesetze des Augustus », *Gymnasium*, 86, 1986, p. 350), N. Holzberg (« Ovids Version der Ehebruchsnovelle von Ares und Aphrodite [Hom., *Od.* VIII, 266-366] in der *Ars Amatoria* [II, 561-592] », *WJA* NF 16, 1990, p. 137-152) et M. Steudel (*Die Literaturparodie in Ovids* Ars amatoria, Hildesheim/Zürich/New York, 1992, p. 186 *sqq.*).

3 *Cf.* Suétone, *Vie d'Auguste* 94.

4 *Id.*, *ibid.*, 70 : *Impia dum Phoebi Caesar mendacia ludit...*

polémique serait donc une épigramme satirique adressée à une cible réelle et comportant à l'arrière-plan un enjeu idéologique[1]. » Tel est bien le cas des quelques vers sur le Soleil, si l'on admet qu'ils s'attaquent à l'empereur et au nouvel ordre moral que celui-ci s'efforce d'instaurer. Il est du reste notable qu'au moment où il prend à partie le Soleil dans l'*Art d'aimer*, Ovide adopte un style différent, plus adapté à la polémique. Comme on le sait, l'élégie se caractérise par un style soigné et élégant (*tersus et elegans*, dit Quintilien à propos de Tibulle[2]), que Démétrios caractérise en particulier par la fluidité et l'euphonie[3]. Or Ovide, dans les distiques qui évoquent le Soleil, multiplie les procédures stylistiques contraires à ce style élégant :

*Indicio Solis (quis Solem fallere possit ?)*
*Cognita Vulcano coniugis acta suae.*
*Quam mala, Sol, exempla moues ! Pete munus ab ipsa ;*
*Et tibi, si taceas, quod dare possit, habet*[4].

« Sur dénonciation du Soleil (qui peut en effet tromper le Soleil ?)
Vulcain apprend ce que fait sa femme.
Quel mauvais exemple tu donnes, Soleil ! Demande-lui plutôt une récompense, à elle :
À toi aussi, pour prix de ton silence, elle a quelque chose à donner. »

Quoique, comme dans les œuvres précédentes du poète, le dissyllabe final reste ici la règle[5], ces vers surprennent par le refus manifeste de la fluidité et de l'euphonie, notamment sensible dans le choix de la place des mots au début du troisième vers : le poète y a volontairement évité l'élision *mal(a) exempla* grâce l'insertion du vocatif *Sol*. Et d'autres critères du style véhément tel que le décrit Démétrios sont également perceptibles. « Est véhément en maints endroits, dit par exemple celui-ci, ce que l'on a même du mal à prononcer[6] » : l'ouverture du troisième vers sur un *quam mala* frôlant la cacophonie[7] en est une bonne mise en

1 P. Laurens, « *Memoriae haerent.* Matériaux pour une histoire de l'épigramme polémique », in *La parole polémique*, *op. cit.*, 2003, p. 132.

2 *Institution oratoire* X, 1, 93.

3 Démétrios, *Du Style*, 258 : « En général, fluidité et euphonie relèvent du style élégant » (trad. P. Chiron, Paris, Les Belles Lettres, C.U.F, 1993, p. 72).

4 *Art d'aimer* II, 573-576.

5 Je remercie ici M. le Professeur J.-L. Charlet pour cette remarque.

6 Démétrios, *Du Style*, 244 (p. 69 de la trad. citée ci-dessus).

7 Sur la cacophonie, *cf.* *Id.*, *Ibid.*, 255 (p. 71 de la trad. citée).

œuvre ; le style véhément, poursuit le rhéteur, préfère aux *côla* de brefs *commata*, « car l'ampleur dissout la vigueur[1] » : en ce sens on remarquera le caractère particulièrement haché du quatrième vers ; en outre, « il y a plus de véhémence dans le sous-entendu » que dans l'expression claire et explicite[2], et « il est recommandé de poser certaines questions aux auditeurs sans y répondre soi-même[3] » : dans notre passage, nous notons la question rhétorique du premier vers, fondée sur l'idée, bien connue depuis Homère et les Tragiques, que le Soleil voit tout[4] ; enfin, le polyptote *Solis, Solem, Sol* attire avec insistance l'attention – et, peut-on supposer, l'indignation – des lecteurs sur le terme qui porte la charge polémique.

Cette assimilation de l'empereur au Soleil permet de rendre compte de la place de l'anecdote de Mars, Vénus et Vulcain dans les *Métamorphoses* : le récit y est fait par les filles de Minyas qui occupent ainsi le temps qu'elles refusent de consacrer au culte de Bacchus. Après l'histoire de Pyrame et Thisbé, Leuconoé prend la parole pour raconter celle de la ruse de Vulcain. L'action du Soleil est ainsi présentée :

> *Indoluit facto Iunonigenaeque marito*
> *Furta tori furtique locum monstrauit*[5].

> « Plein de douleur devant cette attitude, au fils de Junon, mari de Vénus, il révéla le tort causé à son lit, et le lieu où ce tort était causé. »

Le verbe *indolesco* indique que le Soleil n'est pas seulement choqué ou indigné, mais éprouve une véritable souffrance à voir la morale ainsi bafouée, tandis que le terme *furtum*, deux fois répété, souligne que la faute est d'abord considérée (c'est le premier sens du terme, même si l'acception figurée dans un contexte érotique est habituelle) comme un « vol » fait au mari. Or, immédiatement après l'anecdote de Mars et Vénus, Leuconoé poursuit avec deux récits concernant les amours du Soleil lui-même, dans lesquels nous voyons ce dieu, qui s'était montré d'une si rigoureuse moralité pour dénoncer les amours clandestines d'autrui, se comporter de bien curieuse manière : oubliant ses maîtresses Clymène,

1 *Id.*, *Ibid.*, 241 (p. 68 de la trad. citée).
2 *Id.*, *Ibid.*, 253 (p. 71 de la trad. citée).
3 *Id.*, *Ibid.*, 279 (p. 76 de la trad. citée).
4 *Cf.* par exemple Homère, *Iliade* III, 277 ou Sophocle, *Électre* 824 *sqq.*
5 *Métamorphoses* IV, 172-173.

Rhodos et Clytie – Ovide en dresse malicieusement la liste – pour ne plus penser qu'à le belle Leucothoé, il pénètre dans la chambre de la *puella* et, voyant qu'elle ne cède pas à ses prières, la viole. Autrement dit, cet ardent défenseur de la morale la plus intègre, vibrant contempteur de l'*adulterium*, se trouve commettre le second des délits sexuels, le *stuprum*. Il y a là, évidemment, une incohérence qu'Ovide reproche certainement, à mots couverts, à l'empereur lui-même qui, comme on le sait par les historiens, promoteur et défenseur d'une législation sévère en matière sexuelle, n'hésitait pas pour sa part à l'enfreindre allègrement[1].

Enfin, si l'on admet que le Soleil est une figure d'Auguste, un autre passage des *Métamorphoses* devient extrêmement subversif : lorsqu'il évoque au livre XIV la métamorphose vengeresse que Circé, repoussée par Glaucus, fait subir à la jeune Scylla, Ovide explique en partie cet acharnement par la nature de la magicienne, soumise plus que toute autre aux feux de Vénus et donc incapable de supporter de n'être pas payée de retour :

> *At Circe (neque enim flammis aptius ulla*
> *Talibus ingenium, seu causa est huius in ipsa,*
> *Seu Venus indicio facit hoc offensa paterno)*
> *Talia uerba refert*[2]...
>
> « Mais Circé (nulle femme n'eut jamais tempérament plus prompt
> À s'enflammer d'amour, soit par sa nature propre,
> Soit que Vénus lui fasse ainsi payer la dénonciation de son père)
> Répond alors... »

Ovide est le seul à faire de la magicienne Circé, fille du Soleil, une femme à la libido exacerbée ; il n'est évidemment pas difficile de retrouver derrière cette figure celle de la propre fille d'Auguste, la fameuse Julie dont les frasques, après avoir longtemps fait jaser la cour, devaient contraindre son père à appliquer les rigueurs de la *lex Iulia de adulteriis coercendis* à

1 *Cf.* par exemple Suétone, qui rapporte complaisamment, dans sa biographie de l'empereur, le bruit selon lequel celui-ci aurait un jour « sous les yeux de son mari, fait sortir de table pour la conduire dans sa chambre la femme d'un consulaire, qu'il ramena ensuite à sa place avec les oreilles rouges et les cheveux en désordre », ou encore les propos de sa première épouse Scribonia qui déplorait « qu'un homme sans mœurs eût un pouvoir excessif » (*Vies des douze Césars. Auguste*, 69. Trad. H. Ailloud, Paris, Les Belles Lettres [Classiques en poche], 2008, p. 209).

2 *Métamorphoses* XIV, 25-27.

sa propre progéniture[1]... payant ainsi, comme le Soleil, le prix de s'être mêlé de légiférer en matière d'amour !

On voit donc que sous des dehors d'anecdote un peu scabreuse et gratuite, l'histoire de Mars, Vénus et Vulcain telle que la raconte Ovide a une portée beaucoup plus profonde et radicalement provocatrice. On sait qu'après un certain nombre d'années passées à voir dans les œuvres de ce poète un pur jeu littéraire coupé de tout rapport avec la réalité, la critique en revient aujourd'hui à une approche plus modérée, ou en tous cas plus mitigée. Récemment, un ouvrage fêtant le bimillénaire de l'*Art d'aimer* en soulignait le « potential [...] for the political antagonism » et le caractère « intentionnaly subversive[2]. ». Le passage analysé ici en est certainement l'un des meilleurs exemples. Hésitant entre les registres didactique, satirique et polémique, il témoigne du talent d'Ovide en la matière et annonce, à des années de distance, l'usage de la polémique que celui-ci fera, du fond de son exil, pour s'en prendre dans le *Contre Ibis* à un personnage anonyme, à travers lequel il est peut-être légitime de voir une « figure » de l'empereur lui-même[3].

Sylvie LAIGNEAU-FONTAINE
Université de Bourgogne

1 *Cf.* Suétone, *Vie d'Auguste* 65.

2 *The Art of Love. Bimillennial Essays on Ovid's* Ars Amatoria *and* Remedia Amoris, édit. R. Gibson, S. Green, et A. Sharrock, Oxford, 2006.

3 Sur cette idée d'un « déplacement d'hostilité » (l'expression est de J. Dangel et A. Videau, « L'écriture polémique au début de l'Empire », art. cit., p. 121), voir A. Videau-Delibes, *Les* Tristes *d'Ovide et l'élégie romaine. Une poétique de la rupture*, Paris, 1991, 3e partie, ch. 3 : « l'ennemi ».

# *MEDIO VENERIS IN USU.* L'OBSCÉNITÉ ET SA CRITIQUE[1]

Au livre VIII de l'*Énéide*, la déesse Vénus, en souci pour Énée, va chercher de l'aide auprès de son mari Vulcain et lui demande de forger des armes pour son fils. Ce n'est que grâce à ses charmes féminins qu'elle finit par convaincre son mari peu aimé d'accéder à sa demande. Il donne son accord et y gagne une nuit.

Inouï ! s'exclame ici un lecteur. La célèbre déesse adultère vient entreprendre son mari cornu en faveur d'un de ses bâtards ! Quel manque de pudeur chez la déesse, et chez le poète qui parle de tels dieux !

Le lecteur de Virgile qui s'insurge ainsi, horrifié, s'appelle Évangélus. Il donne son avis lors d'un banquet, qu'on situe au plus tôt au IV^e^ siècle de notre ère. Dans un dialogue avec Symmaque, un autre convive, Évangélus formule une critique véhémente à l'égard de Virgile (Macrobe, *Saturnales* I, 24, 6-7)[2] :

> « *Immo pueri cum essemus, Symmache, sine iudicio mirabamur, inspicere autem uitia nec per magistros nec per aetatem licebat. Quae tamen non pudenter quisquam negabit, cum ipse confessus sit. Qui enim moriens poema suum legauit igni, quid nisi famae suae uulnera posteritati subtrahenda curauit ? Nec immerito. Erubuit quippe de se futura iudicia, si legeretur petitio deae precantis filio arma a marito cui soli nupserat nec ex eo prolem suscepisse se nouerat, uel si mille alia multum pudenda seu in uerbis modo Graecis modo barbaris seu in ipsa dispositione operis deprehenderentur* ».

> « "Dis plutôt, Symmaque, que lorsque nous étions des enfants, notre admiration ne reposait sur aucun jugement, car ni notre maître ni notre âge ne

1 Je remercie très vivement Laure Chappuis Sandoz, qui m'a non seulement permis, lors du colloque *Au-delà de l'élégie d'amour*, de soumettre à la discussion les réflexions présentées ici, mais qui a de plus pris la peine de traduire ma longue contribution en français et de l'intégrer dans le présent volume.

2 La rencontre entre Vénus et Vulcain est racontée chez Virgile, *Énéide* VIII, 369-406. Les vers 404-406 qui retracent leur nuit commune semblent avoir suscité une discussion animée chez les premiers critiques de Virgile ; *cf.* Servius, *ad Aen.* VIII, 406 (Thilo-Hagen I, 260-261) et Aulu Gelle, *Nuits Attiques* IX, 10.

nous permettaient de voir les défauts du poète. Ce n'est pas sans audace que l'on niera ces défauts, puisque lui-même les a reconnus. Car en léguant, au moment de sa mort, son poème aux flammes, n'a-t-il pas voulu préserver sa gloire des coups que les générations futures pouvaient lui porter ? Et il a eu raison. Il a rougi en effet à la pensée du jugement que l'on porterait sur lui, quand on lirait le passage où la déesse demande des armes pour son fils au seul mari uni à elle par le mariage et dont elle savait ne pas avoir eu d'enfant, ou quand on relèverait mille autres erreurs répréhensibles, soit dans les expressions tantôt grecques tantôt étrangères, soit dans la composition même de l'ouvrage." »

Selon Évangélus, le poète lui-même aurait été saisi de honte (il en rougit – *erubuit*) en imaginant quels jugements la postérité pourrait porter sur lui si elle remarquait ses erreurs. Évangélus croit aussi déceler la véritable raison cachée derrière le prétendu vœu de Virgile que l'*Énéide* soit brûlée sans être publiée : Virgile aurait par là essayé d'éviter la honte posthume qu'auraient suscitée les contenus obscènes de sa poésie.

Symmaque réfute cette condamnation du poète ; à ses yeux, les reproches d'Évangélus sont infondés et tout maître d'école pourrait les réfuter. Lui-même ne se donne pas la peine d'entrer en matière et invoque simplement le statut exceptionnel de Virgile comme classique, ce qui le situe au-dessus de toute critique (I, 24, 8) :

*« Haec est quidem, Euangele, Maronis gloria ut nullius laudibus crescat, nullius vituperatione minuatur, verum ista quae proscindis defendere quilibet potest ex plebeia grammaticorum cohorte ».*

« "Telle est vraiment, Évangélus, la gloire de Virgile qu'aucun éloge ne peut l'accroître, aucune critique la diminuer ; quant à tes critiques déchirantes, le premier venu, dans la masse des grammairiens peut les réfuter." »

La gloire de Virgile est incontestable. À la critique malveillante d'Évangélus s'oppose l'hommage inconditionnel que Symmaque rend au classique. Ainsi, la dispute entre ces deux convives délimite le champ conceptuel dans lequel s'inscriront les réflexions qui vont suivre, d'abord sur Ovide, puis aussi sur Virgile.

Mon examen portera sur l'excursus central des *Remèdes à l'Amour* d'Ovide (361-398), où le poète réagit aux reproches d'impudicité de son œuvre (*Musa proterua mea est* 362). Je m'attacherai en particulier au mélange entre obscénité[1], critique littéraire et établissement d'un canon – débat qui est au centre du dialogue des *Saturnales* de Macrobe.

Dans un premier temps, je situerai cet excursus au sein de l'œuvre (I). Puis j'examinerai la poétique des genres qu'Ovide développe au fil de son apologie, et la mettrai en relation avec l'*Art Poétique* d'Horace qui en constitue le texte précurseur le plus important (II). Il apparaîtra qu'Ovide représente bien une poétique essentialiste des genres littéraires, mais qu'il détourne tout à la fois ces prétendues lois poétiques (III). Partant du constat que la défense d'Ovide contre le reproche d'impudicité est traversée d'allusions sexuelles (IV), nous nous demanderons dans quelle mesure obscénité et érotique doivent ici être comprises comme une forme de critique littéraire. Nous défendrons l'idée que l'excursus des *Remedia*, de par son obscénité latente, doit être interprété comme une critique de la poésie de Virgile (V). En critiquant son illustre prédécesseur, Ovide réfléchit au statut canonique de ce dernier tout en cherchant à se positionner lui-même dans l'histoire littéraire romaine (VI).

## L'EXCURSUS DES *REMEDIA*[2]

L'excursus apologétique que nous allons examiner se situe presque exactement au milieu des *Remèdes à l'amour* – une place centrale qui ne semble

1 J'emploie le concept d'obscénité au sens large pour faire référence à des actions considérées comme tabou (dans notre propos, des relations sexuelles) même si elles ne sont pas évoquées dans un langage ouvertement cru. Sur le concept d'obscénité dans l'Antiquité : *cf.* J. Henderson, *The Maculate Muse, Obscene Language in Attic Comedy*, New Haven/London, 1975, p. 2-55 ; on reprendra ici la distinction entre *primary obscenities* et *metaphorical (figurative and comparative) expressions* que suit également J. N. Adams, *The Latin Sexual Vocabulary*, London, 1982. On mentionnera aussi l'étude de T. Schmitz, « *Cetera quis nescit* : Verschwiegene Obszönität in der Liebesdichtung Ovids », *Poetica* 30, 1998, p. 317-349. Sur le concept d'obscénité dans un contexte plus large, *cf.* W.-D. Stempel, « Mittelalterliche Obszönität als literarästhetisches Problem », in *Die nicht mehr schönen Künste, Grenzphänomene des Ästhetischen*, Poetik und Hermeneutik III, édit. H. R. Jauss, München, 1968, p. 187-205 (discussion p. 611-617) ; P. Gorsen, *s.v.* « Obszön », *Historisches Wörterbuch der Philosophie*, édit. J. Ritter, vol. 6, Basel, 1984, col. 1081-1084.

2 Cet excursus a suscité l'intérêt de la critique ; les interprétations les plus importantes se trouvent chez G. B. Conte, « Love without Elegy : The *Remedia amoris* and the Logic of a Genre », *Poetics Today* 10, 1989, p. 441-469 ; S. E. Hinds, « Essential Epic. Genre and Gender from Macer to Statius », in *Matrices of Genre. Authors, Canons, and Society*, édit.

pas due au hasard. Au point de vue du contenu également, cet excursus est mis en évidence. Dans les vers qui le précèdent immédiatement, Ovide aborde un sujet d'enseignement particulièrement piquant : comment un malade d'amour peut-il coucher avec sa maîtresse sans retomber aussitôt dans les filets de l'Amour ? Le thème est donc celui de la sexualité sans amour, et par là un sujet choquant, comme le concède le poète : *pudor est mihi dicere* (359). C'est sur ce constat qu'Ovide interrompt abruptement sa leçon : on lui a récemment reproché l'immoralité de sa poésie, déclare Ovide (361-362), ce qui le force à répondre à la critique. Ses conseils sur le comportement à adopter *medio Veneris in usu* sont ainsi coupés en deux, interrompus par un excursus poétologique, pour ne reprendre qu'au vers 399. Le discours poétologique qui sous-tend l'excursus sert ainsi de retardateur, l'enseignement sur le *coitus* dégénère en *coitus interruptus.*

Ovide réagit tout d'abord avec indignation aux reproches faits à son œuvre et déclare qu'on peut bien le critiquer, tant qu'il continue à avoir du succès (363-364). Même Homère ou Virgile ont suscité des jalousies (365-368) ; l'envie n'est somme toute qu'une manifestation qui accompagne la vraie grandeur (369-370). Le poète entreprend toutefois de réfuter les reproches qui lui sont faits dans une longue apologie (371-388). Ses critiques ont commis une erreur : ils ont évalué son œuvre selon un critère erroné. Chaque forme de poésie doit en effet être jugée selon un critère qui lui est propre (372) : *si sapis, ad numeros exige quidque suos.*

---

M. Depew et D. Obbink, Cambridge MA/London, 2000, p. 221-246 ; E. Woytek, « *In medio et mihi Caesar erit…* : Vergilimitationen im Zentrum von Ovids *Remedia amoris* », *WS*, 113, 2000, p. 181-213 ; Ch. Brunelle, « Form vs. function in Ovid's *Remedia amoris* », *CJ* 96.2, 2000-2001, p. 123-140 ; *id.*, « Ovid's Satirical Remedies », in *Gendered Dynamic in Latin Love Elegy*, édit. R. Ancona et E. Greene, Baltimore, 2005, p. 141-158 ; C. Fréchet, « Les *Remèdes à l'amour* d'Ovide ou l'hygiène d'un genre », in *Musa docta. Recherches sur la poésie scientifique dans l'Antiquité.* Centre Jean Palerne. Mémoires 30, édit. Ch. Cusset, Saint-Etienne, 2006, p. 193-214 ; A. Barchiesi, « Women on Top : Livia and Andromache », in *The Art of Love. Bimillenial Essays on Ovid's* Ars Amatoria *and* Remedia Amoris, édit. R. Gibson, S. Green et A. Sharrock, Oxford, 2006, p. 96-120 ; N. Holzberg, « Staging the Reader Response : Ovid and His 'Contemporary Audience' in *Ars* and *Remedia* », in *The Art of Love. Bimillenial Essays…*, *op. cit.*, p. 40-53. On mentionnera en outre les commentaires fort utiles des *Remedia* : H. J. Geisler, *P. Ovidius Naso* – Remedia amoris *mit Kommentar zu Vers 1-396*. Berlin, 1969 ; A. A. R. Henderson, *P. Ovidi Nasonis* Remedia amoris. Edited with an Introduction and Commentary. Edinburgh, 1979 ; Ch. Lucke, *P. Ovidius Naso :* Remedia amoris, *Kommentar zu Vers 397-814*, Bonn, 1982 ; P. Pinotti, *Publio Ovidio Nasone : Remedia amoris*, Edizioni e saggi universitari di filologia classica 39, Bologna, 1988 ; Karl Prinz, « Untersuchungen zu Ovids *Remedia amoris* », *WS*, 36, 1914, p. 36-83, ainsi que, du même auteur, « Untersuchungen zu Ovids *Remedia amoris* », *WS*, 39, 1917, p. 91-121 et 259-291.

Ovide l'illustre au travers d'un catalogue des genres littéraires incluant épopée, tragédie, comédie, poésie iambique et choliambique. À chaque genre littéraire correspond une matière déterminée (373-378). Ainsi la passion et la colère *conviennent* pour le cothurne tragique (*decet* 375). En fin de liste, on trouve l'élégie (379-380) :

*Blanda pharetratos elegeia cantet Amores*
*Et leuis arbitrio ludat amica suo.*

« Que la caressante élégie chante les Amours armés d'un carquois et qu'une amie changeante y folâtre suivant son caprice. »

Par poésie élégiaque, Ovide entend ici l'élégie d'amour. Il attribue en effet au genre les deux épithètes *blanda* et *leuis* typiques de l'élégie d'amour. S'y ajoutent les motifs traditionnels des « Amours armés d'un carquois » et du jeu folâtre avec « une amie changeante »[1]. L'allusion est encore plus ciblée par l'emploi du pluriel *Amores* qui renvoie bien évidemment à la première œuvre d'Ovide[2]. Ce distique fait de plus partie des seuls trois passages où Ovide utilise le terme *elegeia* pour parler du genre élégiaque – les trois fois en lien avec l'élégie *d'amour* romaine[3].

Dans les vers qui suivent, Ovide donne deux exemples de la hiérarchie rigide des genres : l'épopée d'Homère s'oppose aux *Aitia* de Callimaque, tout comme la Thaïs de la comédie s'oppose à l'héroïne tragique Andromaque. Thaïs, une hétaïre de mauvaise réputation, est l'objet de la poésie d'Ovide et en symbolise la licence (*lasciuia*), comme l'illustrent fort bien les *uersus reciproci* (385-386) :

*Thais in arte mea est ; lasciuia libera nostra est ;*
*Nil mihi cum uitta ; Thais in arte mea est.*

---

1 *Cf.* Geisler, *op. cit.*, *ad loc.* ; A. A. R. Henderson, *op. cit.*, *ad loc.* ; Pinotti, *op. cit.*, *ad loc.*

2 Sur le titre *Amores* : *cf.* J. C. McKeown, *Ovid : Amores*, Text, prolegomena and commentary in four volumes, Volume I : Text and prolegomena, Liverpool, 1987, p. 103-107.

3 Le mot *Elegeia* comme personnification du genre ne se trouve sinon qu'en *Amours* III, 1, 7 (querelle avec Tragédie) et en *Amours* III, 9, 3 (deuil de Tibulle). Geisler (*op. cit.*, p. 360 *ad Rem.* 379) tente de différencier entre l'emploi d'*Elegeia* et celui d'*elegi* : „Elegia vertritt hier die sog. subjektiv-erotische Elegie, während elegi (395) die Literaturgattung, also in Distichen geschriebene Gedichte bezeichnet, einschliesslich der elegischen Erzählung (vgl. 381f.) und des elegischen Lehrgedichts (vgl. 385)". Selon moi, il est exact qu'*Elegeia* désigne le genre de l'élégie d'amour défini par son contenu, tandis que *elegi* fait davantage référence à la détermination formelle du genre. Mais je ne vois pas de différence catégorielle entre *Elegeia* en *Rem.* 379-380 et les thèmes décrits en 381-386.

« C'est Thaïs que chante mon *Art* ; mon badinage a toute licence ; je n'ai rien à faire avec les bandelettes ; c'est Thaïs que chante mon *Art*. »

Si matière et forme correspondent, les reproches des jaloux sont sans fondement et Ovide lavé de toute accusation. Avec la même assurance, il se prévaut de sa gloire présente (et future) et en vient encore une fois à parler de Virgile : il n'a pas moins de mérite dans le genre de l'élégie que Virgile dans celui de l'épopée. Même si Ovide emploie ici le terme *elegi*, désignation plus technique et abstraite qu'*Elegeia*, ces *elegi* aussi sont personnifiés et ce sont eux qui énoncent (*fatentur*) la comparaison avec l'épopée virgilienne (395-396) :

*Tantum se nobis elegi debere fatentur,*
*Quantum Vergilio nobile debet epos*[1].

« L'élégie confesse ne pas m'être moins redevable qu'à Virgile la noble épopée. »

Au vers 397, à la fin de son apologie, Ovide s'exhorte à revenir à son véritable sujet, à savoir aux préceptes d'amour qu'il veut donner à son élève. Ces conseils sont assez crus : avant d'aller trouver sa maîtresse, le malade d'amour doit coucher avec la première femme venue (402), choisir pour l'acte sexuel une position aussi peu flatteuse que possible pour elle (407), et, si l'occasion se présente, regarder les parties génitales de la femme au grand jour pour s'en dégoûter.

## LE *DECORUM* DES GENRES LITTÉRAIRES

Comme on le voit, Ovide fonde avant tout sa défense sur l'argument d'une règle propre à chaque genre littéraire, déterminant la forme et le contenu. Examinons d'abord cette poétique des genres dans les *Remedia*.

1 On préférera la conjecture de Muretus *epos* à *opus* transmis par les mss. ; *cf.* Geisler, *op. cit.*, *ad loc.* ; A. A. R. Henderson, *op. cit.*, *ad loc.* ; Pinotti, *op. cit.*, *ad loc.* ; Woytek, art. cit., p. 191 et n. 47, préfère la leçon *opus* des mss. ; il s'inscrit dans le prolongement de F. W. Lenz, *Ovid : Heilmittel gegen die Liebe, Die Pflege des weiblichen Gesichtes*, Lateinisch und deutsch, Darmstadt, 1960, comment. *ad loc.*

Le parallèle étroit avec l'*Art poétique* d'Horace ne fait aucun doute. La première exigence énoncée par Horace est que chaque poème constitue un tout organique : il doit être simple et unitaire : *simplex et unum* (*Art poétique* 23). Il faut éviter une matière hétérogène tout comme le maniérisme stylistique et les morceaux d'apparat qui mettent en péril l'unité du tout. Dans le cadre de ces considérations, Horace en vient à parler des genres littéraires et leur attribue à chacun un matériau propre (73-87) :

*Res gestae regumque ducumque et tristia bella*
*quo scribi possent numero, monstrauit Homerus.*
*Versibus impariter iunctis querimonia primum,*
*post etiam inclusa est uoti sententia compos ;*
*quis tamen exiguos elegos emiserit auctor,*
*grammatici certant et adhuc sub iudice lis est.*
*Archilochum proprio rabies armauit iambo ;*
*hunc socci cepere pedem grandesque cothurni,*
*alternis aptum sermonibus et popularis*
*uincentem strepitus et natum rebus agendis.*
*Musa dedit fidibus diuos puerosque deorum*
*et pugilem uictorem et equom certamine primum*
*et iuuenum curas et libera uina referre.*
*Discriptas seruare uices operumque colores*
*cur ego, si nequeo ignoroque, poeta salutor ?*

« En quel rythme on pouvait écrire les hauts faits des rois, ceux des chefs, et les sombres guerres, Homère l'a montré. Dans l'union de deux vers inégaux on enferma d'abord la plainte, puis la satisfaction d'un vœu exaucé. Quel créateur pourtant inventa la brièveté des vers élégiaques ? les grammairiens en disputent et le procès est encore pendant. La rage arma Archiloque de l'ïambe, qui lui appartient : mais les brodequins et les hauts cothurnes prirent ce pied propre au dialogue, dominant le bruit du public et né pour l'action. La Muse a donné à la lyre de célébrer les dieux et les enfants des dieux, et le pugiliste vainqueur, et le cheval premier dans la course, et les peines de cœur des jeunes gens, et la liberté du vin.
Pourquoi, si je ne puis, faute de talent et de savoir, respecter le rôle et le ton assignés à chaque œuvre, me laisser saluer poète ? »

Il est frappant de constater à quel point les règles posées par Horace pour chaque genre sont rigides. Celui qui ne parvient pas à les respecter ne saurait être considéré comme un poète (86-87). La conception horatienne de l'élégie est tout à fait étonnante : la matière se limiterait exclusivement à des poèmes funéraires et des épigrammes votives ; pas la moindre trace de l'élégie d'amour (75-78) ! Et ce malgré le fait qu'à l'époque où paraît l'*Art poétique*, le corpus de l'élégie d'amour romaine soit pour l'essentiel disponible. Un connaisseur et défenseur de la littérature contemporaine comme Horace ne pouvait pas ne pas le connaître[1]. Horace attire plus loin l'attention sur cette lacune, quand il parle de la querelle entre grammairiens à propos de l'origine de l'élégie et du *primus inuentor.* Le fait qu'Horace désigne l'élégie *funéraire* comme *exiguus* (77) renforce cette impression puisque cette épithète fait partie des déclarations de modestie typiques du genre de l'élégie *d'amour*[2].

Les raisons pour lesquelles Horace laisse de côté ce pan de l'élégie restent peu claires ; ce qui est sûr par contre, c'est que la poétique des genres d'Ovide constitue une réponse à l'*Art poétique* de son prédécesseur. Ovide rédige ainsi sa propre « Poétique » selon les attentes d'un représentant de l'élégie d'amour, et fait culminer son catalogue des genres avec l'élégie – après l'épopée, le drame et la poésie iambique. De plus, Ovide ne mentionne pas la controverse autour de l'archégète rapportée par Horace ; mais en mentionnant Callimaque et Cydippe, il évoque un éminent précurseur du genre et son œuvre la plus importante (*Rem.* 381)[3].

Il est frappant de constater qu'Ovide reprend le rigorisme taxinomique de l'*Art poétique* ou, plus exactement, le pousse à l'extrême. Alors qu'Horace adopte une certaine distance ironique par rapport à son

1 *Cf.* par ex. C. O. Brink, *Horace on Poetry I, Prolegomena to the Literary Epistles*, Cambridge, 1963, p. 205 ; *cf.* aussi C. O. Brink, *Horace on Poetry II, The ‚Ars Poetica'*, Cambridge, 1971, p. 165-166 (*ad loc.*) : "A contemporary note is, I believe, implied in H's. concentration on lament and votive epigram, to the exclusion, here as well as at 402, of narrative and amatory elegy. Considering the attention paid to love lyric a few verses below (85) and the popularity of love elegy at the time, the omission can scarcely be accidental". – Pour le reste, l'élégie n'est présente dans l'*Art poétique* que dans la mesure où, aux vers 402-403, il est fait mention du poète élégiaque spartiate Tyrtée, en mettant d'ailleurs l'accent sur la paranèse guerrière (*mares animos in Martia bella exacuit*).

2 *Cf.* Properce I, 12, 11-12 ; II, 1, 71-72 ; II, 13b, 33 ; III, 9, 36 ; IV, 1, 59-60 ; Tibulle I, 1, 22. 33-34 ; I, 10, 20 ; II, 5, 34 ; Ovide, *Amours* I, 6, 3 ; II, 6, 60 ; III, 1, 67 ; III, 3, 7 ; *Fastes* II, 3 etc.

3 Ovide fait allusion aux *Aitia* de Callimaque, qui réunissent des contenus disparates ; qu'Ovide ne mentionne que Cydippe (*cf.* Call. *Aet.* frr. 67-75 Pf.) semble le fait d'un regard volontairement réducteur porté sur les *Aitia*, visant à styliser Callimaque comme le premier auteur d'élégies amoureuses. Il faut en outre prendre en considération le fait que l'histoire d'amour entre Acontius et Cydippe a dû jouer un rôle important dans l'œuvre perdue de Gallus ; *cf.* sur ce point D. O. Ross, *Backgrounds to Augustan Poetry : Gallus, Elegy, and Rome*, Cambridge, 1975, p. 72-74 et 89 ; R. M. Rosen, J. Farrell, « Acontius, Milanion, and Gallus. Vergil. Ecl. 10.52-61 », *TAPhA* 116, 1986, p. 251-253.

enseignement sur les genres – Brink parle à juste titre du "mock-serious lecturing style" d'Horace[1] –, Ovide le prend au pied de la lettre : à chaque matière ne convient qu'*un seul* genre littéraire. Cette idée de *decorum* et de *aptum* – de ce qui doit être convenable et approprié – traverse toute la poésie didactique d'Ovide[2].

Au livre II de l'*Art d'Aimer*, Apollon, le dieu de la poésie en personne, entre en scène et applique sa célèbre sentence *gnôthi sauton* (connais-toi toi-même !) aux enseignements d'amour d'Ovide (*Ars* II, 497-510, ici 497-502) :

*Is mihi « Lasciui, dixit praeceptor Amoris,*
*Duc, age, discipulos ad mea templa tuos,*
*Est ubi diuersum fama celebrata per orbem*
*Littera, cognosci quae sibi quemque iubet.*
*Qui sibi notus erit, solus sapienter amabit,*
*Atque opus ad uires exiget omne suas.*
*[...] ».*

« <Il> me dit : "Précepteur de l'amour facile, conduis donc tes disciples dans mes temples ; ils y verront une inscription que la renommée a portée jusqu'aux extrémités de l'univers et qui ordonne à chacun de se connaître. Seul celui qui se connaîtra sera sage dans ses amours et proportionnera les entreprises à ses forces. [...]". »

Tout apprenti-amoureux doit agir en fonction de ses propres capacités. L'avertissement d'Apollon à l'élève d'amour reprend en fait un conseil qu'Horace a donné dans l'*Art poétique* à l'adepte de poésie : l'apprenti-poète doit lui aussi se garder d'entreprendre une œuvre pour laquelle ses forces ne suffiront pas (*Art poétique* 38-40) :

*Sumite materiam uestris, qui scribitis, aequam*
*uiribus et uersate diu quid ferre recusent,*
*quid ualeant umeri.*

---

1 Brink, *Horace on Poetry II*, *op. cit.*, p. 162.

2 Sur l'essentialisme dans les théories antiques des genres : *cf.* J. Farrell, « Classical Genre in Theory and Practice », *New Literary History* 34.3, 2003, p. 383-408 ; Farrell souligne le rapport tendu entre une telle conception théorique et la pratique poétique rendue complexe par le croisement des genres : "... the gap between theory and practice in the Greek and Roman discourse on genre is pronounced. [...] the 'implied theory' instantiated in ancient poetry is far more sophisticated than the explicit theory developed by philosophers and literary critics and apparently espoused by the poets themselves in their manifestoes and programmatic declarations." (p. 402). Sur ce point, *cf.* aussi Hinds, « Essential Epic... » (art. cit., p. 223-230), qui explicite ce décalage entre autres à l'exemple des *Remedia*.

« Prenez, vous qui écrivez, un sujet égal à vos forces et pesez longuement ce que vos épaules refusent, ce qu'elles acceptent de porter. »

Notons aussi que l'avertissement d'Apollon qui dit qu'un amant averti (*sapienter amabit*) doit tenir compte de ses propres forces (*ad uires exiget suas*) dans le choix d'une partenaire, trouve un écho dans les règles d'interprétation poétique formulées par Ovide dans les *Remedia* (372) : il y exige, dans des termes presque identiques, qu'un critique intelligent (*si sapis*) tienne compte dans ses attaques contre la poésie des conditions propres à chaque poème (*ad numeros exige suos*).

Cette remarque montre qu'enseignement amoureux et enseignement poétique convergent ici, ce qui correspond à nouveau à une tendance générale de l'*Ars amatoria* et des *Remedia amoris* : Molly Myerowitz et Alain Deremetz ont démontré que l'ensemble de l'enseignement d'amour d'Ovide suit la systématique des traités rhétoriques et de théorie poétique[1]. Ainsi, dans l'*Ars* et dans les *Remedia*, les femmes se trouvent à diverses reprises stylisées en *materia* de l'amour, *materia* qui doit être façonnée d'une manière bien précise (en fait aussi selon le critère de l'*aptum* et du *decorum*). Chaque femme doit choisir la coiffure qui lui sied[2], entre mille couleurs, elle doit trouver exactement *celle* qui lui va[3], et lors de l'acte sexuel, il y a pour elle une position qui correspond à ses dispositions naturelles[4].

1 M. Myerowitz, *Ovid's Games of Love*, Detroit, 1985, en particulier p. 129-149 (= chap. « The Lover's Decorum »); A. Deremetz, *Le miroir des muses. Poétiques de la réflexivité à Rome*, Villeneuve d'Ascq, 1995, en particulier p. 351-409 (= chap. « De l'*ars amatoria* à l'*ars poetica* »). Sur le lien entre enseignement amoureux et enseignement poétique : *cf.* aussi Fréchet, art. cit. – Selon H. N. Parker, « Love's Body Anatomized : The Ancient Erotic Handbooks and the Rhetoric of Sexuality », in *Pornography and Representation in Greece and Rome*, édit. A. Richlin, Oxford, 1992, p. 90-111, ici p. 100-103, ce constat est d'ailleurs caractéristique pour d'autres formes du discours sexuel antique. En particulier, le genre, presque entièrement perdu, du manuel érotique (par ex. de Philaenis ; *cf.* P. Oxy 2891), dont s'inspire Ovide, a dû être imprégné d'une telle rhétorisation.

2 Ovide, *Art d'aimer* III, 135-136 : *Nec genus ornatus unum est : quod quamque* decebit / Elegat, *et speculum consulat ante suum. Cf.* R. K. Gibson, *Ovid : Ars amatoria Book 3*, Edited with introduction and commentary, Cambridge, 2003, p. 50-51.

3 Ovide, *Art d'aimer* III, 187-188 : *Lana tot aut plures sucos bibit ;* elige certos : / *Nam non* conueniens *omnibus omnis erit.*

4 Ovide, *Art d'aimer* III, 771-772 : *Nota sibi sint quaeque :* modos *a corpore* certos / Sumite : *non omnis una figura* decet.

## CONTRE LE *DECORUM* DES GENRES

Nous avons vu comment Ovide, jouant avec l'*Art poétique* d'Horace, représente une poétique essentialiste des genres. Je voudrais à présent examiner la cohérence de l'excursus ovidien pour questionner ensuite la façon dont Ovide se situe face à ce décorum si affirmé des genres. À mon avis, le défenseur apparemment fidèle à la ligne d'une poétique fixe détourne consciemment les règles de l'art qu'il a énoncées. Plus encore : il les transgresse au moment même où il les énonce. Reprenons sur ce point les vers 383-386 des *Remedia* :

*Quis feret Andromaches peragentem Thaida partes ?*
*Peccat, in Andromache Thaida quisquis agat.*
*Thais in arte mea est ; lasciuia libera nostra est ;*
*Nil mihi cum uitta ; Thais in arte mea est.*

« Qui supporterait Thaïs jouant le rôle d'Andromaque ? Erreur que de montrer Thaïs dans Andromaque. C'est Thaïs que chante mon *Art* ; mon badinage a toute licence ; je n'ai rien à faire avec les bandelettes ; c'est Thaïs que chante mon *Art*. »

Après l'antithèse entre Callimaque et Homère, Ovide établit un nouveau contraste entre Thaïs et Andromaque. Les allusions explicites aux rôles tenus au théâtre (*partes peragere*, 383) situent les deux personnages dans le genre dramatique. Thaïs et Andromaque sont en effet connues comme représentantes typiques de la comédie et de la tragédie. Si l'on examine plus attentivement la carrière théâtrale de chacune, on constate que le fait de nommer Thaïs et Andromaque dépasse la simple exemplification de la poétique des genres des *Remedia*.

Commençons par Thaïs. Comme le montrent les nombreuses occurrences du nom dans la littérature grecque et latine, Thaïs est un nom de courtisane répandu[1]. Une femme de ce nom aurait été la maîtresse

1 Ce nom est par ex. attesté dans les *Dialogues des courtisanes* de Lucien (1 et 3, 2), dans les lettres d'Alciphron (IV, 6 ; IV, 7 ; IV, 14, 2 et 7) et d'Aristénète (2, 16) ; c'est aussi le nom de figures féminines ridiculisées dans les *Épigrammes* de Martial (III, 8 ; III, 11 ; IV, 12 ; IV, 50 ; IV, 84 ; V, 43 ; VI, 93 ; XI, 101). Selon Denys d'Halicarnasse, un homme particulièrement dépravé de Tarente aurait pris le surnom de Thaïs (*Antiquités romaines* XIX, 4, 2 [*excerptum*]). – Chez Ovide, on ne trouve Thaïs qu'une seule fois en dehors des *Remedia*,

d'Alexandre le Grand puis l'épouse de Ptolémée Soter[1]. Son *sex appeal* chargé d'histoire(s) pourrait trouver un écho dans les *Remedia.* Mais le fait que Thaïs soit connue comme personnage de comédie importe ici davantage[2]. Nous connaissons trois comédies où une Thaïs apparaît comme héroïne éponyme de l'œuvre (chez Ménandre[3], Hipparchos[4] et Afranius[5]), tandis qu'une hétaïre du nom de Thaïs joue un rôle de premier plan dans l'*Eunuque* de Térence. La comédie de Ménandre, qui est la plus ancienne œuvre théâtrale connue sous le titre de *Thais*, constitue certainement un texte de référence central pour les comédies ultérieures. Pour les *Remedia*, la pièce de Ménandre a toute son importance, non tant parce que Thaïs y est montrée d'une façon particulière, mais parce que la pièce entraîne à sa suite une histoire de la réception bien spécifique.

Quand Martial recommande, dans les *Apophoreta*, d'apporter la *Thais* de Ménandre comme petit cadeau lors d'une invitation à dîner, ses mots évoquent une lecture singulière de la pièce (Martial, *Épigrammes* XIV, 187) :

Μενάνδρου Θαΐς

*Hac primum iuuenum lascinos lusit amores ;*
*nec Glycera pueri, Thais amica fuit.*

« La *Thaïs* de Ménandre

C'est avec elle que tout d'abord il goûta les voluptueuses amours des jeunes gens : Glycère ne fut pas la maîtresse de son adolescence, ce fut Thaïs. »

---

dans l'*Art d'Aimer* III, 603-604, où le nom désigne sans spécification une fille (trop) facile à séduire. – Toutes les occurences pertinentes sont discutées par A. Traill, « Menander's *Thais* and the Roman Poets », *Phoenix* 55, 2001, p. 284-303.

1 Athénée XIII, 576d-e. Sur cette Thaïs historique : *cf.* K. Fiehn, *s.v.* « Thais », *RE* V A.1, 1934, col. 1184-1185 ; Traill, art. cit., p. 288-290. Elle aurait poussé Alexandre à mettre le feu au palais de Persepolis : Athénée XIII, 576e (= Kleitarchos, *FGrH* 137 F 11) ; Plutarque, *Vie d'Alexandre* 38 ; Diodore XVII, 72 ; Quinte-Curce V, 7.

2 Outre notre passage (*Rem.* 383-386) : par ex. Athénée XIII, 567c ; Alciphron IV, 19, 19 ; Varron, *Satires ménippées, frr.* 301-302 Astbury ; Properce II, 6, 1-6 ; IV, 5, 41-44 ; Juvénal III, 93-96 ; IV, O25-O26 ; *cf.* aussi Traill, art. cit., p. 290-296. Sur la relation des *Remèdes de l'amour* envers le genre comique dans un contexte plus large : *cf.* E. Gavoille, « La comédie de l'amour dans l'*Ars amatoria* et les *Remedia amoris* », in *La théâtralité de l'œuvre ovidienne*, édit. I. Jouteur, Nancy, 2009, p. 67-88.

3 Ménandre, *PCG* VI.2 *frr.* 163-169, p. 122-127.

4 Hipparchos, *PCG* V *fr.* 3, p. 607.

5 Afranius, *CRF*[3] *frr.* 1-2, p. 247-248. Le nom Thaïs se trouve en outre dans le *Philopator* de Turpilius : *CRF*[3] *fr.* 7, 3, p. 126.

Ce distique décrivant la comédie renvoie en même temps à la tradition biographique relatant les aventures amoureuses de Ménandre avec ses personnages de courtisanes[1]. Une telle lecture biographique fait de Thaïs à la fois la maîtresse du poète, un personnage dramatique issu de sa plume et – comme héroïne éponyme – l'œuvre même du poète[2].

Ce rapport problématique à l'auteur de la *Thaïs* est essentiel dans l'excursus apologétique d'Ovide : Catulle déjà s'était défendu contre le reproche d'impudicité, et depuis, une telle apologie inclut la mise en garde du poète contre une lecture biographique exagérée (16, 3-6) :

> *(...) me ex uersiculis meis putastis,*
> *Quod sunt molliculi, parum pudicum.*
> *Nam castum esse decet pium poetam*
> *Ipsum, uersiculos nihil necesse est,*

1 Les mentions de Thaïs chez Properce suggèrent une telle lecture biographique ; Prop. II, 6, 2-3 (*turba Menandreae fuerat nec Thaidos olim / tanta, in qua populus lusit Erichthonius*) repose sur le double-sens du verbe *ludere* (‚rôle théâtral' – ‚jeu amoureux'), *cf.* OLD *s.v.* « *ludo*, 4 et 6b » ainsi que P. Fedeli, *Properzio : Elegie Libro II*, Introduzione, testo e commento, Cambridge, 2005, *ad loc.* (« senso chiaramente erotico ») ; la figure s'autonomise de même en Prop. IV, 5, 43-44. – Il est en outre fait mention d'une hétaïre du nom de Glycère comme maîtresse de Ménandre : par ex. Athénée XIII, 585c et 594d et en particulier les lettres chez Alciphron (IV, 2 ; IV, 18 et 19). On notera IV, 2, 5 (sur le statut de Glycère comme amante *et* comme figure de scène) ; IV, 2, 3 (sur les instincts sexuels hors du commun de Ménandre) ainsi que IV, 19, 5 (sur l'importance de la maîtresse pour la créativité de Ménandre). – La Souda *s.v.* « Μένανδρος » (= μ 589) parle de « folie amoureuse » du poète (περὶ γυναῖκας ἐκμανέστατος) ; la description de son apparence chez Phèdre (*Fables* V, 1, 9-16) correspond à cette idée. Chez Manilius (V, 474-476), l'idée du réalisme de l'œuvre de Ménandre (*qui uitae ostendit uitam*) pourrait aussi refléter ces lectures biographiques de son œuvre. – Sur la tradition biographique autour de Ménandre dans le contexte plus large des *Bioi* des comiques : *cf.* M. R. Lefkowitz, *The Lives of the Greek Poets*, London, 1981, p. 113-116.

2 Il en découle des parallélismes de structure entre la Thaïs/*Thaïs* de Ménandre et la maîtresse de l'élégie amoureuse romaine ; ainsi, le jeu sur le statut des relations amoureuses représentées fait partie des éléments constitutifs du genre de l'élégie amoureuse romaine. C. M. Lucarini, « Una fonte di Properzio 3.14 e le origine greche dell'elegia d'amore romana », *Philologus* 152.2, 2008, p. 246-269, a récemment souligné, sur la base d'Alciphron IV, 18-19, la proximité entre la tradition biographique autour de Ménandre et l'élégie amoureuse romaine. Il fait l'hypothèse que les lettres d'Alciphron remonteraient à une tradition littéraire hellénistique dont l'élégie romaine aurait subi l'influence, p. 267 : « ... molti degli atteggiamenti amorosi presenti nell'elegia romana abbiano un'origine ellenica. In particolare, da un lato una certa letteratura che aveva per oggetto i rapporti fra i grandi poeti e filosofi ateniensi e le cortigiane illustri, dall'altro quelle forme mimiche che nacquero del dissolvimento della commedia d'intreccio ci sono parse aver influenzato l'elegia ».

« ... parce que mes petits vers sont licencieux, <vous> m'avez accusé de dévergondage. Un poète pieux doit être chaste dans sa personne ; pour ses petits vers ce n'est pas nécessaire ; »

Bien que l'excursus d'Ovide semble de mainte façon redevable au modèle catullien, il s'en écarte ici clairement. Il n'invite nullement à distinguer entre la biographie de l'auteur et son œuvre littéraire[1]. Au contraire, il fait de Thaïs, à la fois courtisane lascive et bien-aimée du poète, un symbole de cet amalgame. Dans le discours sur l'obscénité de la poésie, qui se limite en apparence à des aspects formels[2], se pose de façon inattendue la question de la relation entre l'auteur et son sujet. Ici, Ovide, au contraire de Catulle, n'exclut pas un lien éventuel entre sa vie et les dimensions érotiques de son œuvre.

Mais revenons à la poétique des genres formalisée par Ovide et examinons plus précisément le rôle d'Andromaque. La figure d'Andromaque dans la tragédie éponyme d'Euripide me semble particulièrement significative pour les *Remedia*[3]. La pièce d'Euripide dépeint la vie d'Andromaque

1 Pour une lecture des *Remedia* avec pour arrière-fond Catulle 16 : *cf.* Holzberg, « Staging the Reader Response.. », art. cit. – Dans l'épître apologétique à Auguste (*Tristes* II), Ovide procède différemment que dans les *Remedia* ; il y déclare que ses œuvres auraient malgré lui suscité une lecture biographique – entre autres en raison de leur succès (5-8). Il insiste avec emphase sur la différence entre vie et œuvre (353-356). – Le distique de *Rem.* 379-380 dans lequel Élégie, personnification du genre, est désignée comme *leuis amica*, peut se comprendre aussi à la lumière de cette lecture.

2 Citons en exemple la lecture proposée par J.-C. Julhe, *La critique littéraire chez Catulle et les Élégiaques augustéens, Genèse et jeunesse de l'élégie à Rome (62 avant J.-C. – 16 après J.-C.)*, Bibliothèques d'études classiques 40, Louvain/Paris/Dudley, 2004, p. 362-365, en particulier p. 365 : « Les *Remèdes à l'amour* présentaient, face aux attaques menées contre l'*Art d'aimer*, une première riposte qui consistait pour Ovide à déplacer le problème du terrain de la morale à celui de l'esthétique ».

3 On mentionnera aussi les *Troyennes* d'Euripide ainsi qu'une série de pièces dont seuls des fragments nous sont parvenus : Sophocle, *Hermione*, *TrGF* IV 10 *frr.* 202203 (p. 192-193) ; Livius Andronicus, *Hermiona*, *TRF*$^3$ p. 4 ; Pacuvius, *Hermione*, *TRF*$^3$ *frr.* 1-24, p. 109-113 [= *frr.* 119-142 Schierl] ; Ennius, *Andromacha aechmalotis*, *TRF*$^3$ frr. 1-13, p. 26-30 [= 74-111 Joc.] ; Accius, *Astyanax* 265-286 Dangel ; par ailleurs, seul le titre *Andromache* est attesté pour Sophocle (*TrGF* IV 10 *fr.* 125 – ce témoignage isolé est d'ailleurs peu sûr ; le fragment pourrait aussi provenir des *Poimenes*, *cf.* *TrGF* IV *fr.* 520), pour Antiphon (*TrGF* I 55 *fr.* 1) et plus tard pour une atellane de Novius (*CRF*$^3$ p. 308). – Contrairement à Pinotti, *op. cit.*, *ad Rem.* 383-384, nous sommes d'avis qu'Andromaque n'a pas joué de rôle important dans l'*Hermione* de Sophocle : *cf.* Schol. *in Od.* IV, 4 (Dindorf I, p. 170, 20) ; Eustath. *Od.* IV, 3 (1479, 10) ; *cf.* aussi le commentaire à l'*Hermione* de Pacuvius par P. Schierl, *Die Tragödien des Pacuvius, Ein Kommentar zu den Fragmenten mit Einleitung, Text und Übersetzung*, Texte und Kommentare 28, Berlin/New York, 2006, p. 280-288.

après *L'Iliade* : déportée à Phthia, elle est la prisonnière de Néoptolème qui l'a mise enceinte. Quand elle lui donne un fils, elle suscite la jalousie et la haine d'Hermione, l'épouse légitime de son maître.

Avec un long discours sur le mariage et les rapports entre les sexes, l'*Andromaque* d'Euripide ne semble pas très éloignée de l'écriture élégiaque d'Ovide[1]. Nous avons la chance de posséder une scholie selon laquelle on a reproché à Euripide d'avoir brisé, dans son *Andromaque*, les règles du *decorum* de la tragédie (Schol. Eur. *Andr.* 32) :

> οἱ φαύλως ὑπομνηματισάμενοι ἐγκαλοῦσι τῷ Εὐριπίδῃ φάσκοντες ἐπὶ τραγικοῖς προσώποις κωμῳδίαν αὐτὸν διατεθεῖσθαι. γυναικῶν τε γὰρ ὑπονοίας κατ' ἀλλήλων καὶ ζήλους καὶ λοιδορίας καὶ ἄλλα ὅσα εἰς κωμῳδίαν συντελεῖ, ἐνταῦθα ἀπαξάπαντα τοῦτο τὸ δρᾶμα περιειληφέναι. ἀγνοοῦσιν· ὅσα γὰρ εἰς τραγῳδίαν συντελεῖ, ταῦτα περιέχει ἐν τέλει, τὸν θάνατον τοῦ Νεοπτολέμου καὶ θρῆνον Πηλέως, ἅπερ ἐστὶ τραγικά.
>
> « Des commentateurs incompétents reprochent à Euripide d'avoir composé, pour des figures tragiques, une vraie comédie. Ils disent que ce drame-ci contient à la fois des soupçons mutuels, des jalousies et des injures entre femmes et d'autres thèmes appartenant à la comédie. Ils ont tort : ce qui appartient à la tragédie se trouve vers la fin du drame : la mort de Néoptolème et le deuil de Pélée, ce qui est assurément tragique. » (trad. Scheidegger)

En mettant en scène la jalousie et les soupçons de *femmes*, l'*Andromaque* contiendrait trop d'éléments non-tragiques. L'exemple choisi par Ovide pour illustrer sa poétique des genres se trouve donc être un échantillon hautement contesté de son genre littéraire. D'après le scholiaste, l'*Andromaque* comporte justement des traits de la comédie, donc de ce genre littéraire auquel une telle œuvre devrait, si l'on suit l'argument d'Ovide, être diamétralement opposée.

Un autre point rend l'*Andromaque* d'Euripide primordiale pour Ovide. Il s'agit de la seule pièce du corpus tragique grec conservé incluant des distiques élégiaques[2]. À la fin du prologue, Andromaque laisse éclater une plainte élégiaque sur la chute de Troie (103-116) :

---

1 *Cf.* Barchiesi, « Women on Top... », art. cit., p. 113, 116-117.

2 *Cf.* P. T. Stevens, *Euripides : Andromache*, Edited with introduction and commentary. Oxford, 1971, *ad* Eur. *Andr.* 103-116. – D. L. Page, « The Elegiacs in Euripides' *Andromache* », in *Greek Poetry and Life*, Essays presented to G. Murray on his seventieth birthday, Oxford, 1936, p. 206-230, souligne, outre la singularité de ce passage dans la poésie tragique, son importance pour la formation du genre élégiaque.

Ἰλίῳ αἰπεινᾷ Πάρις οὐ γάμον ἀλλά τιν' ἄταν
ἠγάγετ' εὐναίαν ἐς θαλάμους Ἑλέναν.
Ἇς ἕνεκ', ὦ Τροία, δορὶ καὶ πυρὶ δηιάλωτον
εἷλέ σ' ὁ χιλιόναυς Ἑλλάδος ὠκὺς Ἄρης
καὶ τὸν ἐμὸν μελέας πόσιν Ἕκτορα, τὸν περὶ τείχη
εἵλκυσε διφρεύων παῖς ἁλίας Θέτιδος·
αὐτὰ δ' ἐκ θαλάμων ἀγόμαν ἐπὶ θῖνα θαλάσσας,
δουλοσύναν στυγερὰν ἀμφιβαλοῦσα κάρᾳ.
Πολλὰ δὲ δάκρυά μοι κατέβα χροός, ἀνίκ' ἔλειπον
ἄστυ τε καὶ θαλάμους καὶ πόσιν ἐν κονίαις.
Ὤμοι ἐγὼ μελέα, τί μ' ἐχρῆν ἔτι φέγγος ὁρᾶσθαι
Ἑρμιόνας δούλαν; ἇς ὕπο τειρομένα
πρὸς τόδ' ἄγαλμα θεᾶς ἱκέτις περὶ χεῖρα βαλοῦσα
τάκομαι ὡς πετρίνα πιδακόεσσα λιβάς.

«Pour la haute Ilion ce n'est point une épouse, mais un fléau fatal que Pâris mit en son lit, en conduisant Hélène à la chambre nuptiale.
À cause d'elle, ô Troie, ravagée par le fer et le feu, tu tombas entre les mains impétueuses de l'Arès grec aux mille nefs,
comme mon époux Hector, malheureuse ! qu'autour des murs traîna sur son char le fils de Thétis, la déesse marine.
Et moi-même, hors de la chambre nuptiale je fus conduite au rivage de la mer, la tête chargée du joug affreux de la servitude.
À flots les larmes inondèrent mon visage, quand je quittai la ville et ma chambre et mon époux dans la poussière.
Ah ! misérable sort, pourquoi me fallait-il voir encore la lumière, devenue serve d'Hermione ? Accablée sous son hostilité,
je m'approche de la statue de la déesse que j'entoure de mes bras suppliants et je fonds en pleurs, comme la source qu'épanche le rocher. »

Des vers élégiaques dans une tragédie ? Le *decorum* des genres vacillerait-il une nouvelle fois ? Dans le poème d'ouverture du dernier livre des *Amours*, Ovide dépeint comment – semblable à un Hercule à la croisée des chemins – il s'est retrouvé courtisé par deux dames, Tragédie et Élégie. Toutes deux veulent rallier à leur cause l'apprenti poète qu'il était. Élégie souligne alors, à l'intérieur d'un *agôn* dans les règles, comme il est inconvenant que Tragédie intervienne dans un poème d'Ovide et y prenne la parole en distiques, dans son mètre à elle, Élégie ! (*Amours* III, 1, 35-38)

*« Quid grauibus uerbis, animosa Tragoedia, dixit,*
*Me premis ? an numquam non grauis esse potes ?*
*Inparibus tamen es numeris dignata moueri ;*
*In me pugnasti uersibus usa meis. »*

« Pourquoi, dit-elle, fougueuse tragédie, m'accabler de tes mots grandiloquents ? ou bien ne peux-tu jamais te dispenser d'être grandiloquente ? Pourtant tu as bien voulu régler l'allure de tes paroles sur un rythme inégal. Pour me combattre, tu as employé mes vers. »

Une tragédie s'exprime en vers élégiaques, voilà qui constitue dans *Amores* III, 1 une des grandes pointes métapoétiques[1]. Dans l'*Andromaque* d'Euripide par contre, cette situation était figurée sur scène. L'examen de cette comparaison centrale entre Thaïs et Andromaque montre qu'Ovide ne reproduit qu'en apparence l'essentialisme de la théorie antique des genres ; bien au contraire, la distinction entre les genres est (re)mise en question. Ce n'est bien sûr pas un hasard si c'est justement la comparaison entre Thaïs et Andromaque, entre la fille de joie et l'héroïne tragique, qui ébranle la théorie des genres d'Ovide.

## POÉTIQUE DES GENRES ET *USUS VENERIS*

Rappelons-nous que par l'excursus, Ovide veut légimiter la présence de l'érotisme et de la sexualité dans son œuvre. Son argumentation y parvient en réconciliant (en apparence) amour et sexualité dans le cadre de l'élégie – mais en les banissant des autres genres. Après avoir vu que l'excursus d'Ovide peut être remis en question d'un point de vue formel, nous voulons à présent prendre en considératoin son contenu et nous demander dans quelle mesure la poétique d'Ovide parvient effectivement à canaliser, comme elle le prétend, la dimension sexuelle.

Tournons-nous pour cela une fois encore vers le personnage d'Andromaque dont nous avons déjà établi le rôle central dans l'excursus ovidien. Dans l'*Art d'aimer*, la fidèle épouse d'Hector est déjà entrée en

1 *Cf.* G. Bretzigheimer, *Poetik in der Erotik*, Classica Monacensia 22, Tübingen, 2001, p. 66-78. – Brunelle (« Form vs. function... », art. cit., p. 131-132), décrit la tentative de Tragédie de détourner Ovide de l'élégie par un discours en vers élégiaques, comme une contradiction performative ; la tentative d'Ovide de proposer avec les *Remedia* une œuvre en distiques élégiaques pour traiter d'une thématique contraire à l'élégie (i.e. comment surmonter l'amour) est tout aussi paradoxale : *cf.* Conte, « Love without Elegy... », art. cit., *passim* ; L. Fulkerson, « Omnia vincit amor : Why the Remedia Fail », *CQ* 54.1, 2004, p. 211-223 ; Fréchet, art. cit., p. 204-205.

scène cinq fois. Au livre II, sa très grande taille est présentée comme un *uitium* (645-646) :

> *Omnibus Andromache uisa est spatiosior aequo ;*
> *Vnus, qui modicam diceret, Hector erat.*
>
> « On s'accordait à trouver Andromaque d'une taille excessive : un seul homme la jugeait de taille moyenne, Hector. »

Seule l'habileté d'amant d'Hector lui permet de fermer les yeux sur cette tare. En accord avec l'enseignement d'Ovide, il embellit le défaut et ne qualifie Andromaque que de « moyenne » (*modicam*, 646). Tout autre homme trouverait Andromaque trop grande pour la prendre comme amante. L'épithète inhabituelle *spatiosior* saute aux yeux[1] ; nous aurons encore à montrer plus loin l'importance de la grande taille d'Andromaque pour la poésie d'Ovide.

À la fin du livre II de l'*Art d'aimer*, Ovide en vient à parler de l'acte sexuel. Il demande alors à la Muse d'attendre dehors, devant la porte. Ce qui ressemble de prime abord à une pudique aposiopèse débouche en fait sur un des passages les plus crus de l'*Ars amatoria*[2]. Ovide conseille notamment à son élève de stimuler sa maîtresse de la main. C'est ainsi qu'Hector aurait jadis procédé avec son Andromaque :

---

1 Ovide n'utilise sinon jamais *spatiosus* pour un être humain, mais essentiellement pour des choses inanimées ou des animaux ; par ex. pour une longue durée (*Am.* I, 8, 81), une chevelure volumineuse (*Am.* I, 14, 3) ; un large virage (*Am.* III, 2, 69), un large cours d'eau (*Am.* III, 6, 85), un vaste portique (*Art d'aimer* I, 491-492), une longue nuit (*Hér.* I, 9), le corps massif d'un taureau (*Rem.* 421), les dimensions gigantesques d'un monstre (*Mét.* III, 56), un grand âge (*Mét.* VIII, 529 ; XII, 186), le long cou d'un oiseau (*Mét.* XI, 753), la durée de la guerre de Troie (*Mét.* XIII, 206), le passé lointain (*Mét.* XV, 623) et la longue chevelure d'une comète (*Mét.* XV, 849).

2 Schmitz (art. cit.) constate qu'Ovide évite soigneusement d'utiliser un vocabulaire obscène et recourt à des euphémismes et des allusions. C'est en particulier le cas quand il désigne les parties génitales de la femme par la formule peu spécifique *partes illae*. Mais en rapportant, dans le pentamètre qui suit, que Cupidon ‚y' (*in quibus*) ‚plonge' (*tingit*) ses flèches modifie l'expression apparemment neutre de sorte que le détail de l'*humidité* du sexe féminin se trouve évoqué de manière presque pornographique. *Cf.* OLD *s.v.* « *tingo* » : „to wet by plunging into a liquid, dip". Les passages de l'*Art d'Aimer* II, 68 et III, 804 sont comparables. – La description du sexe féminin (humide) fait partie des motifs typiques de l'épigramme et de la satire ; *cf.* Adams, *op. cit.*, p. 81 ; Parker, art. cit., p. 99-100 ; B. K. Gold, « 'The House I Live in is Not My Own': Women's Bodies in Juvenal's *Satires* », *Arethusa* 31.3, 1998, p. 373-375 ; Holzberg, « Staging the Reader Response.. », art. cit., p. 51-52 ; Brunelle, « Ovid's Satirical Remedies », art. cit., p. 148.

*Conscius, ecce, duos accepit lectus amantes;*
*Ad thalami clausas, Musa, resiste fores.*
*Sponte sua sine te celeberrima uerba loquentur,*
*Nec manus in lecto laeua iacebit iners;*
*Inuenient digiti quod agant in partibus illis,*
*In quibus occulte spicula tingit Amor.*
*Fecit in Andromache prius hoc fortissimus Hector,*
*Nec solum bellis utilis ille fuit.*

« Mais voici qu'un lit complice a reçu deux amants ; arrête-toi, Muse, à la porte close de leur chambre. Tout seuls, sans ton concours, les mots viendront en foule, et, dans le lit, la main gauche ne restera pas inactive. Les doigts trouveront à s'occuper du côté où mystérieusement l'Amour plonge ses traits. C'est ainsi qu'à l'égard d'Andromaque en usait d'abord le très vaillant Hector, et ce n'est pas seulement dans les combats guerriers qu'il était bon. »

Quand, au livre III, Ovide nous présente à nouveau une Andromaque en tous points contraire à l'idéal érotique de l'*Art d'aimer*, on dirait presque qu'Ovide veut rappeler à son lecteur cette précédente entrée en scène de la grande Grecque. Mentionnée il y a peu pour son comportement sexuel modèle, voici qu'elle apparaît à présent (*Ars* III, 109-110) comme un exemple de la simplicité brute (*simplicitas rudis* 113) des femmes des temps anciens, simplicité à laquelle s'oppose l'apparence soignée de la Romaine moderne. Plus loin dans le livre III, le *praeceptor amoris* explique que les femmes tragiques n'arrivent pas à le séduire, lui (et ses élèves) : *odimus et maestas* (517). Avec emphase, il éconduit Tecmesse et Andromaque (519-522) :

*Numquam ego te, Andromache, nec te, Tecmessa, rogarem,*
*Vt mea de uobis altera amica foret;*
*Credere uix uideor, cum cogar credere partu,*
*Vos ego cum uestris concubuisse uiris.*

« Non, jamais, Andromaque, jamais, Tecmesse, je ne demanderais à l'une de vous d'être ma maîtresse. J'ai même peine à croire, bien que vos enfants me forcent à le croire, que vous ayez partagé la couche de vos maris. »

Ovide n'arrive pas à imaginer qu'Andromaque ait couché avec Hector – apparemment, notre maître d'amour semble avoir oublié qu'il a décrit il y a peu, en II, 703-710, sa vie amoureuse avec force détails ! Cette incohérence saute aux yeux et tout lecteur sera tenté de corriger Ovide sur ce point. Tout l'humour de ce passage consiste à rappeler au lecteur que l'inconvenante scène finale du livre II lui est restée en mémoire[1] – et à quel point !

À la fin du livre III de l'*Art d'Aimer*, Ovide traite également du thème du comportement correct à adopter au lit. Ovide recommande cette fois-ci aux femmes de n'avoir de relations sexuelles avec leur amant que dans la position qui met en avantage leur corps. L'impératif apollinien de la connaissance de soi est la condition préalable à un comportement adapté – mais la décence morale s'écarte ici d'un *decorum* purement formel. À nouveau, Hector et Andromaque figurent en bonne place dans le catalogue érotique d'Ovide (*Ars* III, 769-778) :

*Vlteriora pudet docuisse ; sed alma Dione*
*« Praecipue nostrum est, quod pudet, inquit, opus. »*
*Nota sibi sint quaeque ; modos a corpore certos*
*Sumite ; non omnis una figura decet.*
*Quae facie praesignis erit, resupina iaceto ;*
*Spectentur tergo, quis sua terga placent*[2].
*Milanion umeris Atalantes crura ferebat ;*
*Si bona sunt, hoc sunt accipienda modo.*
*Parua uehatur equo ; quod erat longissima, numquam*
*Thebais Hectoreo nupta resedit equo.*

« Je rougis des enseignements qu'il me reste à donner, mais la bonne Dioné me dit : "Ce dont on a honte, c'est justement notre affaire". Que chaque femme se connaisse bien ; d'après votre physique, choisissez telle ou telle attitude ; la même posture ne convient pas à toutes. La femme dont la figure est particulièrement jolie, s'étendra sur le dos. C'est de dos que devront se montrer celles qui sont satisfaites de leur dos. Milanion portait sur ses épaules les jambes d'Atalante ; si les vôtres sont belles, il faut les faire voir de la même façon. La femme petite prendra la posture du cavalier ; comme elle était fort longue, jamais la Thébaine, l'épouse d'Hector, ne se mit sur son mari comme sur un cheval. »

Andromaque elle aussi a tenu compte de ce précepte : jamais elle n'a chevauché Hector au lit[3]. En raison de sa taille excessive, cela n'aurait

---

1 On peut décrire ce procédé, suivant Schmitz (art. cit.) comme une forme de « collaboration narrative » (« narrative Mitarbeit ») à laquelle est convié le lecteur. *Cf.* aussi R. K. Gibson, *op. cit.*, *ad loc.* : "... with *insouciant inconsistency*, the praeceptor 'forgets' that in 2.709f. Hector and Andromache were held up as models of skilled love-making..." (c'est moi qui souligne).

2 L'édition des Belles Lettres intercale ici les vers 785-786. Nous ne la suivons pas sur ce point (*cf.* l'édition de E. J. Kenney, *OCT*, 1995 2^e^ éd.).

3 L'expression semble particulièrement légère dans la mesure où l'acte sexuel n'est pas comparé avec une chevauchée mais bien décrite *en tant que* chevauchée. R. K. Gibson,

guère été seyant. L'image d'Andromaque chevauchant son mari ne nous est montrée qu'*ex negativo* : mais une telle image d'Andromaque s'oppose-t-elle vraiment à celle de la lascive courtisane Thaïs ?

Alessandro Barchiesi a relevé qu'Andromaque, au livre III de l'*Art d'aimer*, est appelée *nupta Thebais* (778) et qu'il n'y a plus qu'un petit pas pour passer de *Thebais* à *Thais*[1]. La trop grande *Thébaïs* ne doit être raccourcie que d'une syllabe pour se confondre avec l'hétaïre de Ménandre qui lui est opposée dans les *Remedia*.

Que le nom d'Andromaque soit passé sous silence en *Ars* III, 778 peut s'expliquer par ses connotations martiales qui ne trouvent pas de place dans le contexte érotique. La taille de l'héroïne – tout comme la longueur et la signification de son nom – peuvent être compris comme des échos à la tradition générique de l'épopée qui est ici problématisée. De même, dans le prologue des *Aitia*, Callimaque oppose les ‚doux vers' de Mimnerme à une ‚grande femme' (μεγάλη γυνή) – une image qui dissimule certainement une autre œuvre littéraire (Call. *Aitia* fr. 1, 10-11 Pf.[2]). Même si l'œuvre à laquelle l'expression μεγάλη γυνή ferait allusion reste débattue, le fait qu'elle se trouve dans l'ouverture polémique et apologétique des *Aitia*[3] suffit pour justifier notre rapprochement.

L'opposition entre longueur et brièveté est également déterminante pour la description que donne Ovide du distique élégiaque. À maintes reprises, il insiste sur le fait que ses distiques, avec leur hexamètre et leur pentamètre, sont constitués d'un élément long et d'un élément court. Cet aspect est clairement souligné dans le premier poème des *Amours* (I, 1), qui décrit le genre élégiaque comme une « réduction » de la poésie épique. Et quand, en *Amours* III, 1, 8, Élégie fait son entrée,

---

*op. cit.*, *ad loc.* souligne que l'adjectif particulier *hectoreus* pourrait être compris comme l'équivalent d'un génitif possessif ("the horse belonging to Hector") ou d'un génitif de qualité ("the horse consisting in Hector"). La vie amoureuse du couple troyen semble ainsi particulièrement animale.

1 Barchiesi, « Women on Top... », art. cit., p. 108-109.

2 τοῖν δὲ] ḍụοῖν Μίμνερμος ὅτι γλυκύς, α[ἱ κατὰ λεπτὸν / ...] ἡ μεγάλη δ' οὐκ ἐδίδαξε γυνή.

3 Sur le prologue des *Aitia* : *cf.* en particulier B. Acosta-Hughes, S. A. Stephens, « Rereading Callimachus' Aetia Fragment 1 », *CPh* 97.3, 2002, p. 238-255 (et les indications bibliographiques complémentaires). Sur les essais d'identifier la ‚grande femme' : *cf.* A. Cameron, *Callimachus and His Critics*, Princeton N.J., 1995, p. 303-338. Toujours pertinents sont les développements de W. Wimmel, *Kallimachos in Rom, Die Nachfolge seines apologetischen Dichtens in der Augusteerzeit*, Hermes Einzelschrift 16, Wiesbaden, 1960, p. 71-123, en particulier p. 83-93 (pour une poétique de la forme courte).

Ovide insiste sur la *longueur* différente de ses pieds : *et, puto, pes illi* longior *alter erat.* À la fin du poème, Ovide annonce vouloir être d'abord fidèle à Élégie, et lui demande son aide : *ergo ades et* longis *uersibus adde* breues (66). Les exigences d'Élégie sont limitées (*quod petit illa*, breue *est* 67). En *Amours* II, 4, poème dont les implications poétologiques sont reconnues[1], le *poeta amator*, avouant ses besoins sexuels et son attirance égale pour toutes les femmes, ne manque pas de mentionner la taille des femmes (v. 33-36) :

*Tu, quia tam longa es, ueteres heroidas aequas*
*Et potes in toto multa iacere toro.*
*Haec habilis breuitate sua est ; corrumpor utraque ;*
*Conueniunt uoto longa breuisque meo.*

« Toi, qui es si haute, tu ressembles aux héroïnes de l'antiquité et ton grand corps peut remplir tout le lit. Celle-ci est petite ; la main la caresse mieux. Toutes deux me séduisent : la grande et la petite m'attirent. »

L'ambiguïté du dernier vers fait à mon avis allusion à la forme élégiaque. On pourrait ainsi aussi traduire : « La grande et la petite se rassemblent comme je le veux », exactement tout comme le distique réunit longueur et brièveté. De manière significative, la femme de grande taille est immédiatement comparée avec les héroïnes des temps anciens (*ueteres heroidas*).

Par conséquent, quand Hector qualifie son épouse de *modicam* (*cf. supra*, *Ars* II, 645-646), elle est façonnée – de même que par son démonyme *Thebais* (*Ars* III, 778) – selon la norme en vigueur pour l'élégie.

Mais revenons une fois encore à la chevauchée d'Andromaque en *Ars* III, 777-778 : l'importance de ce passage pour les *Remedia* dépasse, je crois, la quasi homonymie entre *Thebais* et *Thai*s : le contexte de l'excursus poétologique des *Remedia* est en effet déterminé par la question de savoir comment on peut coucher avec sa *domina* sans tomber amoureux d'elle. Un des préceptes pour cette situation délicate était de trouver pour les jeux de l'amour la position la moins (*minime*) convenable pour la femme (*Rem.* 407-408) :

---

1 *Cf.* A. M. Keith, « Corpus eroticum : Elegiac Poetics and Elegiac puellae in Ovid's *Amores* », *CW* 88, 1994, p. 33-35 ; R. Tarrant, « Ovid and ancient literary history », in *The Cambridge Companion to Ovid*, édit. Ph. Hardie, Cambridge/New York, 2002, p. 13-33 (en particulier p. 17).

*Et pudet et dicam, Venerem quoque iunge figura,*
*Qua minime iungi quamque decere putas.*

« Je rougis de le dire, mais je le dirai. Autre conseil : pour faire l'amour avec ton amie, prends la position que tu crois le moins l'avantager. »

Qui, en lisant ce précepte, ne se souviendrait pas de l'Andromaque de l'*Art d'aimer* ? Nous avons vu avec quelle emphase Ovide y a dépeint le comportement sexuel d'Andromaque. Dans les *Remedia*, Andromaque n'apparaît qu'une seule fois, dans le cadre de l'excursus (*Rem.* 383-384), et donc juste avant le conseil didactique cité ci-dessus. Si dans l'*Art d'aimer* cela signifiait encore que la grande Andromaque *ne* devait *pas* chevaucher Hector, cette idée se trouve à présent une nouvelle fois niée. La formulation négative de l'*Ars* devient une litote dans les *Remedia* : Andromaque ne doit pas coucher avec Hector *sans* le chevaucher. Les *Remedia*, selon cette interprétation, devancent donc et anticipent l'irrévérence sexuelle de Martial qui à son tour mettra en scène une Andromaque « montant son cheval hectoréen[1] ».

Quoi qu'il en soit, l'opposition entre Thaïs et Andromache, cette fois *in eroticis*, montre à nouveau que la poétique essentialiste des genres des *Remedia* est remise en question. Ce n'est pas un hasard si la taxinomie des genres perd sa prétendue sélectivité, dès le moment où il est question de contenus érotiques et obscènes[2]. Et bien sûr, la poétique des genres se trouve elle-même formulée dans le cadre d'un poème de genre élégiaque qui revendique la légitimité de l'érotisme.

---

1 Martial, *Épigrammes* XI, 104, 13-14. – Sur la base de cette analyse des *Remedia* il nous semble souhaitable de revisiter le texte de Martial ; une publication dans laquelle nous proposerons une nouvelle interprétation de l'épigramme est en préparation.

2 Il faut voir ainsi dans les *Remedia* un précédent direct de l'histoire ‚pan-érotique' de la littérature proposée dans *Tristes* II ; sur ce point, *cf.* en particulier A. Barchiesi, « Insegnare ad Augusto. Orazio, Epistole 2, 1 e Ovidio, Tristia II », *MD* 31, 1993, p. 149-184 [= *Id.*, *Speaking Volumes, Narrative and Intertext in Ovid and other Latin Poets*, London, 2001, p. 79-103] ainsi que B. J. Gibson, « Ovid on reading : reading Ovid. Reception in Ovid *Tristia* 2 », *JRS* 89, 1999, p. 19-37.

## DOMPTAGE ÉQUESTRE ET POÉSIE DÉBRIDÉE

Mais attardons-nous encore un peu à l'équitation. Au vu des réflexions présentées ici, il est étonnant qu'Ovide recoure deux fois dans les *Remedia* 393-398 à une métaphore équestre.

Quand on lit en *Remedia* 394 que le cheval d'Ovide, *noster equus*[1], halète lorsqu'on le monte, il faut rappeler que le halètement, *anhelitus*, peut très bien avoir une connotation érotique. Dans son étude sur le vocabulaire sexuel des Romains, James Adams classe à juste titre *anhelare* dans la catégorie des "miscellaneous concomitant events" de l'acte sexuel[2] ; Ovide lui-même ne manque pas de faire référence au halètement, quand, au livre III de l'*Art d'aimer* (v. 801-804), il indique aux femmes comment simuler l'extase :

*Tantum, cum finges, ne sis manifesta, caueto ;*
*Effice per motum luminaque ipsa fidem.*
*Quid {et} iuuet, et uoces et anhelitus arguat oris ;*
*A ! pudet ; arcanas pars habet ista notas.*

« Mais que cette feinte ne se laisse pas déceler ! Que tes mouvements et l'expression même de tes yeux réussissent à nous tromper ! Que la volupté, que les mots, que la respiration haletante en donnent bien l'illusion ! Je rougis de poursuivre : cet organe a ses moyens d'expression secrets. »

Avec de tels doubles-sens, la métaphore équestre fournit une transition facile pour quitter l'excursus théorique et en revenir au comportement *in coitu*. De plus, dans le premier conseil didactique pour une relation sexuelle dénuée d'amour, Ovide recourt à un *terminus technicus* de l'élevage, *inire*, qu'il applique à la sexualité humaine (*Rem.* 401-402)[3] :

*Gaudia ne dominae, pleno si corpore sumes,*
*Te capiant, ineas quamlibet ante uelim.*

« Pour éviter que tu ne te laisses séduire au plaisir que te donnera ton amie, si tes forces sont intactes, je voudrais que tu aies auparavant des relations avec une autre femme quelconque. »

---

1 Pour le rejet de la lecture alternative *uester*, on se référera à Geisler, *op. cit.*, *ad. loc.*

2 Adams, *op. cit.*, p. 195.

3 Adams, *op. cit.*, p. 190-191 et 205-208.

Ces chevaux obscènes, le *hectoreus equus* d'Andromaque tout comme le cheval poétique haletant d'Ovide nous conduiront au prochain point de notre argumentation.

Différents critiques ont déjà relevé que les poèmes didactiques d'Ovide, les *Remedia* autant que l'*Art d'aimer*, sont traversés d'échos aux *Géorgiques* de Virgile[1]. Au-delà des simples similitudes de structure entre ces œuvres didactiques et du constat des nombreuses imitations et parodies de Virgile disséminées au fil des œuvres didactiques d'Ovide, Erich Woytek a montré de manière très convaincante qu'une discussion approfondie du livre III des *Géorgiques* se trouve au centre des *Remedia* (en particulier 389-418)[2]. Dans ce qui suit, je voudrais partir des observations de Woytek pour définir la relation des *Remedia* aux *Géorgiques*.

Selon Woytek, Ovide cherche, à la fin de l'excursus de *Remedia* 389-396, le dialogue avec le proemium du livre III des *Géorgiques* (III, 1-48)[3], un choix qui ne doit rien au hasard, puisque ce proemium recouvre une signification majeure pour l'ensemble de l'œuvre de Virgile : ce passage fait partie des rares passages dans lesquels Virgile parle d'une progression au sein de sa propre œuvre. Une œuvre plus élevée doit succéder aux *Géorgiques* (46-48) :

> *Mox tamen ardentis accingar dicere pugnas*
> *Caesaris et nomen fama tot ferre per annos,*
> *Tithoni prima quot abest ab origine Caesar.*

> « Bientôt toutefois je me préparerai à dire les ardentes batailles de César et à perpétuer la gloire de son nom aussi longtemps qu'il y a d'années de César à Tithon, son premier ancêtre. »

Si on lit ce passage en connaissant l'ensemble de l'œuvre virgilienne, on aura tendance à y voir une annonce de l'*Énéide*. Au livre unique des *Bucoliques* ont succédé les quatre livres des *Géorgiques* et finalement les douze livres de l'*Énéide* ; à la forme brève hellénistique, a succédé un poème didactique et enfin une épopée héroïque. Il n'est pas étonnant

1 *Cf.* E. J. Kenney, « Nequitiae poetae » in *Ovidiana, Recherches sur Ovide*, publiées à l'occasion du bimillénaire de la naissance du poète, édit. N. J. Herescu, Paris, 1958, p. 200-209 ; E. W. Leach, « Georgic Imagery in the *Ars amatoria* », *TAPhA* 95, 1964, p. 142-154 ; M. Steudel, *Die Literaturparodie in Ovids* Ars amatoria, Altertumswissenschaftliche Texte und Studien 25, Hildesheim/Zürich/New York, 1992, p. 76-124.

2 Woytek, art. cit.

3 Woytek, art. cit., p. 193-197.

que des lecteurs ultérieurs aient compris et admiré l'Œuvre de Virgile comme le résultat d'une évolution poétique idéale[1].

Ovide, qui fait ses débuts en poésie à une époque où la triade des œuvres virgiliennes – Virgile *tout entier* – existe déjà, semble en être imprégné. En affirmant fièrement dans les *Remedia* que le genre élégiaque lui serait autant redevable que le genre épique l'est à Virgile (395-396), Ovide fait allusion à cette « carrière » de Virgile dans la poésie hexamétrique[2]. Virgile y est présenté en tant qu'auteur de l'*Énéide* et compté au nombre des *summi poetae* (367-368), et semble ainsi trouver l'approbation d'Ovide. Son statut de classique est affirmé par le fait qu'Ovide veut être reconnu comme l'épigone d'une conception virgilienne de l'œuvre.

Les deux passages sont déjà comparables dans la mesure où le poète s'exprime sur ses intentions dans les deux cas exactement au milieu d'une œuvre didactique[3]. Comme le montre Woytek, on trouve aussi chez Ovide toute une série d'emprunts lexicaux clairs : à la gloire de César (*Caesaris* nomen, *Géorg.* III, 47) répond celle d'Ovide (*magnum iam* nomen *habemus*, *Rem.* 389) ; la condition posée par Ovide *uiuam modo* (391) fait écho à la formulation virgilienne *modo uita supersit* (III, 10) ; alors que la gloire de César durera ‚durant de nombreuses années' (*tot per* annos III, 47), Ovide déclare vouloir créer de nombreuses œuvres dans les années à venir, *Rem.* 392 : *et capiunt* anni[4] *carmina multa mei*. Et la *Fama*, qui chez

1 Sur la carrière de poète de Virgile, *cf.* notamment L. Lipking, *The Life of the Poet, Beginning and Ending Poetic Careers*, Chicago/London, 1981, p. 76-93 ; E. Theodorakopoulos, « Closure : The Book of Virgil », in *The Cambridge Companion to Virgil*, édit. Ch. Martindale, Cambridge/New York, 1997, p. 155-165 ; J. Farrell, « Greek Lives and Roman Careers in the Classical *Vita* Tradition », in *European Literary Careers, The Author from Antiquity to the Renaissance*, édit. P. Cheney et F. de Armas, Toronto, 2002, p. 24-46. Sur la question générale du *career criticism* par rapport à la littérature classique : *cf. Classical Literary Careers and their Reception*, édit. Ph. Hardie et H. Moore, Cambridge, 2010.

2 Tarrant, art. cit., p. 23-24. Sur la formation de la carrière d'Ovide : *cf.* S. J. Harrison, « Ovid and genre : evolutions of an elegist », in *The Cambridge Companion…*, *op. cit.*, p. 80-84 ; J. Farrell, « Ovid's Virgilian Career », *MD* 52, 2004, p. 41-55 ; M. Korenjak, « Horaz' und Ovids epistolographisches Spätwerk (Einleitung und Teil 1) », *Mnemosyne* 58.1, 2005, p. 46-61 ainsi que, du même auteur, « Horaz' und Ovids epistolographisches Spätwerk (Teil 2) », *Mnemosyne* 58.2, 2005, p. 218-234 ; A. Barchiesi, Ph. Hardie, « The Ovidian career model. Ovid, Gallus, Apuleius, Boccaccio », in *Classical Literary Careers…*, *op. cit.*, p. 59-88.

3 Woytek, art. cit., p. 199.

4 Je préfère ici *anni* à la lecture *animi*, tout comme Geisler, *op. cit.*, *ad loc.* Woytek, art. cit., p. 194 n. 60, pense qu'il faut préférer *animi* parce qu'après l'expression *uiuam modo* (*Rem.*391), on attendrait guère une deuxième notation temporelle („ein zweiter, affirmativer Zeitbezug

Virgile est un moyen au service du Prince (III, 47), trouve un écho dans la quête de gloire d'Ovide, *Rem.* 393 : *Nam iuuat et studium famae mihi creuit honore.* La *Fama* virgilienne est aussi présente quand Ovide affirme que sa gloire continuera à croître au fur et à mesure de son avancée, *Rem.* 390 : *Maius erit, tantum quo pede coepit eat.* Or c'est justement là la caractéristique principale de la *Fama* dans l'*Énéide* de Virgile[1] : d'abord petite, elle croît dans le mouvement, *Aen.* IV, 175-176 : *mobilitate uiget uirisque adquirit eundo / parua metu primo, mox sese attollit in auras*[2]. Le terme *inuidiae* en *Remedia* 397 pourrait reprendre *inuidia* en *Géorgiques* III, 37, tandis que l'impératif *rumpere* (*Rem.* 389) fait écho à l'exhortation que s'adresse le poète à lui-même *rumpe moras* (*Géorg.* III, 43).

En résumé, on peut dire qu'Ovide suit le programme poétique virgilien et le prolonge – en le nuançant bien sûr différemment. Alors que Virgile fait allusion à un avenir poétique au service d'Auguste, Ovide pense avant tout à lui-même et à sa renommée poétique.

Woytek constate que ce passage programmatique des *Géorgiques* n'est pas le seul qui trouve un écho dans les *Remedia.* Après le proème de *Géorgiques* III, Virgile parle de l'élevage, et donc de bœufs et de chevaux ! Et c'est précisément ces préceptes de Virgile qu'Ovide reprend dans les *Remedia* pour dépeindre des pratiques sexuelles repoussantes[3].

Ce sont à nouveau des emprunts lexicaux ainsi que des parallèles de contenu qui prouvent la proximité des *Remedia* avec le poème didactique virgilien. Ainsi, la transition d'Ovide pour revenir à son thème en *Remedia* 399 (*ergo ubi concubitus et opus iuuenale petetur*) et la formule *prima uoluptas* (*Rem.* 403) renvoient toutes deux à *Géorgiques* III, 130-131, où Virgile parle du comportement des juments en chaleur : *atque* ubi concubitus primos *iam nota* uoluptas / *sollicitat*[4]. Le fait que Virgile

---

kaum wünschenswert"). Cette objection me semble infondée – en particulier en tenant compte des allusions à Virgile que Woytek lui-même mentionne.

1 Woytek, art. cit., p. 195 et n. 64.

2 Je remercie mon épouse Rebecca Lämmle qui m'a suggéré que l'allusion à la Fama de Virgile s'inscrit bien dans la thèse défendue ci-après, selon laquelle Ovide privilégie une lecture obscène de Virgile. Au livre IV de l'*Énéide*, l'entrée en scène de la Fama a pour but de faire connaître les aventures amoureuses de Didon et Énée – c'est précisément cette scène qui fournit à Ovide l'occasion, en *Tristes* II, 533-536, de dévaloriser l'*Énéide* en la présentant comme une vulgaire œuvre érotique : *Et tamen ille tuae felix Aeneidos auctor / Contulit in Tyrios arma uirumque toros, / nec legitur pars ulla magis de corpore toto / Quam non legitimo foedere iunctus amor.*

3 Woytek, art. cit., p. 208-213.

4 Woytek, art. cit., p. 209-211.

exhorte les éleveurs à être particulièrement attentifs à la constitution des bêtes lors de leur choix pour l'élevage (*Géorg.* III, 51-59 et 72-83) trouve un écho dans le conseil d'Ovide de prendre en considération le physique de la femme (*Rem.* 411-412, 417-418 et 429-430).

Nous avions déjà vu qu'Ovide conseille à ses élèves de coucher avec une autre femme avant un rendez-vous avec leur *domina* ; il risquerait sinon – telle est la justification d'Ovide – de touver trop de plaisir à une nuit si longtemps attendue (*Rem.* 405-406) :

> *Sustentata Venus gratissima : frigore soles,*
> *sole iuuant umbrae, grata fit unda siti.*
>
> « Après une période d'abstinence, le sexe apporte le plus grand plaisir ; c'est ainsi qu'on se réjouit du soleil par temps froid et de l'ombre par temps chaud ; et c'est ainsi l'eau fait plaisir aux assoiffés[1]. »

Dans les *Remedia*, cet ajournement de l'acte sexuel est mis assez abruptement au même plan que les besoins élémentaires de se rafraîchir, de se réchauffer et de boire. Ce passage, qui semble un peu déplacé dans le contexte des *Remedia*, trouve son sens si on le compare avec *Géorgiques* III, 129-137 ; dans ce passage, Virgile recommande au paysan d'amener les femelles d'élevage à se reproduire en les faisant travailler dur et en réduisant leur fourrage. Or ce sont précisément les concepts exploités de manière proverbiale par Ovide : le sexe (*Venus* 137), l'eau (*fontibus* 131), la chaleur du soleil (*sol* 132) et la soif (*sitiens* 137)[2].

Un écho tout aussi clair aux *Géorgiques* apparaît plus loin, quand Ovide déclare que tous ses préceptes sont certes modestes mais pas pour autant inutiles. Deux comparaisons empruntées au monde animal lui permettent de montrer que les petites choses ont un certain pouvoir (*Rem.* 421-422) :

> *Parua necat morsu spatiosum uipera taurum ;*
> *A cane non magno saepe tenetur aper.*
>
> « Petite est la vipère ; sa morsure tue un énorme taureau. Un chien de taille médiocre tient souvent un sanglier en arrêt. »

---

1 Ma traduction. – L'édition des Belles Lettres par Bornecque écarte le distique *Rem.* 405-406. À mon avis, il n'y a pas de raison convaincante pour l'athétèse des vers. *Cf.* les commentaires de Lucke, *op. cit.* et Pinotti, *op. cit., ad loc.* Je suis sur ce point l'édition de E. J. Kenney, *OCT*, 1995, 2e éd.

2 Woytek, art. cit., p. 211.

C'est ici un écho à un passage plus développé du livre III des *Géorgiques* où il est question des soins aux chiens puis de leur utilité pour la chasse (404-413)[1] ; après quoi le poète met le berger en garde contre le danger que constituent les serpents venimeux (414-439)[2]. On rappellera une fois encore, en regard de la figure d'Andromaque, que l'idée du pouvoir des petits a aussi des implications poétologiques pour les *Remedia*[3].

Les enseignements de Virgile sur l'élevage et la reproduction animale permettent à Ovide d'illustrer de manière piquante les pratiques sexuelles sans amour. Un tel traitement des *Géorgiques* semblera sacrilège et dégradant[4] à plus d'un lecteur, en tous les cas aux admirateurs de la poésie virgilienne.

Mais ce n'est pas tout. Un autre passage des *Géorgiques* semble retenir l'attention d'Ovide. Au livre III (v. 284-286), Virgile clôt son exposé sur l'élevage et s'exhorte lui-même à passer rapidement au prochain thème :

> *Sed fugit interea, fugit inreparabile tempus,*
> *singula dum capti circumuectamur amore.*
> *Hoc satis armentis.*
>
> « Mais le temps fuit, fuit sans retour, tandis que, séduits par notre sujet, nous en faisons le tour, de point en point.
> J'ai assez parlé du gros bétail. »

Virgile déclare ici que, pris par l'amour (*amore capti*), il a failli manquer la transition à force de s'engager dans les détails (*singula*) ! Virgile, qui parle de la vie amoureuse des chevaux et des bovins, se laisserait-il emporter au point d'être finalement lui-même piégé par Amour ? Avec le terme *amor*, Virgile veut bien sûr parler de son amour poétique pour son sujet. Or le sujet pour lequel Virgile éprouve de l'*amor* est l'*amor* des animaux.

Rappelons-nous qu'Ovide veut mettre en garde ses élèves de ne pas être « pris par l'amour » (401-402 : *gaudia ne dominae te capiant*) ! Et quand Ovide déclare en conclusion qu'on devrait adopter tous ses

1 *Cf.* en particulier *Géorgiques* III, 409-412 : Saepe *etiam cursu timidos agitabis onagros / et canibus leporem, canibus uenabere dammas ; / saepe uolutabris pulsos siluestribus apros / latratu turbabis agens.* La chasse au sanglier rappelle aussi une comparaison virgilienne en *Énéide* X, 707-708 : *uelut ille canum* morsu *de montibus altis / actus* aper.

2 En particulier les vers 416-420 semblent proches des *Remedia* ; ainsi *saepe* (416), *uipera* (417) et *tactu* (416) parallèle à *morsu* (*Rem.* 421).

3 On soulignera l'attribut *spatiosum* (421). *Cf. supra*, p. 102.

4 Woytek, art. cit., p. 212-213, parle de « frevlerische Herabwürdigung ».

conseils en bloc parce qu'*isolément* ils ne servent à rien (420 : *non prosunt singula*), on peut y voir un écho du penchant de Virgile à exposer les *détails* (*singula*) de l'élevage. Finalement, le fait que Virgile se blâme lui-même de s'égarer loin de son sujet (*circumuectamur*), trouve aussi son équivalent chez Ovide (397-398) quand celui-ci s'exhorte de même à revenir dans son propre *gyrus* – à la différence près, bien sûr, que chez Ovide, le retour « sur le droit chemin » le ramène aux contenus obscènes !

Ovide ne soumet ainsi pas uniquement les passages sur l'élevage à une lecture obscène ; l'allusion à *Géorgiques* III, 284-285 suggère de plus que Virgile a trouvé un certain plaisir à de telles obscénités.

Au livre II du traité *De Oratore*, Cicéron a réfléchi à la place de l'humour dans l'art oratoire (II, 216-290). C'est précisément dans le contexte agonistique du discours au forum que les plaisanteries peuvent parfois s'avérer un moyen sûr d'asseoir son propre point de vue : II, 216 : *suauis autem est et uehementer saepe utilis iocus et facetiae.* La phénoménologie cicéronienne de la plaisanterie agonistique n'est pas sans intérêt pour notre propos, elle vaut même pour décrire les relations d'Ovide à Virgile. Ainsi Cicéron explique qu'on peut créer une série d'effets comiques en imitant son adversaire de manière caricaturale et distordante (*ex quadam deprauata imitatione*). Cicéron met sans doute en garde contre les possibles exagérations des orateurs (II, 242) :

> *Atque ita est totum hoc ipso genere ridiculum, ut cautissime tractandum sit. Mimorum est enim et ethologorum, si nimia est, imitatio, sicut obscenitas. Orator surripiat oportet imitationem,* ut is qui audiet cogitet plura quam uideat*; praestet idem ingenuitatem et ruborem suum uerborum turpitudine et rerum obscenitate uitanda.*
>
> « Mais cette sorte de plaisanterie demande à être maniée avec de grandes précautions. Laissons aux mimes "éthologues" l'imitation qui tombe dans l'outrance, comme aussi l'obscénité. Il faut que l'orateur suggère seulement l'idée du personnage et permette à celui qui écoute de se figurer plus de choses qu'on lui en montre ; il faut encore qu'il prouve sa bonne éducation et ses vifs sentiments de pudeur, en evitant les mots grossiers et les images indécentes. »

Cicéron refuse toute obscénité déclarée, mais admet par contre les allusions[1]. Nous avons vu que l'*imitatio* des *Géorgiques* par Ovide se situe

1 *Cf.* aussi *De Oratore* II, 252 : *Alterum genus est in imitatione, admodum ridiculum ; sed nobis tantum licet furtim uti, si quando, et cursim.* – Cicéron est visiblement confronté à une

à la limite voire au-delà du bon goût, sans toutefois recourir à un langage explicitement obscène ni à une confrontation directe avec Virgile ; il respecte ainsi l'impératif cicéronien à ne pratiquer qu'une caricature allusive. Et quand Cicéron explique que l'on doit amener l'auditeur à réfléchir davantage (*plura cogitet*)[1], c'est précisément l'attitude recommandée par Ovide à ses lecteurs juste avant d'entamer l'excursus (*Rem.* 359-360) :

> *Multa quidem ex illis pudor est mihi dicere, sed tu*
> *Ingenio uerbis concipe plura meis.*
>
> « Il est, à ce sujet, beaucoup de choses que je rougirais de dire ; mais ton imagination suppléera à mon silence. »

On peut décrire l'humour sous-jacent au débat entre Ovide et Virgile en termes de concurrence et de rivalité, des concepts qui caractérisent le monde de l'art oratoire de Cicéron. Dans le discours poétologique d'Ovide, c'est l'envie qui symbolise cette rivalité.

Dès l'époque hellénistique – et même avant[2] –, l'Envie est un motif fréquent du discours poétologique[3] : la mention de la jalousie qui cherche

---

difficulté de définition, ce qui se marque entre autres par le fait qu'il admet le comique *ex quadam deprauata imitatione* (242), mais refuse plus loin la *deprauatio* (*non digna nobis* 252) ; le texte suggère des différences de degrés : l'obscénité qui se dévoile au grand jour est condamnée par Cicéron (251-252) ; de même Quintilien, *Institution oratoire* VI, 3, 29. – Sur l'obscénité en général dans la tradition rhétorique romaine : *cf.* J. M. Ziolkowski, « Obscenities in the Latin Grammatical and Rhetorical Tradition », in *id.*, *Obscenity, Social Control and Artistic Creation in the European Middle Ages*, Leiden, 1998, p. 41-46.

1 Il est intéressant de noter que Quintilien déclare à l'inverse, dans la discussion sur le kakemphaton, que les lecteurs/auditeurs ont *d'eux-mêmes* tendance à voir des significations obscènes dans un texte : Quintilien, *Institution oratoire* VIII, 3, 47 : *Nec scripto modo id accidit, sed etiam sensu plerique obscene intellegere, nisi caueris, cupiunt (ut apud Ouidium « quaeque latent meliora putant ») et ex uerbis quae longissime ab obscenitate absunt occasionem turpitudinis rapere* – « Et ce n'est pas seulement aux mots écrits, mais au sens que bien des gens, si l'on n'y prend garde, aiment trouver une interprétation obscène (comme tels personnages d'Ovide pour qui "c'est ce qui est caché qui est le meilleur"), et qui saisissent l'occasion pour donner aux mots qui sont le plus éloignés de l'obscénité une interprétation indécente. » – Selon Quintilien, les allusions, tolérées par Cicéron, doivent donc aussi être évitées.

2 *Cf.* par ex. G. W. Most, « Epinician envies », in *Envy, Spite and Jealousy, The Rivalrous Emotions in Ancient Greece*, Edinburgh Leventis Studies 2, édit. D. Konstan et N. K. Rutter, Edinburgh, 2003, p. 123-142, qui établit l'importance de l'Envie pour la poétique des *Épinicies* de Pindare.

3 C'est dans l'*Hymne à Apollon* de Callimaque que le *topos* de l'Envie s'exprime de la façon la plus marquée (Call. *hymn. in Apoll.* 105-113) ; *cf.* F. Williams, *Callimachus : Hymn to Apollo, A Commentary*, Oxford, 1978, *ad loc.* – Wimmel (*op. cit.*, p. 61-64) part de l'idée que la description de Phthonos et Momos suivent des motifs de la fable. On notera aussi

à nuir au poète lui permet dans un premier temps de thématiser la perception de sa propre œuvre et sa réception par le public, et dans un deuxième temps de prendre position sur sa propre création, sur le mode de la contre-attaque et de l'apologie[1].

Dans les *Remedia*, Ovide insère précisément ce motif de l'Envie. Il décrit d'abord de façon neutre les critiques (*carpsere* 361, *censura* 362) et les attaques (*impugnent* 364) auxquelles son œuvre est exposée. Mais tout de suite après, il les compare avec les critiques – clairement infondées – dirigées contre Homère et Virgile : c'est l'Envie (*liuor*) qui rabaisse le génie d'Homère (*detractat* 365), et ce sont des « langues sacrilèges qui déchirent » l'œuvre de Virgile (*sacrilegae laniarunt carmina linguae* 367). Ce parallèle se confirme quand Ovide, au terme de son apologie, reprend avec *liuor* un terme-clé des Callimaques romains qui s'écrient fièrement : *rumpere, Liuor edax* (389) – « Éclate donc, Envie vorace[2] ! »

Les développements que nous avons conduits jusqu'ici montrent que le discours poétologique sur l'Envie subit une évolution décisive dans les *Remedia* : Ovide se n'y présente pas comme une victime de l'Envie, mais bien comme son instigateur. Alors qu'Ovide avait entamé l'excursus en affirmant être exposé à une critique jalouse, il le clôt avec l'idée qu'il est lui-même devenu un lecteur et un critique de Virgile sévère et porté à l'envie.

En *Remedia* 366, Ovide cite avec Zoïle le plus connu des critiques d'Homère, d'une notoriété presque proverbiale[3]. Il rappelle que Zoïle ne doit sa célébrité qu'à Homère (365-366) :

---

que chez Ovide, le rejet de l'Envie en *Rem.* 389 (*rumpere, Livor edax* – « Éclate donc, Envie vorace ! ») évoque une image empruntée à la fable ; *cf.* Woytek, art. cit., p. 192 et n. 48.

1 *Cf.* Wimmel, *op. cit.*, p. 61-65, et p. 320-331.

2 En écho à Ovide, *Amours* I, 15 ; *cf.* Julhe, *op. cit.*, p. 325-328. Sur *liuor*/*inuidia* dans la poésie latine : *cf.* par ex. Virgile, *Bucolique* VII, 26 ; *Géorgiques* III, 37 ; Horace, *Satires* II, 1, 77-78 ; *Odes* IV, 3, 16 ; Properce I, 8, 29.

3 Sur Zoïle : *cf.* *FGrH* 71 ; H. Gärtner *s.v.* « Zoilos [14] », *RE* Suppl. XV, 1978, col. 1531-1554. Les rares données biographiques sur Zoïle présentent des traits légendaires. Pour notre propos, le conglomérat d'anecdotes transmis par Vitruve (*de arch.* VII, praef. 8-9) est particulièrement important. On retiendra en particulier la condamnation, selon Vitruve, de Zoïle comme parricide (*ut parricidii damnati*) – selon deux variantes, à Chios ou à Smyrne, deux lieux de naissance supposés d'Homère. L'épisode suit ici un canevas légendaire : à la fin de sa vie, un sacrilège est puni pour son forfait. – De même, Eustathios, s'indignant face à une critique de Zoïle, déclare que l'Homeromastix aurait mérité d'être frappé (*ad* Hom. *Il.* IV, 4-7 [van der Valk II, p. 3, 13-17]).

*Ingenium magni liuor detractat Homeri ;*
*Quisquis es, ex illo, Zoile,* nomen habes.

« Le génie du grand Homère est rabaissé par la jalousie ; qui que tu sois, Zoïle, elle t'a valu ta réputation. »

Ce n'est pas un hasard si Ovide parle de sa propre gloire dans les mêmes termes : *magnum iam* nomen habemus*; / maius erit* (389-390). Comme nous l'avons vu, Ovide devient effectivement une sorte de Zoïle, qui soumet l'œuvre de Virgile à une lecture irrévérencieuse.

Grâce à la *Vita Vergiliana*, nous savons que « Virgile n'a jamais manqué de critiques » (Donat, *Vita Verg.* 43 : *obtrectatores Vergilio numquam defuerunt*), notamment un certain Carvilius Pictor qui a publié une œuvre titrée *Aeneidomastix* (« le fléau de l'*Énéide* »)[1]. Ce titre est ici un clin d'œil au dénommé Zoïle, dont la langue acérée lui valut le *nom de guerre* d'*Homeromastix*. Dans les *Remedia*, Ovide se place donc au rang des *obtrectatores* de Virgile, alors qu'il faisait dans un premier temps mine d'être un apologiste réagissant à la critique de sa propre œuvre.

## *LAUDES* ET *VITUPERATIO*

Nous avons vu dans un premier temps qu'Ovide souligne le rang de classique de Virgile et érige son Œuvre en modèle pour la sienne. À présent, nous distinguons à l'arrière-plan un Ovide qui fait descendre le grand Virgile de son piédestal, se moque de lui et le soumet à une lecture obscène. Ces deux mouvements, d'élévation et d'abaissement, s'opposent l'un à l'autre. Dans les *Saturnales* de Macrobe, Symmaque parlait des éloges et du blâme, *laudes* et *uituperatio*[2], que Virgile rencontrait auprès de son lectorat. Dans les *Remedia* d'Ovide, on trouve ces deux dimensions à parts égales. Comment expliquer ce paradoxe ?

Tout d'abord, il faut préciser le rapport entre les passages obscènes des *Remedia* et l'enseignement de Virgile sur l'élevage : il serait réducteur de

1 Donat, *Vita Verg.* 43-46. On trouve en outre chez Servius (*ad* Verg. *Buc.* II, 22 ; *ad Aen.* V, 521) la mention d'une œuvre anonyme titrée *Vergiliomastix*. *Cf.* aussi W. Görler *s.v.* « obtrectatores », *Enciclopedia Virgiliana* III, 1996, p. 807-813.

2 Macrobe, *Saturnales* I, 24, 8. *Cf. supra* p. 86.

prétendre qu'Ovide lit le texte sérieux des *Géorgiques* « à rebrousse-poils ». C'est plutôt Virgile qui a cherché dans les *Géorgiques* la confrontation avec une multitude de formes poétiques différentes, en particulier la poésie érotique, dont il a transposé les motifs à l'élevage, de manière délibérément parodique.

La critique[1] a maintes fois relevé l'« anthropomorphisme » du monde animal de Virgile tel qu'il apparaît en bonne place dans les descriptions de la vie sexuelle des animaux. À plusieurs reprises, on y trouve des attributs qui sont clairement empruntés à la sphère humaine[2]. Ce parallèle étroit entre sexualités humaine et animale est particulièrement marqué en *Géorgiques* III, 209-283, un excursus sur la fureur amoureuse. Virgile y soutient très explicitement que l'instinct amoureux est commun à tous les êtres vivants, hommes et bêtes (242-244), et insère, au milieu des *exempla* empruntés au monde animal, l'histoire d'Héro et Léandre (258-263)[3]. Par ailleurs, ce passage des *Géorgiques* est très fortement imprégné de réminiscences de nombreuses autres œuvres de la tradition littéraire. Outre le débat parodique avec Lucrèce dont les représentations de l'amour et de la sexualité sont reprises ici[4], des motifs issus de la poésie amoureuse *sensu proprio* traversent aussi le passage[5]. Un examen plus approfondi permettrait de montrer combien Virgile s'inspire grandement des contenus amoureux des *Bucoliques* : ce sont avant tout la passion amoureuse de Gallus et sa résignation face à la

1 W. Liebeschuetz, « Beast and Man in the Third Book of Virgil's *Georgics* », *G&R* 12.1, 1965, p. 64-77 ; G. B. Miles, « *Georgics* 3.209-294 : *Amor* and Civilization », *Californian Studies in Classical Antiquity*, 8, 1976, p. 185-188 ; G. B. Miles, *Virgil's* Georgics, *A New Interpretation*, Berkeley/Los Angeles, 1980, p. 185-200 ; M. R. Gale, « Man and Beast in Lucretius and the Georgics », *CQ*, 41.2, 1991, p. 414-426.

2 On trouve en *Géorgiques* III les termes *matres* (51), *maritus* (125), *patres* et *nati* (128), les noms des divinités *Hymenaios* et *Lucina* (60) ainsi que *Venus* (64, 97, 137 et 209), et enfin les termes abstraits *blandus labor* (127), *concubitus* (130), *uoluptas* (130), *amor* (209 et 244). *Cf.* R. F. Thomas, *Virgil :* Georgics, *Volume 2, Books III-IV*, Cambridge, 1988, *ad* III, 49-94 et *ad* III, 123-137.

3 R. F. Thomas (*op. cit.*, *ad* 258) relève à juste titre que le lecteur ne remarque pas tout de suite que les termes *iuuenis* et *uirgo* ne se rapportent pas ici à des animaux : "the reader [...] will initially be unsure not of the identity of the youth, but of the nature of the animal".

4 Ph. Hardie, *Virgil's* Aeneid, *Cosmos and Imperium*, Oxford, 1986, p. 157-167, montre comment Virgile combine des allusions à l'hymne à Vénus de Lucrèce (Lucrèce I, 1-49) avec des échos à sa diatribe contre l'amour (Lucrèce IV, 1037-1287) et conduit ainsi le discours de Lucrèce sur l'amour à une aporie ; sur le rapport de Virgile à Lucrèce, *cf.* aussi Gale, art. cit.

5 *Cf.* R. F. Thomas, *op. cit.*, *ad* III, 209-283 *passim*.

toute-puissance d'Amour dans la *Bucolique* X qui ont été reprises dans les *Géorgiques*[1].

L'appropriation par Ovide des *Géorgiques* peut être ainsi interprété comme une inversion du procédé virgilien : alors que Virgile avait transféré le discours amoureux dans le monde paysan (et animal) des *Géorgiques*, Ovide entreprend de le rapatrier dans le genre qui lui est propre. Ovide dévoile ainsi la « modernité » de Virgile qui ne lui est pas toujours accordée en tant que *classique* : nous savons que l'œuvre de Virgile fit son entrée dans le canon des écoles romaines peu de temps après sa mort[2]. On peut en déduire que cela favorisa une lecture faisant l'impasse sur les nuances et demi-teintes de l'œuvre ainsi que sur les allusions subtiles et les sous-entendus sexuels[3]. C'est ainsi qu'Évangélus que nous citions en ouverture déclare (Macrobe, *Saturnales* I, 24, 6-7) n'avoir découvert l'impudicité de Virgile qu'à l'âge adulte. En tant qu'élève, il admirait le poète.

Dans les *Remedia*, Ovide semble chercher à combler cette lacune dans l'exégèse de Virgile. Il confirme le statut de Virgile comme auteur modèle de l'école romaine et comme le premier et le plus grand des nouveaux classiques augustéens ; mais dans le même temps, il propose une lecture anti-classique de Virgile à laquelle lui-même se rallie. En qualifiant dans les *Remedia* l'acte sexuel d'*opus iuuenale* (399), qu'il doit à présent aborder, Ovide désigne aussi un *opus* poétique : le passage obscène ramène Ovide à l'irrévérence qui imprégnait ses premières œuvres ; mais cela le ramène aussi à l'œuvre du *jeune* Virgile dont il

1 Faute de conduire ici un examen détaillé des références, on trouvera quelques points de repère chez G. Binder, « *Amor omnibus idem*. Liebeswahn als Konstante in Vergils Dichtung », in *Genie und Wahnsinn, Konzepte psychischer ‚Normalität' und ‚Abnormität' im Altertum*, édit. B. Effe et R. F. Glei, Trier, 2000, p. 123-148.

2 *Cf.* Suétone, *Grammairiens* 16, 3. Sur Virgile comme auteur scolaire, on se référera toujours avec profit à E. Mehl, *s.v.* « P. Vergilius Maro, III.A. Nachwirkung im Altertum », *RE* VIII A.2, 1958, col. 1463-1476.

3 Ziolkowski (art. cit., p. 49-59) explique la grande sensibilité aux sous-entendus obscènes qui se manifeste dans la tradition des grammairiens par les nécessités de l'enseignement ("Perhaps because grammarians and rhetoricians had to cope daily with the highly limited but sexually supercharged and cloacally inclined imaginations of adolescent boys, they also attended closely to double meanings that might be found laughable or shocking", p. 49). – On partira cependant de l'idée que la méthode sophistiquée n'a normalement pas pour but d'étayer une lecture obscène des textes des classiques, mais bien plus de les rejeter comme inadmissibles, comme en témoigne la discussion, déjà mentionnée (*supra*, p. 85, n. 2) sur *Énéide* VIII, 406.

veut dévoiler toutes les facettes[1]. Ovide établit la triade des œuvres de Virgile comme la poésie canonique et obligatoire de Rome. En même temps, il s'établit lui-même comme lecteur et interprète au génie égal, qui conçoit sa propre œuvre comme étant l'égale de celle de Virgile.

Cédric SCHEIDEGGER LÄMMLE
Université de Bâle

1 Cette mise en parallèle des ‚œuvres de jeunesse' sera reprise de façon marquée dans les *Tristes* II : Ovide insiste d'abord sur le fait que l'*Énéide* elle-même donne lieu à une lecture érotique (533-536), mais qualifie ensuite les *Bucoliques* d'œuvre de *jeunesse* particulièrement frivole (537-538) : *Phyllidis hic idem teneraeque Amaryllidis ignes / Bucolicis* iuuenis *luserat* ante *modis*. De même (*nos quoque* 539), ses propres œuvres érotiques seraient nées dans sa *jeunesse* (539-544) : *Nos quoque* iam pridem *scripto peccauimus isto : / Supplicium patitur non noua culpa nouum / {...} / Ergo quae* iuuenis *mihi non nocitura putaui / scripta parum prudens, nunc nocuere seni.*

# DÉFIER L'ÉPOPÉE SUR SON PROPRE TERRAIN

## Le récit des origines : l'élégie étiologique dans les *Fastes* d'Ovide

D'abord consacrée essentiellement aux combats d'alcôve, l'élégie de Tibulle, des trois premiers livres de Properce et des *Amours* d'Ovide chante les contre-valeurs d'une génération d'« anti-héros[1] ». Se détournant des valeurs collectives et des combats menés pour la patrie par la génération précédente, ces poètes contestataires, incarnant la jeunesse dorée d'une Rome désormais pacifiée, prônent l'individualisme et l'asservissement volontaire à leur *domina*, voyant dans la *militia Amoris* la seule guerre digne d'éloges. Cette vision un peu schématique conduit à voir dans l'élégie un genre qui refuse par principe les grands thèmes de l'épopée[2].

---

1 Je tiens à remercier Laure Chappuis Sandoz de m'avoir invitée à ce beau colloque à Neuchâtel, où les discussions furent stimulantes et l'atmosphère de travail très agréable. J'ai beaucoup appris lors de ces journées. – J.-P. Boucher, *Études sur Properce. Problèmes d'inspiration et d'art*, Paris, 1965, p. 24 : « cet idéal se présente d'abord comme négateur et anticonformiste ». Les principaux mots d'ordre des élégiaques, affirmés par exemple dans la première élégie de Tibulle, sont *paupertas*, *infamia*, *inertia*.

2 P. Veyne, *L'Élégie érotique romaine. L'amour, la poésie, l'Occident*, Paris, 1983, p. 25-28, en particulier p. 27 : « Il existe bien quelque part de la religion, de la passion, qui pèsent lourd, mais elles sont ailleurs, loin de ces poèmes ou de ces peintures qui n'évoquent la réalité que pour en lester leurs jeux, à moins qu'elles ne jouent que pour alléger et élever la réalité, comme on voudra. » On reviendra sur l'opposition entre *grauitas* épique et *leuitas* élégiaque. Hinds et Rosati invitent à se défier d'une répartition des rôles aussi stricte. Voir S. Hinds, « Arma in Ovid's Fasti. Part 1 : Genre and mannerism », *Arethusa*, 25, 1992, p. 84 : Selon les stéréotypes, l'élégie est supposée éviter la grandeur épique, or dans les *Fastes*, cette attente est consciemment battue en brèche. Voir aussi G. Rosati, « La boiterie de Mademoiselle Élégie : un pied volé et ensuite retrouvé », in *Élégie et épopée dans la poésie ovidienne (Héroïdes et Amours) en hommage à S. Viarre*, édit. J. Fabre-Serris et A. Deremetz, Villeneuve d'Ascq, 1999, p. 153 : « L'opposition à l'épopée fait partie des principes programmatiques, fondateurs de l'élégie » et p. 154 : « l'élégie latine n'observe pas ses engagements (...) elle ne renonce pas à étendre son action dans le champ adverse, à en envahir l'espace et à en contaminer le terrain. »

Or en devenant étiologique, au quatrième livre de Properce et dans les *Fastes* d'Ovide, l'élégie va précisément s'emparer d'une thématique qu'on aurait pu croire, depuis Virgile, l'apanage de l'épopée : la quête des origines, notamment le récit de la fondation de Rome[1]. Comment un genre caractérisé par la *leuitas* peut-il traiter un sujet d'un tel poids, politique et religieux, sans pour autant le tourner en dérision[2] ? En quoi l'esthétique élégiaque est-elle particulièrement apte à dépeindre les premiers temps de Rome, avant son expansion ? Comment cette peinture des origines de la cité devient-elle, pour le poète, l'occasion d'une réflexion sur le déploiement de sa propre esthétique et la naissance de son projet littéraire[3] ?

## RÉCIT DE CONCEPTION
## Les amours de Rhéa Silvia et Mars, ou l'étrange fusion de deux genres littéraires antagonistes

Dans les *Fastes*, Ovide parcourt le calendrier public pour raconter les origines des rites célébrés tout au long de l'année. Il chante les fêtes religieuses d'une Rome en paix, ce qui ne saurait surprendre de la part du plus

1 La première élégie du livre IV de Properce propose une réécriture de la « promenade des origines » qui conduit Énée, au livre VIII de l'*Énéide*, v. 337-369, à arpenter le site de l'humble Pallantée pour y pressentir la grandeur de la future Rome. J. B. Debrohun, *Roman Propertius and the Reinvention of Elegy*, University of Michigan Press, 2003, p. 35-39. Voir aussi A. Barchiesi, *The Poet and the Prince. Ovid and Augustan Discourse*, Berkeley/Los Angeles, 1997, p. 69 ; S. Harrison, « Ovid and genre : evolutions of an elegist », in *The Cambridge Companion to Ovid*, édit. Ph. Hardie, Cambridge/New York, 2002, p. 79-94, en particulier p. 86.

2 Certains critiques décèlent, derrière la *leuitas* ovidienne, un regard ironique et destructeur, dès qu'il s'agit d'aborder les grands thèmes nationaux. Voir Veyne, *L'Élégie érotique…*, *op. cit.*, p. 47-48 ; C. Newlands, *Playing with Time. Ovid and the Fasti*, Ithaca (N.Y.), 1995, p. 17 ; Barchiesi, *The Poet and the Prince…*, *op. cit.*, p. 70-73. Or M. Pasco-Pranger, *Founding the Year. Ovid's Fasti and the Poetics of the Roman Calendar*, Leiden/Boston, 2006, s'élève à juste titre, p. 11-12, contre cette lecture trop systématique.

3 Hinds, « Arma in Ovid's Fasti. Part 1… », art. cit., p. 82 : Le genre doit être compris comme un principe dynamique, et Ovide pratique une transgression créative des bornes attendues de l'élégie. Voir aussi M. Labate, « La poétique de l'élégie et la carrière poétique d'Ovide », in *Élégie et épopée dans la poésie ovidienne (Héroïdes et Amours) en hommage à S. Viarre*, édit. J. Fabre-Serris et A. Deremetz, Villeneuve d'Ascq, 1999, p. 127-143, en particulier p. 141.

jeune des poètes élégiaques : il n'a pas participé à la fin des guerres civiles, et pour lui, la paix est désormais acquise, nul besoin de la conquérir[1].

> *Fastes* I, 13 :
> *Caesaris arma canant alii, nos Caesaris aras.*
>
> « Que d'autres chantent les guerres de César, moi, je chante les autels de César. »

De prime abord, on songe qu'en évoquant les autels du temps de paix, l'élégie étiologique prend le contre-pied de l'épopée, consacrée, elle, aux combats des héros[2] (Virgile, *Énéide*, I, 1 : *Arma uirumque cano*...). Ovide s'engage ici dans une voie ouverte par Properce[3] au livre IV de ses *Élégies* :

> Properce IV, 1, 69 :
> *Sacra deosque canam et cognomina prisca locorum...*
>
> « Je chanterai les rites, les dieux et les anciens noms des lieux... »

*Sacra deosque canam* répond à *arma uirumque cano*, et le strict parallélisme observé dans la formulation, jusqu'à la coupe penthémimère, souligne que Properce répond à Virgile, qu'il prend à contre-pied. Or si les *sacra* s'opposent bien aux *arma*, on peut souligner que les dieux, quant à eux, apparaissent souvent dans l'*Énéide*. L'intervention des divinités dans les actions des héros est même un des éléments constitutifs du genre épique, le merveilleux. Ainsi, le programme esquissé par Properce au chant IV de ses *Élégies (sacra deosque)*, puis développé par Ovide dans les *Fastes*, ne doit pas être analysé comme une volonté de se détourner radicalement de l'épopée. Au contraire, l'élégie ne peut se définir qu'à partir de ce grand genre, en se confrontant à lui pour mieux marquer sa différence.

---

1 Ovide est le plus jeune des élégiaques augustéens : R. Tarrant, « Ovid and ancient literary history », in *The Cambridge Companion to Ovid*, édit. Ph. Hardie, Cambridge/New York, 2002, p. 13-33, en particulier p. 14-15.

2 S. Hinds, « Arma in Ovid's Fasti Part 2 : Genre, Romulean Rome and Augustan Ideology », *Arethusa*, 25, 1992, p. 113-154, ici p. 113, pour l'opposition des *arma* aux *sacra* et aux *sidera*. Hinds souligne qu'il ne s'agit pas de « dégonfler » les thèmes martiaux en faveur d'une *mollities* stéréotypée de l'élégie, mais que les *Fastes* d'Ovide sont en quête de leur propre forme d'élévation poétique. Voir G. Herbert-Brown, *Ovid and the Fasti : an Historical Study*, New York/Oxford, p. 173-174 ; Newlands, *op. cit.*, p. 14-15 ; Barchiesi, *The Poet and the Prince*..., *op. cit.*, p. 19-23 et 179-180 ; Debrohun, *op. cit.*, p. 70-71.

3 Debrohun, *op. cit.*, p. 23 : Au livre IV de Properce, il est impossible d'opposer poèmes amoureux et étiologiques comme deux catégories bien distinctes, car Properce explore conjointement le présent et le passé de Rome et de sa propre poésie élégiaque.

Le livre III des *Fastes*, consacré au mois de mars, illustre bien cette confrontation « programmatique » de l'élégie avec l'épopée[1]. Ovide souligne qu'en faisant son entrée dans l'élégie étiologique – poème de la paix, on l'a vu – le dieu Mars est invité à déposer les armes, pour évoquer les fêtes qui lui sont consacrées.

> *Fastes* III, 1-2 :
> *Bellice, despositis clipeo paulisper et hasta,*
> *Mars, ades et nitidas casside solue comas.*
>
> « Belliqueux Mars, après avoir déposé, pour un instant, ton bouclier et ta lance, sois présent à mes côtés, et délivre de ton casque ta brillante chevelure. »

Soyons sensibles à cette audace qui consiste à désarmer le dieu de la guerre. Il s'agit d'une expérimentation qui confine au paradoxe, mais Mars accepte volontiers de s'aventurer hors de son domaine attitré, car il répond, après le prologue :

> *Fastes* I, 173-175 :
> *Nunc primum studiis pacis, deus utilis armis,*
> *Aduocor et gressus in noua castra fero.*
> *Nec piget incepti (...)*
>
> « C'est la première fois que, dieu utile à la guerre, je suis appelé pour des travaux de paix, et que j'engage mes pas dans un camp nouveau. L'expérience ne me déplaît pas... »

Lorsque deux genres littéraires opposés se rencontrent, ce « choc des contraires », guerre et paix, grandeur et humilité, transforme chacun des protagonistes[2]. Certes, Mars doit abandonner sa superbe, et c'est

---

1 Hinds, « Arma in Ovid's Fasti. Part 1... », art. cit., p. 92 : le poète élégiaque flirte avec l'épopée de façon plus soutenue qu'auparavant, les crises de définition générique sont plus grandes, les appels au lecteur, manifestes et insistants. Voir E. Merli, *Arma canant alii. Materia epica e narrazione elegiaca nei* Fasti *di Ovidio*, Firenze, 2000, p. 146-149 : Ovide est assez sûr de sa technique élégiaque pour utiliser un matériel épique, tout en gardant ses distances avec ce genre de poésie. Toutefois, cette réécriture à la manière épique n'implique pas nécessairement un point de vue parodique sur les modèles et les conventions repris.

2 De même, que lorsque deux boules de billard se heurtent, la trajectoire de chacune est déviée, et nulle ne sort indemne de la rencontre. La célèbre notion de croisement des genres (*Kreuzung der Gattungen*) est donc fructueuse si l'on s'attache non seulement à l'effet de contraste, mais surtout aux transformations intimes de chacun des protagonistes. Voir D. Feeney, *Literature and Religion at Rome. Cultures, Contexts and Beliefs*, Cambridge/New York, 1998, p. 68-70, et aussi Barchiesi, *op. cit.*, p. 65-67 et Merli, *op. cit.*, p. 8-10.

d'abord à ce désarmement du guerrier que le lecteur est sensible[1]. Toutefois, la transformation de l'élégie au contact de ce corps étranger, emblématique de l'épopée, est tout aussi importante. Car en racontant les origines des rites du calendrier public, l'élégie opère elle aussi une transgression, et s'aventure sur des terrains inconnus. D'abord consacrée aux combats de Vénus plutôt qu'à ceux de Mars, elle s'empare désormais d'une thématique qu'on aurait pu croire, depuis Virgile, l'apanage de l'épopée : le récit des origines, et en particulier celui des origines de la cité, de la fondation de Rome.

La fondation de la cité est évoquée en ces termes à la fin du prologue de l'*Énéide* :

> *Énéide* I, 33 :
> *Tantae molis erat Romanam condere gentem !*
>
> « C'était d'un tel poids que de fonder la nation romaine ! »

L'entreprise est si vaste, la responsabilité si lourde, que les épaules d'Énée ne peuvent endosser toute cette charge : le destin annoncé le dépasse, et la fondation sera accomplie par ses lointains descendants. Avec *tantae molis*, Virgile souligne aussi que ce thème de poids ressortit à un genre littéraire majestueux, une forme élevée, un style noble, dont la *grauitas* correspond aux enjeux nationaux du thème : l'épopée paraît seule capable de relever ce défi.

Or c'est ce postulat qu'Ovide remet en cause au chant III des *Fastes* : après avoir désarmé Mars, il constate que le dieu de la guerre était justement sans armes lorsqu'il conçut les jumeaux fondateurs.

> *Fastes* III, 9-12 :
> *Tunc quoque inermis eras, cum te Romana sacerdos*
> *Cepit, ut huic Vrbi semina magna dares.*
> *Siluia Vestalis (quid enim uetat inde moueri ?)*
> *Sacra lauaturas mane petebat aquas.*
>
> « Jadis aussi, tu étais désarmé, lorsque la prêtresse romaine t'a reçu en elle, pour que tu donnes à cette ville des semences de grandeur. La Vestale Silvia (qu'est-ce qui m'empêche, en effet, de commencer par elle ?) allait un matin chercher de l'eau pour laver les objets sacrés. »

---

1 Barchiesi, *The Poet and the Prince*..., *op. cit.*, p. 63-65, et Merli, *op. cit.*, p. 37-68 (chapitre intitulé : « un dieu élégiaque ? »), en particulier p. 48.

La formule *quid uetat inde moueri ?* souligne que c'est un défi que lance ici Ovide[1]. Certes, le livre III des *Fastes* chante les amours de Rhéa Silvia et Mars, ce qui paraît conforme à une vision traditionnelle de l'élégie érotique, mais surtout, l'incursion étrange du dieu de la guerre dans un cadre élégiaque va donner naissance à des *semina magna*, oxymore qu'on pourrait traduire par des « graines de grandeur[2] ». L'élégie étiologique cache son jeu et, à travers un récit érotique plein de légèreté et de grâce, répondant en tous points aux attentes conventionnelles du lecteur, elle s'empare d'un grand sujet d'enjeu national. Les *Fastes* élargissent donc le champ d'investigation du genre, au-delà de l'élégie d'amour[3].

Ovide s'amuse, à travers tout le texte, à opposer la *leuitas* du cadre enchanteur et de la forme élégiaque à la *grauitas* des enjeux, la naissance des jumeaux : l'élégie peut-elle évoquer un tel épisode de l'histoire romaine, si lourd de conséquences, d'une façon légère et gracieuse, conformément à sa propre esthétique ?

Le cadre est décrit en des termes qui évoquent nettement, pour le lecteur attentif, l'esthétique élégiaque, ainsi aux vers 13 et 17-20.

> *Fastes* III, 13 :
> *Ventum erat ad molli decliuem tramite ripam…*
>
> « Elle était arrivée à la berge inclinée par un sentier en pente douce… »
>
> *Fastes* III, 17-19 :
> *Dum sedet, umbrosae salices uolucresque canorae*
> *Fecerunt somnos et leue murmur aquae.*
> *Blanda quies furtim uictis obrepsit ocellis…*
>
> «Tandis qu'elle est assise, l'ombrage des saules et le doux chant des oiseaux l'ont conduite au sommeil, ainsi que le léger murmure de l'eau. À la dérobée, un doux repos s'est insinué dans ses beaux yeux vaincus.»

Comme souvent dans l'élégie latine, l'évocation de ce cadre enchanteur, véritable *locus amoenus*, fait intervenir des termes qui définissent

1 Barchiesi, *The Poet and the Prince…*, *op. cit.*, p. 63 : l'épisode est à la fois transgressif et irréprochable.

2 Je me permets de renvoyer ici à mon article, M. Pfaff-Reydellet, « Élégie et étiologie : le genre littéraire à l'épreuve de l'hybridité », in *Ovide. Figures de l'hybride. Illustrations littéraires et figurées de l'esthétique ovidienne à travers les âges*, édit. H. Casanova-Robin, Paris, 2009, p. 183-195, en particulier p. 190-191.

3 Hinds, « Arma in Ovid's Fasti. Part 1… », art. cit., décèle dans les *Fastes* d'Ovide un « maniérisme élégiaque », p. 92-93, 100-101 et 104-107.

non seulement le paysage évoqué, mais surtout le genre choisi : *molli* v. 13, *leue* v. 18, *blanda* v. 19 évoquent la douceur, la légèreté, l'aspect caressant d'un distique élégiaque qui s'oppose à l'hexamètre dactylique, dont le caractère imposant s'accompagne d'une certaine lourdeur et d'un ton parfois dur[1].

Un autre adjectif est important pour l'interprétation de l'épisode, il s'agit de *languida*.

> *Fastes* III, 20 :
> *Et cadit a mento languida facta manus.*
>
> « Et sa main, rendue défaillante, ne soutient plus son menton. »

La défaillance de Rhéa Silvia correspond ici simplement à l'entrée dans le sommeil, mais le même adjectif intervient à nouveau, encadrant avec insistance le vers 25, lorsqu'elle défaille sous un poids tout nouveau pour elle et proprement inconcevable, puisqu'une Vestale ne peut devenir mère. Ovide s'amuse alors à orchestrer le choc de la *grauitas* et de la *leuitas*, comme en témoigne *scilicet* au vers 23.

> *Fastes* III, 23-25 :
> *Somnus abit*[2], *iacet ipsa grauis. Iam scilicet intra*
> *Viscera Romanae conditor Vrbis erat.*
> *Languida consurgit nec scit cur languida surgat...*
>
> « Le sommeil est parti, elle-même reste allongée, devenue pesante. Bien sûr, car déjà, dans ses entrailles, il y avait le fondateur de la ville de Rome. Défaillante, elle se redresse et ne sait pas pourquoi, en se redressant, elle défaille... »

Rhéa Silvia se sent défaillir sous le poids qu'elle porte. De même, Énée chancelle parfois, dans le poème de Virgile, sous le poids de sa mission divine[3]. Chez Ovide, la Vestale incarnant la légèreté du genre

1 L'écriture devient réflexive. Voir Merli, *op. cit.*, p. 41.

2 Chez Ennius, Rhéa Silvia se réveille et raconte son mystérieux rêve à sa nourrice : elle s'est vue entraînée à travers les saules agréables, les rives, et des lieux encore inconnus, or le verbe *rapere* évoque, au figuré, l'idée de viol. Voir O. Skutsch, *The Annals of Q. Ennius, edited with introduction and commentary*, Oxford, 1984, p. 198, et Barchiesi, *The Poet and the Prince...*, *op. cit.*, p. 64 n. 36.

3 Lors de sa première apparition, dans la célèbre scène de la tempête au chant I, Énée n'est pas *languidus* mais *defessus*. Ce terme scande tout le passage : *defessi Aeneadae* en tête du vers 157, (...) *Hic fessas non uincula nauis* / *ulla tenent* v. 167-168, *expediunt fessi rerum* v. 178, avec *fessi* placé à la coupe penthémimère.

élégiaque est devenue, elle-même, *grauis*, car elle est enceinte (*grauida*). L'adjectif *languida* est ici martelé pour souligner la métamorphose d'une Vestale en mère, transgression impie[1] qui correspond pourtant au plan des dieux. Le vers 25 évoque aussi, avec *consurgit* et *surgat*, une image qui sera un leitmotiv dans les récits de fondation : la construction des murailles de la cité, *moenia surgunt*[2]. Tout se passe comme si ce mouvement « au ralenti » de Rhéa Silvia, qui se relève lentement en raison du poids qu'elle porte, et doit s'appuyer contre un arbre, annonçait déjà le geste du fondateur qu'elle porte à son insu, c'est-à-dire le surgissement des remparts.

Ovide anticipe donc ce moment de la fondation dès son récit de la conception, qui témoigne de sa virtuosité et de son impertinence. L'élégie renie-t-elle son esthétique, en traitant un thème d'enjeu national ? Il semble qu'au contraire, le poète soit le maître du jeu, et qu'il souligne à l'envi les effets de contraste entre *la grauitas* du sujet traité et la *leuitas* du ton choisi pour l'évoquer. L'union de la Vestale et du dieu, à l'insu de celle-ci, est évoquée en des termes qui peuvent surprendre, mais révèlent une réflexion esthétique.

> *Fastes* III, 9-10 :
> *Tunc quoque inermis eras, cum te Romana sacerdos*
> *Cepit...*
>
> « Alors aussi tu étais désarmé, lorsque la prêtresse romaine t'a conquis. »

La « conquête » de Mars par Rhéa Silvia est ici évoquée en des termes qui rappellent la conquête de Properce par Cynthie, dans la première élégie du recueil[3]. Toutefois, ce verbe en position de rejet peut étonner, car à proprement parler, c'est plutôt Mars qui « s'empare, conquiert, se rend maître » de Rhéa Silvia. Le vers 21 témoigne d'ailleurs de la rapidité et de la brutalité de cette conquête[4] :

1 Voir *Fastes* III, 45-46.

2 Motif du surgissement des murailles : Virgile, *Énéide* I, 437 (*iam moenia surgunt*), Properce IV, 1, 56-57 (*moenia namque pio coner disponere uersu*), Ovide, *Fastes* III, 515 (*Fallor, an hi fient ingentia moenia colles ?*).

3 Properce I, 1, 1 : *Cynthia prima suis miserum me cepit ocellis.*

4 Merli, *op. cit.*, p. 38-39, souligne avec humour que la violence de Mars envers Ilia ne s'inscrit pas dans les normes du comportement élégiaque. *Contra* Hinds, « Arma in Ovid's Fasti. Part 1... », art. cit., p. 93.

> *Fastes* III, 21 :
> *Mars uidet hanc uisamque cupit potiturque cupita*
>
> « Mars la voit et l'ayant vue, la désire et l'ayant désirée, s'en rend maître. »

Toutefois, *capio* ne signifie pas seulement « s'emparer, conquérir, se rendre maître » mais aussi « recueillir, recevoir, être capable de contenir » (capacité). Si l'on considère que Rhéa Silvia incarne ici l'élégie, comme Cynthie chez Properce ou Corinne dans les *Amours* d'Ovide, alors le poète présente ici l'élégie qui fait une expérience, risque une métamorphose, et relève un défi. En intégrant l'épopée et ses « graines de grandeur », *semina magna*, elle se révèle capable de l'accueillir pour la transformer et, par cette *retractatio*, de donner naissance à un genre « nouveau », léger et pourtant, à sa manière, imposant : l'élégie étiologique.

Malgré ses forces défaillantes, Rhéa Silvia parvient à remplir complètement son urne : si l'on poursuit la lecture réflexive du passage, on en conclut qu'elle parvient à achever son poème, à relever le défi littéraire lancé par Ovide.

> *Fastes* III, 39-40 :
> *Dixerat et plenam non firmis uiribus urnam*
> *Sustulit : implerat dum sua uisa refert.*
>
> « Après ces mots, elle souleva l'urne pleine, même si ses forces n'étaient pas encore raffermies : elle l'avait remplie pendant qu'elle racontait sa vision. »

Lorsque Rhéa Silvia parvient à se redresser (*consurgit* et *surgat*), Ovide indique, par ce mouvement dont la lenteur souligne l'importance, que la Vestale-Mère, l'élégie qui pèse, est à l'origine non seulement d'une cité capitale du monde, mais aussi d'un genre qui transgresse ses frontières et s'aventure sur des terrains inconnus[1].

Il ne faut pas se tromper en interprétant ce défi lancé à l'épopée : l'élégie s'empare des récits d'origines, mais ce n'est pas pour tourner en dérision celles de la cité. Il ne s'agit pas de les traiter avec une désinvolture inadaptée à l'importance des enjeux évoqués. Non, si le poète élégiaque aborde la question des origines, c'est pour montrer que le genre

1 Voir G. Conte, « Love without Elegy : the *Remedia Amoris* and the Logic of a Genre », *Poetics Today*, 10, 1989, p. 442 : le genre littéraire est quelque chose d'évolutif, qui transgresse ses frontières et renégocie constamment le pacte avec le lecteur. Voir aussi Newlands, *op. cit.*, p. 12-15.

qu'il a choisi peut tenir tête, sur ce terrain, à l'épopée, et que sa *leuitas* ne l'empêche pas d'aborder des thèmes de poids. Ovide remet en cause une hiérarchie des genres littéraires entraînant une répartition *a priori* des sujets évoqués en fonction des rythmes adoptés. Aucun thème n'est interdit à l'élégie, c'est le mot d'ordre des *Fastes*[1].

## *PRIMA ELEMENTA*
## Peindre l'humilité des origines, qui pourrait y parvenir mieux que l'élégie étiologique ?

Racontant les origines des rites religieux en parcourant le calendrier public, les *Fastes* évoquent à mainte reprise le temps de la fondation de Rome, et dressent le tableau de celle-ci avant la construction des remparts. Dans cette peinture des *prima elementa*, on remarque l'importance du lieu : le site sur lequel s'élèvera la capitale d'Empire semble avoir été choisi par les dieux, et le lieu, encore vide, paraît « appeler » la fondation d'une cité d'exception.

Cette mise en scène opérée par Ovide s'inscrit dans une tradition déjà orchestrée par Virgile, Tibulle et Properce. Lorsqu'il arrive dans le Latium au chant VIII de l'*Énéide*, Énée visite, sous la conduite d'Évandre, roi des Arcadiens, la cité de Pallantée, et lorsqu'il parcourt la colline qui deviendra le Capitole, il y sent la présence d'une divinité, même si Jupiter n'y recevra son temple que sous les Tarquins.

> *Énéide* VIII, 347-348 :
> *(...) et Capitolia ducit*
> *aurea nunc, olim siluestribus horrida dumis.*
>
> « (...) il le conduit au Capitole, tout d'or aujourd'hui, jadis tout hérissé de forêts broussailleuses. »

Par l'opposition de *nunc* et *olim*, Virgile superpose à l'humble cité des origines arpentée par Énée la Rome de marbre et d'or d'Auguste, qui

1 *Fastes* III, 11 : *quid enim uetat inde moueri ?* ; *cf. Fastes* I, 295-296 : *Quis uetat et stellas... / dicere ?*

s'implantera sur le même site[1]. Ainsi le destin glorieux est-il anticipé, et cette promesse d'un avenir radieux doit donner confiance au lecteur, à chaque difficulté rencontrée par Énée.

Au livre IV de ses *Élégies*, Properce renverse la perspective adoptée par Vigile, imaginant une promenade au cœur de la Rome impériale, et rappelant à son lecteur l'aspect des lieux à l'origine. Sous l'or apparaît l'argile, et à la place du marbre, les herbes folles.

> Properce IV, 1, 1-2 :
> *Hoc quodcumque uides, hospes, qua maxima Roma est,*
> *Ante Phrygen Aenean collis et herba fuit ;*
>
> « Tout ce que tu vois, étranger, là où s'étend l'immense Rome, avant le Phrygien Énée, n'était que colline et herbe. »
>
> Properce IV, 1, 5-6 :
> *Fictilibus creuere deis haec aurea templa,*
> *Nec fuit opprobrio facta sine arte casa ;*
>
> « C'est pour des dieux d'argile qu'ont grandi ces temples d'or,
> Et ils n'ont pas pris ombrage d'une cabane construite sans art. »

La paix et la prospérité impériales une fois acquises, il s'agit de commémorer l'humilité des origines et la vulnérabilité des débuts. Le poète élégiaque ne souhaite pas tourner en dérision cette Rome où « les génisse fugitives d'Évandre se sont couchées[2] », mais plutôt rappeler qu'à l'origine, rien ne laissait présager une telle expansion de la cité. Dans les *Fastes*, Ovide propose plusieurs tableaux de la Rome des origines qui reprennent les éléments constitutifs de la description de Properce : une boucle du Tibre, quelques cabanes de roseaux, des troupeaux errants, notamment au livre I :

> *Fastes* I, 199-200 (Janus) :
> *(...) dum casa Martigenam capiebat parua Quirinum*
> *Et dabat exiguum fluminis ulua torum.*
>
> « (...) quand une petite cabane parvenait à contenir Quirinus né de Mars, et que l'algue du fleuve lui fournissait un lit exigu. »

---

1 Voir J. Zetzel, « Rome and its traditions », in *The Cambridge Companion to Virgil*, édit. Ch. Martindale, Cambridge/New York, 1997, p. 188-203, en particulier p. 188-189 et 196.

2 Properce IV, 1, 4 : *Euandri profugae concubuere boues.*

*Fastes* I, 203 (Janus) :
*Frondibus ornabant quae nunc Capitolia gemmis*[1]

« Il était orné de feuillages, le Capitole aujourd'hui orné de pierres précieuses. »

*Fastes* I, 243-244 (Janus) :
*Hic, ubi nunc Roma est, incaedua silua uirebat*
*Tantaque res paucis pascua bubus erat.*

« Là où est maintenant Rome, verdissait une forêt inviolée, et un si haut lieu n'était qu'un pâturage pour quelques bœufs. »

*Fastes* I, 501-502 (Carmenta) :
*Fluminis illa latus cui sunt uada iuncta Tarenti*
*Aspicit et sparsas per loca sola casas ;*

« Elle aperçoit la rive du fleuve qui est proche du gué du Tarentum, et les cabanes dispersées dans les lieux déserts. »

Les éléments du paysage des origines sont toujours les mêmes, et frappent le lecteur par leur humilité. Mais les collines nues ont été choisies par les dieux pour accueillir des remparts imposants, et la vision de Carmenta superpose un futur radieux (*ingentia moenia*) à l'humble tableau d'un village de bergers (*paucae pecudes, casa rara*).

*Fastes* I, 515-518 :
*Fallor, an hi fient ingentia moenia colles*
*Iuraque ab hac terra cetera terra petet ?*
*Montibus his olim totus promittitur orbis.*
*Quis tantum fati credat habere locum ?*

« Est-ce que je me trompe, ou ces collines deviendront-elles d'immenses murailles, et le reste de la terre demandera-t-il ses lois à cette terre ? À ces monts est promis, un jour, tout l'univers. Qui pourrait croire que ce lieu a une si grande part de destin ? »

La prophétie de Carmenta est évoquée à nouveau par la Muse Calliope, à la fin du prologue du livre V.

*Fastes* V, 93-96 :
*Hic, ubi nunc Roma est orbis caput, arbor et herbae*
*Et paucae pecudes et casa rara fuit.*

1 Renversement parfait des vers de Virgile, *Énéide* VIII, 347-348.

*Quo postquam uentum est, « Consistite ! » praescia mater*
*« Nam locus imperii rus erit istud » ait.*

« Là où est aujourd'hui Rome, capitale du monde, il y avait des arbres, de l'herbe, des troupeaux peu nombreux et de rares cabanes. Lorsqu'on fut arrivé en ce lieu, la mère qui connaissait l'avenir dit : "Arrêtez, car cette campagne sera le siège d'un empire." »

On remarque l'importance du lieu, du site, qui, encore vide, appelle déjà les remparts. La religion romaine accorde une grande importance à la topographie. Les cultes rendus aux dieux sont inscrits dans le temps du calendrier, mais aussi dans l'espace de la cité. Dans un système polythéiste, la coexistence de plusieurs divinités en un même lieu n'est pas anodine, sur le Capitole par exemple, elle exprime l'idée que le pouvoir du plus grand dieu, Jupiter Optimus Maximus, peut se spécialiser en différents domaines d'action, représentés par autant de divinités parèdres, qui occupent chacune une chapelle dans le temple du maître des lieux. Cette coexistence sur un même espace sacré et la question du partage des tâches traduite par la répartition spatiale intervient au chant II des *Fastes*, où le dieu Terminus partage l'espace avec Jupiter[1].

Le thème du lieu choisi par les dieux, qui semble promis à exercer un pouvoir illimité (*locus imperii, Fastes* V, 96), est évoqué en leitmotiv dans les *Fastes*, ainsi au chant II, lors des Lupercales, et au chant IV, à l'arrivée de Cybèle dans le Latium.

*Fastes* II, 280 :
*Hic ubi nunc Vrbs est, tum locus urbis erat.*

« Là où est maintenant la ville, il n'y avait alors que l'emplacement pour une ville. »

*Fastes* IV, 270 :
*Dignus Roma locus quo deus omnis eat.*

« Rome est le lieu digne de recevoir tout dieu. »

Remarquons que l'expression *locus imperii* (*Fastes* V, 96) constitue en soi un paradoxe, comparable à *semina magna* (*Fastes* III, 10). En effet, un

1 Ovide, *Fastes* II, 667-670. Voir M. Fucecchi, « L'orgoglio dei meno grandi : autocoscienza, sagacia e abilità diplomatica di alcune divinità "minori" dei Fasti », in *Nunc teritur nostris area maior equis. Riflessioni sull'intertestualità ovidiana. I Fasti*, édit. L. Landolfi, Palermo, 2004, p. 25-46, en particulier p. 43-45.

site modeste, surtout à l'origine, lorsque Rome n'est qu'un petit village de bergers resserré dans une boucle de Tibre, va voir s'implanter un pouvoir sans limites, vite à l'étroit dans son cadre d'origine. L'élégie, genre qui se prétend modeste, aux dimensions restreintes, mais aux aspirations immenses, peut-elle suggérer efficacement l'expansion infinie ?

L'élégie défie l'épopée en peignant justement la Rome des débuts, avant même qu'elle n'ait commencé à croître, mais en suggérant l'imminence de son expansion. Ce tableau est plein de contradictions : Rome est encore petite, mais promise à un grand avenir, et pourtant, ses murailles, que la postérité jugera trop étroites, sont perçues comme bien trop grandes par les contemporains du fondateur.

> *Fastes* III, 179-182 (Mars) :
> *Parua fuit, si prima uelis elementa referre,*
> *Roma, sed in parua spes tamen huius erat.*
> *Moenia iam stabant, populis angusta futuris,*
> *Credita sed turbae tunc nimis ampla suae.*
>
> « Elle était petite, Rome, si tu veux rappeler ses premiers éléments, mais dans cette petite Rome, il y avait déjà l'espoir de celle d'aujourd'hui. Les murailles se dressaient déjà, elles qui seraient trop étroites pour le peuple à venir, mais que sa population jugeait, alors, trop vastes. »

Cette accumulation d'oppositions aboutit à une description bien plus complexe que dans l'épopée. Chez Virgile, le thème choisi, le récit de fondation, et le rythme adopté, l'hexamètre dactylique, ont la même grandeur majestueuse, il n'y a donc pas de dissonances. Au contraire, l'élégie multiplie les oppositions programmatiques, entre grand et petit, grave et léger, imposant et fragile. Mais n'est-il pas tout naturel que l'élégie, définie *a priori* comme petite et étroite, chante la Rome des débuts ? Et si cette Rome des origines est appelée à se révéler, ensuite, majestueuse et imposante, le genre qui la commémore n'est sortira-t-il pas, lui aussi, transformé ?

> *Fastes* I, 197-202 (Janus) :
> *Pluris opes nunc sunt quam prisci temporis annis,*
> *Dum populus pauper, dum noua Roma fuit,*
> *Dum casa Martigenam capiebat parua Quirinum*
> *Et dabat exiguum fluminis ulua torum.*
> *Iuppiter angusta uix totus stabat in aede*
> *Inque Iouis dextra fictile fulmen erat.*

« On fait plus de cas des richesses aujourd'hui que dans le temps jadis, quand le peuple était pauvre, quand Rome était toute neuve, quand une petite cabane parvenait à contenir Quirinus né de Mars, et que l'algue du fleuve lui fournissait un lit exigu. Jupiter avait du mal à se redresser tout entier dans son temple étroit, et dans la main droite de Jupiter, le foudre était d'argile. »

La petite cabane parvient encore à « contenir » Quirinus né de Mars, même si la structure entrelacée du vers 199, ABAB, souligne le choc des contraires (*casa* / *Martigenam* / *parua* / *Quirinum*), d'autant plus que Romulus est désigné sous une périphrase dont la majesté solennelle, presque grandiloquente, ressortit plutôt à l'épopée. On retrouve le sens de *capere* que l'on a commenté dans les amours de Rhéa Silvia et Mars et à nouveau, on peut supposer que l'élégie se met en scène. Elle est capable de « contenir » le glorieux fondateur de Rome, même dans la « petite cabane » d'un genre mineur.

L'humour d'Ovide se révèle pleinement lorsqu'il souligne que Jupiter a du mal à se redresser tout entier (*uix totus stabat*) dans son temple étroit (*angusta... in aede*). L'élégie étiologique réussit un tour de force : faire rentrer le terrible maître des dieux dans le cadre contraignant de sa propre esthétique, et même le désarmer : *fictile fulmen erat* répond, comme un clin d'œil, à l'appréhension d'Énée face au pouvoir menaçant d'un dieu terrible, dans sa « promenade des origines » au chant VIII de l'*Énéide*.

*Énéide* VIII, 351-354 :
*« Hoc nemus, hunc » inquit « frondoso uertice collem*
*(quis deus, incertum est) habitat deus ; Arcades ipsum*
*Credunt se uidisse Iouem, cum saepe nigrantem*
*Aegida concuteret dextra nimbosque cieret. »*

« Ce bois, cette colline au sommet ombragé, dit-il, un dieu les habite, on ne sait pas lequel. Les Arcadiens croient y avoir vu Jupiter en personne, comme, souvent, il brandissait la l'égide noire dans sa main droite et faisait accourir les pluies d'orages. »

Ici encore, Ovide vient défier l'épopée virgilienne sur son propre terrain. Qui d'autre que le maître des dieux pouvait prophétiser l'avenir de Rome capitale d'Empire, et quel autre genre que l'épopée pouvait incarner une parole d'un tel poids ?

> *Énéide* I, 278-279 :
> *His ego nec metas rerum nec tempora pono :*
> *Imperium sine fine dedi. (...)*
>
> « À ceux-ci, je ne fixe aucune limite, ni dans l'espace, ni dans le temps : je leur ai donné un empire sans fin. »

À ce programme politique et littéraire cohérent, Ovide semble répondre, dans les *Fastes*, en reprenant une provocation déjà lancée par Properce : qui, mieux que l'élégie, peut faire comprendre à quel point la Rome des débuts était humble et vulnérable, donc combien sa métamorphose en une capitale d'Empire est admirable et étonnante ? Le rythme léger et la formulation bancale, due à l'alternance vers long / vers court, ne sont-ils pas les plus aptes à susciter le *mirum*, c'est-à-dire la surprise et l'enthousiasme ?

Ce qui frappe, à la lecture des *Fastes*, c'est de constater à quel point l'admiration face à l'expansion de Rome et au glorieux avenir des jumeaux est liée à une réflexion sur l'expansion du domaine de l'élégie, sur le défi qu'elle a relevé, en repoussant ses limites.

L'étonnement, l'incrédulité qu'on éprouve si l'on compare la petitesse des débuts à la splendeur finalement atteinte, est un leitmotiv du poème, qui évoque un formidable destin[1]. Ce destin d'exception est celui de la cité, mais aussi celui du genre, l'élégie, qui se révèle capable de « contenir » Mars, Jupiter, et les remparts immenses de la capitale de l'Empire.

---

1 On retrouve cet étonnement dans la prophétie de Carmenta à son arrivée dans le Latium : *Fastes* I, 518 : *Quis tantum fati credat habere locum ?* – Même étonnement face à la petite nacelle à laquelle sont confiés Romulus et Rémus : *Fastes* II, 408 *: Heu quantum fati parua tabella tulit !* (La *tabella* désigne ici non seulement la nacelle dans laquelle furent placés les jumeaux exposés sur le Tibre, mais aussi la tablette de cire qui incarne l'élégie, puisqu'elle est petite.)

## VOIR SURGIR LES REMPARTS DE LA CITÉ, C'EST VOIR NAÎTRE L'ŒUVRE LITTÉRAIRE

### ÉNÉE ET LES MURAILLES DE CARTHAGE : LA PROMESSE D'UNE FIN GLORIEUSE, ALORS QUE LE RÉCIT ÉPIQUE VIENT DE COMMENCER ?

L'épopée est le genre de la *grauitas*, c'est-à-dire qu'elle chante, sur un rythme solennel et majestueux, des sujets imposants et glorieux. Le principal thème de l'*Énéide*, c'est la mission divine proposée à son héros, la fondation d'une nouvelle Troie en Italie, sujet annoncé dès la fin du prologue.

> *Énéide* I, 33 : *Tantae molis erat Romanam condere gentem !*

La *moles* est à la fois un lourd fardeau, difficile à endosser, et une masse imposante, qui suscite l'admiration. Fonder la nation romaine est certes une écrasante mission, mais aussi une admirable entreprise, et l'épopée s'émerveille ici de sa propre grandeur.

Cette mise en scène de l'entreprise poétique apparaît encore plus nettement lorsqu'Énée admire, au chant I, les murailles de Carthage en train de sortir de terre, car la cité est justement en construction lorsqu'il est recueilli par Didon.

> *Énéide* I, 437-438 :
> *« O fortunati, quorum iam moenia surgunt ! »*
> *Aeneas ait et fastigia suspicit urbis.*
>
> « "O bienheureux, ceux dont les murailles surgissent déjà !" dit Énée, et, levant les yeux, il regarde les sommets de la ville. »

*Fastigia urbis* désigne d'abord les toits, les hauteurs de la cité, ou plutôt, tous ses éléments verticaux, qui la signalent de loin au regard, tandis qu'un simple village de cabanes ne se détache pas du paysage environnant. Le premier trait caractéristique d'une cité, ce sont, bien sûr, ses murailles. Or le premier mot qu'emploie Énée, admirant, du haut d'une colline, le chantier de construction, c'est précisément le mot *moles*, écho manifeste au prologue, et le jeu sur les sonorités (*miratur* / *molem* / *magalia*) souligne l'émerveillement d'Énée face à une métamorphose spectaculaire, des humbles cabanes éparses) à l'imposante cité qui s'organise. L'enchantement du regard est souligné par la répétition de *miratur*, en tête des vers 421 et 422.

> *Énéide* I, 421-422 :
> *Miratur molem Aeneas, magalia quondam,*
> *Miratur portas strepitumque et strata uiarum.*
>
> « Énée admire la masse imposante, qui n'était jadis que cabanes éparses, il admire les portes, l'animation et le dallage des rues. »

*Fastigia*, au vers 437, évoque les points culminants, donc les traits caractéristiques, les éléments constitutifs d'une cité, des vers 421 à 429[1]. La description du chantier de construction qui mobilise les Tyriens se termine par l'évocation de « colonnes gigantesques, hautes décorations de scènes futures », *Énéide* I, 428-9 : *(...) immanisque columnas / rupibus excidunt, scaenis decora alta futuris.*

Le gigantisme des colonnes évoque la masse imposante du chantier (*molem*, v. 421), mais ces « décors de scènes futures » ne renvoient pas seulement au théâtre de la cité de Carthage, il s'agit aussi d'évoquer les scènes qui seront présentées au lecteur ou à l'auditeur du poème épique. Cette « masse immense » qu'admire Énée, c'est aussi le destin qui lui est promis, puisque le spectacle de Carthage en construction, de ses murailles qui surgissent, évoque bien sûr sa propre mission, fonder une nouvelle Troie. La masse immense et les scènes futures sont donc, de manière réflexive, celles de l'épopée qui est en train de naître, sous nos yeux émerveillés[2].

Un indice révèle l'importance de cette description d'un « chantier de construction », qui est à la fois celui d'une cité et celui d'un poème épique, c'est l'incertitude concernant la position d'Énée. Aux vers 419-420, Énée et Achate ont gravi une colline et sont en position de surplomb, ce qui leur donne une vue d'ensemble sur le chantier, et un recul qui permet de comparer leur position à celle d'un lecteur ou d'un auditeur.

---

1 *molem* (v. 421), *portas, uiae* (v. 422) *muros* (v. 423), *arcem, saxa* (v. 424), *tecto, sulco* (v. 425), *senatum* (v. 426), *portus, theatris* (v. 427), *immanis columnas* (v. 428).

2 Barchiesi, *The Poet and the Prince...*, *op. cit.*, p. 273-274 souligne qu'en contemplant les portes du temple de Junon à Carthage, Énée admire avec étonnement (*miratur*, *Énéide* I, 456) son propre passé, et que Virgile présente, lui, la tradition du « cycle épique » à partir de laquelle il veut créer une épopée romaine, abordant la matière grecque sous un angle nouveau. Voir aussi W. Clausen, *Virgil's Aeneid. Decorum, Allusion, and Ideology*, München/Leipzig, 2002, p. 29-33, à propos de l'*ecphrasis* du temple de Junon à Carthage.

*Énéide* I, 419-420 :
*Iamque ascendebant collem, qui plurimus urbi*
*Imminet aduersasque aspectat desuper arces.*

« Et déjà ils gravissaient la colline qui, de sa hauteur, domine le plus la ville et dont le sommet surplombe la citadelle qui lui fait face. »

Au contraire, au terme de la description, suivie d'une comparaison avec les abeilles, modèle d'organisation harmonieuse, Énée a été comme « aspiré » par la description car il contemple désormais les toits de la ville en levant les yeux :

*Énéide* I, 438 :
*Aeneas ait et fastigia suspicit urbis.*

« dit Énée, et, levant les yeux, il regarde les sommets de la ville. »

Il est au pied des remparts, qui paraissent, de ce fait, d'autant plus imposants, et il fait aussitôt (v. 439-440) son entrée dans la ville, sans que l'on sache comment il est redescendu de la colline. Cette incohérence narrative renforce l'idée que la description du chantier est une représentation de l'œuvre épique qui, à ce moment-là, se met en marche. Dès lors, Énée y entre tout naturellement, puisqu'il en est le héros éponyme.

## PROPERCE ET LES MURAILLES DE PÉROUSE – L'ÉLÉGIE FACE À L'ÉPOPÉE : UN DÉFI LANCÉ

Dans la première élégie du livre IV, qui ouvre le champ d'expérimentation de l'élégie étiologique, Properce reprend l'image du surgissement des remparts, en associant la fondation de Rome à la naissance du poème[1].

Properce IV, 1, 55-58 :
*Optima nutricum nostris, lupa Martia, rebus,*
*Qualia creuerunt moenia lacte tuo !*
*Moenia namque pio coner disponere uersu :*
*Ei mihi, quod nostro est paruus in ore sonus !*

« O louve de Mars, toi qui fus la meilleure des nourrices pour notre destin, quelles murailles ont grandi grâce à ton lait ! Puissé-je mettre en œuvre les

1 Debrohun, *op. cit.*, p. 9-13 ; F. Cairns, *Sextus Propertius : The Augustan Elegist*, Cambridge, 2006, p. 356-358, H.-Chr. Günther, « The fourth book », in *Brill's Companion to Propertius*, édit. H.-Chr. Günther, Leiden/Boston, 2006, p. 353-395, ici p. 355-357.

> murailles grâce à mon vers pieux : pauvre de moi, il n'y a qu'un faible son dans ma bouche ! »

Voici qu'un poète élégiaque se présente comme un « pieux fondateur », rivalisant ainsi avec Énée lui-même ! Avec *disponere*, terme d'acception à la fois architecturale et rhétorique[1], Properce fait écho à la construction des remparts de Carthage au chant I de l'*Énéide*. Intervient aussitôt la traditionnelle *recusatio*, avec *ei mihi* et *paruus sonus*. Toutefois, il faut toujours se méfier d'un poète élégiaque qui déplore la faiblesse de sa voix. Bien souvent, la *recusatio* ne doit pas être interprétée comme un aveu d'impuissance, mais plutôt comme un défi lancé au genre rival de l'épopée, pour mieux marquer sa différence. Ainsi Properce repousse-t-il la couronne hirsute d'Ennius pour choisir les feuilles de lierre de Bacchus, bien plus lisses. À nouveau s'opposent, de façon programmatique, rudesse et douceur.

> Properce IV, 1, 61-66 :
> *Ennius hirsuta cingat sua dicta corona :*
> *Mi folia ex hedera porrige, Bacche, tua,*
> *Vt nostris tumefacta superbiat Vmbria libris,*
> *Vmbria Romani patria Callimachi !*
> *Scandentis quisque cernit de uallibus arces,*
> *Ingenio muros aestimet ille meo !*
>
> « Qu'Ennius ceigne ses dires d'une couronne hirsute : à moi, Bacchus, tends les feuilles de ton lierre, pour que l'Ombrie, gonflée d'orgueil, de glorifie de mes livres, l'Ombrie, patrie du Callimaque romain ! Quiconque voit les citadelles s'élever dans les vallées, qu'il juge ces murailles à l'aune de mon génie ! »

On comprend ici que les murailles à la construction desquelles Properce voudrait s'associer ne sont pas celles de Rome, comme aux vers 55-56, mais celles de sa « petite patrie », Assise, cité d'Ombrie[2]. S'agit-il ici d'une provocation, correspondant au détachement des élégiaques à l'égard des valeurs communes, et à leurs préoccupations strictement individualistes ? Ici, le choix de Pérouse plutôt que Rome répond à la préférence affichée pour les feuilles lisses du lierre, plutôt que la couronne hirsute : il s'agirait alors d'un choix littéraire et esthétique, autant que politique et social. Le

---

1 Properce, *Élégies*, texte établi, traduit et commenté par S. Viarre, Paris, Belles Lettres, 2005, p. 216, n. 764 bis.

2 Voir Debrohun, *op. cit.*, p. 102-105 et 105-113, en particulier p. 108-110, et aussi Cairns, *Sextus Propertius the Augustan Elegist*, *op. cit.*, p. 5-7.

Callimaque romain[1] répond à Virgile : Properce s'empare d'une scène fondamentale de l'*Énéide*, dans laquelle l'œuvre littéraire se déploie sous les yeux du lecteur, mais il la traite à sa façon, affirmant sans équivoque son choix d'un autre genre. Dès lors, les remparts qui surgissent et les citadelles qui s'élèvent ne sont plus l'apanage exclusif de l'épopée.

Properce a ainsi introduit dans l'élégie étiologique l'image du poète fondateur, qui intervient à plusieurs reprises dans les *Fastes* d'Ovide.

### *VATES CONDITOR* : L'EXPÉRIMENTATION D'OVIDE, L'AUTRE VISAGE DU FONDATEUR (UN ROMULUS ÉLÉGIAQUE)

Dans le prologue du chant VI des *Fastes*, Junon qualifie Ovide de *uates conditor* :

> *Fastes* VI, 21-24 :
> *Namque ait : « O uates, Romani conditor anni,*
> *Ause per exiguos magna referre modos,*
> *Ius tibi fecisti numen caeleste uidendi,*
> *Cum placuit numeris condere festa tuis. »*
>
> « Car elle dit : "O prophète, fondateur de l'année romaine, toi qui osas traiter de grands sujets sur des rythmes étroits, tu t'es acquis le droit de voir une divinité céleste, quand tu as décidé de célébrer les fêtes dans tes vers." »

J. F. Miller[2] souligne qu'on ne peut pas se contenter de traduire *Romani conditor anni* par « chantre de l'année romaine », mais que la notion de fondation est bel et bien présente. Ovide est comparé au prince refondateur du calendrier public. Auguste a poursuivi la réforme du calendrier de Jules César en introduisant de nouvelles fêtes, quant à Ovide, il renouvelle le genre littéraire qu'il pratique en parcourant le champ de l'étiologie, dont Properce avait ouvert la voie.

Dans les *Fastes*, Ovide dévoile un nouveau visage du fondateur Romulus. F. Stok[3] remarque que la première moitié du poème met en scène un Romulus tyrannique et la deuxième, un Romulus élégiaque.

---

1 Properce IV, 1, 64 : *Vmbria Romani patria Callimachi !*

2 J. F. Miller, *Ovid's Elegiac Festivals. Studies in the Fasti*, Frankfurt/Bern, 1991, p. 41-42, notes 114, 115, 116 : *conditor* ne signifie pas seulement « chantre », mais surtout « fondateur ». De même que Romulus, fondateur de la ville, est à l'origine du calendrier romain, de même Ovide est le créateur d'un nouveau type de poésie.

3 F. Stok 1992, « L'ambiguo Romolo dei Fasti », in *Ovidius parodèsas*, édit. G. Brugnoli et F. Stok, Pisa, 1992, p. 75-110, ici p. 107-108.

Au livre IV, à la date des *Parilia*, dans le récit de fondation, Ovide introduit une invention qui peut paraître audacieuse : pour innocenter Romulus du fratricide originel, il attribue à Celer, subordonné trop zélé, la responsabilité du meurtre[1]. Apprenant la mort de son frère jumeau, Romulus s'efforce de retenir ses larmes. Toutefois, malgré ses efforts pour donner l'exemple du courage, sa *pietas* finit par se révéler.

*Fastes* IV, 845-850 :
*Haec ubi rex didicit, lacrimas introrsus obortas*
*Deuorat et clausum pectore uolnus habet.*
*Flere palam non uolt exemplaque fortia seruat*
*« Sic » que « meos muros transeat hostis » ait.*
*Dat tamen exequias nec iam suspendere fletum*
*Sustinet et pietas dissimulata patet.*

« Quand le roi l'apprend, il refoule les larmes qui lui montent aux yeux et renferme sa douleur en son cœur. Il ne veut pas pleurer publiquement et donne l'exemple du courage, en disant : "Que tel soit le sort de l'ennemi qui franchirait mes murailles". Cependant il célèbre les obsèques et ne parvient plus à retenir ses pleurs, et son affection fraternelle, qu'il voulait dissimuler, se révèle. »

Ce Romulus élégiaque, qui pleure ouvertement devant ses concitoyens, est opposé en tous points au tyran brutal dépeint au livre II, lorsque l'éloge d'Auguste, père de la patrie, se déploie dans une comparaison terme à terme avec le fondateur de Rome. Ce dernier, dépeint comme violent et impulsif, sert de faire-valoir au prince de la paix et des lois[2].

*Fastes* II, 139-142 :
*Tu rapis, hic castas duce se iubet esse maritas.*
*Tu recipis luco, reppulit ille nefas.*
*Vis tibi grata fuit, florent sub Caesare leges.*
*Tu domini nomen, principis ille tenet.*

« Toi, tu organises le rapt, lui, il ordonne que les épouses soient chastes sous son règne. Toi, tu abrites le crime en un bois sacré, lui, il l'a chassé. La violence te fut chère, sous César fleurissent les lois. Toi, tu portes le nom de maître, lui, celui de prince. »

Ainsi les *Fastes* proposent-ils de Romulus deux visages opposés, qui paraissent inconciliables. Comment résoudre cette difficulté ? Faut-il

1 Ovide, *Fastes* IV, 839-844. Voir Stok, art. cit., p. 78-81.
2 Stok, art. cit., p. 85-87.

dénoncer un manque de cohérence, une faiblesse de la composition d'ensemble ? Au contraire, F. Stok[1] voit dans ces deux facettes du personnage un jeu sur les oppositions systématiques qui structurent la construction de l'élégie étiologique : elle chante la paix plutôt que la guerre, la civilisation plutôt que la barbarie, la douceur plutôt que la rudesse. Toutefois, elle développe sa propre esthétique en convoquant, au cœur de son propre discours, les éléments antagonistes, qu'elle est capable de « contenir » et de transformer selon ses propres lois. En dévoilant l'autre face du traditionnel récit de fondation, Ovide construit un objet littéraire composite, qui se nourrit de tensions fondatrices.

Comme l'élégie étiologique défie l'épopée sur son propre terrain et fait intervenir des éléments caractéristiques du grand genre pour les transformer selon sa propre esthétique, le résultat de ce « croisement des genres », de cette rencontre des contraires ne peut pas être défini simplement. C'est une création très complexe, aux mille facettes hétérogènes, qui suscite plus de questions qu'elle n'apporte de réponses. Digne héritier de Properce, Ovide défie Virgile en entrant résolument sur son territoire, et les récits d'origines transforment l'image du fondateur de la cité, refusant d'en faire une icône cohérente, incarnant des valeurs consensuelles. Dans les *Fastes*, Romulus a deux visages, l'un tyrannique, l'autre élégiaque. Sa cité apparaît, elle aussi, sous deux aspects antagonistes, luxe et humilité, puissance et vulnérabilité, grandeur et étroitesse. Si le marbre et l'or se sont finalement imposés dans l'architecture augustéenne, l'élégie étiologique, véritable refondation littéraire, vient rappeler les tensions fondatrices, et fait voler en éclats les représentations trop univoques.

La masse imposante de l'épopée se fissure, et l'élégie révèle les multiples facettes d'une réalité composite, que seul un genre secondaire, qui se définit à partir d'oppositions et de renversements systématiques, peut appréhender dans toute sa complexité.

Maud PFAFF-REYDELLET
Université de Strasbourg

1 Stok, art. cit., p. 108-110.

DEUXIÈME PARTIE

# MÉTAMORPHOSES GÉNÉRIQUES : RÉCEPTION ET TRANSFORMATION DE L'ÉLÉGIE À L'ÉPOQUE TARDO-ANTIQUE

# LA RÉCEPTION DE L'ÉLÉGIE ROMAINE DANS LES *MÉTAMORPHOSES* D'APULÉE[1]

## INTRODUCTION

L'importance de l'élégie romaine pour les *Métamorphoses* d'Apulée n'a à ce jour que peu été prise en compte par la critique[2], contrairement aux liens intertextuels avec les autres genres tels que l'épopée ou la tragédie. Apulée constitue pourtant une source importante à notre connaissance de l'élégie romaine. Dans son *Apologie* 10, 2-3, il recourt, comme Ovide dans les *Tristes*, à un excursus d'histoire littéraire pour tenter de fléchir le juge ; il est alors le premier à révéler l'identité cachée derrière les pseudonymes Cynthie et Délie, que les élégiaques Properce et Tibulle avaient utilisés dans leurs poèmes.

La question de l'intertextualité joue un grand rôle pour l'interprétation des *Métamorphoses* dans la mesure où Apulée, en tant que représentant de la Seconde Sophistique, compte sur un public cultivé capable de comprendre et d'apprécier ses nombreuses allusions littéraires. De manière explicite (en mentionnant des auteurs, des genres littéraires

1 Cette contribution est basée sur ma thèse de doctorat *Der elegische Esel. Apuleius' Metamorphosen und Ovids Ars amatoria* (2009) ainsi que sur un article paru dans *Ramus* 38.1, 2009, 75-84, sous le titre « The Elegiac Ass : The Concept of *servitium amoris* in Apuleius' *Metamorphoses* ». Ma contribution orale donnée en allemand lors du colloque a été traduite ici pour la publication par L. Chappuis Sandoz.

2 S. Harrison, « Literary Texture in the Adultery-Tales of Apuleius, *Metamorphoses* Book 9 », in *Desultoria Scientia. Genre in Apuleius' Metamorphoses and Related Texts*, édit. R. Nauta, Leuven, 2006 ; A. G. Mathis, « Playing with Elegy : Tales of Lovers in Books 1 and 2 of Apuleius' *Metamorphoses* », in W. Riess (ed.), *Paideia at Play : Learning and Wit in Apuleius*, *Ancient Narrative Supplements* 11, Groningen, 2008, p. 195-214 ; P. James, *Unity in Diversity : A Study of Apuleius' Metamorphoses with Particular Reference to the Narrator's Art of Transformation and the Metamorphosis Motif in the Tale of Cupid and Psyche*, Hildesheim/Zürich/New York, 1987, p. 52 ; 243 *sq*.

ou par des citations textuelles précises) et implicite (par des allusions cachées et en transformant et en élargissant des motifs traditionnels bien connus), Apulée amène son lectorat à réfléchir au lien entre ses *Métamorphoses* et la tradition littéraire. Seul un lecteur disposant d'une vaste culture linguistique et littéraire peut décoder les écarts d'Apulée avec ses modèles et les interpréter comme une réponse de l'auteur à un pré-texte et parvenir ainsi une lecture personnelle, conditionnée par son propre degré de connaissances préalables. Celui qui pourra mettre de l'ordre dans les différents degrés d'allusion se verra récompensé par la satisfaction intellectuelle et la confirmation de son propre niveau de culture. La conscience d'un savoir partagé crée dans le même temps une proximité et une forme de solidarité entre le public et l'auteur ; c'est là un stratagème rhétorique emprunté à l'art oratoire sophistique et qui forme précisément (sans hasard aucun) le cœur du discours de défense qu'est l'*Apologie* d'Apulée.

La connaissance qu'Apulée a de l'élégie romaine dépasse toutefois largement le savoir qu'il démontre dans son *Apologie* à propos des pseudonymes des *puellae* élégiaques. Dans cette contribution, je désire démontrer qu'Apulée suit le discours élégiaque pour dépeindre les relations amoureuses dans ses *Métamorphoses*, et qu'on assiste donc à une réception des valeurs élégiaques dans un roman du IIe siècle apr. J.-C. basé sur un modèle grec. Motifs et modèles de comportements élégiaques sont avant tout exploités dans les relations, largement dépeintes, du protagoniste Lucius avec les principales figures féminines qu'il rencontre au cours du roman, à savoir l'esclave Photis du premier au troisième livres, et la déesse Isis au livre onze. En présentant, au début et à la fin de son roman, son héros comme un amant élégiaque, Apulée n'introduit pas seulement une nouvelle variante de relation entre les sexes, mais donne aussi un indice pour une interprétation possible de l'ensemble de l'œuvre. Ceci n'arrive bien sûr pas par hasard au sein d'un genre littéraire qui dispose d'une forme spécifiquement romaine[1] et qui par là répond à l'intention d'Apulée d'adapter son modèle grec pour un public latin[2]. En reprenant des comportements typiquement élégiaques, Apulée établit un pont entre la littérature et

---

1 *Cf.* Quintilien, *Institution oratoire* X, 1, 93.

2 Voir G. Sandy, *The Greek World of Apuleius. Apuleius and the Second Sophistic*, Leiden/New York/Köln, 1997.

la langue grecque et latine, comme il l'annonce dans le prologue (*Mét.* I, 1). Cela rend également plus complexe et plus palpitante la relation entre Lucius et Photis, qui est à l'origine de la première métamorphose de Lucius en âne. Par l'inclusion de motifs élégiaques, la relation entre le protagoniste et l'esclave devient plus difficile à décoder, aussi bien pour les autres personnages du roman, à savoir les citoyens d'Hypata (*Mét.* VII, 1), où se déroule l'histoire, que pour les interprètes ultérieurs de l'œuvre. En effet, dans l'Épitomé grec de l'*Onos*, la relation entre l'esclave Palaistra et le protagoniste Lukios/Lucius est décrite comme purement sexuelle et motivée par le seul but de mettre le héros en contact comme il le désire avec le monde de la magie ; à l'inverse, Apulée montre un couple pris dans une tension typiquement élégiaque, entre amour, pouvoir, soumission, tromperie et mensonge.

## LUCIUS ET PHOTIS

Le statut social réel de Lucius, citoyen libre, et de Photis, esclave, apparaît clairement par sa transformation en *seruitium amoris* élégiaque (*Mét.* I, 22-24)[1]. Sans être invité, Lucius frappe à la porte de l'avare Milon, dont l'unique servante Photis a pour mission de renvoyer les mendiants et autres requérants. Dans cette première scène, Photis est clairement caractérisée comme une esclave : elle est explicitement et à plusieurs reprises qualifiée d'*ancilla* ; ses tâches consistent à veiller sur la porte de la maison, à porter les bagages de l'hôte, à se charger des achats et à convier Lucius au repas du soir (*Mét.* I, 23-24 et 26). Au contraire, la noble origine de Lucius est d'emblée soulignée. Les premières informations que reçoit le lecteur juste après le prologue nous renseignent à son sujet en exploitant les procédés bien connus de la narration à la première personne (*Mét.* I, 2). Au livre deux, immédiatement après le début de sa liaison avec Photis, nous apprenons en outre, de deux sources indépendantes, que l'origine élevée du héros se manifeste aussi par son apparence extérieure (*Mét.* I, 23 ; II, 2).

1 Voir les études diachroniques du *servitium amoris* de F.O. Copley, « *Servitium amoris* in the Roman Elegists », *TAPhA*, 78, 1947, p. 285-300 ; P. Murgatroyd, « *Servitium amoris* and the Roman Elegists », *Latomus*, 40, 1981, p. 589-606.

Pendant toute leur aventure amoureuse, la relation réelle entre Lucius et Photis est inversée, conformément aux règles du monde élégiaque. Ce renversement des rôles sociaux se manifeste par des changements de comportement. Ce n'est plus Lucius qui donne des ordres à l'esclave, mais il se fait interpeller à l'impératif (*Mét.* II, 7 ; II, 10 et 17). Il se comporte avec soumission à l'égard de Photis, et ce non seulement de nuit, dans l'intimité de la chambre à coucher (*Mét.* II, 16), mais aussi au grand jour : il ne donne suite à une invitation à souper chez son amie Byrrhène, qui appartient à l'élite sociale d'Hypata, qu'avec la permission de sa *domina* Photis :

> *Ergo igitur Photis erat adeunda deque nutu eius consilium uelut auspicium petendum. Quae quamquam inuita, quod a se ungue latius digrederer, tamen comiter amatoriae militiae breuem commeatum indulsit* (*Mét.* II, 18)[1].
>
> « Il ne me restait donc qu'à aller trouver Photis et à prendre conseil de sa décision, ainsi que d'un auspice. Bien qu'elle me vît avec déplaisir la quitter, fût-ce d'un doigt, elle m'accorda de bonne grâce un bref congé d'absence loin des drapeaux de l'amour. »

Comme un esclave, Lucius n'a pas de droit de se déplacer librement. Il est forcé de rester à la maison et doit demander l'autorisation de sa maîtresse s'il veut sortir. Il renforce encore l'impression de dépendance dans la mesure où il reconnaît s'en remettre entièrement à la volonté de sa maîtresse Photis, qui d'un simple hochement de tête (*nutu*) l'invite à poursuivre ou au contraire à mettre un terme à son entreprise. Le concept de *nutus* est souvent employé chez Apulée en lien avec des divinités féminines : c'est ainsi que Fortuna (*Mét.* IV, 12 ; VII, 20 ; X, 24), Junon (*Mét.* VI, 4 ; X, 31), Vénus (*Mét.* VI, 16) et Isis (*Mét.* XI, 1 ; XI, 5 ; XI, 21 et 25) expriment sans mot dire leur volonté. En attribuant ce mouvement de tête à Photis, Lucius la place au rang des déesses qui apparaissent dans le roman ; il l'élève ainsi au dessus de la sphère humaine, ce qu'il fait aussi en la comparant ailleurs à la déesse Vénus (*Mét.* II, 17 ; III, 22). À l'inverse de Palaistra, son équivalent dans l'Épitomé grec de l'*Onos*, Photis est un personnage complet et bien dessiné[2]. Apulée ne se contente pas de changer le nom de son héroïne, il va jusqu'à la métamorphoser

---

1 Cité selon l'édition de Robertson/Vallette, Les Belles Lettres, Paris, 1940.

2 Pour une comparaison entre ces deux figures, on se référera à A. Scobie, *Aspects of the Ancient Romance and its Heritage*, Meisenheim am Glan, 1969.

en une partenaire spirituelle, intelligente et séduisante : il modèle son caractère et son apparence extérieure, avant tout ses attitudes séductrices et sa chevelure, selon les idéaux de l'élégie romaine, en particulier ceux de l'*Art d'aimer*[1].

En plus du motif du *seruitium amoris* et de la divinisation ou de l'idéalisation de la maîtresse, Apulée ajoute, dans le passage cité plus haut, un autre motif élégiaque, celui de la *militia amoris*, de la représentation de l'amour comme service militaire[2]. Lucius demande humblement à sa maîtresse Photis non seulement l'autorisation de sortir dîner sans elle, mais aussi de lui accorder un congé de sa milice d'amour. À l'inverse de ce qu'on observe dans l'*Onos* grec (8-10), où les scènes d'amour entre le héros et l'esclave Palaistra sont décrites avec le terme parlant de « terrain de lutte » et rendues par des métaphores issues du domaine du combat de lutte, la relation entre Lucius et Photis est d'emblée évoquée en termes militaires. C'est par des métaphores militaires, sans parallèles dans l'*Onos*, que Lucius s'exhorte à conquérir Photis (*Mét.* II, 6). Photis recourt elle aussi à la terminologie militaire. Déjà dans la scène de la cuisine, elle fait savoir à Lucius qu'elle ne se rendra pas sans résistance, mais qu'elle luttera contre lui toute la nuit, pour la victoire ou la défaite (*Mét.* II, 10). Les nuits d'amour qui suivent ce flirt sont également décrites avec des images militaires (*Mét.* II, 16-17).

Bien que Lucius se comporte en esclave et soldat de l'amour, il n'a pas à endurer les soucis et douleurs typiques de l'amant élégiaque. Sa maîtresse Photis n'est pas une *dura* ou *saeua domina*, comme dans les élégies de Properce ou de Tibulle, mais une *puella* sympathique et généreuse, et la relation entre les deux amoureux apparaît comme tendre et détendue. Cette forme d'*obsequium amoris* volontaire en lieu et place de l'esclavage d'amour forcé et pathologique nous est connue par l'*Art d'aimer* d'Ovide[3]. La condition préalable à sa mise en œuvre veut que l'élève en amour – au contraire de l'amant élégiaque – garde son indépendance d'esprit et évite d'aimer avec trop de passion ou de soumission. Puisqu'en

1 Voir J. Hindermann, *Der elegische Esel. Apuleius' Metamorphosen und Ovids Ars amatoria*, Frankfurt am Main, 2009, p. 100-144.

2 Voir P. Murgatroyd, « *Militia amoris* and the Roman Elegists », *Latomus*, 34, 1975, p. 59-79.

3 Voir sur ce point N. Holzberg, « Ovids erotische Lehrgedichte und die römische Liebeselegie », *WS* N.F., 15, 1981, p. 185-204 ; J. Wildberger, *Ovids Schule der "elegischen" Liebe. Erotodidaxe und Psychagogie in der Ars amatoria*, Frankfurt a.M./Bern, 1998.

amour, celui qui aime le plus fort est toujours celui qui souffre le plus, l'élève en amour doit veiller à ne pas perdre le contrôle et à modeler la relation selon sa volonté. Pour atteindre ce but, il ne doit pas hésiter à se montrer complaisant sur les demandes sans importance de sa maîtresse et à lui laisser de temps à autre exprimer sa volonté[1]. Un certain talent d'acteur est par ailleurs requis pour répondre, du moins en apparence, aux besoins de sa maîtresse (*Ars* II, 198). À l'occasion, l'élève en amour doit aussi se charger d'accomplir pour sa maîtresse des tâches qui relèvent d'ordinaire des attributions d'un esclave (*Ars* II, 209-222). L'élève ne se soumet ainsi pas réellement à la volonté d'une femme, mais lui laisse seulement jouer le rôle dominant. Dans l'*Ars amatoria*, Ovide réévalue le rôle de l'esclave d'amour en spécifiant qu'il n'est acceptable que pour tromper la femme. En réalité, même en tant qu'esclave, l'*amator* se doit de rester indépendant.

Lucius détourne le conseil du *praeceptor amoris*, dans la mesure où non seulement il se comporte en esclave à l'égard de Photis, mais va même jusqu'à se désigner lui-même comme tel à deux reprises. Il est toutefois frappant de constater que Lucius emploie cette dénomination d'esclave d'amour à chaque fois qu'il demande à Photis d'exaucer son vœu d'accéder à la magie :

> *... adrepta manu Photidis et admota meis luminibus : « Patere, oro te », inquam, « dum dictat occasio, magno et singulari me adfectionis tuae fructu perfrui et impertire nobis unctulum indidem per istas tuas papillas, mea mellitula, tuumque mancipium inremunerabili beneficio sic tibi perpetuo pignera... »* (*Mét.* III, 22).
>
> « ... je saisis la main de Photis et l'approchai de mes yeux en disant : "Accorde-moi, de grâce, pendant que l'occasion s'y prête, une preuve éclatante et singulière de ton affection : par ces yeux qui sont à toi, je t'en conjure, douceur de ma vie, donne-moi un peu de ce même onguent ; oblige à jamais ton esclave par un bienfait que rien ne pourra payer[2]" ».

En dépit de ses paroles flatteuses, Lucius montre une nouvelle fois clairement qu'il se conçoit sur la durée comme un esclave d'amour volontaire, en mesure d'offrir à sa maîtresse de rester pour toujours auprès

---

1 Il doit par exemple la laisser gagner au jeu (*Art d'Aimer* II, 203-208).

2 Deuxième occurrence : *Mét.* III, 19 :... *in seruilem modum addictum atque mancipatum teneas uolentem.* – « ...ont fait de moi ta chose et me tiennent asservi, esclave consentant. » La même expression *addictus* se trouve chez Properce III, 11, 2.

d'elle. Lucius ne semble ressentir ni les contraintes de l'amour, ni celles de la magie, mais reste un commerçant réfléchi, qui promet à Photis de s'occuper pour toujours d'elle, en contrepartie d'un service rendu, conformément au principe du *do ut des*. Ce fait se reflète clairement dans le langage commercial qu'il emploie alors (*fructu, inremunerabili, pignera*).

Par la preuve de son indépendance psychique et physique, Lucius veut endormir la vigilance de Photis en lui garantissant qu'il restera auprès d'elle même après son expérience magique – ce qui ne sera en réalité pas le cas. Il est clair par ailleurs que Lucius attend une compensation pour s'être déclaré *seruus*. Comme conseillé par le *praeceptor amoris* qu'est Ovide dans l'*Art d'aimer*, il reste constamment maître de ses sentiments à l'égard de Photis ; ses gestes de soumission ne sont qu'un moyen d'atteindre son but, à savoir entrer en contact avec la magie.

## LUCIUS ET ISIS

Il y a de nombreux parallèles entre Photis et Isis, les deux principales figures féminines du roman. Toutes deux portent un nom qui finit en *–is*, sont coiffées de la même façon, entretiennent un lien étroit avec la déesse Vénus ou lui sont comparées ; toutes deux exigent de Lucius qu'il garde le silence sur son initiation secrète et enfin provoquent une métamorphose. Au travers de formulations identiques, Apulée renforce encore le lien entre ces deux figures, lien qu'il établit au travers de motifs parallèles. Ce parallélisme entre les deux personnages est assurément voulu par l'auteur, mais la nature exacte de cette relation reste à préciser. Jusqu'ici, la recherche a avant tout expliqué les similitudes entre ces deux personnages féminins par une lecture typologique. Cette interprétation attribue à chaque caractéristique de Photis une fonction négative qui se trouve renversée en son contraire positif dans la description d'Isis. Photis devient ainsi le pôle négatif de la déesse, une Anti-Isis qui cause le malheur de Lucius en l'initiant aux « faux mystères » de la magie grâce à son pouvoir érotique. Pour parvenir à la déesse qui le libérera et à la vraie religion, le héros doit d'abord, selon cette lecture, vaincre la fausse déesse Photis qui est éclipsée par la vraie déesse Isis et perd ses forces négatives[1]. Si par contre, comme la critique récente l'a proposé[2], on lit le onzième livre non comme le contraire, mais comme la suite des dix premiers livres, et si on le lit non comme le compte rendu sérieux d'un converti, mais comme un jeu littéraire avec divers textes et traditions, les parallèles entre un amant élégiaque et l'adepte d'Isis sont frappants.

Tout d'abord, en retrouvant sa forme humaine à la fin des *Métamorphoses*, Lucius n'est pas libéré par la déesse Isis, mais reste un esclave, ce que souligne clairement sa tête rasée (*Mét.* XI, 28-30). Contrairement au protagoniste de l'*Onos* qui, après son retour à l'état d'homme, se défait de ses douloureuses expériences en âne et peut continuer à vivre en homme libre, Lucius demeure pour le restant de ses jours aliéné à la volonté d'autrui. Sa métamorphose finale n'est qu'extérieure, et s'il retrouve certes son apparence humaine, son ancien Moi lui reste inaccessible. Il ne redeviendra jamais l'homme libre qu'il était avant ses aventures en âne, ne faisant au contraire que de passer d'un propriétaire à un autre. Cet état de fait se manifeste clairement dans l'exigence que pose le prêtre d'Isis à Lucius : mettre désormais sa vie au service de la déesse : *nam cum coeperis deae seruire, tunc magis senties fructum tuae libertatis* (*Mét.* XI, 15). – « Car, quand tu seras entré au service de la déesse, c'est alors que tu sentiras vraiment le bienfait de ta liberté » Alors qu'au deuxième livre, c'est de lui-même que Lucius décide de se conduire à l'égard de sa maîtresse comme un esclave et un soldat de l'amour, au onzième livre, c'est le prêtre d'Isis qui exige de lui ce même comportement. Or c'est justement un prêtre qui condamne la relation de Lucius envers Photis comme dégradante (*ad seruiles delapsus uoluptates Mét.* XI, 15) et lui recommande une nouvelle et meilleure maîtresse en la déesse Isis : *quorum sibi uitas <in> seruitium deae nostrae maiestas uindicauit…* (*Mét.* XI, 15) – « car ceux dont la majesté de notre déesse a revendiqué la vie pour les garder à son service… ».

Un autre élément frappant est l'étroite corrélation établie, aussi bien chez Isis que chez Photis, entre le motif de l'esclavage et celui du service militaire pour la femme vénérée : ce rapprochement entre les deux

1 Voir par ex. A. Wlosok, « Zur Einheit der *Metamorphosen* des Apuleius », *Philologus* 113, 1969, p. 78 ; K. Alpers, « Innere Beziehungen und Kontraste als hermeneutische Zeichen in den *Metamorphosen* des Apuleius von Madaura », *WJA* N.F., 6a, 1980, 199-201.

2 Par ex. D. van Mal-Maeder, *Apuleius Madaurensis Metamorphoses. Livre II. Texte, Introduction et Commentaire*, Groningen, 2001.

motifs qu'on a rencontré dans la demande de congé adressée à Photis par Lucius se retrouve dans la bouche du prêtre d'Isis lorsqu'il exige de Lucius qu'il devienne soldat et serviteur de la déesse :

> *da nomen sanctae huic militiae, cuius non olim sacramento etiam rogabaris, teque iam nunc obsequio religionis nostrae dedica et ministerii iugum subi uoluntarium* (*Mét.* XI, 15).
>
> « Cependant, pour être plus assuré et mieux garanti, engage-toi dans cette sainte milice, à laquelle depuis peu tu as été requis de prêter serment, consacre-toi dès à présent aux observances de notre religion, et soumets-toi volontairement au joug de son ministère. »

L'idée que l'homme trouve la vraie liberté en se soumettant comme un esclave à (un) dieu contredit les valeurs gréco-romaines traditionnelles[1] et n'est pas établie pour le culte d'Isis en dehors des *Métamorphoses*[2]. De même, la notion de service armé pour Isis n'est pas attestée, mais on la trouve dans la relation de Lucius à Photis, et c'est un élément central de l'élégie romaine[3].

Dans les deux cas, l'essentiel de ce service consiste à rester constamment à proximité de sa maîtresse et à lui demander conseils pour toute décision. Au livre deux, Lucius habite déjà dans la même maison que Photis et ne s'éloigne pas sans sa permission de sa sphère d'influence ; au onzième livre, il se cherche un logement à l'intérieur de la zone de culte pour vivre à proximité immédiate d'Isis (*Mét.* XI, 19), et rend chaque matin hommage à la déesse en attendant devant le temple l'ouverture des portes (*Mét.* XI, 20 et 27).

En contrepartie de sa constante vénération et de sa soumission, les deux femmes récompensent Lucius en lui procurant du plaisir (*uoluptas*) par leur présence. Pour pouvoir être toujours auprès de Photis, dont la présence lui est plus chère que tout en raison du plaisir qu'il en retire,

---

1 Comme l'a étudié F. Bömer, *Untersuchungen über die Religion der Sklaven in Griechenland und Rom*, Wiesbaden, 1960, p. 89-90 ; 128 ; 133-141 et 1957, p. 390-391.

2 Autre point de vue chez H. S. Versnel, *Inconsistencies in Greek and Roman Religion I. Ter Unus. Isis, Dionysos, Hermes. Three Studies in Henotheism*, Leiden/New York, 1990, en particulier p. 91 n. 177, qui ne renvoie toutefois qu'au livre XI des *Métamorphoses* et à la littérature secondaire qui repose à nouveau sur la mise en scène d'Apulée.

3 J. G. Griffiths, *Apuleius of Madauros : The Isis Book (Metamorphoses, Book XI)*, Leiden, 1975, p. 254-255 fait dériver l'idée d'un service militaire pour la déesse du conflit guerrier entre Seth, Osiris et Isis.

Lucius renonce à tout contact avec ses amis ou avec des personnes de même rang social que lui. Au livre deux, il décline à plusieurs reprises l'offre de Byrrhène de l'introduire dans la (haute) société d'Hypata, et quand il ne peut finalement plus refuser de participer à un repas, il promet à Photis de revenir vite, car il place le plaisir qu'il trouve avec elle au-dessus de tout : *nam praeter quod epulis alienis uoluptates meas anteferrem...* (*Mét.* II, 18). – « car sans compter qu'à un dîner en ville j'eusse préféré nos plaisirs.... » Lucius retire aussi tellement de plaisir à voir la déesse Isis qu'il peine à se détacher de son image : *paucis dehinc ibidem commoratus diebus inexplicabili uoluptate simulacri diuini perfruebar* (*Mét.* XI, 24). – « Je demeurai là quelques jours encore, tout au plaisir ineffable de contempler l'image de la déesse. » Être avec Isis est pour Lucius plus important que de retrouver ses proches et ses amis, quand bien même il ne les a pas (re)vus depuis plus d'une année. Dans ce service amoureux plein de dévouement, Lucius en oublie, aussi bien auprès de Photis que d'Isis, sa patrie et un retour à sa vie normale. Voici ce qu'il dit à Photis : *iam denique nec larem requiro nec domuitionem paro et nocte ista nihil antepono* (*Mét.* III, 19). – « Au point que je n'aspire plus à mon foyer ni ne me dispose au retour : il n'est rien que je préfère à l'une de nos nuits. »

Quand Lucius est au service d'Isis, le voisinage avec la femme vénérée est également plus important pour lui que son statut social et sa carrière professionnelle. Ce n'est que quand la déesse Isis elle-même l'y exhorte qu'il se met en route pour rentrer chez lui : *sed tandem deae monitu [...] tardam satis domuitionem comparo, uix equidem abruptis ardentissimi desiderii retinaculis* (*Mét.* XI, 24). – « Enfin, sur ses propres avertissements [...] je me disposai à regagner mes pénates longtemps abandonnés, en rompant à regret les liens d'un ardent attachement. » Son séjour dans sa patrie sera d'ailleurs particulièrement court et n'est pas décrit plus avant. Lucius n'a manifestement pas pour but de retrouver son environnement social d'origine, car après quelques jours déjà, notre héros se remet en route sur l'ordre d'Isis pour la retrouver dans un nouveau lieu (*Mét.* XI, 26).

Comparée à Photis, Isis est une maîtresse bien plus exigeante. Tandis que la conquête de Photis a été relativement aisée, Lucius doit lutter avec acharnement pour obtenir l'accès au temple d'Isis, désigné par l'expression inhabituelle de *cubiculum deae* (littéralement : « la chambre à coucher de la déesse » ; *Mét.* XI, 17). Semblable à un *exclusus amator*, Lucius supplie à plusieurs reprises le prêtre d'Isis qui garde la porte de le laisser entrer.

Et comme un amant dans l'élégie, il doit dépenser beaucoup d'argent pour pouvoir maintenir la relation (*Mét.* XI, 21-23 et 28).

Une autre différence entre la relation de Lucius avec Photis et celle avec Isis est l'idée d'un lien exclusif et durable, qui rappelle un *foedus aeternum* élégiaque[1]. Le prêtre d'Isis n'est pas le seul à demander à Lucius de prêter un serment de fidélité (*Mét.* XI, 15), Isis elle aussi exige de Lucius qu'il lui reste fidèle toute sa vie (*Mét.* XI, 6). Cette demande d'Isis est étonnante puisqu'il n'était pas rare d'être initié à plusieurs cultes à mystères : Lucius lui-même, comme nous le raconte Photis, appartient d'ailleurs à plusieurs cultes (*Mét.* III, 15). Alors que Lucius garde toujours le contrôle dans sa relation avec Photis et conserve sa volonté propre en dépit de ses gestes de soumission, il apparaît, dans sa relation à Isis, comme dépendant et soumis. Il ne parvient à appliquer aucune des stratégies recommandées par Ovide à l'élève en amour pour conserver sa liberté émotionnelle. Isis se révèle être une vraie *domina*, comme on en rencontre dans les élégies de Properce ou de Tibulle. Comme les locuteurs de ces élégies, Lucius ne peut ni ne veut se libérer des griffes de sa maîtresse car il trouve son bonheur dans la soumission qu'elle lui impose[2].

## CONCLUSION

Le but de ma contribution est de démontrer qu'on observe dans les *Métamorphoses* d'Apulée une réception active de l'élégie romaine. Apulée transforme la mise en scène bassement érotique de la relation amoureuse entre le héros et l'esclave en une relation élégiaque à la romaine. L'épisode du début du roman est doublement réinterprété par ce transfert culturel : d'une part, Apulée ajoute des éléments concrets comme l'apparence charmante de Photis, son comportement séducteur et ses conversations avec Lucius ; d'autre part, leur relation atteint une nouvelle dimension et gagne en suspense puisque son interprétation au travers des modèles de comportement propres à l'élégie devient plus complexe

1 *Cf.* par ex. Tibulle I, 6, 85-86 ; Properce I, 12, 20 ; II, 6, 41-42.

2 *Cf.* Properce I, 10, 27-30 : *At quo sis humilis magis et subiectus amori, / hoc magis effectu saepe fruare bono. / Is poterit felix una remanere puella, / qui numquam uacuo pectore liber erit.*

que dans le roman grec. Dans le même temps, l'intertextualité avec l'élégie romaine offre une possibilité d'identification au lecteur romain, dans une histoire basée sur un modèle grec et qui se déroule dans un environnement grec.

Enfin, au onzième livre, qu'Apulée élabore de façon tout à fait indépendante de son modèle grec, les comportements typiques de l'élégie comme le *paraclausithyron*, l'*auaritia* de la *puella* et le *foedus aeternum* sont reportés sur les protagonistes et la déesse Isis. Cette stylisation du rapport entre myste et déesse sous la forme d'un rapport entre *amator* et *domina* remet clairement en question l'interprétation unilatérale du livre onze comme livre sérieux et religieux. Bien au contraire, le jeu intertextuel des dix premiers livres se poursuit aussi au livre XI. En sophiste, Apulée ne voit aucune contradiction à lier religion et littérature pour divertir son lecteur tout en défiant son intelligence et sa culture.

Judith HINDERMANN
Université de Bâle

# L'ÉLÉGIE LATINE TARDIVE : ANALYSE DE PROCÉDÉS COMPOSITIONNELS ET EXPRESSIFS DANS LES *ÉLÉGIES* DE MAXIMIEN[1]

À l'inverse d'autres genres poétiques (la satire, la tragédie, l'épopée, la bucolique, l'épigramme), l'élégie latine, après Ovide, se tait pendant toute l'époque impériale et reparaît après une éclipse de plus de cinq siècles avec les six pièces de Maximien. Le répertoire des thèmes et des motifs de l'élégie augustéenne s'y retrouve, non sans innovations et adaptations aux temps nouveaux. Plus précisément, le recueil de Maximien représente un croisement des genres, ou plutôt un mélange des genres dans lequel l'autobiographie[2] avant tout se mêle à l'élégie : Maximien raconte des épisodes de sa vie amoureuse en gardant comme point de repère les *topoi* et les modèles autorisés de l'élégie (surtout Ovide)[3]. Cependant il ne faut pas sous-évaluer l'influence du genre panégyrique ni celle de l'hymne en ce qui concerne spécifiquement la *laus mentulae* dans la cinquième pièce. Enfin on reconnaîtra la grande dette envers la satire qu'endosse en particulier la représentation des maux de la vieillesse. Véritable leitmotiv du recueil, elle rappelle les tons amers, aigres et dédaigneux de la satire de Juvénal avec lequel Maximien partageait le même malaise existentiel nourri du ressentiment que leur inspirait leur époque respective. Et ce n'est pas un hasard qu'après Ovide, Virgile, Stace et Silius Italicus, Juvénal soit l'auteur le plus exploité par Maximien.

---

1 Le texte français de cette contribution a été revu par M.-Chr. Haller Aellig, qu'elle en soit vivement remerciée.

2 Sur cette autobiographie et son caractère sentimental, voir F. Spaltenstein, *Commentaire des Élégies de Maximien*, Rome, 1983, p. 15 *sqq.*, p. 17 en particulier.

3 D'ailleurs l'élégie érotique avait déjà été reprise par Martial, lorsque, au cours d'un procédé de croisement des genres (*Épigrammes* VIII, 55 et 73), il représente Virgile en amoureux d'Alexis.

La figure fuyante et énigmatique du poète que nous renvoient ses vers – unique document biographique incontestable qui nous soit parvenu – a été interprétée de toutes les façons. Cependant l'article de Mastandrea[1] a jeté les bases d'une restitution en principe objective de la vie du poète et d'une interprétation correcte de son œuvre. Je renvoie donc à ces pages, et d'avance au commentaire des six élégies de Maximien que je suis en train de rédiger et dont je souhaite qu'il puisse voir le jour dans le courant de 2011.

## COMPOSITION DU CORPUS ÉLÉGIAQUE DE MAXIMIEN

Je vais à présent traiter brièvement du problème de la composition du *corpus* élégiaque de Maximien. Nous sommes en présence de deux hypothèses.

La première, défendue par Wernsdorf (1794), Baehrens (1883), Petschenig (1890), Heege (1893), Webster (1900), Prada (1919), Levy (1930), Anastasi (1951), Agozzino (1970), Schetter (1970), Tandoi (1973), Salemme (1974) et Fo (1986), envisage les six élégies comme distinctes et autonomes[2]. En particulier, Willy Schetter[3] qui a étudié

1 P. Mastandrea, « Per la cronologia di Massimiano elegiaco : elementi interni ed esterni al testo », in *Poesía latina medieval (siglos V-XV)*. Actas del IV Congreso del Internationales Mittellateinerkommittee, Santiago de Compostela, 2002, al cuidado de Manuel C. Diaz *et al.*, Firenze, 2005, p. 151-179.

2 J. Ch. Wernsdorf, *Maximiani Etrusci Elegiarum liber.* Poetae Latini Minores, VI/1, Helmstadii, 1794, p. 260-382 ; A. Baehrens, *Maximiani elegiae.* Poetae Latini Minores, V, Lipsiae, 1883, p. 313-348 ; M. Petschenig, *Maximiani elegiae.* Ad fidem codicis Etonensis recensuit et emendauit M. P., Berliner Studien für classische Philologie und Archaeologie, XI/2, Berolini, 1890 ; F. Heege, *Der Elegiker Maximianus*, Programm des ev.-theologischen Seminars 580, Blaubeuren, 1893 (p. 7-8 en particulier) ; R. Webster, *The Elegies of Maximianus*, edited by R. W., Princeton, 1900 ; I. Prada, *Maximiani Elegiae.* Codicibus denuo collatis cum apparatu critico locupletissimo codicum et editionum, Abbiatecrassi, 1919 ; F. Levy, « Maximianus », *RE* XIV.2, 1930, col. 2529-2533 ; R. Anastasi, « La III Elegia di Massimiano », *Miscellanea di Studi di Letteratura cristiana antica*, 3, 1951, p. 45-92 ; T. Agozzino, *Massimiano. Elegie*, a cura di T. A., Bologna, 1970 ; W. Schetter, *Studien zur Ueberlieferung und Kritik des Elegikers Maximian*, Wiesbaden, 1970 ; V. Tandoi, « La tradizione manoscritta di Massimiano », *Maia*, n. s. 25, 1973, p. 140-151 ; C. Salemme, critique d'Agozzino (*op. cit.*) et de Schetter (*op. cit.*), *BStudL*, 4, 1974, p. 314-320 ; A. Fo, « Il problema della struttura della raccolta elegiaca di Massimiano », *BStudL*, 16, 1986, p. 9-21.

3 Schetter, *op. cit.*, p. 158-162.

la tradition manuscrite de Maximien davantage et mieux qu'aucun autre – et dont on a attendu, malheureusement en vain, une édition critique du *corpus* de Maximien – a proposé une architecture chiastique des six élégies, fondée sur les correspondances de leur contenu, selon le schéma suivant :

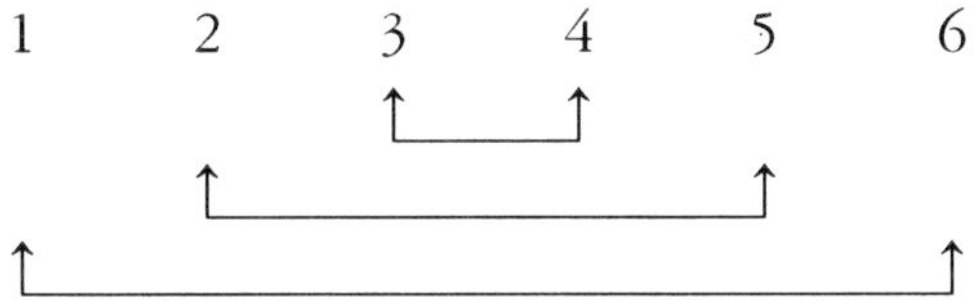


La première et la sixième élégies seraient liées par des thèmes et des images tels que la malédiction contre les maux de la vieillesse, l'invocation de la mort, l'image du mort vivant ; dans la deuxième et la cinquième sont décrites les expériences érotiques de la vieillesse (avec *Lycoris* et la *Graia puella*) ; dans la troisième et la quatrième, les expériences érotiques de l'adolescence et de la fleur de l'âge (avec *Aquilina* et *Candida*).

La deuxième hypothèse qu'étayent nombre de preuves va dans le sens d'un *carmen continuum*, d'un poème en continu, c'est-à-dire d'une narration divisée en chapitres, ou mieux en épisodes[1] :

a) en général on reconnaît que la deuxième élégie joue le rôle d'illustration de la première [Prada en est si convaincu qu'il réunit dans son édition la première et la deuxième élégies dans un premier livre, les autres dans un second, réalisant aussi un équilibre quantitatif : 1-2 = 366 vers ; 3-6 = 310 vers] ; dans le détail, il y a une connexion entre le distique final de l'une et de l'autre (1, 291-292 : *dura satis miseris memoratio prisca bonorum, / et grauius summo culmine missa ruunt*, *vs* 2, 73-74 : *His lacrimis longos, quantum fas, fleuimus annos : / est graue quod doleat commemorare diu*), établie sur le thème de la douleur de la mémoire (*cf.* aussi 1, 280 : *Hoc quoque difficile est commemorasse seni*) ;

1 R. Ehwald, *Ad historiam carminum Ovidianorum recensionemque symbolae*, Gothae, 1889 ; L. Alfonsi, « Sulle Elegie di Massimiano », *AIV*, 101, 1941-1942, p. 333-349 ; F. Bertini, « Boezio e Massimiano », in *Atti del Congresso internazionale di Studi Boeziani*, Pavia, 1980, dir. L. Obertello, Roma, 1981, p. 273-283 (p. 282-283 en particulier) ; Spaltenstein, *op. cit.* ; Ch. Sandquist Öberg, *Versus Maximiani. Der Elegienzyklus textkritisch herausgegeben, übersetzt und neu interpretiert*, Stockholm, 1999 ; W. Ch. Schneider, *Die elegischen Verse von Maximian. Eine letzte Widerrede gegen die neue christliche Zeit*, Wiesbaden, 2003 ; A. Franzoi, critique de Schneider (*op. cit.*), *Lexis*, 24, 2006, p. 573-584.

b) il y a de même un rapport entre le dernier distique de la deuxième élégie et le premier de la troisième (2, 73-74 : *His lacrimis longos, quantum fas, fleuimus annos* : / *est graue quod doleat commemorare diu*, *vs* 3, 1-2 : *Nunc operae pretium est quaedam memorare iuuentae* / *atque senectutis pauca referre meae*), à nouveau fondé sur l'idée de mémoire ;

c) la structure du distique initial de la troisième et de la quatrième élégie, qui constitue la charnière de la narration, est identique (3, 1-2 : *Nunc operae pretium est quaedam memorare iuuentae* / *atque senectutis pauca referre meae*, *vs* 4, 1-2 : *Restat adhuc alios turpesque reuoluere casus* / *atque aliquo molli pascere corda ioco*) ;

d) il y a ressemblance de structure entre les distiques initiaux de la troisième et de la quatrième élégie et celui de la cinquième : (5, 1-2 : *Hoc etiam meminisse licet, quod serior aetas* / *intulit, et gemitus quos mihi lenta dedit*) ;

e) apparue dans la première élégie[1], l'image du mort vivant est reprise en d'autres termes à la fin des cinquième et sixième élégies (5, 154 : *et me uelut expletis deserit* [sc. *Graia puella*] *exsequiis*, *vs* 6, 11 : *Infelix ceu iam defleto funere surgo*) ;

f) la disparité dans l'étendue des six élégies (1 = 292 vers ; 6 = 12 vers ; 2 = 74 vers ; 5 = 160 vers ; 3 = 94 vers ; 4 = 54 vers) parle en faveur de la deuxième hypothèse et contredit la première ;

g) les vers 3, 1-4 ; 4, 1-6 ; 5, 1-6 (= 4, 55-60) sont accompagnés dans la tradition manuscrite d'un grand nombre de marques (plus de vingt parfois) différentes et polyvalentes qui, selon Schneider, ne doivent pas être interprétées comme des signes démarcatifs déterminant le commencement des diverses élégies, mais comme des « segments adressés au lecteur » (*lesergerichtete Abschnitte*), c'est-à-dire comme des signaux de passage entre les *Frauenepisoden*, à savoir entre l'« épisode » de Lycoris et le « conte » d'Aquilina, entre ce dernier et l'« accident » de Candida, entre l'« accident » de Candida et l'« histoire » de la *Graia puella*, qui constitueraient cependant un « tout poétique continu » (*ein fortlaufendes Dichtungsganzes*).

1 1, 117-118, 149-150, 231, 237 *sqq.*, 295.

## ANALYSE

Analysons maintenant quelques passages dans le détail :

3, 47-48 :
*Hic mihi, magnarum scrutator maxime rerum,*
*solus, Boethi, fers miseratus opem*

Ici apparaît Boèce, avec le nom duquel Maximien ouvre son recueil, ce qui met en évidence la comparaison entre l'incipit de la première élégie et le commencement de la *Consolatio* (I, 1, 9) :

Boèce, *Consolation* I, 1, 9 : *Venit enim properata malis inopina senectus*

Maximien, *Élégies* 1, 1 : *Aemula quid cessas finem properare senectus ?*

Mais il faut faire attention ! Dans notre passage, le vers 47 doit être comparé avec l'*Aegritudo Perdicae* 166 : *sic fatus fessae scrutatur conscia uenae.* Le médecin Hippocrate tâte le pouls du jeune *Perdica* secrètement amoureux de sa mère, et lorsque celle-ci entre dans la chambre de son fils (170-171), *magnusque uirorum / inuenit Hippocrates, quae pectore clausa fuere*, le grand médecin diagnostique la terrible maladie dont souffre l'âme du jeune patient. L'examen d'Hippocrate est désigné par le verbe *scrutor*, un terme technique de la visite médicale chez Pline l'Ancien et chez Celse, c'est-à-dire bien avant l'*Aegritudo* (qu'on place en milieu africain dans la seconde moitié du V^e^ siècle après Jésus-Christ), où *magnus... uirorum* figure en fin d'hexamètre. L'expression *magnarum scrutator maxime rerum* du vers 47 dérive donc de l'addition des deux passages de l'*Aegritudo* (où le terme *scrutator*, rappelant l'action d'Hippocrate, désigne Boèce comme un grand médecin de l'âme), mais sous une forme emphatiquement accentuée, puisque *maxime rerum* reproduit une clausule ovidienne (*her.* 9, 107), en même temps que l'amplificatio *magnarum... maxime rerum* représente une dette à l'égard d'Horace (*sat.* I, 3, 136 : *magnorum maxime regum*). De toute évidence, une apostrophe aussi grandiloquente, réunissant en outre le souvenir du contenu ironique du passage d'Horace contre les Stoïciens et celui du passage sarcastique d'Ovide (où Déjanire se moque d'Hercule), avait pour but de railler Boèce. En effet, comme nous venons de le voir, malgré l'hommage que représente l'allusion à Boèce au commencement du recueil, on ne doit pas oublier la représentation gênante de Boèce en maquereau, dans cette même élégie (3, 71-72) : *Interea donis permulcet* [sc. *Boethius*] *corda parentum* [sc. *Aquilinae*] / *et pretio faciles in mea uota trahit*, en accord d'ailleurs avec l'esprit intolérant, bizarre, railleur et irrévérencieux du vieux poète.

On peut signaler enfin que le deuxième hémistiche du pentamètre reproduit le premier hémistiche d'un hexamètre d'une petite œuvre de Paulin de Périgueux (*uisit. nepot.* 19) : *fers miseratus opem ? te uitae altissimus auctor.* Boèce apparaît donc dans un cadre tout à fait littéraire, ce qui en fait une figure avant tout vraisemblable, et même – peut-être – véritable.

3, 87-90 :
*"Macte" inquit "iuuenis, proprii dominator amoris,*
*et de contemptu sume trophaea tuo.*
*Arma tibi Veneris cedantque Cupidinis arcus,*
*cedat et armipotens ipsa Minerua tibi"*

Boèce salue pompeusement le jeune Maximien guéri de sa passion. La facture soignée et solennelle de chacun des deux distiques trahit un modèle : pour le premier, Virgile (*Aen.* IX, 640-641 : *his uictorem affatur* (sc. *Apollo*) *Iulum* / *"Macte noua uirtute, puer, sic itur ad astra"*) ; pour le second, Silius (XV, 274-276 : *Laelius effatur* : *"Macte, o uenerande, pudici, / ductor, macte animi. Cedat tibi gloria lausque / magnorum heroum..."*), même si Silius, qui se démarque de Virgile, peut avoir offert un modèle global. Dans le détail : le passage virgilien fournit un modèle lexical et de situation, puisque chez Virgile et chez Maximien, il y a éloge de la victoire héroïque d'un jeune homme ; de cette façon, le jeune Maximien est assimilé à Iule. Le passage virgilien s'enrichit de trois échos de Stace (*Theb.* VII, 280-281 : *Macte animo, iuuenis, medios parat ire per enses / nudaque pro caris opponere pectora muris* ; *Silu.* IV, 8, 14-15 : *Macte, o iuuenis, qui tanta merenti / lumina das patriae* ; *Silu.* V, 2, 97 : *Macte animo, iuuenis ! Sed crescunt crimina matris*). Silius suggère la « *cedat*-Formel » (v. 89-90), que Maximien fait sienne et redouble en y transposant l'anaphore de *macte*, qu'il trouve chez Silius.

87-88 – Majestueux début que la *salutatio* de Boèce selon l'ancienne formule religieuse (expression de salut et d'hommage) *macte*, qui appelle le retentissant quadrisyllabe *dominator* dont la valeur métaphorique militaire est confirmée et renforcée dans le pentamètre par *sume trophaea.*

Pour *proprii dominator amoris*, *cf.* Avienus (*Arat.* 20) : *auctor agendorum propriique patrator amoris* et Claudien (*carm.* 24, 26) : *Sed non immodicus proprii iactator honoris.*

89-90 – Le distique affiche une articulation macro- et microstructurale soignée, construite dans son ensemble selon la figure du chiasme, recourant aux mêmes constituants lexicaux : *tibi... cedant... / cedat... tibi*, tandis que l'hexamètre est un écho métrico-verbal d'Ovide (*Met.* II, 603 : *arma adsueta rapit flexumque a cornibus arcum*) et de Stace (*Silu.* V, 2, 49 : *arma Cleonaeusque acies impelleret arcus*), les mots *arma... arcu*(*s*) encadrant le vers.

Riche de nombreuses attestations poétiques remontant au célèbre vers de Cicéron (*carm. fr.* 16 Tr. : *Cedant arma togae, concedat laurea laudi*), la formule *cedat / cedant* se prête à des contextes solennels. Ici en particulier, le poète, par la bouche de Boèce, souhaite hyperboliquement que devant lui, jeune triomphateur moral, reculent non seulement Vénus et Cupidon, mais aussi Minerve, symbole des armes de la moralité et de la sagesse triomphant sur la passion.

Maximien a raconté la première expérience amoureuse de sa vie, folle et bouleversante à cause de son immaturité, vaincue néanmoins sous la direction du sage Boèce qui agit en médecin de l'âme, faisant triompher chez le jeune homme le bien de la vertu sur le mal de la passion d'amour, irrationnelle et coupable. Le rôle de médecin de l'âme joué par Boèce fut compris de fraîche date par un lecteur anonyme qui laissa sur le manuscrit F (Florence, *Bibl. Ricc.* 1224, XII saec.), en marge, au vers 48, la glose suivante : *Boetius fuit quidam bonus medicus.*

4, 37-40 :
*Proximus at genitor mecum comitatus amatae*
*uirginis herbosa forte iacebat humo :*
*illius ad nomen turbatos excutit artus,*
*exilit et natam credit adesse suam*

37-38 – Si l'anastrophe de *Proximus at* signale et souligne l'entrée en scène du père de Candida, la formule narrative constituée de *forte* suivi de l'indicatif imparfait – à laquelle tend le distique sous la poussée de l'enjambement *amatae / uirginis* – en révèle la valeur "accidentelle", soulignée encore par l'expression *herbosa... humo* qui l'encadre en tant que composant ornemental topique du *locus amoenus* ; en outre, *forte iacebat* est un souvenir virgilien tiré d'un passage intensément dramatique : la fin du duel entre Énée et Turnus (*Aen.* XII, 897). Une disposition rhétorico-expressive aussi soignée convient au personnage qui remplit le rôle de *suasor pudicitiae*, ou d'une figure magistrale assimilable à Boèce, désignée dans son rôle par le terme élevé de *genitor*, qui pousse Maximien désormais à la fleur de l'âge à fuir le péché de l'éros.

Ce qui ressort dans un tableau littéraire conventionnel, qui peut être ramené aux modèles et aux thèmes du répertoire élégiaque, c'est la nouveauté du réalisme de la figure du père de Candida représenté comme un ami avec lequel on fait la sieste dans un pré, et qui tremble à cause de la passion qu'éprouve son ami Maximien pour sa fille Candida. Cette passion dévoilée par Maximien pendant son sommeil implique le dépassement du code élégiaque traditionnel et sa réinterprétation dans une perspective « bourgeoise ». La même perspective apparaît dans la deuxième élégie où Maximien dit de son rapport avec Lycoris : *indiuisi uiximus* (v. 3), reconnaissant une vie vécue en commun, presque un mariage, inconcevable dans l'élégie du temps d'Auguste, même si, dans une certaine mesure, les rêveries de Tibulle la préfiguraient[1].

39 – *illĭus ad nomen turbatos excutit artus* : *turbatos*, leçon prééminente dans la tradition manuscrite – mais pas celle du manuscrit le plus ancien, A (Windsor, *Eton Coll.* 150, XI saec.) = *turbatus*, ni du manuscrit le plus autorisé, F = *tuberbatus* –, est acceptée par Petschenig, Webster, Prada, Schetter, Spaltenstein, Guardalben, mais refusée, après Baehrens (qui conservait *turbatus* et conjecturait *succutit*), par les deux derniers éditeurs (Sandquist : *turbatus excitat*, Schneider : *turbatus suscitat*). Cependant Sandquist, qui ne commente point son choix textuel, paraît franchement ne pas s'apercevoir que sa lecture est amétrique (quitte à imaginer la prosodie anomale – *bātūs* | *ex-*, où le *sandhi* serait empêché par la diérèse) ; quant à Schneider, il accueille la conjecture tout à fait inutile *suscitat* (Hunt), probablement pour éviter l'énallage *turbatos... artus*, qui n'est pas une figure très répandue chez Maximien[2], bien que celui-ci y recoure quatre fois encore[3]. Et on ne doit pas oublier que l'énallage, avec sa prégnance, exalte l'intensité de l'image du père (« il secoue ses membres troublés »).

---

1 Tibulle I, 5, v. 21-35 en particulier.

2 Voir le commentaire de Spaltenstein, *op. cit.*, *passim*.

3 1, 25 ; 1, 76 = 5, 85 ; 1, 291.

Enfin, personne jusqu'ici n'a relevé un passage de Tertullien (*anim.* 25, 3 : *an et audiat* [sc. *infans* = le fœtus] *iam in uobis* [sc. *matribus*], *cum ad nouum sonum excutitur*) qui confirme la leçon *excutit* assez répandue dans la tradition manuscrite, même si *excitat* prédomine.

Le vers est un écho de Juvencus (*euang.* II, 221) : *illĭus ad nomen statuit, sub turbine saecli*, plutôt que, comme on le soutient, de Lucrèce (IV, 1062 : *illĭus, et nomen*).

4, 41-42 :
*Omnia collustrans toto me pectore somnum*
*prospicit efflantem nec meminisse mei*

Ces vers méritent une attention toute particulière, car ils représentent un exemple emblématique des procédés propres à la technique compositionnelle et expressive de Maximien, tout comme un témoignage de leur implication sur le plan textuel.

Deux passages de l'*Énéide* offrent les éléments constitutifs de l'architecture du distique : en premier lieu, *Aen.* III, 651-652 : *Omnia collustrans* (sc. *Achemenides*), *hanc primum ad litora classem / prospexi uenientem*, en second, *Aen.* IX, 325-326 : *qui* (sc. *Rhamnes*) *forte tapetibus altis / exstructus toto proflabat pectore somnum*. Il s'agit de deux passages (la rencontre de Polyphème par Énée et ses compagnons sur la terre des Cyclopes et l'incursion de nuit des Troyens guidés par Euryale et Nisus dans le camp des Latins) dont l'intensité dramatique est transférée de façon grotesque et irrévérencieuse à la figure du père de Candida, qu'effraie la passion pour sa fille que le poète a exprimée durant son sommeil. En détail, l'incipit *Omnia collustrans* évoque Achéménide, le malheureux compagnon d'Ulysse oublié sur la terre des Cyclopes, retrouvé terrorisé par Énée et les siens, tandis que *toto me pectore somnum /... efflantem* rappelle l'effroyable scène des massacres atroces perpétrés dans le camp de Turnus, où dominent l'ivresse et la fureur de la mort, les vomissements de sang et de vin.

*Toto pectore* est une tournure élégiaque[1] et, auparavant, catullienne (66, 24) ; *meminisse mei*, second hémistiche de pentamètre, a été inauguré par Ovide (*trist.* IV, 4, 40) ; on le retrouve ensuite chez Sénèque (épigrammes), Martial, Lucain et Rutilius.

1 [Tibulle] III, 1, 20 ; Ovide, *Art d'aimer* II, 536 et III, 56 ; *Héroïdes* XII, 142.

Quant à *efflantem* en particulier, il s'agit d'une leçon de nombreux *recentiores* adoptée déjà par Wernsdorf, puis par Baehrens et largement partagée, mais pas par Petschenig, Webster, Prada ni Sandquist qui préfèrent la leçon *afflantem* prédominante dans la tradition manuscrite. Cependant la comparaison (jusqu'ici ignorée) avec Stace (*Theb.* V, 207-210 :... *Helymum temeraria Gorge / euinctum ramis altaque in mole tapetum / efflantem somno crescentia uina superstans / uulnera disiecta rimatur ueste*) apparaît comme décisive : Hypsipylé y raconte le massacre perpétré par les femmes de Lemnos pendant la nuit sur les hommes abandonnés au sommeil, en proie à l'ivresse. La situation chez Stace reprend celle de l'*Énéide* (IX, 325-326), c'est-à-dire qu'*efflantem somno* reprend *proflabat... somnum*, et que Maximien pouvait donc choisir *proflo* ou *efflo*, mais pas du tout *afflo*.

5, 57-62 :
*Illa uelut proprium repetens infesta tributum*
*instat et increpitat « debita redde mihi ».*
*Sed nihil hic clamor, nil sermo mitis agebat :*
*quod natura negat, reddere nemo potest.*
*Erubui stupuique : simul uerecundia motus*
*abstulit et blandum terror ademit opus*

Insensible à la défaillance sexuelle du vieux poète, la *Graia puella*, hostile et furieuse, réclame ce qui lui est dû, mais tant d'agressivité n'inspire à Maximien que honte et effarement et entraîne un fiasco total.

57-58 – Délimité par l'allitération et l'homéotéleute, le couple verbal *instat et increpitat* « suggère la même urgence » que 3, 31 : *increpitat caeditque*[1], enflant ici l'idée de la dette non honorée (*proprium... tributum /... debita*) qui a été empruntée à Silius (II, 250 : *Instat atrox terga increpitans fugientia uictor*) – mais jusqu'ici personne ne s'en est aperçu. Comme modèle probable de l'expression *proprium... tributum*, on pense à Juvencus (*euang.* IV, 12 : *Soluite nunc illi propria sub lege tributum*), tandis que le modèle de Properce (II, 28, 60) : *munera Dianae debita redde* (scil. *mea lux* = *Delia*) *choros* est indéniable pour le second hémistiche du vers 58.

61-62 – La rougeur et la stupeur s'emparent du vieillard, couplées comme chez Corippe (*Ioh.* VIII, 151 : *erubuit stupefacta phalanx*) – mais, encore une fois, personne ne s'en est aperçu ; alliées à la honte et au désarroi,

1 Spaltenstein, *op. cit.*, § 2503.

elles rendent vain le *blandum opus*, l'« aimable entreprise d'amour ». *Opus* désigne l'acte sexuel[1] ; *blandus* qualifie *labor* avec la même acception chez Virgile (*georg.* III, 127 : *ne blando nequeat superesse labori*) et, de manière analogue, *uoluptas* chez Ovide (*fast.* IV, 99) : *blanda uoluptas*, qui est une clausule lucrétienne.

## CONCLUSION

J'ai donné ainsi un exemple de la technique combinatoire, presque centonaire parfois, de la versification de Maximien. Les sources privilégiées de ses emprunts sont, comme on l'a vu, avant tout Virgile et Ovide, mais aussi Horace, Stace, Silius, Juvénal et Lucrèce, puis Juvencus, Claudien, Rutilius (mais aussi Prosper d'Aquitaine et Paulin de Périgueux) et finalement Corippe. Mais Maximien a une autre source encore, lui-même, avec ses procédés autoréférentiels, c'est-à-dire avec le remploi de mots isolés, d'articulations, d'incipits et de clausules, d'hémistiches, ou encore avec ses procédés compositionnels qui prévoient l'itération conceptuelle, plus ou moins variée, de l'hexamètre au pentamètre, tout autant que la fréquence des correspondances verticales à l'intérieur du distique. Mais tout cela exigerait une autre contribution, que je souhaite naturellement, et alors je ne peux conclure autrement qu'en vous disant : « À la prochaine ! ».

Alessandro FRANZOI
Université *Ca' Foscari*, Venise

1 Plaute, *Asinaria* 873 ; Horace, *Épodes* 12, 16 ; Ovide (*dulce... opus* : *Amours* I, 4, 48 et *Art d'aimer* II, 480 ; *Amours* II, 10, 36 ; *Héroïdes* 15, 46 ; *Remèdes à l'amour* 399)  ; Martial, *Épigrammes* X, 55, 4 ; XI, 78, 2.

# L'ÉLOGE DE LA VILLA ET SES VARIATIONS DANS TROIS ÉLÉGIES DE VENANCE FORTUNAT (*CARM.* I, 18-20)

## INTRODUCTION

Les pièces 18 à 20 du premier livre des *Carmina* de Venance Fortunat constituent un petit cycle homogène. Il s'agit de l'écriture en distiques élégiaques de l'éloge de trois villas appartenant à un éminent représentant du clergé gallo-romain, Léonce II, qui fut évêque de Bordeaux dans la seconde moitié du VI$^{e}$ siècle ap. J.-C[1].

Ces poèmes ont retenu l'attention des savants, d'une part, pour leur valeur documentaire d'une réalité architecturale[2] et du goût raffiné de Léonce[3], d'autre part, pour la portée symbolique des descriptions qu'ils contiennent. M. E. Vázquez Bujan met l'accent sur l'« idilismo estético[4] » de la nature dans laquelle Fortunat inscrit les villas de l'évêque, É. Delbey souligne la

1 Sur l'illustre carrière militaire, diplomatique, puis religieuse, de l'évêque Léonce II, ainsi que sur son inlassable activité de restaurateur de monuments religieux, voir É. Griffe, « Un évêque de Bordeaux au VI$^{e}$ siècle : Léonce le Jeune », *Bulletin de littérature ecclésiastique*, 64, 1963, p. 63-71 ; J. George, *Venantius Fortunatus : A Latin Poet in Merovingian Gaul*, Oxford, 1992, p. 108-113. Sur la figure de l'évêque dans la poésie de Fortunat, voir F. E. Consolino, « Venanzio Fortunato : il vescovo come capo spirituale e difensore terreno del suo popolo », in *Ead.*, *Ascesi e mondanità nella Gallia tardoantica. Studi sulla figura del vescovo nei secoli IV-VI*, Napoli, 1979, p. 143-167.

2 Voir Marquise de Maillé, *Recherches sur les origines chrétiennes de Bordeaux*, Paris, 1960, p. 84-88.

3 Voir Venance Fortunat, *Poèmes*, texte établi et traduit par Marc Reydellet, vol. 1, Paris, Les Belles Lettres, 1994, p. XLVIII.

4 M. E. Vázquez Bujan, « *Vernat amoenus ager.* Sobre las descriptiones de la naturaleza en la poesía de Venancio Fortunato », *Euphrosyne*, 13, 1985, p. 95-109 (en particulier p. 98-100).

spiritualité chrétienne qu'elles dégagent[1] et M. Roberts[2] lit la représentation de ces domaines, miroir d'un univers socialement et culturellement ordonné, comme l'une des stratégies mises en place par le poète pour chanter la louange de leur propriétaire. Dans notre recherche, nous nous proposons d'analyser la façon dont Fortunat exploite le thème classique de l'éloge du propriétaire à travers sa villa pour en faire le lieu de la représentation auctoriale et pour livrer au lecteur sa poétique. Analysé sous cet angle, le choix du distique élégiaque, incongru en apparence pour des poèmes panégyriques adressés à un personnage d'une telle envergure, prendra tout son sens.

## LA VILLA COMME PRÉTEXTE PANÉGYRIQUE

Né à Duplavilis (aujourd'hui Valdobbiadene) près de Trévise, autour de l'année 530 ap. J.-C., Venance Fortunat suit une formation scolaire classique à Ravenne, puis part, vers la fin de l'été ou à l'automne de l'année 565, pour la Gaule[3]. Au printemps de 566 il s'arrête, à Metz, à la cour de Sigebert où il compose un épithalame à l'occasion des noces du roi d'Austrasie avec la princesse wisigothe Brunehaut. C'est à cette époque que Fortunat entreprend de nouer des liens avec quelques notables du royaume, que nous connaissons pour la plupart en tant que destinataires de ses *Carmina*. Il se rend ensuite à Paris, puis à Tours, enfin à Poitiers où il s'installe vers la fin de 567 pour y exercer la fonction de chargé d'affaires du couvent de la Sainte-Croix, fondé par Radegonde, princesse de Thuringe et veuve de Clotaire Ier. Entre 567 et 576, l'activité littéraire de Fortunat est très féconde et c'est à cette époque, et plus précisément entre 567 et 570[4], qu'est composé le premier livre des *Carmina* contenant les éloges des villas de Léonce II.

Constitué de vingt et une pièces, le livre est largement occupé par le thème de la reconstruction de basiliques et d'autres monuments.

1 É. Delbey, *Venance Fortunat ou l'enchantement du monde*, Rennes, 2009, p. 50-52.

2 M. Roberts, *The Humblest Sparrow : The Poetry of Venantius Fortunatus*, Ann Arbor, 2009, p. 71 *sq*.

3 Le poète lui-même nous renseigne sur les étapes de sa pérégrination dans la *praefatio* générale des *Carmina*, § 4 et dans la *Vita Martini* IV, 630 *sq*.

4 Il s'agit de la date de mort de l'évêque Léonce II.

La présence de Léonce y est constante car treize de ces pièces ont pour destinataires l'évêque ou sa femme Placidine[1]. Tout au long du livre, Fortunat n'a de cesse d'illustrer l'inlassable activité de l'évêque dans la restauration des lieux de culte, qui a pour but de combattre le paganisme rural d'Aquitaine, mais il se focalise également sur la fidélité de Léonce aux valeurs culturelles antiques. Or les domaines de Besson, de Vérégine et de Preignac offrent à Fortunat l'occasion d'étendre son hommage panégyrique à ce symbole de la romanité qu'est la *villa rustica*[2].

Renonçant au critère de la *variatio* thématique, Fortunat regroupe ces 3 poèmes et les place en clôture du livre[3]. Cela est conforme aux choix macro-structurels du poète qui, suite à l'invitation pressante de Grégoire de Tours, réunit les poèmes qu'il avait disséminés au gré des occasions, non pas en ordre chronologique mais suivant un critère qui prend en compte tantôt le thème – c'est le cas du livre IV qui contient exclusivement des épitaphes –, tantôt le statut des destinataires, comme au livre V, consacré à des évêques.

Nous lirons, donc, les poèmes 18-20 comme un groupe homogène où les variations par rapport au thème donné seront analysées comme des éléments complémentaires ; et ce sera d'une approche dynamique des trois poèmes plutôt que de l'analyse individuelle de chacun d'entre eux que surgira la portée métapoétique du triptyque.

Nous en donnons ci-après le texte et la structure[4] respectifs.

*Carm.* I, 18 (la villa de Besson)

| | |
|---|---|
| *Est locus, aestifero quamuis sit tempore feruor,*<br>*quo uiret assiduo flore refectus ager.*<br>*Respirant croceis depicta coloribus arua,*<br>*flagrat odoriferis blandior herba comis.* | v. 1-4 : description à la fois réaliste et idéalisée du lieu. |

1 Ce sont les poèmes 6, 8, 10-20. La mention de *papa Leontius* au poème 9, 7 semble avoir pour référent Léonce Ier, voir le commentaire de M. Reydellet aux p. 171-172 de l'édition Belles Lettres, *op. cit.*

2 Sur le statut social, politique et culturel de la villa romaine, on se rapportera à S. Agache, « La villa comme image de soi (Rome antique, des origines à la fin de la République) », in *La villa et l'univers familial dans l'Antiquité et à la Renaissance*, édit. P. Galand-Hallyn et C. Lévy, Paris, 2008, p. 15-44.

3 Ils sont suivis uniquement par le poème 21, un éloge humoristique du Gers (un affluent de la Garonne) qui n'est pas sans rappeler la *Mosella* d'Ausone et dont la nature éminemment littéraire conforte l'analyse des trois poèmes précédents en tant qu'espace métapoétique.

4 Nous reproduisons le texte de l'édition Belles Lettres établi par M. Reydellet, *op. cit.*

*Incola Bissonnum uocat hunc de nomine prisco,*
*milia septem urbs hinc Burdigalensis abest.*
*Qua possessor amans praetoria grata locauit,*
*partibus atque tribus porticus aequa subit.*
*Strauerat ipsa solo senio rapiente uetustas.*
*Perdiderat uultum forma decora suum.*
*Haec meliore uia reuocat labor ille Leonti,*
*quo praesente domos nulla ruina premit.*
*Nunc quoque prosperius uelut aula sepulta resurgit*
*et fauet auctori uiuificata suo.*
*Reddidit interea prisco noua balnea cultu*
*quo recreant fessos blanda lauacra uiros.*
*Hic referunt nutrisse lupos deserta tenentes.*
*Intulit hic homines, expulit unde feras.*

v. 5-6 : dénomination et position géographique.
v. 7-8 : description sommaire de la villa (*porticus*).
v. 9-14 : décrépitude des bâtiments et leur « résurrection » due à Léonce.
v. 15-16 : reconstruction des bains.
v. 17-18 : retour des hommes sur ces lieux jadis habités par les bêtes.

v. 17-18 : « Il est un lieu où, même s'il est chauffé par un climat brûlant, la campagne / est verdoyante, continuellement réconfortée de fleurs. / Les champs peints aux couleurs du safran embaument, / l'herbe à la chevelure odoriférante exhale son parfum séduisant. / 5 L'habitant l'appelle Besson, d'un nom antique, / à sept mille de distance se situe la ville de Bordeaux. / Aimant ce lieu, son propriétaire y installa une villa agréable, / avec un portique, égal sur trois côtés. / La vétusté elle-même avait abattu au sol la villa emportée par la vieillesse. / 10 La belle forme avait perdu son visage. / Le travail de Léonce ramène tout cela sur une voie meilleure ; / grâce à son efficacité, aucune ruine ne menace la demeure. / Maintenant aussi elle ressuscite plus heureuse, comme un palais enseveli, / et, ramenée à la vie, applaudit à son créateur. / 15 Il a restauré en même temps les nouvelles salles de bain dans leur ancien raffinement, / où d'agréables bassins rétablissent les hommes fatigués. / On raconte qu'ici ceux qui occupaient ces lieux, lorsqu'ils étaient déserts, ont servi de nourriture aux loups. / Celui-ci a amené les hommes là d'où il a chassé les bêtes[1]. »

*Carm.* I, 19 (la villa de Vérégine)

*Inter opima ferax qua uoluitur unda Garonnae,*
*Vereginis ripis uernat amoenus ager.*
*Hic breuis ascensus leni subit aggere cliuum*
*carpit et obliqua mole uiator iter.*
*Altior a planis aruis minor eminet altis*
*nec humilis nimium necue superbit apex.*
*Colle sedet medio domus aedificata decenter*
*cuius utrumque latus hinc iacet inde tumet.*

v. 1-6 : description précise du lieu et indication de son nom (v. 2).

1 Les traductions sont personnelles.

*Machina celsa casae triplici suspenditur arcu*
*quo pelagi pictas currere credis aquas.*
*Exilit unda latens uiuo generata metallo*
*dulcis et inriguo fonte perennis aquae.*
*Quo super accumbens celebrat conuiuia pastor*
*inclusoque lacu, pisce natante, bibit.*
*Nunc renouanda uenit papae mercede Leonti*
*quem dominum longo tempore culta cupit.*

v. 7-10 : description de la maison avec quelques détails (deux étages, triple arcade, mosaïque ou peinture).
v. 11-14 : source naturelle et bassin artificiel.
v. 15-16 : rénovation de la villa grâce à Léonce.

« Dans les plaines fertiles où roule l'eau féconde de la Garonne, / sur les rivages de Vérégine, vit au printemps une campagne charmante. / Ici une courte montée escalade une pente sur un talus peu élevé / et le voyageur parcourt un chemin en prenant de biais la colline. / 5 Assez haut depuis les plaines, ce sommet s'élève plus bas que de hautes montagnes / et il n'est ni trop humble ni trop orgueilleux. / À mi-colline est située une maison bien construite, / dont un côté est de plain-pied et l'autre en hauteur. / Le haut ouvrage de la demeure est soutenu par un arc triple / 10 où on pourrait croire que les eaux de la mer s'agitent sur une peinture. / L'onde cachée bondit engendrée par le métal vivant / et par une source approvisionnée d'une eau douce, intarissable. / Étendu au-dessus de cela, le pasteur célèbre ses repas / et boit à ce bassin fermé où nagent des poissons. / 15 À présent cette maison en vient à être restaurée grâce à la miséricorde du pape Léonce / qui l'a soignée et qu'elle désire avoir pour maître pendant longtemps. »

*Carm.* I, 20 (la villa de Preignac)

*Quamuis instet iter retraharque uolumine curae,*
*ad te pauca ferens carmine flecto uiam.*
*Captus amore tui numquam memoranda tacebo,*
*te neque praetereo praetereundo locum.*
*Cui quae digna loquar ? Si syllaba quarta recedat,*
*Praemiacum pollens, praemia nomen habes.*
*Deliciis obsessus ager, uiridantibus aruis,*
*et naturalis gratia ruris inest.*
*Condita quo domus est, planus tumor exit in altum*
*nec satis elato uertice regnat apex.*
*Qua superincumbens locus est deuexus in amnem.*
*Florea gemmato gramine prata uirent.*
*Leniter adpulsus quotiens insibilat Eurus,*
*flexa supinatis fluctuat herba comis.*
*Hinc alia de parte seges flauescit aristis*
*pinguis et altricem palmes opacat humum.*
*Piscibus innumeris non deficit unda Garonnae*
*et si desit agris fruges, abundat aquis.*

v. 1-4 : préface.
v. 5-6 : apostrophe au lieu avec jeu de mot sur son nom.
v. 7-18 : description du lieu et de l'emplacement de la maison (le sommet, les près, les champs de blé, la vigne, la Garonne poissonneuse) mais pas de la construction elle-même.

*Sed te quaerebant haec munera tanta, Leonti :*
*solus defueras qui bona plena dares.*
*Nam quod pulchra domus, quod grata lauacra*
*nitescunt,consolidatorem te cecinere suum.*
*Vt tamen adquirant adhuc fabricanda decorem,*
*temporibus longis haec tua dona regas.*

v. 19-20 : apostrophe à Léonce.
v. 21-22 : la maison et les bains chantent leur restaurateur.
v. 23-24 : le poète souhaite que Léonce puisse continuer à s'occuper du domaine encore de longues années.

« Bien que la route me presse et que je sois rappelé par le tourbillon du souci, / j'infléchis mon chemin, pour t'apporter peu de choses par un poème. / Épris d'amour pour toi, jamais je ne tairai ce qu'il faut mentionner, / ni ne te passerai sous silence, en passant à côté de ce lieu (ou "en passant sous silence ce lieu"). / 5 Quelles choses dignes de celui-ci pourrais-je dire ? Si on retire la quatrième syllabe, / puissant domaine de Preignac, tu as le nom de "Récompenses" (*praemia*). / Tu es un domaine garni d'agréments, de champs verdoyants, / et en toi est la grâce naturelle de la campagne. / Le terrain plat de la colline sur lequel la maison a été bâtie s'élance vers le haut, / 10 mais son sommet ne domine pas par une pointe trop élevée. / Et surplombant la maison il est un lieu qui descend vers le fleuve. / Les près fleuris verdoient d'une herbe bourgeonnante. / À chaque fois que l'Eurus siffle d'un souffle léger, l'herbe plie et ondoie, couchant sa chevelure. / 15 De l'autre côté, la moisson blondit par ses épis / et la vigne fertile offre ombrage à la terre nourricière. / L'eau de la Garonne ne manque pas de poissons, présents en nombre, / et si la nourriture fait défaut aux champs, elle est abondante dans les eaux. / Mais de si grands dons te réclamaient, ô Léonce : / 20 toi seul tu leur manquais pour les combler de biens. / En effet, par leur splendeur, cette belle maison, ces bains agréables / t'ont chanté toi qui les as fortifiés. / Cependant, pour que ce que tu dois encore construire acquière du charme, / puisses-tu t'occuper de ces dons qui sont les tiens pendant de longues années. »

Malgré l'identité thématique des trois pièces, leur variété structurelle est remarquable. Les motifs obligés – le paysage, l'emplacement, la villa, la désolation des bâtisses avant l'intervention de Léonce, son œuvre de reconstruction – présentent une extension différente, ainsi qu'un agencement changeant à l'intérieur de chacun des poèmes. Cette virtuosité apparaît aussi au niveau de l'*elocutio*. À quelques exceptions près[1], le lexique fortunatien varie sensiblement ainsi que son style.

L'ouverture du poème 18 est particulièrement significative car le groupe *est locus*, au goût épique[2], est l'amorce traditionnelle pour la

1 C'est surtout le cas des fins de vers, par ex. 18, 4 et 20, 14 *herba comis* ; 19, 6 et 20,1 *apex*.

2 La locution remonte à Ennius, *Annales frg.* 20 : *Est locus Hesperiam quam mortales perhibebant* ; elle est particulièrement appréciée de Virgile, *Énéide* I, 530 ; III, 163 ; VII, 563. Voir sur

description du *locus amoenus*[1]. Chez les poètes chrétiens, il introduit souvent une description du paradis originel, comme on le constate, à titre d'exemple dans le *De laudibus dei* de Dracontius (I, 180)[2].

Or si le lieu de Besson avec sa verdure et sa floraison constante (v. 2 *assiduo flore*), avec son parfum et ses couleurs a quelque chose du *locus amoenus*, il n'en possède pas toutes les caractéristiques. Car le tableau continue au poème 19 par l'évocation d'autres éléments topiques de ce paysage, à savoir l'eau bondissante, représentée par l'*unda Garonnae* (v. 1) et par une source éternelle (v. 12), ainsi que le thème de l'abondance (v. 1 *opima, ferax*) : hors de toute équivoque, l'emplacement de la villa est défini comme un *amoenus ager* (v. 2). Dans le poème sur la villa de Preignac (I, 20), s'ajoute aux éléments déjà convoqués celui du souffle de l'Eurus (v. 13-14), une brise légère qui fait ondoyer la chevelure du gazon.

L'emplacement indiqué pour les maisons me paraît, lui aussi, significatif. M. Roberts[3], analysant les métaphores de l'éminence chez Fortunat, affirme que le poète met l'accent sur la hauteur de ces lieux et s'en sert comme d'une stratégie de louange. S'il est vrai que le motif de la verticalité joue un rôle dans ces descriptions, qui sont l'œuvre d'un observateur externe, tantôt placé à un certaine distance des bâtiments qu'il regarde depuis la plaine, tantôt gravissant la pente pour atteindre la villa (19, 3-4), le motif de la *modestia* y a également sa place. La colline sur laquelle est construite la villa de Vérégine (19, 5-6) n'est ni trop élevée ni trop basse. Quant au domaine de Preignac (20, 9-10), « le terrain plat de la colline sur lequel la maison a été bâtie s'élance vers le haut / mais son sommet ne domine pas par une pointe trop élevée ».

---

ce point G. Williams, *Tradition and Originality in Roman Poetry*, Oxford, 1968, p. 651 *sq.*

1 Sur ce *topos*, voir E. R. Curtius, *Letteratura europea e Medio Evo latino*, a cura di R. Antonelli, trad. ital. di A. Luzzatto e M. Candela, Scandicci (Firenze), 1995, p. 219-223. É. Delbey (« Du *locus amoenus* au paradis de Venance Fortunat : la grâce et le sublime dans la tradition élégiaque », in *Présence de Catulle et des élégiaques latins. À R. Chevallier in memoriam, Actes du Colloque*, Tours, 28-30 novembre 2002, édit. R. Poignault, Caesarodunum, 2005, p. 225-234) interprète les *loca amoena* des villas de Léonce comme une image du Paradis : « Ils préfigurent ce que sera la félicité, parce qu'y vivent des individus enracinés dans leur amour du Christ » (p. 230).

2 Voir aussi Ps.-Cyprien, *De Pascha* 1 : *Est locus ex omni medius quem credimus orbe*; Gallus Cyprianus, *Genesis* 904 : *Est locus Assyriis, gemino qui cingitur amne*; Avit, *De spiritalis historiae gestis* I, 193. Lactance s'en était déjà servi, en ouverture de son poème sur le Phénix, pour évoquer le lieu fabuleux où habitait cet oiseau, symbole de résurrection (v. 1 : *Est locus in primo felix oriente remotus*).

3 Roberts, *The Humblest Sparrow*, *op. cit.*, p. 73-74.

La description des bâtisses elles-mêmes se résume à peu de chose. Si quelques détails précis apparaissent dans le poème 19 (la maison est structurée sur deux étages, v. 7-8 ; elle comporte une arche triple portant une peinture ou une mosaïque, qui reproduit de manière remarquable les vagues de la mer, v. 9-10), cela n'est pas le cas du poème 18 où l'on apprend uniquement que la maison comprend un portique (v. 8). Au poème 20, le lecteur est simplement informé du fait qu'une *domus* a été bâtie à cet endroit (v. 9) et qu'elle est agrémentée de bains (v. 21).

Ces esquisses ekphrastiques révèlent que l'architecture de ces villas n'est pas le centre d'intérêt du poète qui s'évertue plutôt à assimiler le propriétaire à sa demeure. Cela est rendu explicite, dans le poème 18, par la personnification du lieu (v. 3 *respirant* ; v. 4 *comis* ; v. 10 *uultum* ; v. 19 *senio*) et, dans le poème 20, par une question rhétorique (v. 5 *cui quae digna loquar ?*) qui peut avoir pour référent l'évêque ou son domaine, ainsi que par le changement d'allocutaire : d'abord Léonce (*cf.* les déictiques *te, tui, te* aux v. 2-4), ensuite son domaine (*cf.* l'apostrophe aux v. 5-6), puis à nouveau l'évêque (v. 20 *sq.*).

Fortunat peint ainsi le charme de la campagne bordelaise aux couleurs littéraires du *locus amoenus*, paradis choisi par Léonce pour ramener à la vie des bâtiments qui ont souffert de la détérioration économique ainsi que des vicissitudes politiques. L'*ekphrasis*[1] paisible et rhétoriquement fleurie des lieux nous rend l'image d'une harmonie entre l'homme et la nature, qui n'est pas violentée par l'évêque bien qu'elle soit asservie au propriétaire du domaine pour la nourriture qu'elle lui procure. Un certain raffinement à peine esquissé se lit dans la restructuration des bains, dans l'évocation d'une mosaïque ou d'une peinture et d'un bassin artificiel, dans la présence d'un portique et d'arcades, qui renvoient à une conception toute romaine de la villa et à ses implications sociales et culturelles[2]. L'intervention de Léonce en tant que rebâtisseur est présentée

1 I. Gualandri (« Aspetti dell'ekphrasis in età tardo-antica », in *Testo e immagine nell'alto medioevo*, 15-21 aprile 1993, Settimane di studio del centro italiano di studi sull'alto medioevo, Spoleto, 1994, p. 301-341) insiste de bon droit sur la flexibilité du concept d'*ekphrasis* à l'époque tardive, pouvant couvrir un discours en prose ou un poème partiellement ou entièrement descriptifs, tout comme des plages descriptives de taille très variable à l'intérieur de pièces narratives. Voir aussi M. Roberts, *The Jeweled Style. Poetry and Poetics in Late Antiquity*, Ithaca/London, 1989, p. 55-56.

2 Sur l'image idéalisée du propriétaire terrien et le symbolisme de la villa comme lieu culturel ainsi que lieu de retraite spirituelle aux IV^e^-V^e^ siècles, on renverra à l'étude de J. Fontaine, « Valeurs antiques et valeurs chrétiennes dans la spiritualité des grands

à la fois comme l'œuvre civilisatrice du Romain (*cf.* poème 18, 18) et comme l'œuvre recréatrice de l'évêque qui transmet à ces lieux sa spiritualité, en les ressuscitant en quelque sorte, ce qui est souligné par la présence de l'eau, à la valeur salvatrice[1], ainsi que par l'exploitation d'un symbolisme tout chrétien (par ex. dans le poème 18, v. 11 *meliore uia*[2] ; v. 13-14 *sepulta, resurgit / auctori uiuificata* ; v. 16 *recreant fessos*).

## LA VILLA POUR PARLER DE SOI

Par son choix thématique Fortunat se place sciemment dans le sillage de ces auteurs classiques et tardifs[3] qui nous offrent des descriptions de villas, détaillées ou à peine esquissées, visant souvent à l'éloge ou au blâme du propriétaire[4]. Or certaines de ces descriptions s'inscrivent dans une stratégie d'autoreprésentation du producteur du texte. C'est le cas des poèmes sur la villa Tiburtine de Vopiscus chez Stace (*Silves* I, 3) ainsi que sur celle de Pollius Félix (*ibid.* II, 2) ou sur les Bains de Claudius Etruscus (*ibid.* I, 5)[5]. D'après l'analyse que P. Galand-Hallyn

---

propriétaires terriens à la fin du IVe siècle occidental », in *Epektasis. Mélanges patristiques offerts au cardinal J. Daniélou*, édit. J. Fontaine et Ch. Kannengiesser, Paris, 1972, p. 571-595.

1 *Cf.* aussi les *lauacra* (18, 16) qui évoquent les fonts baptismaux.

2 Cette tournure est chère à Fortunat qui l'emploie souvent dans une acception spirituelle, *cf.* par ex. *Carmina* IV, 4, 31 ; VI, 4, 15.

3 Sans viser à l'exhaustivité, nous pensons à Sénèque, *Lettres* 55, 6-7 (le parc de la villa de Vatia au sud de Cume) ; Martial, *Épigrammes* IV, 64 (villa de Julius Martialis) et VII, 17 (sa bibliothèque) ; III, 58 (villa de Faustinus) ; XII, 50 (satire contre une villa splendide pas utilisée par son maître qui n'y dort pas ni n'y invite des convives) ; Stace, *Silves* I, 3 (villa Tiburtine de Manlius Vopiscus) ; I, 5 (bains de Claudius Etruscus) ; II, 2 (villa Sorrentine de Pollius Félix) ; Pline le Jeune, *Lettres* II, 17 (sa villa laurentine) ; V, 6 (sa villa en Toscane, à Tifernum) ; IX, 7 (sa villa du lac de Côme) ; Ausone, *Opuscula* 12 *De herediolo* (description du petit domaine hérité) ; Sidoine Apollinaire, *Lettres* II, 2 (sa villa d'Avitacum, en Auvergne) ; II, 9 (propriétés voisines d'Apollinaris et Ferréolus) ; *Carmina* 22 (le *Burgus* de Pontius Leontius).

4 C'est par ex. le cas de Martial, *Épigrammes* III, 58, où, comme l'a récemment montré A. Deremetz, la représentation détaillée de la villa de Faustinus et de ceux qui y œuvrent s'inscrit dans une amplification du blâme de Bassus, qui est la cible de ce poème (« Descriptions de villas : Horace et Martial », in *La villa et l'univers familial...*, *op. cit.*, p. 45-60).

5 Sur l'influence des *Silves* I, 3 ; II, 2 ; III, 1 dans l'élaboration de l'éloge des villas chez Fortunat, voir M. J. Dewar, « Episcopal and Epicurean villas : Venantius Fortunatus and

a consacrée à ces poèmes, le réalisme du détail le cède au symbolique, et la description du lieu qui n'est pas périégèse contribue à définir la poétique des *Silves*[1]. Chez Pline le Jeune, au contraire, les *ekphraseis* du *Laurentinum* (*Lettres* II, 17) et du domaine toscan (*Lettres* V, 6) sont très précises et ont pour but de matérialiser la bâtisse et son jardin sous les yeux du lecteur[2]. Dans cette tentative de faire coïncider référent et signe, Pline recherche l'objectivité de la description (et aussi sans doute la compétition entre texte et construction). De ce fait, l'épistolographe ne contribue pas uniquement à relever l'agrément des lieux mais nourrit son autoreprésentation : à travers les caractéristiques de ce qui lui appartient, à savoir ses villas, il s'autoreprésente en homme aux goûts non excessifs, maîtrisant et appréciant la nature et pratiquant l'*otium* littéraire[3].

Nous aimerions suggérer que Fortunat aussi exploite le thème classique des éloges de villas (et de leurs propriétaires) pour nous livrer quelques éléments de son esthétique.

Un premier élément de réflexion doit se porter sur l'entrée en scène progressive du moi. Contrairement au *laudandus* qui apparaît nommément, comme il se doit, dans chacun de ces trois poèmes[4], le poète est complètement absent dans I, 18 mais apparaît, par allusion, dans le poème I, 19 à travers le mot *uiator* qui rappelle l'image de poète voyageur qu'aime à se donner Fortunat[5]. Ce statut, qui correspond, en partie, à la

---

the *Silvae* », in *Epicedion. Hommage à P. Papinius Statius 96-1996*, édit. F. Delarue *et alii*, Poitiers, 1996, p. 297-313.

1 P. Galand-Hallyn, *Le reflet des fleurs. Description et métalangage poétique d'Homère à la Renaissance*, Genève, 1994, p. 307-315.

2 Voir Pline le Jeune, *Lettres* V, 6, 44 : *cum totam uillam oculis tuis subicere conamur*, « voulant placer sous tes yeux ma villa toute entière ». Nous retrouvons là la définition standard de l'*ekphrasis* qui a été élaborée dans les manuels des rhéteurs grecs, dès le Ier s. ap. J.-C. (d'Élius Théon à Hermogène. Aphtonius, Priscien) : « un discorso descrittivo, che rende per così dire visibile ciò di cui parla, presentandolo agli occhi dell'ascoltatore » (Gualandri, art. cit., p. 305).

3 Sur l'emploi du *locus amoenus* chez Pline le Jeune pour s'autoreprésenter en poète inspiré par les Muses, voir J. Hindermann, « Orte der Inspiration in Plinius' Epistulae », *MH*, 66, 2009, p. 223-231.

4 Venance Fortunat, *Carmina* I, 18, 11 ; I, 19, 15 ; I, 20, 19.

5 Par ex. *Carmina* X, 13, 11 ; X, 16, 1-3. Sur l'autoreprésentation de Fortunat en *homo uiator*, voir M. Vielberg, « *Extensa viatica ?* Zur poetischen Selbstreflexion des Venantius Fortunatus », *REAug*, 51, 2005, p. 153-186 ; M. Roberts, « Venantius Fortunatus and the Uses of Travel in Late Latin Poetry », in *Lateinische Poesie der Spätantike*. Internationale Tagung, Castelen bei Augst, 11.-13. Oktober 2007, édit. H. Harich-Schwarzbauer et P. Schierl, Basel, 2009, p. 293-306.

réalité de ses fréquents voyages dans toute la Gaule, sert chez Fortunat la poétique de l'*humilitas*, comme l'atteste la préface aux *Carmina* écrite en prose à l'intention de Grégoire de Tours. Tout en y développant la poétique traditionnelle de l'*humilis uates*, écrivant des *nugae* qui ne peuvent procurer ni admiration ni plaisir, se pliant cependant, sur l'insistance d'un ami, à l'exigence de leur publication[1], Fortunat établit une étroite relation entre les longs voyages, durant lesquels ses poèmes ont été composés (§ 4) et la *modestia* de ses compositions[2]. Les vers 1-4 qui constituent la préface du poème 20 font écho, de manière encore plus explicite, à cette poétique du *uiator* (v. 1 *quamuis instet iter* ; v. 2 *flecto uiam* ; v. 4 *praetereundo locum*) ; l'emplacement prologique du passage nous incite à interpréter ces vers de manière métapoétique malgré le fait que Fortunat ait pu réellement passer à côté de cette villa, dans l'un des ses voyages ; mais le texte est ambigu à souhait[3]. Le poète nous livre son autoreprésentation, en tant que *uiator* sur le chemin de ses occupations, mais prêt à changer de cap, à savoir, prêt à s'adonner à l'activité poétique pour un ami. La poésie y est vue comme une offrande (v. 2 *ferens*), bien que de petite envergure (v. 2 *pauca*), et cette offrande est dictée par l'affection (v. 3 *captus amore tui*). À la lumière de ces considérations, nous sommes autorisés à relire en termes métaphoriques la louange que Fortunat adresse au *locus medius* des villas, placées sur une colline ni trop élevée, ni trop basse (*cf.* p. 177)[4] ainsi que

---

1 Venance Fortunat, *Carmina praef.* 4 : *Vnde, uir apostolice praedicande papa Gregori, quia uiritim flagitas ut quaedam ex opusculis imperitiae meae tibi transferenda proferrem, nugarum mearum admiror te amore seduci quae cum prolatae fuerint nec mirari poterunt, nec amari.* – Fortunat développe ici certains éléments topiques des préfaces littéraires, comme l'a montré T. Janson, *Latin Prose Prefaces. Studies in Literary Conventions*, Stockholm/Göteborg/Uppsala, 1964, p. 124-141. Sur la tradition de ces préfaces et leur valeur de *captationes beneuolentiae*, voir F. Felgentreu, *Claudians Praefationes. Bedingungen, Beschreibungen und Wirkungen einer poetischen Kleinform*, Stuttgart/Leipzig, 1999, p. 19-57.

2 Venance Fortunat, *Carmina praef.* 5 : *Quid inter haec extensa uiatica consulte dici potuerit ?* – Le poète met également l'accent sur le fait que ses étapes en terre barbare l'ont privé d'un auditoire raffiné, donc de censeurs avertis (*ibid.*). – M. Vielberg (art. cit., p. 156-166) fait le point sur la part de réalité et de fiction des voyages évoqués par Fortunat.

3 Le poète joue sur la double acception de *praetereo*, « passer sous silence / passer à côté ».

4 Cédric Scheidegger Lämmle me suggère que l'insistance terminologique sur la hauteur et son contraire dans les descriptions des villas de Léonce peut faire référence à la nature du distique élégiaque, comme c'est le cas chez Ovide, *Amours* I, 1, 17-18 : *Cum bene surrexit uersu noua pagina primo, / attenuat neruos proximos ille meos* ; *ibid.* 27 : *Sex mihi surgat opus numeris, in quinque residat.* Sur le caractère contrastant d'hexamètre et pentamètre dans le distique, voir P. Grimal, « Introduction à l'élégie romaine », in *L'élégie romaine. Enracinement – Thèmes – Diffusion, Actes du Colloque international*, Faculté des Lettres et

l'imagerie du *locus amoenus*[1]. Espace allégorique de l'inspiration poétique, ce lieu idéalisé où règnent la douceur et la *modestia* devient lui-même création poétique, en un jeu d'écho entre poésie et nature, auquel fait référence l'image représentée sur l'arcade de la villa de Véregine (19, 10[2]).

L'emploi du verbe *cano*, en clôture de notre triptyque (20, 22), est un dernier marqueur de poétique : comme la villa et les bains ramenés à leur splendeur chantent leur *consolidator*, Léonce, ainsi ces trois poèmes, qui sont le signe de cette réalité architecturale, chantent Fortunat. L'éloge du destinataire permet la mise en scène du *laudator* : la construction du moi auctorial passe par la représentation de l'autre et par l'hommage qui lui est rendu[3].

## CONCLUSION : ÉLOGE DE LA VILLA ET DISTIQUE ÉLÉGIAQUE

Le thème classique de l'éloge de la villa est exploité par Fortunat pour livrer au lecteur sa conception esthétique. Différents et complémentaires, les poèmes 18-20 ne constituent pas des exercices de style de pure virtuosité mais bâtissent dans une sorte de *tricolon* ascendant le moi auctorial. Ancrée dans une tradition culturelle par le biais du thème choisi, symbolisée par la hauteur moyenne des villas de Léonce et par l'*amoenitas* de la nature, la poésie de Fortunat revendique sa place dans

---

Sciences Humaines de Mulhouse, mars 1979, sous la dir. d'A. Thill, Mulhouse, 1980, p. 9-15, ici p. 10 : « L'hexamètre qui en forme le premier élément est le vers de l'épopée – et cela explique l'élan initial du distique, qui semble commencer un récit, à la manière de celle-ci. Mais, dans le second vers, le pentamètre, cet élan se brise, et retombe sur deux *cola* catalectiques. Le distique procède donc par une série d'envols et de retombées, de périodes toujours pareilles, qui semblent refuser l'essor ».

1 Fortunat exploite une imagerie analogue dans *Carmina* VII, 8, un poème adressé au duc Loup, un des personnages les plus influents d'Austrasie. Le poète accablé par une chaleur métaphorique, peinte aux couleurs de la sécheresse et de la canicule (v. 1-16), représente son inspiration poétique retrouvée par un *locus amoenus* symbolique, où les vers d'Homère et de Virgile côtoient les Psaumes du roi David, sous le patronage des Muses.

2 « …où on pourrait croire que les eaux de la mer s'agitent ».

3 « Cela modifie la conception générique de l'élégie dans la mesure où l'énonciation de la subjectivité devient insertion de soi dans les représentations des autres », Delbey, *Venance Fortunat…*, *op. cit.*, p. 23.

le *genus medium*, le registre moyen de l'élégie. C'est dans ce sens qu'il faut comprendre l'emploi du diminutif *uersiculi* dont Fortunat affuble sa production : des vers d'un *humilis uates*, qui constituent cependant l'une des formes possibles de l'éloge[1], des babillages d'un poète-souris ayant rongé la fleur de la poésie[2], mais qui célèbrent efficacement évêques et rois, et associent à leur mémoire celle du chantre.

Par une heureuse sentence, É. Delbey définit les poèmes de Fortunat comme une « écriture brève de la grandeur[3] » : c'est une formule qui rend bien compte du hiatus entre la taille de certains poèmes et leur nature célébrative, entre le statut de Fortunat et celui de ses commanditaires, entre l'emploi du distique élégiaque et la tradition du panégyrique hexamétrique. À cet égard nous pourrions penser que, pour louer un personnage de l'envergure de Léonce, l'hexamètre eût été plus approprié[4], mais Fortunat fait du distique, employé pour 209 poèmes du corpus[5], l'unité de mesure de son écriture. Ce choix métrique paraît parfaitement justifié pour certains genres pratiqués dans le recueil, comme l'épitaphe ou la lettre poétique[6] ; il marque cependant un écart par rapport à la tradition de l'*epos* panégyrique en hexamètres, une tradition encore actuelle pour Claudien ou Sidoine Apollinaire.

Certes, à l'époque tardive on constate une plus grande liberté dans l'emploi des mètres ; mais le distique semble trouver sa dimension surtout dans les préfaces (comme chez Claudien), dans les vers de circonstance

---

1 Venance Fortunat, *Carmina* VII, 8, 69-70 : *Nos tibi uersiculos, dent barbara carmina leudos / sic uariante tropo laus sonet una uiro* – « Nous vous offrons ces petits vers, que des poèmes barbares vous offrent des chants de guerre ; / qu'ainsi une louange unique résonne pour le héros sur des modes variés ».

2 Venance Fortunat, *Carmina praef.* 5 : *Egomet non musicus poeta sed muricus deroso flore carminis poema non canerem sed garrirem.*

3 Delbey, *Venance Fortunat…*, *op. cit.*, p. 127.

4 Ce choix est certainement réfléchi car Fortunat est un poète « trop cultivé, trop doué aussi, pour ne pas porter en soi une inquiétude esthétique, pour ne pas s'interroger sur la voie à suivre », M. Reydellet, « Venance Fortunat et l'esthétique du style », in *Haut Moyen-Âge. Culture, éducation et société. Études offertes à P. Riché*, Paris, 1990, p. 70.

5 Il en compte en tout 218, auxquels s'ajoutent 31 pièces, découvertes séparément au XIXe siècle ; voir l'introduction de M. Reydellet à l'édition Belles Lettres, *op. cit.*, p. XXVIII.

6 Voir sur ce point F. E. Consolino, « *Amor spiritualis* e linguaggio elegiaco nei Carmina di Venanzio Fortunato », *ASNP*, s. III, 7.4, 1977, p. 1351-1368 ; F. E. Consolino, « L'elegia amorosa nel *De excidio Thoringiae* di Venanzio Fortunato », in *La poesia cristiana latina in distici elegiaci. Atti del Convegno internazionale*, Assisi, 20-22 marzo 1992, a cura di G. Catanzaro, F. Santucci, Assisi, 1993, p. 241-254 ; P. Santorelli, « L'*Epitaphium Eusebiae* di Venanzio Fortunato (IV 28) », in *La poesia cristiana…*, *op. cit.*, p. 285-294.

(nous pensons à l'épithalame pour Julien et Titia de Paulin de Nole, *Carmina* 25) ou dans la poésie personnelle (le *De reditu suo* de Rutilius Namatianus ou le *Commonitorium* d'Orientius)[1].

Chez Fortunat ce choix révèle un poète sensible non pas à l'accord entre un genre et un mètre, mais à la cohérence entre un mètre et sa propre représentation. Le distique élégiaque permet, en somme, à Fortunat de créer un espace poétique de l'éloge à petite échelle, plus conforme à son *ethos* et aussi aux conditions de la réception de ces poèmes dans la Gaule du VIe siècle[2].

Lavinia GALLI MILIĆ
Université de Genève

1 Voir C. Braidotti, « Prefazioni in distici elegiaci », in *La poesia cristiana…, op. cit.*, p. 58-83 ; M. Ricci, « Claudiano e i distici elegiaci », in *Tredici secoli di elegia latina. Atti del Convegno internazionale*, Assisi, 22-24 aprile 1988, a cura di G. Catanzaro, F. Santucci, Assisi, 1989, p. 289-300 ; T. Piscitelli Carpino, « Paolino elegiaco », in *La poesia cristiana…, op. cit.*, p. 99-133 ; C. A. Rapisarda, « Linguaggio biblico e motivi elegiaci nel *Commonitorium* di Orienzio », in *La poesia cristiana…, op. cit.*, p. 166-190 ; et, en général, J.-L. Charlet, « Die Poesie », in *Spätantike mit einem Panorama der byzantinischen Literatur*, Neues Handbuch der Literaturwissenschaft, vol. 4, édit. L. J. Engels et H. Hofmann, Wiesbaden, 1997, p. 538-539.

2 Pour le public de la société mérovingienne, les ressources de la tradition poétique épidictique se révélaient inappropriées (comme le rappelle Roberts, *The Humblest Sparrow, op. cit.*, p. 9).

TROISIÈME PARTIE

# RENAISSANCE ET RENOUVELLEMENT DU GENRE : L'ÉLÉGIE NÉO-LATINE

# LA NOTION DE NOUVEAUTÉ DANS L'ÉLÉGIE, DE PROPERCE À GIOVANNI PONTANO

## Une revendication de modernité poétique ?

La notion de nouveauté, dans la pensée romaine antique, recouvre un champ complexe, non dénué de certains paradoxes, comme l'a montré récemment Jean-François Thomas, dans une étude encore inédite et qu'il m'a aimablement communiquée, ce dont je le remercie vivement[1]. Le qualificatif *nouus* que je retiendrai ici, pour ses emplois féconds dans le genre poétique, exprime généralement une rupture, connotée souvent négativement au regard d'une continuité estimée normative. Mais l'idée de changement, ainsi introduite, se trouve également liée à celle d'une création, résolument innovante. Ainsi considérée, la notion, selon les termes de J.-F. Thomas, « n'exclut pas l'idée de continuité et de passage ». *Nouus* signifie aussi bien « ce qui n'existe pas auparavant » et « ce qui constitue la forme nouvelle d'un phénomène déjà en cours ».

Dans le domaine littéraire, *nouus*, comme chacun sait, caractérise les productions d'avant-garde, voire une modernité condamnée par les partisans de la tradition. Les élégiaques se sont inscrits dans le sillage de ces *poetae noui*, prolongeant sur bien des points l'exploration menée par Catulle et ses amis. La notion, introduite dans les œuvres mêmes de ces auteurs, demeure donc chargée de significations esthétiques et poétiques majeures, dont les traits stylistiques ont été largement étudiés. Mais, au-delà de la prédilection pour des sujets nouveaux, pour une écriture alexandrinisante, pour l'avènement de ce qu'on a pu appeler le « lyrisme amoureux », que signifiait fondamentalement le concept de nouveauté pour ces poètes ? La rupture, thématique centrale de l'élégie, ne s'accorde-t-elle pas étroitement avec la *nouitas* dans toutes ses acceptions ?

1 J.-F. Thomas, « L'expression lexicale de l'idée de nouveauté en latin », à paraître dans un ouvrage collectif dirigé par S. Luciani et B. Pérez, Paris, 2011.

L'exemple de Properce me paraît mériter à ce sujet quelque attention. En effet, d'une part, son œuvre est considérée généralement comme le plein aboutissement du genre élégiaque à Rome[1], d'autre part, elle bénéficie d'une réception riche et variée, chez les poètes néo-latins italiens du Quattrocento, ceux précisément que l'on peut considérer, à juste titre, comme les passeurs de la tradition antique dans la Renaissance européenne[2]. De surcroît, la question de la nouveauté revêt une acuité particulière, dans cette période où l'articulation entre l'imitation des Anciens et le renouvellement des formes littéraires constitue un sujet de réflexion majeur.

Giovanni Pontano[3], humaniste fameux dont la richesse et l'ampleur de la production littéraire n'ont d'égal que sa stature d'homme politique, à Naples, auprès des souverains aragonais, possède lui-même un manuscrit de Properce qu'il a annoté et amendé, en philologue expérimenté et reconnu. Son œuvre élégiaque, composée de quatre recueils[4], écrits à des époques diverses de sa vie, témoigne d'une lecture attentive et sensible des poèmes de l'Ombrien. On y retrouve, semble-t-il, un même intérêt porté à cette question de la nouveauté, accru sans doute par la conscience de rejoindre par là le cœur même de la pensée humaniste dans sa relation aux modèles anciens.

Considérant un certain nombre d'occurrences de cette notion dans les élégies de Properce et les confrontant à celles rencontrées chez Pontano, je souhaiterais souligner quelques enjeux poétiques qui leur sont attachés,

---

1 Voir, notamment, l'étude de M. Labate, « Questioni di poetica elegiaca », in *Il rinnovamento umanistico della poesia. L'epigramma e l'elegia*, a cura di R. Cardini e D. Coppini, Firenze, 2009, p. 125-144.

2 Voir A. La Penna, « Appunti sulla fortuna di Properzio », in *Id., L'integrazione difficile, un profilo di Properzio*, Torino, 1977 ; D. Coppini, « Il commento a Properzio di Domizio Calderini », *ASNP*, s. III, 9, 1979, p. 1119-1173 ; *Ead.*, « Properzio nella poesia d'amore degli umanisti », in *Colloquium Propertianum (secundum)*, a cura di S. Vivona e F. Santucci, Assisi, 1981, p. 169-201 ; F. Tateo, « Properzio nella poesia latina del Quattrocento », in *Properzio nella letteratura italiana*, a cura di S. Pasquazi, Roma, 1987, p. 41-64 ; et les diverses publications parues dans les actes du colloque *Commentatori e traduttori di Properzio dall'umanesimo al Lachmann*, a cura di G. Catanzaro e F. Santucci, Assisi, 1996.

3 Sur Giovanni Pontano (1429-1503), on lira les éditions et les divers travaux de L. Monti Sabia, F. Tateo, G. Parenti, D. Coppini, H. Casanova-Robin, dont un certain nombre seront cités ici.

4 *Parthenopeus siue Amores*, *De Amore Coniugali*, *De Tumulis*, *Eridanus*, publiés dans une édition moderne regroupant toutes les œuvres poétiques de Pontano par J. Oeschger, *I. I. Pontani Carmina*, Bari, 1948.

touchant notamment à la représentation du sujet et à la fonction de l'imaginaire, qui pourraient participer ainsi d'une réflexion plus large sur la modernité.

## LA HANTISE DU *DISCIDIUM* OU LA CONDAMNATION DE LA NOUVEAUTÉ ?

L'ambivalence de la notion de nouveauté trouve un terrain fécond dans la poésie élégiaque, définie comme une écriture de la rupture, propre aussi à caractériser la posture d'un poète qui revendique une singularité éthique et esthétique. Le thème du *discidium*, qui constitue l'une des formes d'expression les plus emblématiques du genre[1], lui est souvent associé. Il illustre une scission, d'ordre sentimental (*exclusus amator*) ou social, quand se pose la question de l'engagement politique, décrite toujours comme l'intrusion d'un fait discordant, que le poète dénonce. Certes, l'écrivain antique et l'humaniste, sur ce point, offrent des lectures diverses mais qui témoignent d'une conscience commune des implications symboliques attachées à ce thème.

*Nouus* apparaît d'abord, dans l'élégie propertienne, connoté négativement, qu'il soit inséré dans le discours amoureux ou bien intégré à une méditation morale sur la société contemporaine. Ainsi, dans l'élégie I, 8b, le qualificatif, utilisé pour signifier le retour à la fidélité de Cynthia, se prête à véhiculer implicitement la désapprobation de l'amant-poète face à une situation de séparation qu'il a évaluée à l'aune des valeurs morales romaines traditionnelles, condamnant un *periurium* :

> *falsa licet cupidus deponat gaudia liuor :*
> *destitit ire* nouas *Cynthia nostra* uias[2].

> « La jalouse envie peut laisser là ses fausses joies :
> ma Cynthia a renoncé à cheminer sur de nouvelles voies[3]. »

---

1 Voir J. Debrohun, *Roman Propertius and the Reinvention of Elegy*, Ann Arbor, 2003, chap. 3. « Exposing the limen », p. 118-155.

2 Properce I, 8b, 29-30.

3 Sauf mention contraire, les traductions des textes latins sont miennes. L. Richardson, dans son édition *Propertius, Elegies I-IV*, Norman, 1977, traduit par « strange parts ». P. Fedeli,

De même, dans l'élégie I, 15 :

> *ut formosa* nouo *quae parat ire* uiro[1]
>
> « comme une belle qui se prépare à aller voir un nouvel amant. »

S'accordant avec l'usage cicéronien[2], Properce se réapproprie ainsi l'acception péjorative du terme, lorsqu'il élargit sa perspective personnelle à une vision collective, pour traduire le constat d'une dissension morale à l'égard des temps anciens, alimentant ici la thématique de la nostalgie d'un Âge d'or perdu, en raison de l'avidité humaine. *Noua* qualifie alors les armes d'un combat funeste qui déchire la société romaine (III, 5, 11-12 : *armis nectimus arma noua*), ou son ami Paetus, nouvelle pâture jetée aux poissons, incarnation de cette conquête jugée mortifère (III, 7, 7-8 : noua *longinquis piscibus* esca *natat*), l'idée de nouveauté étayant alors un discours édifiant.

Fidèle lecteur de Properce, Pontano accède également à cette lecture sémantique de *nouus*, sans pour autant l'adopter exclusivement et en lui conférant de surcroît une coloration personnelle. Ainsi dans l'élégie II, 26 du recueil *Eridanus*, le dernier composé[3], consacré majoritairement à célébrer sa bien-aimée Stella, il associe nouveauté et rupture en des accents proches de ceux de la satire, infléchissant la représentation du *discidium* vers l'épidictique. Le titre du poème, *Auras alloquitur*, annonce le *lusus* poétique, mettant en exergue un motif récurrent de l'élégie, propre à dénoncer la vanité des paroles adressées à l'aimé(e). Dès le premier vers, l'envoi, *Dicite, felices aurae*, convoque une formulation virgilienne tout à fait décalée dans ce contexte : *Dicite felices animae* sont en effet les paroles que la Sibylle, aux Enfers, adresse à Musée, au chant VI de l'*Énéide* (v. 669). L'invocation aux brises, issue d'une citation détournée, suggère donc d'emblée une mise à distance de la peinture de la passion, thème attendu pourtant dans l'élégie :

---

dans son commentaire à l'élégie I, 8, b, le rapproche d'Ovide : « Il verso è imitato da *Am.*, II, 11, 8 : *fallacisque uias ire Corinna parat* » (P. Fedeli, *Sesto Properzio, Il Primo libro delle Elegie*, introduzione, testo critico e commento a cura di P. Fedeli, Firenze, 1980).

1 Properce I, 15, 8.

2 *De Oratore* II, 79, 322 : *ex re, si crudelis, si nefanda, si praeter opinionem, si immerito, si misera, si ingrata, si indigna, si noua, si quae restitui sanarique non possit.*

3 Sur la place de la poésie élégiaque dans l'œuvre de G. Pontano, on se reportera à L. Monti Sabia, « Tre momenti nella poesia elegiaca di Giovanni Pontano », in *Il rinnovamento umanistico della poesia…*, *op. cit.*, p. 321-397.

*Dicite, felices aurae, bundenidis undae*
*Quae colitis ripas, {...}*
*An memor absentis tacitos suspirat amores,*
Et uetus est illi uulnus, ut ante nouum ?
*Rara quidem uirtus, constans amor. Hoc tibi nomen,*
*Stella, dedit, stabilis quod tua cura manet*[1].

« Dites-moi, brises bienfaisantes, ondes de Bundenis[2]
qui peuplez ces rives, [...]
se souvenant de l'absent, soupire-t-elle après un amour silencieux ?
*L'ancienne blessure est-elle pour elle, comme jadis, une nouvelle ?*
Certes, vertu rare que l'amour constant ! Ce nom
t'a été donné, Stella, parce que ton sentiment demeure stable. »

De nombreux traits d'écriture rappellent les caractéristiques de la Cynthia propertienne (*Rara... ; tibi nomen...*) pour louer tout d'abord la *fides* de Stella : *constans amor, stabilis tua cura.* Enfin, aux vers 9-10, le poète vante la reconnaissance de la *puella* pour les présents qu'il lui a offerts : *Scilicet et memor es tantorum grata bonorum, / Quae tibi noster amor munera multa dedit.* Mais cette qualité se trouve ensuite rapidement invalidée. En effet, l'insertion du motif topique des forêts insensibles aux plaintes de l'amant introduit un renversement de situation qui fait apparaître une Stella oublieuse des cadeaux reçus :

*Heu heu, nec strepitis, frondes, auraeque, siletis,*
*Et mutae in cursu conticuistis, aquae ;*
*Nil mihi responsant aurae, tristesque silescunt ;*
*Criminis est taciti conscius ipse pudor,*
*Immemor ah cur, Stella, senis, cur ludis ad alnos*
*Argentae ? Immemorem munera te faciunt*[3].

« Hélas ! hélas ! vous ne bruissez pas, feuillages et brises, vous vous taisez,
et muettes, vous menez en silence votre course, les ondes ;
les brises ne me répondent rien, funestes, elles restent silencieuses ;
leur pudeur même révèle leur connaissance d'une faute tue,
ah ! pourquoi oublies-tu ton vieil amant, Stella, pourquoi t'amuses-tu près des aulnes
d'Argenta[4] ? Les cadeaux t'ôtent la mémoire. »

1 Pontano, *Eridanus* II, 26, 1-8.
2 Du Panaro, affluent du Pô.
3 Pontano, *Eridanus* II, 26, 13-18.
4 Argenta est une petite ville près de Ferrare d'où était originaire Stella, l'amie de Pontano.

Ce *discidium* est aussitôt caractérisé par le qualificatif *nouus*, inséré dans une formulation gnomique, qui dénonce la trahison de la *puella* :

> *Immemor ab ueteris, capitur mercede recenti*
> *Quaeque puella,* nouis *subdita muneribus*[1].
>
> « Oublieuses de l'ancien, toutes les jeunes filles sont séduites
> par le dernier produit, asservies aux cadeaux nouveaux. »

Avant que le locuteur n'avoue, au vers 26, celle commise par Stella :

> *Stellaque nostra* nouo *munere capta* ...
>
> « Ma Stella, conquise par un nouveau cadeau... »

La structure circulaire du poème, qui repose sur une reprise en *uariatio* des motifs (*dicite aurae... redite aurae...*), permet de placer au cœur du texte la séparation des amants, appuyée par la reprise de *nouus* (v. 6, 22, 26), fil conducteur de la représentation.

Toutefois, Pontano, s'il retient l'acception de *nouus* pour signifier une rupture douloureuse, a infléchi, ailleurs, dans sa poésie élégiaque, le sens du terme vers une connotation positive, pour évoquer l'ère nouvelle, souhaitée par l'amoureux dans l'élégie II, 2 du recueil de jeunesse *Parthenopeus* (v. 55-62) : il décrit là un retour aux temps anciens qui permettrait de vivre une relation amoureuse sans contrainte, selon une conception hédoniste inédite dans le genre, étayée, non sans humour, de réminiscences lucrétiennes détournées ici de leur sens originel[2] :

> *Atque utinam in priscos redeant* noua secula *mores,*
> *aurea quis Latio regna fuisse canunt,*
> *cum passim uirides nullo custode per haerbas*
> *ibat amatori iuncta puella suo,*
> *non quem dura parens, non quem pater improbus illi,*

---

1 Pontano, *Eridanus* II, 26, 21-22.

2 Dans le *De Rerum Natura*, Lucrèce évoque l'amour humain à deux reprises : au livre IV, 1037 et suiv., pour dénoncer les méfaits de la passion sur l'âme, puis au livre V, dans une peinture de l'existence humaine à ses origines, lorsque « Vénus dans les bois accouplait les amants » (V, 962, traduction A. Ernout, Paris, Les Belles Lettres, 1948), l'union physique étant alors réduite à un simple désir, parfois suscité par l'appât du gain : *Et Venus in siluis iungebat corpora amantum ; / conciliabat enim uel mutua quamque cupido, / uel uiolenta uiri uis atque inpensa libido, / uel pretium, glandes atque arbita uel pira lecta.*

*mutua sed placido iunxerat ore Venus ;*
*atque ita composito iungebant foedere curas,*
*una fides, unus lectus, et unus amor*[1].

« Puissent revenir de nouveaux siècles pour leurs mœurs d'autrefois,
cet Âge d'or, chanté dans les poèmes, qui régnait au Latium,
lorsque, partout, sur les herbes verdoyantes, sans surveillance,
les jeunes filles s'unissaient à leurs amants,
sans un parent sévère, sans un père pour condamner,
mais sous l'œil bienveillant de Vénus qui unissait leur amour réciproque.
Ainsi ils unissaient leur commune passion, selon un pacte établi :
une unique fidélité, un unique lit, un unique amour. »

Ailleurs, les occurrences du terme dans les descriptions de métamorphose, notamment, loin de suggérer une punition délétère, soulignent au contraire un retour à la vie sous une forme nouvelle :

*Transtulit* in florem *corpora uersa* nouum[2].

« Il transfère sur une fleur nouvelle le corps métamorphosé. »

Cette première confrontation des deux lectures fait apparaître la divergence des deux poètes élégiaques sur ce point : la séparation, vive et acerbe, exposée dans l'élégie antique, est certes intégrée dans la poésie de Pontano, mais elle est envisagée soit avec dérision, soit comme un renouvellement bénéfique dans une continuité. Optimisme de l'humaniste ? Sans nul doute. Mais cette orientation du Napolitain révèle également une conception des passions, de l'homme et plus largement d'une société, influencée par une interprétation positive de la pensée épicurienne de Lucrèce, pour qui tout est inscrit dans un cycle naturel et participe d'une perpétuelle renaissance. L'élégie *Eridanus* I, 28, 13-14, témoignant de la permanence de cette réflexion, chez Pontano, illustre encore avec force l'insertion du sentiment amoureux à l'intérieur de l'élan de la nature, sous l'impulsion de Vénus :

*Laeta Venus* renouat*que faces, natusque sagittas,*
*et* noua *de manibus* uulnera *uterque iacit*[3].

1 Pontano, *Parthenopeus* II, 2, 55-62.
2 Pontano, *De Tumulis* I, 51, 14 – *T. Ielseminae.*
3 Pontano, *Eridanus* I, 28, 13-14.

> « Joyeusement, Vénus renouvelle les torches, son fils, les flèches,
> et tous deux, par leurs actions, envoient de nouvelles blessures. »

En revanche, les deux poètes s'accordent sur le rôle moteur de la passion dans la création d'une poésie nouvelle. Le *discidium*, appliqué au poète, participe ici de sa représentation, le définissant prioritairement par un *ethos* du refus, par lequel s'exprimerait une condamnation morale, littéraire ou esthétique. Se dessine alors, sur l'arc sémantique de la notion de nouveauté, cette posture inhérente à la voix élégiaque dans laquelle s'affirme la revendication de sa singularité.

## LA NOUVEAUTÉ D'UNE SINGULARISATION DU SUJET ?

La passion amoureuse est évoquée comme un bouleversement de l'âme qui requiert précisément le lexique de la *nouitas*, autant pour ses effets dévastateurs sur l'équilibre de l'être, caractérisé comme en état de rupture, que parce qu'elle inaugure une ère nouvelle, consacrée à une création poétique originale. La nouveauté devient alors un élément constitutif de la mise en scène d'un moi singulier, indissociable d'une écriture tout entière centrée sur l'exploration d'une intériorité, dans ses zones les plus intimes. Elle apparaît comme l'un des éléments primordiaux pour signaler la subjectivation.

Le renversement sémantique, au regard des exemples cités précédemment, apparaît manifeste dans l'élégie I, 13 de Properce où *nouus*, qualifiant pourtant une déviation due à la passion (*error*[1]), est associé à *felix*, en une *iunctura* originale :

> *Qui tibi sit felix, quoniam* nouus *incidit* error[2] *;*
>
> « Puisqu'un nouvel égarement te frappe, qu'il te soit heureux ! »

Le poète antique annexe ainsi le concept pour exhausser un mode d'écriture novateur, tout entier dévolu à dire son désir amoureux. Les

1 *Error* désigne couramment la passion amoureuse chez les élégiaques, déjà chez Virgile, *Bucolique* VIII, 41.

2 Properce I, 13, 35.

vers 41-42 qui achèvent l'élégie I, 16 sur un métadiscours[1], définissent comme inédite cette fusion du moi poétique et du sujet en proie à la passion, fournissant une caractérisation formelle du genre :

*at tibi saepe* nouo *deduxi carmina* uersu,
*osculaque innixus pressa dedi gradibus*[2].

« Mais souvent, pour toi, j'ai composé un poème écrit sur un vers nouveau
et, pressant tes marches, j'ai donné des baisers appuyés[3]. »

Une affirmation identique réapparaît dans l'élégie II, 1, programmatique à l'ouverture de ce livre, mais la revendication de la nouveauté, exprimée au vers 12, excède alors la seule question du code générique : *inuenio causas mille poeta nouas.* Le syntagme ici posé, « mille sujets nouveaux », implique dans ce contexte une diversification thématique qui demeure étroitement soumise à la subjectivité du poète. *Poeta*, juxtaposé dans le vers à *nouas*, appuie la définition d'une inspiration et d'une écriture d'un nouveau genre. L'affirmation, précédée, au vers 10, du sentiment d'admiration éprouvé pour Cynthia (*miramur*), suggère explicitement une tâche poétique qui procède d'une introspection personnelle, selon un mouvement centripète qui renvoie le poète à ses propres affects, tendant vers ce que l'on appellera une exploration éthopoïétique[4]. Quelques vers plus loin, le poète montre la conversion d'épisodes intimes de son existence amoureuse en matière poétique, assimilant sa lutte physique avec Cynthia à une *Iliade* :

*seu nuda erepto mecum luctatur amictu,*
*tum uero longas condimus Iliadas ;*
*seu quidquid fecit siue est quodcumque locuta,*
*maxima de nihilo nascitur historia*[5].

« si, nue, elle lutte contre moi, dépouillée de son vêtement,
alors nous créons une longue Iliade ;

1 Sur le *carmen deductum* : voir A. Deremetz, *Le miroir des muses. Poétique de la réflexivité à Rome*, Villeneuve d'Asq, 1995.

2 Properce I, 16, 41-42.

3 Je modifie ici légèrement la traduction de S. Viarre (Paris, Les Belles Lettres, 2005).

4 Voir les analyses de M. Foucault, *Histoire de la sexualité*, Paris, 1976-1984, mais aussi ses études diverses rassemblées dans *Dits et écrits, 1954-1988*, Paris, 2001 (« L'écriture de soi », à propos de Sénèque, en particulier, tome II, p. 1234).

5 Properce II, 1, 13-16.

de n'importe laquelle de ses actions, d'une parole anodine,
d'un rien, naît une histoire très importante. »

Le terme *historia*[1] a été commenté comme recouvrant une création à la croisée des genres, n'appartenant de fait à aucun, pour ouvrir peut-être la voie du romanesque. Dans le prolongement de la réflexion sur le sujet, on pourrait aussi lire dans ce mot l'objectivation d'une matière personnelle convertie en œuvre poétique, fin ultime du cheminement intérieur. Chez Horace[2], *historia* tend à devenir synonyme de récit de faits héroïques, alors que chez Cicéron[3], il s'agit bien d'une « histoire » au sens d'un ensemble d'événements dotés d'un intérêt général. Properce combine certainement ici ces deux sémantismes, qui servent aussi bien sa revendication générique que sa réflexion sur l'exploration de soi.

Plus largement, la prépondérance des termes signifiant l'innovation, le caractère exceptionnel et unique de l'écriture propertienne, à travers notamment les mentions de *Cynthia prima*, *Cynthia rara*, qui unissent étroitement l'œuvre et le sentiment amoureux, confirment la revendication propre à cet auteur d'une originalité à l'intérieur même du genre élégiaque. Le glissement sémantique de *nouus* confère un caractère institutionnel, officialisant d'une certaine manière la plume personnelle du poète dans l'élégie III, 20. Le qualificatif, ici appliqué à l'amour, apparaît en effet dans un contexte de détournement du lexique juridique au profit de l'écriture de l'intime :

*Foedera sunt ponenda prius signandaque iura*
*Et scribenda mihi lex* in amore nouo[4].

« Il faut d'abord établir un pacte et consigner les règles
Et il me faut écrire la loi d'un amour nouveau. »

H. Meschonnic, après Benveniste, a souligné combien l'idée de modernité résidait précisément dans cette exhibition du sujet parlant[5],

1 Sur l'ambiguïté de ce terme, déjà apparu dans I, 15, 24 (*tu quoque uti fieres nobilis historia*), on se reportera à l'analyse de P. Fedeli, « Properzio I, 15 : arte allusiva e interpretazione », *Colloquium Propertianum*, a cura di M. Bigaroni e F. Santucci, Assisi, 1977, p. 73-99, ici p. 82.

2 Horace, *Odes* II, 12.

3 *Ad Att.* II, 8, 1 par exemple : *nunc si quid in ea epistula quam ante diem XVI Kal. Maias dedisti fuit historia dignum, scribe quam primum, ne ignoremus.*

4 Properce III, 20, 15-16.

5 H. Meschonnic, *Modernité, modernité*, Paris, 2005, p. 34 et suiv. (1re édition : 1988).

prenant appui sur les propos de Baudelaire : « L'artiste, le vrai artiste, le vrai poète, ne doit peindre que selon ce qu'il voit et ce qu'il sent », puis « Un artiste, un homme vraiment digne de ce grand nom, doit posséder quelque chose d'essentiellement *sui generis*, par la grâce de quoi il est *lui* et non un autre[1] ».

Dans les élégies de Pontano, *noua* qualifie souvent cette flamme qui brûle dans le cœur de l'amant et qui lui inspire sa création poétique, sans dissociation entre la matière et l'écriture.

La première pièce du troisième livre du *De Amore Coniugali*, recueil composé et remanié entre 1461 et 1490, tout au long de la vie conjugale de Pontano avec son épouse Adriana Sassone[2] offre une illustration éloquente de cette recherche[3]. Le qualificatif *nouus* s'y trouve répété, sur deux vers consécutifs, puis de nouveau, trois vers plus loin, pour dépeindre la passion nouvelle suscitée dans le cœur du vieillard et lui associer l'écriture qui en jaillit aussitôt. Le discours est adressé à Antiniana, nymphe de la propriété personnelle de Pontano et inspiratrice de sa poésie intime :

> *Extinctos in corde seni quis suscitat ignes ?*
> Quae noua *sopitas nunc mouet* aura *faces ?*
> *Incendi* nouus auctor *an est ? Suspiria, coniux,*
> *hoc tua et accensi pectoris aura facit ;*
> *pectoris huc uenit aura tui, uetus inde resurgit*
> *et reparat* uires *ignis ab igne* nouas[4] ;

1 « La Modernité », *Le Peintre de la vie moderne*, *Œuvres complètes*, texte établi et annoté par Y.-G. Le Dantec, Paris, 1951, p. 884. La citation de Baudelaire est extraite de « Peintres et aquafortistes », 1862.

2 Sur le *De Amore Coniugali*, citons, parmi les travaux les plus récents : J. Nassichuk, « Images de l'union conjugale dans l'œuvre poétique de G. Pontano », in *Aspects du lyrisme conjugal à la Renaissance*, dir. P. Galand et J. Nassichuk, Genève, 2011, p. 37-58 ; G. Parenti, *Poeta Proteus alter*, *Forma e storia di tre libri di Pontano*, Firenze, 1995 et L. Monti Sabia, « Un canzoniere per una moglie : realtà e poesia nel *De amore coniugali* de Giovanni Pontano », in *Poesia umanistica in distici elegiaci*, a cura di G. Catanzaro e F. Santucci, Assisi, 1999, p. 23-65.

3 Voir à ce sujet l'étude de V. Leroux, « La Renaissance du genre élégiaque de Pontano à Minturno », qui s'attache aux manifestes poétiques dans les recueils élégiaques de Pontano, soulignant le renouvellement thématique et la recherche d'*admiratio* dans l'écriture de cet humaniste. Ce travail, issu d'une communication prononcée lors du Colloque international *La Renaissance des genres. Pratiques et théories*, dirigé par G. Sangirardi et P. Bravo à l'Université de Bourgogne les 17-18 octobre 2009, paraîtra prochainement dans la publication des actes.

4 Pontano, *De Amore Coniugali* III, 1, 35-40.

« Qui ranime dans le cœur d'un vieillard des feux éteints ?
Quel nouveau souffle agite à présent les torches endormies ?
Existe-t-il donc un nouvel auteur de cet incendie ? Tes soupirs, mon épouse
et le souffle de ton cœur enflammé suscitent cela ;
le souffle de ton cœur vient ici, alors l'ancien feu resurgit
et revigore la flamme de nouveaux feux. »

La fin du poème confirme ce glissement de la flamme amoureuse à la flamme inspiratrice de l'écriture :

*Inque faces flammasque abeo, iam uertor in ignem*
*uertimur, en iam iam nil nisi flamma sumus*[1].

« Je m'en vais dans ces torches et dans ces flammes, déjà je suis changé en feu
je suis transformé et déjà, déjà, je ne suis rien d'autre qu'une flamme. »

La notion de nouveauté se trouve ici au service de la description de l'entrée dans une écriture poétique personnelle, destinée à peindre les émois de la passion, en une étroite fusion de l'objet amoureux et de la production poétique, illustrant précisément la recommandation énoncée par Properce en II, 34, 43-44 :

*Incipe iam angusto uersus includere torno,*
*inque tuos ignes, dure poeta, ueni.*

« Commence déjà à enfermer tes vers sur un tour étroit,
et, austère poète, adonne-toi à tes feux. »

La métaphore topique de la flamme prend alors valeur de synecdoque pour représenter le poète tout entier agité par son inspiration. Affleurent ici les définitions antiques et notamment celles énoncées par Cicéron, dont Pontano est un lecteur assidu : on lit en effet dans le *De Oratore*, II, 194 qu'il n'est pas de « bon poète » *sine inflammatione animorum*, ni sans le souffle qui procède « d'une sorte de fureur » (*et sine quodam afflatu quasi furoris*), ainsi que dans le *Pro Archia*, XVIII, où la formulation est assez semblable à celle choisie ici par l'humaniste (*mentibus uiribus excitari*). Certes, l'image s'est enrichie à travers les siècles avec Boccace, notamment, qui l'a transposée en *feruor*, lui ajoutant une origine divine tout en caractérisant la nature sanguine du poète (*De Genealogia deorum*

1 Pontano, *De Amore Coniugali* III, 1, 55-56.

*gentilium*, XIV). Enfin Marsile Ficin, suivant la conception platonicienne exposée dans *Phèdre*[1], décrit l'amour comme un incendie qui conduit à Dieu en ordonnant le monde (*Commentaire au Banquet* I, 3, p. 13)[2].

Pontano bénéficie donc d'une riche tradition pour explorer tout le champ métaphorique de la flamme. Il en renforce le sémantisme amoureux, en empruntant à Properce l'image d'un feu commun qui brûlerait les amants. Mais, alors que le poète antique évoquait cet embrasement mutuel comme une torture (III, 6, 39 : *me quoque consimili impositum torquerier igni*, « moi aussi je suis torturé par un feu semblable »), Pontano l'interprète comme une source de vigueur, une force vitale exceptionnelle :

*Iam saeuit, iam flamma furit ; suspiria coniux*
*mouit, et a nostra mutua flamma uiget ;*
*urimur absentes unoque adolescimus igni,*
*et uires uno fomite uterque capit*[3].

« Déjà la flamme est violente, déjà elle s'affole ; elle a suscité
des soupirs, mon épouse, cette flamme plus forte par notre feu commun ;
nous brûlons, même éloignés, plus vigoureux par ce même feu,
et chacun de nous tire ses forces de ce même foyer. »

Certes, l'humaniste, conférant au motif une ampleur insigne, réoriente la métaphore vers la représentation du processus poétique, qui conduit de l'émotion ardente à une évocation onirique de sa bien-aimée :

*In somnis mihi nocte uenis, succenditur ignis,*
*uexat nocturnus pectora adusta calor ;*
*ante oculos uersare die, tum subdita uenis*
*spirat anhelantis flamma diurna faces :*

1 Platon, *Phèdre* 251a-c : « Puis le voici qui tourne ses regards en direction du bel objet [...]. Or, au moment où il le voit, se fait en lui le changement qu'amène le frisson : une chaleur inaccoutumée. C'est que, une fois reçue par la voie des yeux, l'émanation de la beauté, il s'échauffe [...]. L'âme [...] en celui-ci, est donc dans une ébullition générale et toute palpitante... » (Paris, Les Belles Lettres, C.U.F, 1970, texte établi et traduit par Léon Robin).

2 Béroalde l'Ancien, à son tour, dans ses *praelectiones* sur Cicéron et Lucain reprend cette définition : *poetae soli ipsa natura ualent et mentis uiribus excitantur et quasi diuino quodam spiritu inflammantur.* — Pour des études synthétiques sur ces questions, voir *L'antique notion d'inspiration*, dir. J. Assaël, *Noesis*, 4, 2000 ; *Poétiques de la Renaissance*, dir. P. Galand-Hallyn et F. Hallyn, Genève, 2001 ; J. Lecointe, *L'idéal et la différence. La perception de la personnalité littéraire à la Renaissance*, Genève, 1993 ; M. Carrilho de Macedo, *Les fureurs à la Renaissance*, Paris, 2007.

3 Pontano, *De Amore Coniugali* III, 1, 41-44.

*en uolitant rutilantque uagae de corde fauillae,*
*et fax absumptis ossibus usta micat ;*
*iam serpit uenis, imas iam flamma medullas*
*corripit ac toto corpore lapsa furit*[1].

« Dans mes songes, la nuit, tu me visites, le feu s'embrase,
la chaleur nocturne tourmente mon cœur enflammé ;
devant mes yeux, tu apparais le jour, alors, dans mes veines insinuée,
une flamme diurne attise des torches qui exhalent leur souffle :
voici que s'envolent, brillantes, d'errantes étincelles de mon cœur,
et la torche en se consumant scintille ;
déjà elle se répand dans mes veines, déjà du cœur de mes os, la flamme
se saisit et dans mon corps tout entier, répandue, elle s'affole[2]. »

La peinture de la passion grandissante, riche de réminiscences pétrarquistes[3], acquiert ici un degré d'amplification inédit : la métaphore de la flamme est développée grâce à une constellation d'images concrètes, rehaussée par une musicalité subtile (*Et uolitant rutilantque uagae de corde fauillae*) qui exalte à l'infini, par un jeu métonymique, les soubresauts de l'âme. Le retour de l'épouse chérie, ainsi reconstitué dans le rêve, confirme la part prépondérante accordée à la *phantasia* dans la création. Comme Properce[4], mais suivant aussi en cela les théories exposées par Marsile Ficin sur le *conceptus phantasiae* né de l'*affectus*[5], Pontano place au centre de son texte le cheminement créatif, où se joignent les réminiscences littéraires et l'expression du *pathos*. Cette représentation du sujet constitue sans nul doute une nouveauté, voire un élément de modernité, sans autre précédent que celui de Properce, dans l'écriture élégiaque.

---

1 Pontano, *De Amore Coniugali* III, 1, 45-52.

2 P. Galand-Hallyn cite ce texte dans son étude « Une rhétorique de l'onirisme », in *Ead.*, *Les yeux de l'éloquence. Poétiques humanistes de l'Évidence*, Orléans, 1995, p. 123 et suiv., puis p. 130-131, pour l'analyser selon les critères de l'*enargeia*.

3 Pétrarque, « Le fantôme de Laure », *Épîtres métriques* I, 6, *Ad Iacobum de Columa*, cité par P. Laurens, dans son *Anthologie de la poésie lyrique latine de la Renaissance*, Paris, 2004, p. 47-51.

4 Dans les élégies I, 3 et II, 1 en particulier. Voir, notamment H. Casanova-Robin, « Présence de la mythologie dans les élégies de Properce : de la cristallisation à la diffraction de l'image », *L'Information littéraire*, 1, mars 2007, p. 3-10.

5 *Marsile Ficin, Théologie platonicienne de l'immortalité de l'âme*, éd. R. Marcel, Paris, Les Belles Lettres, 1964-1970, vol. I, p. 285-286 ; sur ce sujet les études ne manquent pas. Je ne citerai ici que celle de E. Garin, « *Phantasia* et *imaginatio* », *GCFI*, 64, 1985, p. 349-361, ainsi que celle de T. Katinis, « Il ruolo della *imaginatio-phantasia* in alcuni contesti ficiniani », *Les cahiers de l'humanisme*, II (série), *Marsile Ficin ou les mystères platoniciens*, 2002, p. 217-223.

## LA NOUVEAUTÉ DANS LA DÉFINITION DU POÉTIQUE

La place considérable concédée à l'imaginaire, jusque dans ses extensions mythiques personnelles, conduit à une reconfiguration de l'espace poétique, dessiné comme un entre-deux permanent, chez Properce comme chez Pontano. Tandis que dans l'élégie traditionnelle, la vie quotidienne, mondaine ou politique investissait le texte, ces poètes y introduisent une réflexion aboutie sur l'essence même du poétique, mettant en œuvre un processus de sublimation du réel. La notion de nouveauté semble alors recouvrir cette primauté accordée à l'imagination créatrice[1].

Dans la première élégie du livre II, Properce énumère les sources d'inspiration de son écriture : toutes émanent de Cynthia, le poète livrant de fait un manifeste esthétique, dans lequel il est aisé d'identifier un métadiscours[2]. Le voilage de Cos sur le corps de Cynthia inspire un *uolumen*, définissant une œuvre sans doute empreinte d'un voile d'érudition aussi subtil que cette étoffe est précieuse ; les cheveux épars, sans ordre (*errare*) sur le front de la *puella*, suggèrent sa sensualité et annoncent l'égarement de la passion, la louange de la chevelure (*laudatis comis*) est à lire comme un hommage au fameux poème de Callimaque, traduit par Catulle, qui manifeste une prédilection accordée au détail, un art centré sur les éléments du corps et sur l'intimité de l'être. Le talent musical de Cynthia, de nature à éveiller l'admiration (*miramur*), est mentionné comme le point culminant de l'énumération, dans ce portrait éclectique et hautement symbolique de la bien-aimée, pour conférer la prééminence à l'art et achever de dessiner en miroir, celui du poète. Or, le passage à la création s'opère précisément au moment où Cynthia s'endort, lorsque le poète a tout loisir de modeler sa composition par un savant dosage de réminiscences visuelles et d'imaginaire.

À plusieurs reprises, dans les élégies de Properce, le sommeil de la bien-aimée suscite chez le poète l'ouverture d'un état transitionnel,

1 Voir H. R. Jauss, *Pour une esthétique de la réception*, Paris, 1978 pour la traduction française, p. 173 et suiv. : « La modernité littéraire… ». Sur le concept de modernité, voir aussi A. Compagnon, *Les cinq paradoxes de la modernité*, Paris, 1990, et Meschonnic, *op. cit.*

2 Voir A. Alvarez Hernández, *La poética de Propercio, Autobiografía artística del Calímaco romano*, Assisi, 1997 ; Labate, « Questioni di poetica elegiaca », art. cit.

qui lui permet d'ouvrir la voie du rêve : l'élégie 3 du livre I dépeint le poète-amant contemplant la *puella* endormie et élaborant un véritable langage pour convertir cette vision en objet poétique[1]. La quête verbale procède tout d'abord du jaillissement des modèles mythologiques qui lui viennent à l'esprit, jusqu'à ce que s'impose la figure d'Io surveillée par Argus, dont la posture contemplative sied au poète. Les cornes d'Io, dites *ignotis*, annoncent certes la mutation de l'héroïne mais soulignent aussi la nouveauté de l'écriture qui, à l'instar de celle préconisée par Aristote, doit susciter le *thauma*, la stupeur (*mirari*)[2]. Se succèdent alors des actes d'appropriation du corps de Cynthia, subterfuges de l'union érotique sans doute, mais signifiants pour leur relation à l'art. Le poète, comme s'il était affecté par la perméabilité du discours mythique qu'il a développé précédemment, façonne Cynthia, l'orne de couronnes (v. 21-22 *soluebam, ponebam*), dispose ses cheveux épars (v. 23 *formare*), place des fruits en parure autant qu'en offrande, agissant en Pygmalion à l'écoute des réactions physiques de son aimée. Le recours au mythe a donné l'impulsion créative, le langage s'en est ensuite affranchi pour exhiber la singularité du regard désirant et créateur du locuteur.

Or, dans la pièce II, 1, le sommeil de Cynthia se trouve à nouveau associé à la nouveauté (*nouas causas*), notion qui, en plus de ses implications thématiques ou génériques, semble confirmer cette réflexion plus large sur la définition même du poétique déjà apparue dans la pièce I, 3, conçu comme un lieu d'élaboration du simulacre, assimilable au songe, mais caractérisé par un ancrage plus étroit dans le réel. L'élégie trouve alors sa pleine justification de genre subjectif, de terrain dévolu à l'expansion d'un « je », Properce y donne à voir l'instant de conversion, depuis l'effervescence amoureuse jusqu'à la mise en mots, qui requiert une phase transitoire d'obscurité, traduite ici par cet état de semi-veille de son amante :

*seu cum poscentis somnum declinat ocellos,*
*inuenio causas mille poeta nouas*[3] ;

« si le sommeil fait sombrer ses yeux qui le réclament
je trouve mille sujets nouveaux pour mes poèmes ; »

---

1 Pour le développement de cette dimension, voir Casanova-Robin, « Présence de la mythologie... », art. cit.

2 Fin de toute écriture poétique comme l'expose Pontano dans l'*Actius* (dialogue disponible dans l'édition moderne de C. Previtera : *Pontano, G., I Dialoghi*, Firenze, 1943).

3 Properce II, 1, 11-12.

Après Properce, Ovide a exploité ce motif dans les *Héroïdes* : Laodamie, mais aussi Phyllis, Ariane, Médée ou Héro, livrent dans leurs épîtres une véritable reconstitution imaginaire de leur amant absent, qui revient les visiter en songe ou dont elles reconstituent l'*imago* à partir d'éléments concrets sur lesquels se greffe le processus fantasmatique[1]. Pontano s'inscrit dans ce sillage, mais il infléchit la représentation en ne se contentant pas de décrire le songe – choix qu'il ne se prive pas de mettre en œuvre dans certaines pièces. Il exalte plutôt la puissance de la *phantasia* jusqu'à l'ériger en moteur de toute création artistique, et, partant, en lieu de sublimation d'une réalité insatisfaisante[2]. Pontano à son tour, défiant alors l'injonction mimétique, attribuée traditionnellement à la poésie, de reproduire le monde sensible, fait de l'espace poétique le lieu de la *mimésis* de la *phantasia* – cette capacité à se représenter mentalement ce qui n'est pas sous les yeux, selon la définition donnée par Quintilien[3] –, décrivant la démarche créative qui conduit de l'extase amoureuse à

1 Voir H. Casanova-Robin, « Le simulacre et l'empreinte. L'image de l'autre dans les *Héroïdes* d'Ovide », *BAGB*, 2, 2005, p. 117-134. Sur ce point, la lettre de Sappho à Phaon est particulièrement éloquente : *Te mihi cura Phaon ; te somnia nostra reducunt, / Somnia formoso candidiora die [...] / Saepe tuos nostra ceruice onerare lacertos, / Saepe tuae uideor supposuisse meos ; / Oscula cognosco, quae tu committere lingua / Aptaque consueras accipere, apta dare.* – « Tu occupes mes pensées, Phaon ; mes songes nocturnes te ramènent à moi, songes plus lumineux qu'un jour magnifique [...]. Souvent, je rêve que tes bras soutiennent mon cou, que les miens sont glissés sous le tien. Je reconnais les baisers dont tu chargeais ordinairement ta langue, baisers si réussis que tu recevais et que tu me donnais », *Héroïde* XV, 123-124 et 127-130. – Ou encore celle d'Héro : *Forsitan inuitus mecum tamen, improbe, dormis / et, quamquam non uis ipse uenire, uenis. / Nam modo te uideor prope iam spectare natantem, / bracchia nunc umeris umida ferre meis, / nunc dare quae soleo, madidis uelamina membris, / pectora nunc nostro iuncta fouere sinu / multaque praeterea linguae reticenda modestae / quae fecisse iuuat, facta referre pudet. / Me miseram ! breuis est haec et non uera uoluptas ; / nam tu cum somno semper abire soles.* – « Peut-être n'est-ce qu'à contrecœur, mais tu dors quand même avec moi, traître, et même si tu ne veux pas venir en personne, tu viens tout de même. En effet, tantôt je rêve que je te vois nager, tout près ; tantôt tes bras humides se posent sur mes épaules, tantôt je te donne des étoffes pour sécher ton corps mouillé – comme j'ai l'habitude de le faire –, tantôt je réchauffe ton corps en le serrant contre ma poitrine, et bien d'autres gestes encore que doit taire une langue pudique, gestes si plaisants mais que l'on a honte de relater. Hélas ! comme je suis malheureuse ! ce n'était qu'un songe fugitif, ce n'était pas un bonheur réel et tu t'en vas toujours avec le sommeil. » *Héroïde* XIX, 57-66 (traduction personnelle).

2 Voir sur ce point la définition de la *phantasia* par Philostrate, dans la Vie d'Apollonius de Tyane : « La mimésis ne peut que créer ce qu'elle a vu, la phantasia également ce qu'elle n'a pas vu » (VI, 19 μίμησις μὲν γὰρ δημιουργήσει, ὃ εἶδεν, φαντασία δὲ καὶ ὃ μὴ εἶδεν, traduction de P. Grimal, Paris [« Bibliothèque de la Pléiade »] 1958, p. 1235).

3 Quintilien, *Institution oratoire* VI, 2, 29.

l'œuvre d'art[1]. Cette représentation se trouve précisément appuyée par la récurrence de la notion de nouveauté.

Ainsi à l'ouverture de l'*Eridanus*, est évoquée une « nouvelle flamme » (*noua flamma*) qui s'embrase sur les eaux de l'Éridan. La métaphore, non dénuée de préciosité, participe manifestement du discours programmatique annonçant diverses innovations, qui touchent aussi bien à la conception de l'amour qu'aux critères esthétiques préconisés dans l'œuvre. Mais, plus encore, elle s'avère être le support privilégié du processus poïétique :

> *Coeruleis generose uadis, rex diuitis agri*
> *Gallica qui medio flumine regna secas,*
> *Heliades cui serta parant ueneranturr et amnes,*
> *Nereus et placidis accipit hospes aquis,*
> *Nympharum cui dia choros Ferraria mater*
> *ducit et ad thalamos uxor amata canit*
> *(non Charites desunt illi, non carmina Musae*
> *culta negant, dulcis gratia in ore sonat :*
> *tum tibi per tacitas serpit* noua flamma *medullas,*
> *ureris et medio feruet in amne calor*[2]*).*

> « Ô généreux de tes flot céruléens, roi d'une riche plaine
> qui, du milieu de tes eaux, coupe les royaumes gaulois,
> Pour toi, les Héliades préparent des couronnes, les fleuves te vénèrent
> et Nérée t'offre son hospitalité dans ses ondes paisibles,
> pour toi la divine Ferrare, maternelle, mène des chœurs de Nymphes
> et chante, épouse bien-aimée, près du lit nuptial
> (elle ne manque pas de Charites, les Muses ne lui refusent pas leurs vers
> raffinés, et sur sa bouche résonne une grâce harmonieuse :
> alors une nouvelle flamme s'insinue en toi, silencieuse jusqu'au fond de tes os,
> et tu brûles, une chaleur bouillonne au milieu du fleuve). »

Tout au long de l'élégie, le fleuve est invoqué comme un lieu d'amour et d'inspiration, favorisant l'harmonie sentimentale du poète et de sa bien-aimée, la Ferraraise Stella (v. 57-60). Cette subtile association de l'eau et du feu, bien connue par les hydropyriques chers à la tradition épigrammatique[3], devient la matrice métaphorique du recueil, que

1 Les théoriciens de l'art figuratif reprennent cette démonstration : voir E. Panofsky, *Idea*, éd. française Paris, 1983.

2 Pontano, *Eridanus* I, 1, 1-10.

3 Sur ce sujet, on se reportera aux travaux de P. Laurens, notamment *L'abeille dans l'ambre. Célébration de l'épigramme*, Paris, 1989, p. 379 et suiv.

Pontano enrichit en implantant son propos, suivant un mode qui lui est cher, dans une géographie empreinte de réminiscences mythologiques.

L'élégie I, 7, *Ad Stellam*, révèle d'autres investigations encore, qui singularisent la posture pontanienne. Au regard des critères du genre, l'un des traits novateurs de cette pièce tient dans l'annulation du *discidium*, jusqu'alors conçu comme l'élément constitutif de l'écriture élégiaque. En effet, la distance spatiale ou temporelle n'empêche en rien ici le sentiment de la présence permanente de la bien-aimée : la longue ouverture aux vers 1-10, scandée par la répétition incantatoire de *mecum* en témoigne, restituant au langage sa fonction évocatrice originelle.

*Non Alpes mihi te aut uasti maris aequor et ipsae*
*eripiant Syrtes, nam mihi semper ades.*
*Mecum de summa specularis litora puppe*
*et mecum longas isque redisque uias,*
*mecum compositis haeres moritura lacertis,*
*si pontus, si quid saeua minatur hiems,*
*mecum quoque loco, quicquid fortuna pararit,*
*quicquid ago, mecum es, nec nisi semper ades ;*
*tu curis solamen ades requies labori,*
*et quia semper ades, nil nisi dulce mihi est*[1].

« Ni les Alpes, ni la vaste mer ni les Syrtes elles-mêmes
ne pourraient t'arracher à moi, car tu es toujours à mes côtés.
Avec moi, tu contemples le rivage du haut de la poupe,
et avec moi tu pars et reviens de longs voyages,
avec moi, décidée à mourir, tu restes accrochée dans l'enceinte de mes bras,
si la mer ou une violente tempête nous menacent,
avec moi, n'importe où, quoi que nous prépare la fortune,
quoi que je fasse, tu es avec moi, pas un instant sans toi à mes côtés ;
pour soulager mes soucis, tu es à mes côtés, pour apaiser mes peines
et parce que tu es toujours à mes côtés, tout ne m'est que douceur. »

Explorant plus avant ce que Properce avait initié dans l'élégie I, 3 par exemple, où la création poétique était mise en scène dans sa progression, depuis l'émotion sensuelle jusqu'à la restitution artistique de la beauté de Cynthia[2], Pontano élude ici la phase de stimulation visuelle : son imagination, conduite par le verbe poétique et ses qualités musicales incantatoires, suffit à faire apparaître Stella et à susciter l'illusion de la

1 Pontano, *Eridanus* I, 7, 1-10.
2 Voir Casanova-Robin, « Présence de la mythologie... », art. cit.

permanence. La poésie prend alors pour objet l'imaginaire le plus intime, à l'état pur, sans autre support matériel que la magie des sons artistiquement agencés, illustrant cette précellence accordée à la nouveauté dans le langage poétique que Pontano avait énoncée dans l'*Actius* : *nam et nouitas delectat ipsa per se* (p. 158, éd. Previtera).

La nouveauté annoncée réside également dans un dialogue établi par le poète avec la conception néo-platonicienne de l'amour qu'il a peu exploitée jusque-là. Cette orientation paraît confirmée dans cette élégie, où Stella, au nom évocateur, est représentée comme l'incarnation d'une beauté céleste :

*Oraque in ore deae cerno tua : tu mihi rides,*
*sentio de risu gaudia mille tuo ;*
[...]
*Inde, ubi per medium rapitur sol aureus orbem,*
*aurea te nobis solis imago refert ;*
*illius in radiis uideo rutilare capillum,*
*et tua Phoebeo splendet in igne coma ;*
*quacumque aspicio, lux te mihi, tu mihi lucem*
*offers, nec sine te luxue diesue mihi est.*
*Tandem, ubi sidereis nox aduenit acta quadrigis*
*clarus et occiduo Vesper in orbe nitet,*
*ora refert tua tunc mihi candida lucidus Hesper,*
*in Veneris specto te recubare sinu*[1] ;

« Ton visage, je le vois dans celui de la déesse : tu me souris,
je ressens mille joies de ton sourire ; [...]
Alors, lorsque le soleil d'or est emporté à mi-course,
l'image d'or du soleil m'apporte ton reflet :
dans ses rayons, je vois scintiller tes cheveux,
et ta chevelure resplendit dans les feux de Phébus ;
partout où je regarde, la lumière t'offre à moi, tu m'offres
ta lumière, et sans toi, il n'est ni lumière ni jour.
Enfin, quand la nuit survient, portée par ses quadriges d'étoiles,
éclatante, Vesper brille du côté de l'occident,
ton visage lumineux, alors Hesper, étincelant, me le renvoie
et je te vois allongée sur le sein de Vénus ; »

Stella surgit dans le soleil divin ou dans les rayons de Vesper, l'étoile nocturne, elle est aussi dépeinte allongée sur le sein de Vénus (v. 21-30).

1 Pontano, *Eridanus* I, 7, 17-18 ; 21-30.

Certes, ce sont ici les divinités qui suscitent l'épiphanie de la *puella*, incarnant une « beauté nouvelle » (*noua forma*, *Erid.* I, 22, 16), au lieu que ce soit la vision de sa beauté qui conduit à dieu ; le langage requis est alors imprégné du lexique de la lumière laissant apparaître l'éclat apollinien qui rehausse la beauté de Stella. La distance adoptée à l'égard de la conception néo-platonicienne participe à cette appropriation d'une pensée philosophique diffuse dans l'imaginaire du poète. Plus qu'une conceptualisation de la relation amoureuse, c'est encore ici la primauté conférée à la rêverie, la *phantasia* étant nourrie moins de mythologie que d'une tradition qui imprègne désormais toutes les figures de l'amour. L'importance accordée à la luminosité incite à penser que Pontano adopte ici la définition de *phantasia* donnée par Aristote, dans le traité *De Anima* : « ... la *phantasia* a tiré son nom de "lumière" (*phaos*) » (III, 3, 429a 2-4)[1], de même que provient du Stagirite cette conception d'une imagination dérivée de la sensation – ici de la vision reconstituée de la bien-aimée, traduite par la succession des verbes *sentio, uideo, aspicio*... – qui a ouvert la voie à la subjectivité de l'artiste.

Le caractère novateur de cette relation, comme celui de l'écriture choisie pour l'exprimer, est signifié à la fin du poème dans l'exaltation d'une union qui se prolonge jusque dans le sommeil[2] – lieu de concordance amoureuse récurrent chez Pontano – de sorte qu'elle semble échapper à toute temporalité humaine :

*Tum noua me, uetus ipsa tamen, subit ante uoluptas*
*praeteritique memor mens fauet ipsa sibi ;*
*mox sopor irrepit membris, sopor ultima praebet*
*gaudia teque meo collocat ipse sinu,*
*amplectorque tuis innexus et ipse lacertis :*
*sic nullum sine te tempus et hora mihi est*[3].

1 Sur ce point, on se reportera à l'étude de J.-L. Labarrière, « Nature et fonction de la *phantasia* chez Aristote », in *De la phantasia à l'imagination*, dir. D. Lories et L. Rizzero, Louvain, 2003, p. 15-30. Voir également V. Naas, « De la *mimésis* à la *phantasia* : le discours sur l'art d'après Pline l'Ancien », *Incontri triestini di filologia classica* 4, 2004-2005, p. 235-256.

2 Sur le sommeil et ses implications poétiques et philosophiques, on pourra se reporter à l'analyse de P. Galand-Hallyn, « Une rhétorique de l'onirisme », art. cit., ainsi qu'au numéro spécial de la revue *Camenae* (5, novembre 2008) consacré à ce sujet, en ligne sur le site http://www.paris-sorbonne.fr/fr/spip.php ?article8615, sous la direction de V. Leroux et C. Pigné, tout particulièrement l'excellente étude de V. Leroux : « Refuge ou rival ? Sommeil élégiaque et écriture du dormir-veille chez Jean Second et ses modèles », p. 135-169.

3 Pontano, *Eridanus* I, 7, 35-40.

« Alors une nouvelle, et pourtant ancienne, volupté m'envahit
et mon âme se souvenant du passé s'en réjouit ;
bientôt le sommeil s'insinue en moi, le sommeil m'offre une ultime
jouissance et t'installe lui-même sur mon sein,
je t'entoure de mes bras, moi-même enlacé dans les tiens :
ainsi plus aucun moment, plus aucune heure sans toi. »

Sans nul doute, le poète napolitain, sur les traces de Properce, a-t-il révélé ici sa conscience de faire œuvre de modernité, procédant d'un renouvellement des formes par le recours à la *uariatio*, mais plus profondément, touchant à l'essence même du poétique, annonçant d'une certaine manière l'élan de Baudelaire :

Nous voulons, tant ce feu nous brûle le cerveau,
Plonger au fond du gouffre, Enfer ou Ciel, qu'importe ?
Au fond de l'Inconnu pour trouver du nouveau !

*Fleurs du Mal*, « Le voyage » (derniers vers)

Hélène CASANOVA-ROBIN
Université Paris-Sorbonne
E.A. 4081 Rome et ses renaissances

# LES ÉLÉGIES INTROSPECTIVES DE GIOVANNANTONIO CAMPANO

## INTRODUCTION

G. Campano (1429-1477), qui écouta les leçons publiques de L. Valla à Naples, chercha à étudier le droit à Sienne[1]. La guerre en Toscane entre Alphonse d'Aragon et les Florentins (1452) l'en détourna et l'amena à Pérouse où il entra au service de la famille Baglioni et où il enseigna l'éloquence (1455). En 1459, il quitta Pérouse, où il avait déjà composé une bonne partie de son œuvre, en particulier poétique, pour accompagner le pape Pie II au congrès de Mantoue. Il devint, avec Iacopo Ammannati Piccolomini, l'un des familiers de Pie II pour qui il composa des vers de louange ou pour inciter à la croisade contre les Turcs. En 1460, grâce à l'appui d'Ammannati, Pie II le nomma évêque de Crotone ; mais, apparemment, comme nous le verrons, il ressentit cette nomination comme un exil. Dès 1461, il se trouve à Tivoli, puis à Rome, probablement avec Alessandro Oliva, général des Augustins. En 1463, il est nommé évêque

1 Sur la vie de Campano, G. Lesca, *Giovannantonio Campano detto l'episcopus Aprutinus*, Pontedera, 1892 ; R. Fubini, *Quattrocento fiorentino. Politica, Diplomazia, cultura*, Ospedaletto (Pisa), 1966, chap. XI, « Umanesimo curiale del Quattrocento : il caso di Giovann'antonio Campano » ; F.R. Hausmann, *Giovanni Antonio Campano (1429-1477) : Erläuterungen und Ergänzungen zu seinen Briefen*, Diss. Freiburg i. B., 1968 ; F. Di Bernardo, *Giannantonio Campano tipica figura di umanista – vescovo*, Roma, 1969 ; F.R. Hausmann, « Giovanni Antonio Campano (1429-1477) : ein Beitrag zur Geschichte des italienischen Humanismus im Quattrocento », *Römanische hist. Mitteilungen*, 12, 1970, p. 125-178 ; F.R. Hausmann, « Giovanni Antonio Campano », *Dizionario Biografico degli Italiani*, 15, Roma, 1974, p. 424-429 ; F. Di Bernardo, *Un vescovo umanista alla Corte pontificio Giannantonio Campano (1429-1477)*, Roma, 1975 ; R. Fubini, « Umanesimo curiale del Quattrocento : nuovi studi su Giovann'Antonio Campano », *Rivista storica italiana*, 88, 1976, p. 745-755 ; G. Mincione, « Giannantonio Campano a cinquecento anni dalla morte », *Voce Pretuziana*, 63, 1977, p. 33-43 ; R. Bianchi, *Intorno a Pio II : un mercante e tre poeti*, Messina, 1988.

de Teramo, d'où sa désignation comme *episcopus Aprutinus.* Quand meurt Pie II (1464), il cherche la faveur du nouveau pape Paul II, mais il ne reçoit que quelques prébendes et, de 1465 à 1471, son activité principale sera celle d'éditeur scientifique des classiques publiés par l'imprimeur romain Ulrich Han[1]. En 1471, il suit le cardinal Francesco Todeschini-Piccolomini, archevêque de Sienne, à Ratisbonne, pour participer à la Diète entre Matthias Corvin et l'empereur Frédéric III et exhorter les princes chrétiens à combattre les Turcs. L'ambassade n'eut pas de résultat et Campano se lamente dans ses lettres et dans ses poèmes du climat et de l'ambiance « barbare » du pays. De retour en Italie à la fin de 1471, Campano fut successivement nommé gouverneur de Todi, puis d'Assise et finalement, en 1474, de Città di Castello où il se lia d'amitié avec celui qui prétendait être seigneur de la ville, Niccolò Vitelli. Mal lui en prit : le nouveau pape Sixte IV, qui avait envoyé Federico da Montefeltro reconquérir militairement la ville, ne le lui pardonna pas et lui retira sa charge. Après un voyage à Naples, Campano se retira à Teramo. En janvier 1477, il vient à Sienne où il meurt le 15 juillet.

Son œuvre fut éditée après sa mort à Rome par Michele Ferno (H. 4286 ; Eucharius Silber alias Frank, 1495), à Venise (Bernardinus Vercellensis et Andreas Torresanus de Assula, H. 4285, s. d. = 1502)[2], puis en 1707 par I. Burkhard Mencken (Leipzig, Gleditsch). Mais il n'existe pas encore d'édition scientifique de son œuvre poétique[3]. Le titre

1 Sur la fameuse épigramme à la gloire de l'imprimerie qui figure au colophon de plusieurs de ses éditions, voir mon article « Trois témoignages humanistes sur les débuts de l'imprimerie : Niccolò Perotti, Francesco Mario Grapaldo et Polidoro Virgili », *Helmantica* no. sp., *Mélanges A. Michel*, Salamanca, 1999, p. 97-107 (en particulier p. 99-100) et la citation qu'en fait Perotti au début de sa *Lettre à Guarnieri* (mon édition : *Deux pièces de la controverse humaniste sur Pline : Perotti, Lettre à Guarnieri ; C. Vitelli, Lettre à Partenio di Salò*, édition critique et commentaire, Sassoferrato, 2003, 1, lignes 5-6, p. 69 et 106).

2 Réimpression anastatique, Farnsborough, 1969.

3 Piero Cecchini avait l'intention d'éditer les *Carmina*, mais il en a été empêché par la mort : « Per un'edizione critica dei *Carmina* di G. Campano », *Res Publica Litterarum*, 5.1, 1982, p. 53-76, article repris et intégré (avec d'autres contributions) à la publication posthume *Giannantonio Campano. Studi sulla produzione poetica*, Urbino, 1995. J'ai travaillé sur l'édition de Ferno conservée à la Bibliothèque Méjanes d'Aix-en-Provence et provenant du collège des Jésuites d'Arles : Inc. Q 32. Les études sur ces poèmes sont rares : en dehors d'un article de R. Valentini, « Liriche religiose di G. A. Campano », *Bolletino della R. Deputazione di storia patria per l'Umbria*, 34, 1937, p. 41-56 ; de F.R. Hausmann, « Untersuchungen zum neolateinischen Epigramm Italiens im Quattrocento », *Humanistica Lovaniensia*, 21, 1972, p. 1-35 ; de P. Cecchini intégré au volume posthume mentionné ci-dessus (« Vino, musica, un toponimo 'fantasma' in un'elegia del Campano »), de F. Tateo,

donné par Ferno reflète bien l'ambiguïté générique de cette œuvre : *Io. An. Campani poetae clarissimi elegiarum epigrammatumque liber primus...* En se fondant sur les manuscrits conservés, P. Cecchini a montré que ce recueil avait été préparé par l'auteur lui-même presque jusqu'à la fin du livre VI (exactement, jusqu'à VI, 39). La fin de ce livre et les deux suivants rassemblent des pièces soit non retenues dans le recueil constitué par l'auteur soit écrites à la fin de sa vie sans avoir pu être consciemment intégrées à ce recueil. Et de nombreux poèmes n'ont pas trouvé place dans l'édition de Ferno : P. Cecchini en a publié un certain nombre et il y en a encore d'autres, soit dans des manuscrits, soit dans sa correspondance[1]. Dans ce mélange d'élégies et d'épigrammes si commun au Quattrocento[2], je tenterai d'abord, livre par livre, de démêler ces deux genres littéraires pour montrer l'évolution de la poésie de Campano, puis je concentrerai mon attention sur ce que je propose d'appeler ses élégies introspectives.

---

« Le elegie properziane di Giovannantonio Campano » in *A Confronto con Properzio (da Petrarca a Pound)*, Atti del convegno internazionale, (Assisi, 17-19 maggio 1996), a cura di G. Catanzaro e F. Santucci, Assisi, 1998, p. 125-140 ; et de ma contribution, « Le mythe de l'âge d'or dans une élégie de G. Campano », *Res Publica Litterarum*, 22, 1999 [2000], p. 128-138 ; K.A.E. Enenkel l'a inclus avec dix-sept autres auteurs dans son livre *Die Erfindung des Menschen. Die Autobiographik des frühneuzeitlichen Humanismus von Petrarca bis Lipsius*, Berlin/New York, 2008. Je n'ai pu avoir accès à Susanna de Beer, *Poetry and Literary Strategies in the Poems of G. Campano*, Unpublished PhD de l'université d'Amsterdam, 2007 ; en revanche, j'ai entendu au colloque de l'I.A.N.L.S. de Bonn (août 2003) la communication qu'elle a publiée sous le titre « G. Campano and the Rhetoric of Patronage », *Nieuwsbrief Neolatinistenverband*, 15, 2003, p. 3-9. J. Nassichuk a fait récemment deux communications en cours de publication : « Giannantonio Campano et la misère des poètes », à paraître dans *Le poète au miroir de ses vers. Études sur la représentation de l'artiste en poésie* (actes du colloque international *Représentations du poète dans la poésie à travers les siècles : du monde antique à l'ère contemporaine*, Paris IV, 14-15.12.2009), édit. H. Casanova-Robin et A. Billaut, Grenoble, 2012, et « Pie II dans les œuvres poétiques de Giannantonio Campano », Colloque international *Enea Silvio Piccolomini (Pape Pie II) : homme de lettres et homme d'église* (Université de Grenoble III, 22-23 avril 2010), à paraître dans *Cahiers des Études Italiennes*, dir. S. Stolf, 2011.

1 Par exemple un poème sur les banquets romains du cardinal Ammannati auxquels les épigrammes de Campano font souvent allusion : ce poème, que j'ai repris dans un article de 2002 (« Entre la *Lettre à Guarnieri* et le *Cornu copiae* : la correspondance philologique de N. Perotti avec le cardinal Ammannati », *Studi Umanistici Piceni*, 22, 2002, p. 55-68, en particulier n. 5, p. 64-65), ne figure pas dans l'édition de Ferno, non plus que l'épigramme sur l'imprimerie mentionnée p. 210, n. 1.

2 Voir mon article « Qu'est-ce que l'épigramme latine au Quattrocento ? », *Istituto Lombardo, Rendiconti. Classe di lettere e scienze morali e storiche*, 139, 2005 [2008], p. 373-390.

## ANALYSE DES HUIT LIVRES

Le premier livre compte vingt-cinq pièces et semble correspondre au séjour de Campano à Pérouse. Tous les poèmes sont écrits en distiques élégiaques, sauf une épigramme en hendécasyllabes phaléciens d'une certaine longueur, consacrée à son protecteur du moment, Braccio Baglioni (I, 4 : 27 hendécasyllabes). Pratiquement toutes les autres pièces sont d'inspiration amoureuse : neuf poèmes que leur brièveté rapproche de ce que nous considérons comme des épigrammes (4 à 10 distiques) ; huit des neuf pièces qu'on pourrait qualifier de brèves élégies (11 à 15 distiques) ; deux des trois élégies de taille moyenne (26 à 36 distiques) et deux des trois longues ou très longues élégies (les pièces 23 *Ad se ipsum de Dianae discessu* : 51 distiques, et 9 *Somnus*, autobiographie insérée dans un cadre amoureux : 162 distiques). En dehors de l'épigramme historique et courtisane en hendécasyllabes, ne s'écartent de la thématique amoureuse qu'une brève élégie morale (I, 3 *Conqueritur de fatis* : 15 distiques), une élégie moyenne de caractère historique (I, 11 *Pax confecta* : 26 distiques) et une longue élégie de circonstance (I, 22 *Ludi equestres* : 95 distiques), mais cette dernière inclut la présence d'une des femmes chantées, Diana, et donc se rattache en partie à la thématique amoureuse. Quatre visages féminins apparaissent : outre Diana, à qui douze pièces sont spécifiquement consacrées (2, 5, 6, 7, 8, 9, 10, 13, 16, 17, 21, et 23 dont on aura noté le titre curieux), plus le long poème 22 qui la mentionne, Suriana (trois pièces : 15, 19, 24), Candida (une seule : 18) et Sylvia, mise en concurrence avec Diana dans la longue élégie autobiographique sur laquelle nous reviendrons (I, 9).

Le livre II ne compte que vingt pièces, toutes en distiques élégiaques, avec encore une très forte dominante de la thématique amoureuse, mais il s'agit ici de chanter plus l'amour en général qu'une femme individualisée par un prénom : seulement une pièce pour Diana (II, 8), deux pour Sylvia (II, 16-17) et deux pour Suriana (II, 18-19), alors que les cinq pièces d'une brièveté épigrammatique (4 à 9 distiques), cinq des six élégies brèves (11 à 15 distiques), six des sept élégies moyennes (21 à 36 distiques) et une des deux élégies longues ou très longues (II,5 : 39 distiques) ont une thématique amoureuse générale. Ne s'écartent de ce thème qu'une brève élégie sur l'amour du pays natal (II, 6 : 15 distiques), une élégie d'actualité, en l'occurrence militaire, de longueur moyenne (II, 20 sur la guerre du roi d'Aragon en Toscane : 22 distiques) et une longue *Deploratio* (II, 15 : 112 distiques) où Campano, orphelin à trois ans, se lamente sur son sort (v. 31 *querulos elegos*). On notera, pour y revenir, que huit pièces amoureuses (presque la moitié) ont pour titre *Ad se ipsum* ; cet affichage est d'autant plus visible que cinq de ces huit pièces sont groupées (II, 2, 4, 9, 11, 12, 13 et 17-18).

C'est dans le livre III (36 pièces) que Campano recherche la plus grande diversité. Du point de vue métrique, l'hendécasyllabe phalécien revient, et de façon marquée (6 pièces : III, 20, 23, 24, 27, 31 et 32), et apparaissent quatre mètres lyriques horatiens dans sept pièces : l'asclépiade mineur (III, 17 et 21), l'association du glyconique avec cet asclépiade mineur (III, 18 et 25), la strophe alcaïque (III, 19) et la strophe sapphique (III, 22 et 26) ; le distique élégiaque domine encore, mais représente un peu moins des deux tiers des poèmes. Du point de vue thématique, les pièces de circonstance, politiques ou encomiastiques, équilibrent les poèmes amoureux : sur vingt-et-un poèmes de dimension épigrammatique (4 à 10 distiques ou longueur équivalente)[1], dix seulement (dont quatre lyriques) parlent d'amour[2] ; sur huit élégies brèves (11 à 17 distiques), seulement deux ; sur six élégies moyennes (20 à 36 distiques), trois. Et la plus longue pièce, initiale, est un éloge du dédicataire, le pape Pie II (58 distiques), ce qui permet de dater globalement ce troisième livre du début du pontificat d'Enea Silvio Piccolomini dont Campano allait devenir le collaborateur et l'ami. On remarque, à côté d'une pièce encore adressée à Braccio (III, 10) et de plusieurs en l'honneur du nouveau pape (III, 1, 2, 22, 23), une épigramme sur Sigismond (III, 34) et un billet élégiaque au cardinal Alessandro Oliva (III, 29). L'amour est encore présent, plus en général que pour telle femme en particulier (Sylvia : III, 7-8 ; Suriana : III, 11 et 14 ; Diana : II, 26-27, et une nouvelle figure féminine, éphémère, Carmilia : III, 6) et par six fois le poème amoureux est intitulé *Ad se ipsum*.

1 On remarquera que sur le ms. R deux pièces brèves, après trois longues, sont qualifiées d'*elegia* : III, 12, cinq distiques, et 13, six distiques (voir Cecchini, *op. cit.*, p. 77-78).

2 Noter une épitaphe en hendécasyllabes pour le cardinal Prosper Colonna : III, 31.

Au livre IV, la polymétrie est quasi abandonnée : une seule petite pièce en hendécasyllabes (IV, 5) pour vingt-huit en distiques élégiaques. Mais l'épigramme, au sens moderne du terme, triomphe : vingt-six pièces très brèves (1 à 13 distiques) sur vingt-neuf, avec la poésie de circonstance ou de cour : neuf pièces au Pape Pie II et six à son collaborateur et ami le cardinal Ammannati. La culture antique trouve elle aussi sa place (cinq pièces groupées : IV, 21 à 25). La thématique amoureuse disparaît quasi totalement : Campano voudrait-il suggérer qu'à partir de sa nomination comme évêque en 1460 (nous y reviendrons), elle n'est plus de mise ? Les trois pièces plus longues correspondent à une épître élégiaque, mais non amoureuse, à Gorus Lo(l)lius (ou Lollus : IV, 6 : 36 distiques) et deux pièces politiques : à Sigismond Malatesta (IV, 2 : 41 distiques) et surtout à Pie II, pièce liminaire et la plus longue (IV, 1 : 151 distiques). Les préoccupations politiques et courtisanes dominent désormais[1], et la thématique amoureuse n'apparaît que timidement : pour évoquer les amours de Sigismond Malatesta (à côté de ses victoires militaires...), Campano établit un petit parallèle avec les siennes (IV, 2, 7-14) en évoquant rapidement les trois figures féminines le plus souvent présentées dans les livres précédents : Sylvia, Suriana et Diana. Mais il s'agissait bien de chanter des femmes et d'imaginer des tourments d'amour. Les deux derniers vers du passage sont à cet égard significatifs (IV, 2, 13-14) : *Perque meos etiam uersus cantata Diana est ; / Hic quoque non fecit uulnera, fingit Amor.*

Comme le livre IV, le livre V est écrit en distiques élégiaques sauf une pièce en hendécasyllabes (V, 15). Mais, en dépit de la présentation de l'édition de Michele Ferno, il compte trente-sept et non trente-six pièces : ce qui apparaît comme la pièce 12 accole en réalité deux pièces différentes, une épigramme à Ammannati de dix distiques et une réflexion sur sa vie de neuf distiques ; ces deux pièces sont séparées dans les manuscrits U et V et la seconde manque dans R et Z. Aussi, avec P. Cecchini[2], les distinguerons-nous en les numérotant V, 12a et V, 12b. Ici encore, l'épigramme domine et la thématique amoureuse disparaît presque totalement : seule l'épigramme où Campano répond aux questions sur son mode de vie (V, 12b) contient une référence à

1 Sur cet aspect de la poésie de Campano, voir les études récentes de S. de Beer mentionnées p. 211 (n. 3 de la page 210).
2 Cecchini, *op. cit.*, p. 85.

l'une des femmes précédemment chantées : sa flamme ne faiblit pas et Suriana vient souvent le voir dans sa retraite. Pour le reste, sur les trente-cinq poèmes de longueur (1 à 13 distiques) et/ou de thématique épigrammatique[1], à côté de huit pièces adressées au cardinal Ammannati[2] et cinq au pape Pie II ainsi que deux pièces diverses, on relève dix-neuf monostiques dont dix-sept se rattachent indubitablement aux séries de *Xenia* que propose Martial dans le treizième livre de ses épigrammes : neuf monostiques sur des nourritures végétales (V, 19 à 27) suivis par huit monostiques sur des animaux (V, 28-35) et un monostique humoristique sur un cuisinier (V, 36) ; un seul monostique, sur un eunuque (V, 16), échappe à cette longue série dans la veine de Martial. Cette référence à Martial (*aemulatio*) est d'autant plus évidente que certaines des plantes (V, 22 *faba* ; V, 25 *asparagus*) ou certains des oiseaux (V, 31 *turtur* ; V, 32 *columba* ; V, 33 *turdus*) évoqués par Campano se trouvaient déjà dans les *Xenia* de Martial (respectivement XIII, 7 ; 21 ; 53 ; 66 ; 51). En nombre de poèmes, la veine épigrammatique à la manière de Martial l'emporte donc sur la veine politique et courtisane. Le livre V ne laisse donc place qu'à une petite élégie, courtisane, au cardinal de Spolète (V, 13 : 15 distiques de justification) et une élégie liminaire (V, 1) de taille moyenne (22 distiques) dans la ligne de la poésie d'exil ovidienne : Campano s'y plaint de son « exil » dans l'évêché qu'on lui a donné (1460). Nous y reviendrons.

La très forte dominante des épigrammes se confirme dans le livre VI : quarante-trois épigrammes de deux à huit distiques, plus une épitaphe pour l'empereur Auguste (VI, 40 : 15 hexamètres)[3] sur quarante-six poèmes. Le phalécien disparaît, mais on relève trois pièces dactyliques regroupées par Ferno : V, 40 (que nous venons de mentionner) ; 41 (*Quam friuola gaudia mundi*, quatre hexamètres conclus par un trimètre dactylique hypercatalectique) ; 42 (*Panthasileae* : 3 hexamètres). Aucune pièce n'est adressée à Pie II, mais on relève un bref éloge de son successeur Paul II (VI, 39 : 4 distiques). Nous sommes donc après 1464, sous le pontificat de Paul II. Treize pièces sont encore adressées au cardinal Ammannati, mais souvent sur un ton aigre-doux qui pourrait laisser supposer, à moins

1 Noter l'épitaphe pour Niccolò Strozzi : V, 2.

2 Dont une épigramme un peu longue (13 distiques) sur ses fameux repas.

3 C'est avec cette épitaphe que commence la partie de l'édition Ferno qui n'a pas été ordonnée par l'auteur lui-même.

d'une mise en scène, une dégradation de la relation entre les deux amis. Je pense en particulier aux pièces VI, 28 (huit distiques), où Campano demande à Ammannati pourquoi il le fait mettre nu quand il vient dîner chez lui ; VI, 32 (3 distiques), où Campano, traité en bouffon, menace d'agir en tant que tel ; et VI, 34 (4 distiques) où Campano insiste pour se faire inviter à dîner (même s'il s'agit d'un *topos*). En dehors de ces épigrammes, on ne relève qu'une épître de vingt distiques (VI, 24) où Campano, qui quitte Rome, demande à Ammannati de lui garder son amitié et une inversion du *paraclausithyron* élégiaque (VI, 2 : 13 distiques) : Campano s'adresse vainement au portier d'Ammannati qui ne le laisse pas entrer et il est obligé de déposer son poème sur le seuil du cardinal ! Une telle inversion du motif peut-être le plus topique de l'élégie amoureuse[1] résonne comme un adieu aux armes d'Amour.

Le livre VII compte à peu près le même nombre de pièces que le précédent : quarante-cinq. Le mètre dactylique disparaît, mais le phalécien revient à faible dose (quatre pièces : VII, 5 : 4 vers, épitaphe de Pie II ; et trois pièces à Ammannati : 15 : 12 vers ; 19 : 3 vers ; 41 : 6 vers). Ici encore, presque toutes les pièces sont épigrammatiques (2 à 12 distiques) : quatre épitaphes[2] et trente-huit épigrammes, dont une pour l'anniversaire du troisième couronnement de Pie II (20 : 12 distiques ; 19 août 1461), une pour Paul II (3 : 4 distiques ; au plus tard en 1471), une au cardinal Riario, neveu de Sixte IV, pour célébrer ses travaux édilitaires (30 : 7 distiques) – nous sommes donc en 1472 ou 1473 – et surtout vingt-deux au cardinal Ammannati, souvent pour présenter des demandes et plusieurs fois aigres-douces. Parmi les treize épigrammes diverses, on notera que la pièce 10 (11 distiques), à propos des amours du destinataire dont Campano attend une gratification, fait un petit parallèle avec Tibulle (Délie et Néère) : c'est la seule allusion érotique du livre. S'ajoutent un petit billet à Ammannati sur le thème du départ et de l'absence, qui ouvre le livre (VII, 1 : 11 distiques : je pars pour le Norique[3], souviens-toi de moi), un autre à un ami poète nommé Thomas (VII, 9 : 15 distiques) et une véritable épître élégiaque adressée à Pomponio Leto pour défendre

1 Voir mon article « Permanence et mutation d'un genre littéraire antique au Quattrocento : un *paraclausithyron* de C. Landino (*Xandra* 2,20) », *Res Publica Litterarum*, 7 (= *Studi Umanistici Piceni*, 4), 1984, p. 39-51.

2 VII, 5 déjà citée ; 6 : Francesco Sforza, 2 distiques ; 7 : Antonio Giovanni de Aquino, 3 distiques ; 21 : Calixte III, 4 distiques.

3 La mission à Ratisbonne de 1471.

sa poésie (VII, 37 : 27 distiques élégiaques) : Pomponio affirmait que les Muses avaient fui Campano depuis sa consécration épiscopale ; celui-ci lui répond que, depuis qu'il est évêque, il n'a plus faim et qu'on est meilleur poète quand on a mangé et bu (v. 35 *Dulce canit qui dulce bibit*) et que les grands écrivains ont eu des fonctions religieuses : les poètes sont chers aux dieux s'ils portent mitre et tonsure.

Le dernier livre (VIII) compte quarante-deux pièces dont la diversité métrique est comparable à celle du livre précédent (seulement quatre pièces en phaléciens[1]). Mais la domination des pièces épigrammatiques (1 à 10 distiques) y est un peu moins nette : deux épitaphes, dont une non déclarée comme telle[2], et trente-trois épigrammes, dont une rappelle le souvenir de Pie II à propos de Pienza (6 : 5 distiques), une le cardinal Bessarion (28 : 10 distiques), deux Federico de Montefeltre et sa famille (29 et 30 : 3 et 4 distiques), trois – seulement ! – le cardinal Ammannati[3], alors que onze sont adressées au cardinal Riario[4] : nous sommes au début du pontificat de son oncle Sixte IV ! De fait, ce livre VIII contient aussi trois élégies épidictiques de longueur moyenne adressées au même personnage[5] à côté de trois autres à peine un peu plus courtes, toujours épidictiques, mais à l'adresse des Aragonais[6]. Toutefois les préoccupations courtisanes n'excluent pas l'expression de sentiments personnels, en particulier deux épigrammes qui expriment sa satisfaction d'être revenu d'une terre barbare[7], la seule pièce authentiquement religieuse du recueil, une prière à saint Pierre (8 : 7 distiques) et surtout, une dernière pièce *Ad se ipsum*, véritable examen de conscience que sa longueur situe entre l'épigramme et l'élégie brève, mais en hendécasyllabes phaléciens (24 : 23 vers).

1 VIII, 24, sur laquelle nous reviendrons, et trois pièces groupées : 32, 34 et 35, de 26, 13 et 6 vers.

2 VIII, 3 : 6 distiques, épitaphe de la chienne de Paul II Zuccharina, et VIII, 39 : 3 distiques, épitaphe d'une jeune femme qui a eu six enfants en sept ans de mariage.

3 VIII, 5 : 5 distiques ; 9 : 8 distiques ; 12 : 6 distiques, plus une allusion dans la pièce 42.

4 VIII, 7 : 4 distiques ; 11 : 2 distiques ; 13 : 2 distiques ; 14 : 6 distiques ; 15 : 4 distiques ; 16 : 5 distiques ; 17 : 7 distiques ; 18 : 3 distiques ; 19 : 4 distiques ; 20 : 7 distiques ; 21 : 5 distiques.

5 VIII, 10 : 20 distiques ; 22 : 30 distiques avec la mention explicite du genre dans le titre : *Ad eundem elegia* ; 23 : 14 distiques.

6 VIII, 25 *Ad regem Ferdinandum*, 14 distiques ; 26 *Duci Calabriae*, 11 distiques ; 27 *Domino Ioanni Car. De Aragonia*, 15 distiques.

7 Entendez l'Empire germanique (Ratisbonne, 1471) : 1 et 2, respectivement sept et dix distiques.

## LES ÉLÉGIES INTROSPECTIVES

Il est temps de concentrer notre attention sur ces poèmes explicitement introspectifs. Il est *a priori* curieux d'intituler une élégie amoureuse *Ad se ipsum* : un poème érotique s'adresse plus naturellement à la femme chantée. Ainsi Properce apostrophe Cynthie, Tibulle Délie, Lygdamus Néère... Marrasio peut intituler ses élégies *Ad Angelinam*, Enea Silvio Piccolomini *In Cinthiam*, Landino *Ad Xandram, Ad Franciam, Ad Ginevram*, Pontano *Ad Fanniam, Ad Cinnamam* et, plus tard, *Ad Stellam.* Pourtant, si Catulle, pleinement considéré au Quattrocento comme un poète élégiaque[1], apostrophe plusieurs fois Lesbie, il n'hésite pas non plus à se prendre à parti ni à s'adresser à lui-même : les pièces 8, où il s'exhorte à tenir bon face à l'échec de son amour (v. 1 *Miser Catulle...* ; v. 19 *At tu, Catulle, destinatus obdura*), ou 52 (v. 1 = 4 *Quid est, Catulle...*) sont bien connues de ce point de vue[2] et dans la pièce 76 Catulle dialogue avec lui-même (v. 5 *Catulle*) pour constater qu'il est difficile de se défaire d'un long amour. Cette introspection n'est pas totalement absente des élégies de Properce qui s'interpelle sur sa propre mort (II, 8, 17-18 : « Ainsi donc tu mourras à la fleur de l'âge, Properce... ») ou s'adresse à lui-même : *Quo fugis a demens...* (II, 30, 1 *sqq.*).

Aussi n'est-il pas surprenant qu'au moment où renaît dans l'ambiance siennoise l'élégie amoureuse latine, le plus ancien des trois amis que je qualifierais de « refondateurs de l'élégie amoureuse », Antonio Beccadelli le Panormite, place en deuxième position de son fameux – dans tous les sens du terme – *Hermaphroditus* où élégie et épigramme sont encore inextricablement liées, une petite pièce de deux distiques intitulée *Ad semet ipsum loquitur et respondet*, dialogue où il justifie sa dédicace du livre à Côme de Médicis. Si ses deux compères Marrasio et Piccolomini ne l'ont pas suivi sur ce point, on voit reparaître dans la deuxième génération des élégiaques néo-latins, à Florence avec Cristoforo Landino, cette dimension introspective de l'élégie : dans la pièce I, 17 (4 distiques) de la seconde version de *Xandra* (1458), déjà présente dans celle de 1444

1 Voir mon article « Qu'est-ce que l'épigramme latine au Quattrocento ? », art. cit.
2 Voir aussi Catulle 79, 2.

(pièce 35)[1], la parole de celui qui écrit s'adresse à lui-même sous le titre *Ad se ipsum* : *Quid facis infelix* (v. 1) … *Desine iam uarios tibimet nutrire dolores* (v. 5) pour conclure : *paeniteatque tui* (v. 8). Et il est intéressant de noter que la pièce précédente (I, 16 = 34 dans la première version) porte le même titre *Ad se ipsum* alors qu'en 1444 son titre était *Ad Musas.* La pièce s'interroge sur l'objet de la poésie de Landino qui se reproche d'avoir composé jusque là trop de *lasciua carmina* (v. 1-2) parce qu'il a brûlé d'un mauvais amour (v. 2 *plusque satis me malus ussit amor* ; *cf.* v. 4) et s'exhorte : *Nunc meliore lyra, diuae* [= les Muses], *meliora canamus* (v. 3). Il se propose un programme de poésie religieuse (v. 5-6) en se repentant du passé (v. 7-8 qui se terminaient déjà par *pigeat paeniteatque mihi*). Dans ce poème, ce sont bien les Muses qui sont apostrophées comme l'indiquait le premier titre. Le changement de titre est donc significatif : même s'il interpelle les Muses, c'est à lui-même que s'adresse le poète. Mais disons clairement que Landino a néanmoins continué d'écrire des élégies érotiques. Dans ce contexte élégiaque, il n'est donc pas surprenant que Campano, à côté de Pontano – je pense à *Parthenopeus siue Amores* I, 25 *Ad se ipsum* où Pontano s'adresse à lui-même pour s'exhorter à de nouvelles amours[2] –, s'adresse *Ad se ipsum.* Mais l'examen des seize pièces qui portent ce titre dans le recueil de ses poésies (au total 280) publié par Michele Ferno révèle des surprises.

D'abord une observation d'ensemble : le livre I présente presque à sa fin une longue élégie *Ad se ipsum* (I, 23 : 51 distiques), mais c'est dans le livre II qu'on note une présence massive d'élégies *Ad se ipsum* (8 sur 20 pièces), de longueur épigrammatique pour trois d'entre elles (II, 12 : 9 distiques ; 17 : 4 distiques ; 18 : 7 distiques) ou moyenne pour les cinq autres (II, 2 : 28 distiques ; 4 : 13 distiques ; 9 : 27 distiques ; 11 : 11 distiques ; 13 : 15 distiques). Dans le livre III, le titre *Ad se ipsum* apparaît encore, mais un peu moins fréquemment (6 pièces sur 36) et si trois de ces pièces sont élégiaques et de longueur moyenne (III, 7 : 13 distiques ; 8 : 22 distiques ; 14 : 12 distiques), la pièce 13 a une brièveté épigrammatique (6 vers) et la brève pièce 21 est écrite en un mètre lyrique (14

1 À la même époque, Tito Strozzi commence lui aussi à écrire ses premières élégies amoureuses, mais, comme me l'indique Béatrice Charlet-Mesdjian, aucune de ses pièces n'est intitulée *Ad se ipsum.*

2 Dans l'aldine de 1505, *Ad se ipsum exhortatio ad nouos amores.* Voir aussi *De Amore coniugali* I, 7 *Animum suum alloquitur.*

petits asclépiades) alors que la pièce 27, de mètre épigrammatique (le phalécien) a la longueur d'une élégie (56 hendécasyllabes) et mêle amour et vie quotidienne. Après une absence remarquée dans les livres IV à VII, on retrouve le titre *Ad se ipsum* sur une pièce introspective de longueur moyenne, en hendécasyllabes (VIII, 24).

Dans le détail, on remarquera d'abord que la première pièce (I, 23) a un sous-titre : *Ad se ipsum de Dianae discessu*[1] et si l'élégie commence par un retour introspectif sur soi-même[2], Campano (je-narrateur) se disant à lui-même que la ville a perdu sa lumière et ses agréments depuis que Diana a gagné la campagne (v. 3-8), la situation des personnages n'est que le prétexte à des scènes de genre, parfois sans pudeur[3] : la présentation des dieux qui quittent leurs montagnes ou leurs retraites pour venir à la rencontre de Diana (v. 9-16) ; le *locus amoenus* (v. 17-25 avec l'attaque de vers consacrée *Est locus...*) où vient Tityre qui va raconter tout ce qu'il a vu. Tandis qu'il dormait caché dans l'ombre, une troupe de Naïades est arrivée et s'est dévêtue pour se baigner. Tityre, éveillé mais caché, voit alors la blancheur de leurs pieds et de leurs jambes (v. 26-44). Les Nymphes se mettent à chanter et à danser (v. 45-48). Arrive Diana qui, au témoignage de Tityre, surpasse les Nymphes (v. 49-50). Flora, avec d'autres divinités féminines, cueille des fleurs (motif classique de l'anthologie, v. 51-61), puis prend la parole (v. 62) : elle rappelle que Zéphyr lui a donné les fleurs dont on couronne les vainqueurs (v. 63-70). Elle n'aime pas les armes car ses combats, ce sont les jeux, les chants, les danses et les banquets. Elle engage les Faunes, les Nymphes et Diana, qu'elle soit fille de Vénus ou Vénus elle-même, à concourir (v. 71-78). Sur les rythmes de Pan, on danse pour remporter le prix (v. 79-82), mais Diana, comme un tourbillon, surpasse tout le monde (v. 83-92). Les déesses s'avouent vaincues et Flora couronne Diana en reconnaissant sa victoire et sur les mortelles et sur les déesses (v. 93-98). Tityre qui a rapporté la scène est un témoin digne de foi (v. 99-100) et Campano décide de gagner la campagne : la ville ne répond pas à ses souhaits

1 Ici, comme en II, 17, l'édition Ferno a écrit *seipsum* en un seul mot. J'ai préféré généraliser la graphie la plus classique et la plus simple.

2 V. 1-2 : *Quid, Campane, facis ? Quid stulte moraris in urbe ? / En tua, si nescis, rura Diana petit !*

3 Je pense à la représentation de Priape, à la hauteur de sa réputation (v. 11-14) : *stat falce Priapus / Erecta nec se continuisse potest. / Aspiceres auida longum tentigine rumpi / Hellespontiaci uil{l}ia membra dei.*

(v. 101-102). Bref, si les huit premiers vers correspondent au titre, les 94 autres développent des thématiques élégiaques autonomes.

Dans la pièce II, 2, le narrateur ne se déclare attiré ni par les richesses ni par les armes (v. 1-8). Il lui suffit qu'une femme par sa présence illumine et orne sa maison (v. 9-14). Il n'a rien à voir avec les guerres : il n'y a pas de place pour le *furor* guerrier dans un cœur humain (v. 15-38). Il rejette donc armes et richesses, commerce, agriculture ou élevage (v. 39-48) pour une autre milice, celle d'Amour (v. 49-56). Dans cette élégie, d'une thématique très tibullienne et ovidienne, on peut se demander où est l'introspection. La pièce II, 4 (13 distiques) développe une thématique semblable : je ne demande ni richesses ni palais ni domaines agricoles, mais seulement d'avoir une fille à moi, même si elle n'est pas toujours avec moi.

J'ai déjà étudié ailleurs la pièce II, 9 (27 distiques)[1], rêve d'amour, sinon à la campagne qui aujourd'hui n'est plus sûre, mais à l'époque de l'âge d'or :

> « Où que nous fussions allongés, en forêt ou sur l'herbe,
> Une fille en mes bras serait blottie sans crainte[2]. »

Dans ces trois élégies, Campano analyse son amour : comment il le souhaite, comment il aimerait le vivre. Après la pièce II, 10, nous trouvons une suite de trois petites élégies *Ad se ipsum.* Dans la pièce II, 11, Campano s'interroge (*Quid faciam…*) :

> « Dois-je rester chez moi à attendre le retour de ma belle ou vais-je la suivre à pieds ? Jusqu'à présent, je n'aimais pas marcher, mais je choisis cette seconde solution. Je ne crains pas de marcher sous le soleil. Mais toi, Apollon, fort de ton expérience, ne nuis pas de tes rayons à mon amie. »

La pièce II, 12 commence elle aussi par une interrogation sur soi-même (*Quo propero demens…*) :

> « Je suis fou de vouloir retrouver mon amie alors qu'elle souhaite garder secrète notre liaison. Mais je ne puis réprimer mes désirs. »

La pièce II, 13 commence par une affirmation du moi (*Aut ego…*), mais sa thématique est banalement amoureuse, le narrateur analysant

1 Voir Charlet, « Le mythe de l'âge d'or… », art. cit.
2 V. 53-54 : *Quacunque in sylua, quacunque iacentibus herba, / Haesisset gremio tuta puella meo.*

les conséquences du départ de son amie : depuis son départ, il n'y a plus de lumière, ni du soleil, ni artificielle (v. 1-12) ; je ne dors plus et je suis malade (v. 13-30, avec la brève intervention d'un ami, v. 25-28). En dehors du titre[1], rien ne distingue le poème II, 17 (4 distiques) d'une épigramme érotique sur un baiser qui a blessé les lèvres de l'amante et l'apostrophe à celle-ci (v. 7 *mea Sylvia*) ne correspond pas à une introspection. La pièce qui suit immédiatement (II, 18), à peine plus longue (7 distiques), entre d'autant plus dans la forme d'une épigramme qu'elle repose sur un renversement thématique habituel dans ce genre littéraire : les dieux peuvent diviniser les mortels, j'en ai fait l'expérience grâce à Suriana (v. 1-10) ; mais je ne pensais pas qu'ils pouvaient inversement ramener à la condition humaine et j'en fais la triste expérience (v. 11-14)[2].

Le livre III présente trois élégies amoureuses dont le titre *Ad se ipsum* est complété par un sous-titre : *De bona accessione prouinciae* (III, 7), *De Sylviae pulchritudine* (III, 8) et *De Suriana* (III, 14). Dans la première, Campano narrateur, qui s'adresse une fois à lui-même (v. 16 *Campane*), se lamente d'être arraché à sa patrie, la Campanie, et à la belle Sylvia (elle aussi apostrophée, v. 8 *Sylvia pulchra*) pour aller à la limite de l'Ombrie, dans une contrée sauvage et froide, mais où l'Amour, qui va partout, le poursuit. C'est à lui-même que s'en prend le narrateur en III, 8, pour n'avoir point su tenir sa langue : il a chanté une autre et Sylvia prend la parole pour le lui reprocher :

> « Mon amour t'a donné un génie poétique qui ne doit servir qu'à m'immortaliser moi, et non une autre ; je t'aime moins pour ta beauté que pour ta langue et j'attends de toi que tu m'immortalises. Une autre récolte ce que j'ai semé ; tu n'aurais pas dû, dans tes chants ingrats, placer sa beauté au-dessus de la mienne. »

Après ce long discours, le narrateur ne peut que rougir, car il ne saurait nier. Très classiquement amoureuse, la troisième (III, 14) expose le malheur du narrateur (v. 1 *Non ego sum felix...*) parce que la belle Suriana (apostrophée aux v. 7, 18 et 22) ne veut pas lui céder. Cette troisième élégie est précédée dans l'édition de Ferno d'une pièce de

1 L'entame à la première personne (v. 1 *Aut insanus eram...*) n'est en effet pas rare dans l'épigramme ou dans l'élégie.

2 Sur la réitération de la première personne (v. 1 *Mirabar...* v. 9 *Tunc ego...* v. 13 *fateor...*), voir note précédente.

longueur épigrammatique (III, 13 : six distiques) qualifiée d'*elegia* dans le manuscrit R ; Campano y parle de lui à la troisième personne (v. 1 *Campano*) avant de passer à la première (v. 5 *uidi ego*) pour se plaindre que sa vie soit un perpétuel esclavage alors que le sort des autres connaît des changements.

Les deux autres pièces *Ad se ipsum* du livre III ne sont pas métriquement élégiaques. Avec une brièveté épigrammatique, la pièce 21 chante le thème élégiaque du *paraclausithyron* (apostrophe à la porte de la femme aimée) sur un rythme lyrique (14 asclépiades mineurs)[1]. Le numéro 27, qui dépasse la longueur épigrammatique, expose dans un dialogue familier en 56 phaléciens une thématique érotique : le narrateur reproche à son serviteur Fabianus de le réveiller quand il dort encore... mais si c'est Diana qui le demande, qu'il lui dise de venir le rejoindre dans son lit où il se tourne et retourne aiguillonné par le désir !

C'est finalement dans le même mètre qu'est écrite la dernière pièce *Ad se ipsum* dans l'ultime livre (VIII, 24 : 23 hendécasyllabes), dont le caractère introspectif est indéniable : manifestement vieilli, le poète sent la fuite du temps et la caducité du monde sublunaire ; il est temps pour lui d'abandonner les *nugae* et de passer aux choses sérieuses en plaçant son espérance au ciel, là où la vieillesse n'existe pas. Un tel examen de conscience aurait pu s'exprimer dans le mètre élégiaque. Comment interpréter le choix du phalécien, habituellement consacré... à des *nugae* ? Est-ce le signe d'une volonté de conversion de sa poésie... ou une rouerie de poète qui insinuerait le doute sur le sérieux d'une telle conversion ?

Au total, sur les seize poèmes intitulés *Ad se ipsum* (treize en distiques élégiaques, deux en hendécasyllabes phaléciens et un en asclépiade mineur), sept sont des élégies amoureuses (II, 2-4-9-13 ; III, 7-8-14) et quatre des épigrammes érotiques (II, 12-14-18 ; III, 13), mais dans la première et dans la quatrième s'ajoutent des réflexions sur soi-même (II, 12 : que dois-je faire ? III, 13 : réflexions sur sa vie amoureuse)[2]. La

1 Contrairement à P. Grimal (*Le lyrisme à Rome*, Paris, 1978), il ne me semble pas possible de qualifier de « lyrique » une œuvre antique écrite en distiques élégiaques : les classifications métriques sont rigoureuses dans l'antiquité classique et l'expression, sincère ou non peu importe, de sentiments présentés comme personnels n'est pas spécifiquement lyrique. La définition du lyrisme dans l'antiquité repose sur des critères métriques plutôt que thématiques.

2 Ovide (*Amours* II, 4) présente au lecteur une confession du même ordre : il avoue ses mauvaises mœurs, son amour de toutes les femmes.

même dualité (thématique amoureuse associée à un retour introspectif sur soi-même) se retrouve dans deux élégies amoureuses, une longue (I, 23) et une brève (II, 11). Quant aux trois pièces métriquement non élégiaques, deux ont une thématique amoureuse (III, 27) et même spécifiquement élégiaque (III, 21 *paraclausithyron*), et la troisième est, dans le corpus des seize poèmes *Ad se ipsum*, la pièce la plus introspective : un examen de conscience qui voudrait déboucher sur une conversion spirituelle et esthétique[1]. Paradoxalement, l'introspection suggérée par le titre ne se manifeste pleinement que dans une pièce métriquement non élégiaque et n'occupe qu'une place relativement limitée dans une minorité des pièces ainsi intitulées[2]. Nous reviendrons en conclusion sur ce paradoxe. Mais il convient d'abord d'examiner deux pièces où Campano revient sur lui-même sans l'indiquer dans son titre : une très longue élégie autobiographique (I, 9) et l'adresse au cardinal Ammannati du livre V, dans laquelle Campano se lamente sur son « exil » à Crotone.

La très longue élégie intitulée *Somnus* (I, 9 : 162 distiques) s'inscrit dans une double tradition élégiaque : l'apparition en songe de la femme aimée (Cynthie apparaît deux fois en rêve)[3] et l'autobiographie, liée au thème de l'exil dans les deux derniers recueils d'Ovide (*Tristes* et *Pontiques*). Le narrateur, qui progressivement se révèle être Campano, est endormi quand lui apparaît en songe une *puella* qui ne veut pas se laisser reconnaître et qui le repousse (v. 1-10). Il finit par reconnaître son amante en pleurs, mais n'arrive pas à lui parler (v. 11-24). Sylvia, puisque c'est d'elle qu'il s'agit, s'évanouit, puis reprend ses pleurs (v. 25-32). Campano se maudit sans savoir pourquoi elle pleure en refusant de le regarder : lui, son poète,

1 Thématiquement proche de la *Praefatio* du poète latin chrétien Prudence.

2 Les données présentées par P. Cecchini (*Op. cit.*, en particulier p. 78-79) montrent que le titre *Ad se ipsum* n'est pas dû à l'éditeur Michele Ferno, mais a été voulu par Campano, au moins dans la dernière phase de mise en forme de ses poèmes : la pièce III, 13, d'abord intitulée *Queritur de longa seruitute* dans un premier état (ms. R), porte bien le titre *Ad se ipsum* dans le ms. U, qui représente le dernier état des volontés de l'auteur.

3 Properce I, 3 et IV, 7. – Le rêve présenté par Ovide en *Amours* III, 5 n'est pas du même ordre. F. Arnaldi, dans l'introduction (p. XV) de son anthologie *Poetae Latini del Quattrocento* (Milano/Napoli, 1964), où L. Gualdo Rosa a publié des morceaux choisis de Campano et notamment la pièce qui nous occupe présentement, rapproche ce poème d'une lettre élégiaque de Beccadelli à Giovanni Lamola écrite à Bologne entre 1425 et 1429 (*ibid.*, p. 13-19), importante par l'assimilation de la femme aimée à l'élégie (dont elle prend le nom : v. 21 *Flens Elegia uenit – sic nostra puella uocatur –*). Mais les situations ne sont pas comparables : Elegia ne vient pas en songe et elle ne reproche pas à Beccadelli de chanter une autre femme.

estime n'avoir commis aucune faute (v. 33-46). Au nom de poète, Sylvia réagit et parvient à lui dire : *Certe olim uates tu meus, inquit, eras* (v. 47-50). Campano comprend alors sa faute et rougit : c'est sa poésie qui est la cause des pleurs de Sylvia (v. 51-58). Mais, dit-il, je n'ai rien fait de mal et je t'aime toujours. Ma faute, je l'ai commise malgré moi : ce n'est pas par amour que j'ai chanté Diana (v. 59-76). Je vais te dire qui elle est et pourquoi je l'ai chantée si tu cesses de pleurer et que tu me regardes (v. 77-86). Les deux amants tombent dans les bras l'un de l'autre (v. 87-92) et Campano commence ses explications ou plutôt son long récit autobiographique :

> « Quand j'ai dû quitter mon pays, la Campanie, je suis allé à Sienne, mais la guerre qu'y a portée Alfonse d'Aragon (1452) m'a obligé à partir (v. 93-112). J'ai échappé à une embuscade dans le Val d'Orcia et j'ai fini par arriver avec mon frère à Pérouse en ayant tout perdu (v. 113-172). J'y ai été accueilli par le seigneur du lieu Braccio Baglioni (v. 173-180). J'étais à Pérouse depuis trois ans quand Braccio tomba amoureux de Diana et donna des jeux en son honneur (v. 181-204)[1]. Mais il voulut aussi illustrer son nom, ce que seul peut faire un poète (v. 205-240). Braccio, mon bienfaiteur, m'a donc demandé de la chanter et finalement, malgré tout ce que j'ai pu objecter, je n'ai pu refuser (v. 241-264). Braccio m'a demandé de le faire par amitié pour lui sans renoncer à mon amour pour toi en me disant : contente-toi de chanter Diana sans trahir réellement Sylvia, tu ne seras pas coupable à ses yeux (v. 265-280). J'ai donc cédé à ses prières, mais, comme j'ai chanté Diana à contrecœur, j'ai manqué d'inspiration ; je n'ai pas trouvé pour elle le souffle qui me venait spontanément pour toi, Sylvia, et maintenant j'ai perdu toute inspiration (v. 281-300). Je n'ai en définitive commis qu'une faute à ton égard : j'ai agi sans ton accord et c'est une autre qui cueille les fruits (poétiques) qui te sont dus (v. 301-310). Que meurent les vers que j'ai composés pour Diana (v. 311-318). »

Campano veut (ou feint de vouloir) alors jeter au feu les vers en question, mais Sylvia l'arrête en disant : achève ton travail poétique pourvu que ce ne soit pas par amour (v. 319-322). Le lecteur pense alors que tout est bien qui finit bien. Mais le dernier distique constitue un coup de théâtre qui montre la rouerie de l'amant, ou plutôt du poète, dans le type de relation amoureuse qu'il dépeint (v. 323-324)[2] :

---

1 Diana s'appelait en réalité Margherita da Montesperello, épouse de Francesco di Pietro dalla Bottarda. Vers 1455, elle fut aimée par Braccio Baglioni qui donna des fêtes en son honneur : voir la note de L. Gualdo Rosa dans l'anthologie citée note précédente, p. 790-791.

2 *Est amor, esse tamen, ne crederet illa, negaui. / Sic dominam uisus conciliasse meam* (*cf.* Ovide, *Mét.* IV, 150 *est et amor* ; *cf.* aussi Ovide, *Héroïdes* XVII, 191 *non est amor*).

« C'est de l'amour, mais j'ai nié que c'en était pour qu'elle ne le crût.
À ma maîtresse ainsi j'ai paru m'accorder. »

Au total, cette très longue élégie, qui s'inscrit dans la représentation littéraire d'une relation amoureuse, n'est en fait qu'un prétexte. Peu importe que Campano aime Sylvia ou Diana, ou ni l'une ni l'autre, ou une troisième, ce qui compte, c'est la poésie. Tout dans le poème incite à considérer que Campano chante des amours plutôt qu'il ne les vit : en clair, qu'il s'agisse d'une représentation littéraire et non de la peinture de sentiments réellement vécus (voir les vers IV, 2, 13-14 cités plus haut, qui vont en ce sens). Le dernier distique représente l'amour de Campano pour Diana comme réel. Mais Braccio aurait-il pu supporter de nourrir un réel rival ? Comme le suggère le poème, le chant élégiaque honore Diana, l'immortalise, et Diana sait que, par Campano, c'est à son amant réel Braccio qu'elle le doit. De la même façon, les amours de Suriana sont sûrement plus littéraires que réelles : Suriana Alfani, elle aussi pérugine et de la famille de Bartolo de Sassoferrato (apparenté par les femmes à N. Perotti, ami de Campano : le témoignage de Campano sur la famille de Bartolo est donc très intéressant)[1], était l'épouse d'un excellent ami de Campano et les poèmes élégiaques de ce dernier n'ont pas choqué le mari. On peut penser que, dans le cas de Sylvia, il s'agit aussi d'amour littéraire et de construction élégiaque. C'est d'ailleurs le mot *poeta* qui l'a fait réagir dans notre élégie : ce qui la choque, c'est que Campano chante, et immortalise, une autre qu'elle (c'était déjà le thème de la pièce III, 8 *Ad se ipsum* analysée plus haut). L'amour, fictif, ne compte pas vraiment : ce qui importe, c'est de savoir qui la poésie immortalise. Si finalement Campano affirme que c'est Sylvia le véritable objet de son amour, c'est bien elle qui sera immortalisée, même si une autre peut être chantée dans des pièces de commande : seules les pièces à Sylvia seraient « sincères ». Sylvia surpasse donc Diana et c'est elle qui est immortalisée. Campano aime chanter poétiquement l'amour, plutôt que de le faire, et quand il parle de l'immortalité que sa poésie confère à la femme chantée parce qu'il s'adresse à elle, il pense en réalité à l'immortalité de sa poésie, à sa propre immortalité. La situation amoureuse complexe qu'il met en scène est un prétexte pour introduire une autobiographie et une réflexion sur l'immortalité de sa poésie (ce qui occupe la majeure partie du poème : v. 93 à 280). En écrivant ce poème, c'est à lui-même (*Ad se ipsum*) qu'il pense.

1 Voir III, 13 et le commentaire de P. Cecchini, *op. cit.*, p. 78-79.

Nous sommes presque à la conclusion. Mais d'abord quelques mots sur la pièce liminaire du livre V adressée au cardinal Ammannati (ca. 1462), qui présente elle aussi, sur la thématique ovidienne de l'élégie d'exil, une grande complexité en dépit de sa relative brièveté (22 distiques). L'élégie s'ouvre par une adresse à l'ami : ton Campano est né sous une mauvaise étoile ; il va mettre à nu sous tes yeux ses blessures (v. 1-4). La Fortune en est en partie responsable, mais ta main a fait beaucoup (v. 5-6) : tu m'as poussé vers le large et tu m'abandonnes en pleine mer, sur un rivage étranger (v. 7-12). Il eût mieux valu pour moi ne pas devenir évêque dans une Calabre sauvage où les incursions militaires m'empêchent de me fixer (v. 13-20). Flanquée de Charybde et de Scylla, cette terre barbare ressemble à la Scythie (v. 21-30). À supposer que je puisse y accéder, mon génie y perdra sa force (v. 31-34). Chaque terre a ses productions végétales ou animales, ou produit certains caractères (v. 35-42) : le ciel d'Étrurie élève les esprits, mais le sol calabrais les fait languir (v. 43-44). Traduisons : Campano doit à Ammannati son évêché de Crotone (1460), mais ce cadeau ne lui convient pas : Crotone est en pays barbare[1], où les expéditions militaires des Turcs l'empêchent de demeurer. Mais c'est surtout l'Étrurie (Pérouse, dans les années 1450) qui a favorisé l'éclosion de son talent poétique et la Calabre le ferait languir ! Campano joue à l'exilé à la manière d'Ovide. Faut-il, avec L. Gualdo Rosa[2], prendre au sérieux son discours, en contradiction avec le témoignage de sa correspondance ? Personnellement, je ne le pense pas. La présentation de la Calabre est manifestement caricaturale et relève de la topique littéraire de la terre barbare. D'autre part, la qualité littéraire de cette pièce montre que l'inspiration poétique de Campano ne s'est pas tarie[3] ! En clair, Campano demande à son puissant protecteur d'intervenir auprès de Pie II pour lui obtenir un évêché plus intéressant. De fait, en 1463, il obtiendra celui de Teramo, non loin de l'Ombrie et de Rome. Il sait parfaitement que son ami – et tous ceux qui le liront – ne seront pas dupes de ses vers. Mais s'il joue bien en poète le rôle de l'exilé désespéré, la reconnaissance de son talent pourra lui valoir l'amélioration de situation qu'il souhaite…

1 Peut-être un certain ressentiment du Campanien contre le Calabrais s'exprime-t-il ici !

2 *Poetae Latini del Quattrocento*, p. 832, note au v. 13.

3 La même remarque peut se faire pour la longue élégie précédemment étudiée : Campano dit que le fait de chanter, malgré lui, Diana lui a ôté toute inspiration… dans la plus longue et peut-être la plus belle de ses élégies !

pour continuer son œuvre poétique[1]. La présentation de son propre sort ne saurait donc être considérée comme de l'autobiographie réaliste : c'est une élaboration littéraire qui rivalise avec l'Ovide des *Tristes* et des *Pontiques* pour susciter un retour sur investissement (poétique). Dans cette société de cour, la poésie peut être un investissement... pour se donner les moyens de pratiquer cet art.

## CONCLUSION

On peut donc conclure que le fait d'intituler seize de ses poèmes *Ad se ipsum*, avec une concentration dans les livres les plus « amoureux », dénote une orientation introspective de la poésie de Campano : même quand il parle d'amour, même quand il apostrophe la femme chantée ou qu'il la fait parler, son discours poétique peut s'adresser aussi bien à lui-même qu'à la femme chantée, qu'il y ait (assez rarement) véritable introspection ou non. Campano, nous l'avons vu, aime chanter l'amour plutôt que d'aimer réellement, et il aime se regarder chantant l'amour. C'est lui-même qui compte : en I, 9, une situation amoureuse complexe est mise en scène pour introduire une longue autobiographie et une justification de sa poésie, probablement pour lui la part la plus importante de sa vie. En V, 1, sa situation à Crotone est dépeinte de façon caricaturale et non pas réaliste : en rejouant élégamment le rôle ovidien de l'exilé désespéré, il veut convaincre son protecteur (Ammannati) de lui faire obtenir un meilleur évêché et tout cela pour pouvoir, convenablement nourri, épanouir son talent poétique. L'élégie de Campano, qui ne se distingue pas clairement de l'épigramme, est donc, en définitive, tournée vers le poète, *Ad se ipsum.*

Jean-Louis CHARLET
Université de Provence

1 On se rappellera l'épître élégiaque à Pomponio Leto analysée plus haut (VII, 37) : il faut un bon évêché qui nourrisse bien son évêque pour que ce dernier puisse être un bon poète !

# L'IMITATION DE STACE DANS UNE ÉLÉGIE DE PETRUS GRAVINA À L'ÉLOGE DE SORRENTE

Les œuvres poétiques de Petrus Gravina, humaniste originaire de Sicile longtemps associé à l'entourage napolitain de Giovanni Pontano[1], parurent de façon posthume, imprimées en 1532 aux presses de Sulzbach[2]. Ces *Poematum libri* forment une véritable collection, réunissant un éventail de compositions variées qui remontent à diverses époques de la vie de l'auteur. Ils constituent un ensemble hétéroclite, divisé en trois sections principales démarquées par genres poétiques. La première section, de loin la plus importante du recueil, contient quelque 187 épigrammes rédigées à l'intention de personnages divers, patrons, amis et confrères, ainsi que certaines pièces à caractère votif, adressées à des lieux ou à des objets. Elle est suivie de quatre poèmes plus longs, intitulés *Silvae*, rédigés en hexamètres dactyliques et adressés successivement à Girolamo Carbone, Prospero Colonna, Gonsalve de Cordoue et au duc de Suez. Quatre élégies, en distiques, suivent les silves. La collection se clôt par un fragment de l'épopée, intitulée *Consalvia*, qui demeura sans doute inachevée en raison du départ de son destinataire royal.

Ainsi, la disposition même du recueil met en évidence une sorte de face-à-face générique de la silve et de l'élégie, représentées pour ainsi dire de façon symétrique. Outre cette évidente distinction formelle, une différence essentielle apparaît d'emblée entre les deux genres tels que

1 Sur la biographie de Petrus Gravina, voir notamment G. Cagnone, *Pietro Gravina. Umanista del secolo* XVI, Catania, 1901 ; M. Cerroni, « Gravina, Pietro », *Dizionario Biografico degli Italiani*, A. M. Ghisalberti (dir.), Roma, 2002, t. 58, p. 770-772 ; B. Croce, « Un umanista gaudente », in B. Croce, *Uomini e cose della vecchia Italia*, t. 1, Bari, 1927, p. 13-26 ; L. Gualdo-Rosa, « Un seguace del Valla all'Università di Napoli nel '400 : Aurelio Bienato », in *Valla e Napoli. Il dibattito filologico in età umanistica*, édit. M. Santoro, Pisa/Roma, 2007, p. 171-186.

2 *Petri Gravineae neapolitani poematum libri ad illustrem Joannem Franciscum de Capua senensium comitem*, Naples, Sulzbach, 1532.

Gravina les conçoit. Les quatre « silves » sont destinées uniquement à des grands personnages, sur un ton plutôt solennel rehaussé par une véritable rhétorique de l'éloge. Il convient de souligner à cet égard une particularité formelle de la poétique de Gravina, qui réserve à l'hexamètre dactylique une dignité quasi-officielle, car seuls les chefs d'État, ou de grands *condottieri*, apparaissent comme destinataires de poèmes en hexamètres[1]. En effet, des 187 épigrammes, deux seulement, des épigraphes triomphales adressées à Prospero Colonna et à Gonsalve de Cordoue, empruntent cette forme métrique. Dans toutes les pièces rédigées en hexamètres, et notamment dans les silves, le poète déploie une éloquence épidictique qui a pour but de plaire à ses puissants destinataires[2]. Ces indications permettent de penser que pour Gravina, comme pour d'autres auteurs, la silve présente une forte composante oratoire, qui sert les fins de l'éloge courtisan[3].

Les élégies, par contraste, sont caractérisées par une plus grande variété de thèmes et d'usages rhétoriques. Généralement plus brèves que les silves, elles remplissent parfois une fonction encomiastique tout à fait semblable, comme en témoignent les pièces adressées à Alessandro Argoli et Bernardo Bernaudi, personnages importants auxquels Gravina est visiblement soucieux de prodiguer quelque éloge. On notera dans ces pièces occasionnelles le ton moins solennel, plus intime, que dans les *Silves*. Ainsi, la petite élégie en vingt-six vers adressée à Bernaudi, secrétaire royal de Gonsalve de Cordoue, est un poème généthliaque dans laquelle Gravina fête l'arrivée au monde du fils de Bernaudi cité en

1 La première Silve, qui est aussi la plus longue, semble déroger à cette tendance, puisqu'elle affiche comme destinataire un ami et confrère de Gravina, l'humaniste napolitain Girolamo Carbone. Or ce poème adopte la fiction de la correspondance épistolaire afin de mieux chanter l'éloge de la famille Colonna. Voir notre article « *Lautus luxus* : une épître en vers de Pietro Gravina à Girolamo Carbone », à paraître dans *Le luxe et la cité : penser le luxe*, édit. M. Deramaix et A. Vial, Le Havre, 2011.

2 Afin de mesurer l'importance que ces destinataires pouvaient revêtir pour l'auteur, il suffit d'examiner la place que Gravina accorde à chacun dans les épigrammes. Prospero Colonna est le destinataire de 20 épigrammes, soit plus de 10 pourcent de la section entière ; Gonsalve de Cordoue, surnommé le « Grand capitaine », reçoit 8 épigrammes et est le destinataire d'une épopée inachevée dont un fragment – le chant 3 – paraît à la fin de l'édition de Sulzbach ; Lenisio de Suez, *Lenisius Dux*, reçoit 10 épigrammes.

3 Sur la poétique de la silve à la Renaissance et ses aspects rhétoriques, voir les travaux de P. Galand-Hallyn, notamment, *Le reflet des fleurs. Description et métalangage poétique d'Homère à la Renaissance*, Genève, 1994, p. 257-332 ; 483-563 et *Un professeur-poète humaniste : Joannes Vaccaeus, la sylve parisienne (1522)*, Genève, 2002, « Introduction », p. xi-lxxxviii.

l'honneur du roi. Une seule des élégies, adressée à une certaine *Proculeia* aimée de Ludovico Catossa, confrère et ami du poète, déploie les motifs habituels de l'élégie amoureuse.

Enfin, l'élégie intitulée *De Surrenti amoenitate*, à la fois la plus importante par sa longueur et la seule qui n'affiche aucun nom de destinataire, chante l'éloge de la ville et de la région de Sorrente. Ce faisant, elle revisite un thème qui, entièrement absent du corpus élégiaque ancien, apparaît souvent dans les *Silves* de Stace. La présente analyse examinera de près la réécriture en distiques élégiaques de ce thème emprunté aux *Silves* du poète flavien. Elle doit suggérer que l'élégie de Gravina s'inspire principalement des *Silves* II, 2 et III, 1, dont les échos sont savamment mélangés à des souvenirs de poètes augustéens. Dans ce travail d'imitation et de réécriture, certaines différences subsistent néanmoins entre l'humaniste et son modèle ancien. Au lieu de fêter, comme Stace, la primauté de l'art humain qui dompte et canalise la fécondité naturelle du terrain méridional, Gravina cherche à illustrer avant tout les splendeurs d'une région qui fait naître et nourrit toujours les grandeurs humaines.

## SORRENTE CHEZ LES POÈTES ANTIQUES

Les poètes de l'époque augustéenne mentionnent peu souvent la ville de Sorrente. Horace emploie l'adjectif *Surrentinus* une seule fois, lorsqu'il évoque « l'homme adroit qui mélange aux vins de Sorrente la lie du Falerne »[1], usage métonymique également attesté chez Martial[2]. Chez les prosateurs aussi, la référence au célèbre vin de la région, connu pour sa légèreté, constitue l'un des principaux usages de l'adjectif[3]. Ovide, à la fin des *Métamorphoses*, l'emploie en énumérant les lieux contemplés par Esculape qui s'approche des rives de l'Italie méridionale :

*Inde legit Capreas promunturiumque Mineruae*
*Et Surrentino generosos palmite colles*

1 Horace, *Satires* II, 4, 55-56 : *Surrentina uafer qui miscet faece Falerna / uina…*

2 Martial, *Épigrammes* XIII, 110 : *Surrentina bibis ? nec murrina picta nec aurum. / Sume : dabunt calices haec tibi uina suos.*

3 Pline, *Histoire naturelle* III, 60.

*Herculeamque urbem Stabiasque et in otia natam*
*Parthenopen et ab hac Cumaeae templa Sibyllae*[1].

« Ensuite il double Caprée, le promontoire de Minerve, les collines de Sorrente aux ceps généreux, la ville d'Hercule, Stabies, Parthénope, née pour la vie oisive, et, plus loin, le temple de la Sibylle de Cumes. »

Généralement, les Anciens évoquent en Sorrente un lieu agréable et luxuriant, au climat doux. Horace en effet le qualifie d'*amoenus* dans l'épître parénétique qu'il rédige à l'intention d'un jeune ami[2]. Ces mentions brèves et élogieuses de la ville campanienne ne contiennent que rarement des descriptions plus détaillées.

Les œuvres des Élégiaques ne comportent aucune mention de la ville de Sorrente. En revanche, l'adjectif *Surrentina* n'apparaît pas moins de six fois dans les *Silves* de Stace, y compris deux occurrences dans les salutations en prose qui précèdent les livres II et III de ce recueil pour annoncer des poèmes entièrement dédiés à l'éloge du lieu méridional. Ainsi, les *Silves* II, 2 et III, 1 sont consacrées à l'éloge de la villa de Pollius Félix, un ami du poète, située à Sorrente, et du temple érigé par ce dernier en l'honneur d'Hercule[3]. Stace renouvelle cet éloge vers la fin de la silve III, 5, qui présente une riche gamme de références géographiques, lorsqu'il évoque les splendeurs de sa terre natale. S'adressant à son épouse, il énumère les merveilles du lieu qui l'a vu naître, non sans mentionner les terres voisines :

*Nec desunt uariae circa oblectamina uitae :*
*Siue uaporiferas, blandissima litora, Baias,*
*Enthea fatidicae seu uisere tecta Sibyllae*
*Dulce sit Iliacoque iugum memorabile remo,*
*Seu tibi Bacchei uineta madentia Gauri*
*Teleboumque domos, trepidis ubi dulcia nautis*
*Lumina noctiuagae tollit Pharus aemula lunae,*
*Caraque non molli iuga Surrentina Lyaeo,*

1 Ovide, *Métamorphoses* XV, 709-712. Traduction française de G. Lafaye, *Métamorphoses*, t. 3, Paris, 1966, p. 144.

2 Horace, *Épîtres* I, 17, 52 : *Brundisium comes aut Surrentum ductus amoenum...*

3 L'éditeur des *Silves* aux éditions Budé, H. Frère, ajoute la précision suivante : « L'emplacement de la villa sorrentine, signalé par le nom même de la Marina de Puolo, se cherche entre les caps de Sorrente et de Massa... » (Stace, *Silves*, t. 1, texte établi par H. Frère et traduit par H. J. Izaac, Paris, Les Belles Lettres, 1961, p. 53, n. 4.) Remarquons que l'adjectif *Surrentinus* n'est pas attesté dans la pièce III, 2.

*Quae meus ante alios habitator Pollius auget,*
*Denarumque lacus medicos Stabiasque renatas :*
*Mille tibi nostrae referam telluris amores*[1] ?

« Aux alentours abondent les agréments d'une existence pleine de variété : qu'il te plaise de visiter soit les rivages si caressants de Baïes aux sources fumantes, soit la demeure inspirée de la Sibylle prophétique, soit le sommet qui perpétue le souvenir de la rame troyenne, ou bien que tu préfères les vignobles chargés de grappes du Gaurus cher à Bacchus, ainsi que le séjour des Téléboens, dont le Phare, rival de la lune errante, élève ses feux lumineux, doux à l'inquiétude des marins, ou encore les crêtes de Sorrente que fait apprécier, don de Lyéus, un vin sec et que, plus que tout autre, mon cher Pollius rehausse en les habitant, ou les eaux salutaires de Dimidia, ou Stabies ressuscitée : t'énumérerai-je mille autres charmes de ma terre natale ? »

Ce tableau descriptif, qui déploie une pluralité de noms de lieux pour faire apparaître l'« image » de la région entière, s'inscrit dans la tendance énumérative déjà présente chez Ovide et Horace. Stace ne néglige pas non plus le lieu commun poétique, qui identifie en Sorrente l'endroit chéri de Bacchus, le « dieu qui aime l'ivresse ». Une silve qui fête la naissance du troisième enfant de Julius Ménécratès invite Naples et ses environs à célébrer joyeusement cette arrivée bienheureuse[2].

Le peuplement onomastique de la région méridionale, maintes fois attesté chez Stace, tend à mêler ensemble les noms de lieux et les noms de personnages mythiques. À Sorrente, Bacchus et Hercule côtoient une troisième divinité : Minerve. Ainsi, dans le chant célèbre qu'il rédige en l'honneur de son père, l'auteur des *Silves* propose une nouvelle énumération de lieux familiers, qui associe les divinités Vénus et Minerve à des localités en Campanie :

*Quid mirum, patria si te petiere relicta,*
*Quos Lucanus ager, rigidi quos iugera Dauni,*
*Quos Veneri plorata domus neglectaque tellus*
*Alcidae uel quos e uertice Surrentino*
*Mittit Tyrrheni speculatrix uirgo profundi*[3]...

1 Stace, *Silves* III, 5, 95-105. Traduction française de H. J. Izaac, *Silves*, t. 1, Paris, Les Belles Lettres, 1961, p. 129.

2 Stace, *Silves* IV, 8, 6-11 : *Nec solum festas secreta Neapolis aras / Ambiat : et socii portus dilectaque miti / Terra Dicarcheo nec non plaga cara madenti / Surrentina deo sertis altaria cingat, / Materni qua litus aui, quem turba nepotum / Circumit et similes contendit reddere uultus.*

3 *Silves* V, 3, 162-166. Traduction française de H. J. Izaac, *Silves*, t. 2, Paris, Les Belles Lettres, 1961, p. 199. *Cf.* III, 1, 130-152.

« Quoi d'étonnant s'ils abandonnent leur patrie pour venir vers toi tous ceux qu'envoient le sol de la Lucanie, les arpents de l'inflexible Daunus, le séjour sur lequel gémit Vénus, et la terre qu'oublia de protéger Alcide, ou la vierge qui des hauteurs de Sorrente surveille les abîmes de la mer Tyrrhénienne… »

Ces passages, qui reflètent sans doute, dans une mesure considérable, la pratique alexandrine de la référence érudite, confirment également le *topos* énumératif qui accompagne souvent la mention de Sorrente. Pour les Anciens, on le voit, l'image poétique de la ville de Campanie dépend d'une construction du paysage qui associe tous les noms, noms de lieux et noms divins païens, au sein d'un même registre. Elle offre au lecteur un tableau descriptif qui tend à animer, au sens propre, les lieux géographiques de manière à souligner le rapport étroit qui existe entre l'homme et la terre qui l'a vu naître[1].

## L'ÉLÉGIE DE GRAVINA

L'élégie dans laquelle Petrus Gravina chante l'éloge de Sorrente est organisée selon une progression thématique et peut être divisée en trois parties. Dans la première partie (1-20), le poète chante la beauté et la fécondité naturelles du lieu. Afin de souligner les charmes paradisiaques de Sorrente, il vante les douceurs perpétuelles d'un climat doux et tempéré, qui ne connaît ni les excès du froid hivernal, ni ceux de la chaleur estivale. La deuxième partie (21-36) prolonge cet éloge en insistant spécifiquement sur les agréments de la vie humaine dans ces lieux ; ici, le poète évoque les *monimenta priorum* (25), vestiges d'une longue et bienheureuse présence d'hommes qui contribuèrent aux splendeurs perpétuelles de la ville et de ses environs (21-36). Enfin, dans la troisième partie (37-58), Gravina déclare son intention de rester toujours à Sorrente et invoque Virgile, qui aurait chanté ses *Bucoliques* dans le pays de Parthénopée (51-52). Il dit à Virgile qu'il souhaite vieillir, comme lui, en récitant paisiblement ses vers sous l'ombre d'un arbre protecteur. L'humaniste espère passer une vieillesse qui ne sera jamais dépourvue

1 M. Bonjour, *Terre natale. Études sur une composante affective du patriotisme romain*, Paris, 1975, p. 201-208, 241-245 et *passim*.

de plaisirs, dans la contemplation du paysage qui vit grandir le plus illustre des poètes antiques.

Gravina dresse ainsi une sorte de gradation thématique, qui commence par l'éloge de la Nature, ajoute ensuite l'homme à ce milieu idyllique, puis culmine en un portrait du grand poète dont la virtuosité demeure au service du paysage qui fit naître et nourrit sans cesse les splendeurs de son art. Une telle accumulation de motifs permet au poète méridional de souligner avec élégance le rapport harmonieux qui subsiste entre deux puissances à la fois rivales et complémentaires, celles de la Nature et de l'Art. Il faut remarquer toutefois que Gravina, à la différence de son principal modèle flavien, attribue à la Nature un statut privilégié auquel les prétentions créatrices de l'Art ne portent jamais atteinte. En cela, il demeure fidèle à la veine pastorale dont il se réclame dans les derniers vers. L'analyse détaillée des trois parties montrera néanmoins la primauté des *Silves* de Stace comme source et modèle de l'élégie en l'honneur de la ville campanienne.

## SORRENTE NATURELLE (1-20)

Dès le début de la pièce, Gravina loue l'extrême douceur (*dulcissima tellus*) et la paisible tranquillité (*quies*) qui restent, selon lui, caractéristiques de Sorrente. L'ouverture de l'élégie dessine le tableau d'un endroit digne des récits de l'âge d'or, sans oublier la référence conventionnelle au jardin d'Alcinoüs :

*Naturae gaudentis opus, dulcissima tellus,*
    *Quam Dryades blandae, Nereidesque colunt,*
*Surrentina quies, uitae coelestis imago,*
    *Qua nulla est oculis gratior ora meis.*
*Cedit uicta tuis diues Methymnia racemis,*
    *Talia et Alcinoi poma nec hortus habet*[1].

« Œuvre de la Nature joyeuse, terre très-douce,
    Qu'habitent les Dryades caressantes et les Néréides,
Tranquillité de Sorrente, image de la vie céleste,
    Aucune région n'est, plus que toi, agréable à mes yeux.
La riche Méthymne cède la victoire à tes raisins,
    Et le jardin d'Alcinoüs ne possède pas de tels fruits. »

1 *De Surrenti amoenitate* 1-6.

Le substantif *quies* dénote la principale qualité d'un endroit qui favorise les délices du repos, et reçoit ici une importance centrale grâce à l'adjectif qui le qualifie. Cet emploi rapproche Gravina des textes poétiques anciens qui font référence à Sorrente. Ainsi Horace conseille-t-il au jeune Scéva de se retirer à Férentium s'il cherche le « doux repos » (*grata quies*)[1]. Stace use trois fois du substantif dans la *Silve* II, 2 (v. 7, 26 et 140), notamment lorsqu'il affirme que les mouvements des éléments sont apprivoisés, radoucis, dans ce lieu béni[2]. Gravina n'hésite pas à rendre explicite, par la formule *dulcissima tellus* qui complète l'hexamètre, l'association fondamentale entre la tranquillité de Sorrente et la vie « céleste » que mènent ses fortunés habitants[3].

Cette première partie de l'élégie dresse l'éloge de Sorrente en déployant une rhétorique semblable à celle de la *priamèle*, si souvent pratiquée dans les textes de l'Antiquité gréco-latine[4]. Ainsi, Gravina énumère quelques endroits splendides, dont la beauté lui paraît toutefois inférieure à celle du lieu dont il chante l'éloge. Le substantif topographique *Methymna*, qui désigne la ville lesbienne, évoque un passage dans l'*Art d'aimer*, où il apparaît également avec le pluriel de *racemus* situé à la fin de l'hexamètre[5]. Chez Ovide, la référence à ce lieu géographique apparaît aussi à titre comparatif, pour souligner l'opulence de Rome en matière de beauté féminine. Dans l'*Héroïde* XV, lorsque Sappho déclare à Phaon qu'il lui plaît davantage que les filles de Pyrrha et de Méthymne, elle emploie de nouveau ce même genre de comparaison[6]. Il est tout à fait probable que ces réminiscences élégiaques, cueillies dans l'œuvre ovidienne, modèlent dans l'élégie de Gravina la composition (*inuentio*) de l'hexamètre du troisième distique. Elles sont toutefois accompagnées

1 *Épîtres* I, 17, 6-7 : *Si te grata quies et primam somnus in horam / delectat...*

2 *Silves* II, 2, 26-29 : *Mira quies pelagi : ponunt hic lassa furorem / aequora, et insani spirant clementius austri, / hic praeceps minus audet hiems, nulloque tumultu / Stagna modesta iacent dominique imitantia mores.*

3 La louange d'un lieu pour ses qualités « célestes » (« *coelestis imago* ») n'a rien de fortuit. L'oraison dominicale prononcée à Rome, *coram papa* en 1493, livre une véritable profusion de références au ciel paradisiaque. Gravina y décrit l'entrée triomphale de Jésus au Ciel de son Père. Voir *Petri Gravinae Panhormitani Oratio de Christi ad coelos ascensu : habita apud Alex. VI. Pont. Max. xvi. Maii. Mccccxciii* (s. l. n. d.)

4 W. Race, *The Classical Priamel from Homer to Boethius*, Leiden, 1982, p. 153.

5 *Art d'aimer* I, 57-59 : *Gargara quot segetes, quot habet Methymna racemos, / Aequore quot pisces, fronde teguntur aues, / Quot caelum stellas, tot habet tua Roma puellas...*

6 *Héroïdes* XV, 15-16 : *Nec me Pyrrhiades Methymniadesue puellae, / Nec me Lesbiadum cetera turba iuuant.*

d'un nouveau souvenir de Stace qui emploie le verbe *cedere* lorsqu'il loue la virtuosité orphique de Pollius Félix[1].

Un nouvel écho ovidien, toujours de provenance élégiaque, apparaît au pentamètre du même distique ; la référence aux fruits du champ d'Alcinoüs déploie, dans un contexte bien différent, une syntaxe identique à celle d'un vers des *Amours*. Ovide explique à Corinne qu'il n'y a pas de honte à demander des présents à un homme riche, l'exhorte à cueillir « des raisins aux vignes qui en sont chargés », puis s'exclame sur le mode optatif : « Que le verger d'Alcinoüs fournisse libéralement ses fruits[2] ! » Gravina adapte la juxtaposition ovidienne *Alcinoï poma* à l'éloge de la verdure qui prête à Sorrente tout son charme idyllique. Ici encore, l'emploi encomiastique de la formule ovidienne ne rapproche pas moins l'humaniste d'un passage de Stace qui, lui aussi, évoque le verger d'Alcinoüs au sein d'une énumération de lieux remarquables, dépassés tous par la villa de Manilius Vopiscus[3]. Le procédé énumératif à l'œuvre dans les vers de Stace, organisé autour de la répétition du verbe *cedere*, appartient en effet au lieu commun de l'éloge topographique chez ce poète[4]. L'analyse du contenu lexical montre que dans les premières images de l'élégie de Gravina, l'auteur humaniste se plaît à contaminer ses sources de façon à remodeler son modèle. Il emprunte notamment le lexique d'Ovide pour le redéployer dans une louange de la nature méridionale, dont il trouve le paradigme antique dans les *Silves* de Stace. Or, la langue de ce dernier est suffisamment proche de celle d'Ovide pour fonder l'hypothèse que l'humaniste suit l'exemple du poète flavien, précisément dans les lieux textuels où celui-ci se montre lui-même adaptateur ludique.

## LA DOUCEUR DE LA VIE À SORRENTE (21-36)

Une différence fondamentale entre les deux éloges de Sorrente, par Gravina et Stace, réside dans le traitement que chacun accorde au motif de la Nature.

1 *Silves* II, 2, 60-62 : *Iam Methymnaei uatis manus et chelys una / Thebais et Getici cedat tibi gloria plectri : / Et tu saxa moues, et te nemora alta sequuntur.*

2 *Amours* I, 10, 55-56 : *Carpite de plenis pendentes uitibus uuas, / Praebeat Alcinoi poma benignus ager. Cf.* Virgile, *Géorgiques* II, 87 : *Pomaque et Alcinoi siluae, nec surculus idem…*

3 *Silves* I, 3, 81-83 : *Quid bifera Alcinoi laudem pomaria uosque, / qui numquam uacui prodistis in aethera, rami ? / Cedant Telegoni, cedant Laurentia Turni / Iugera…*

4 Voir H.-J. Van Dam, *ad loc.*, *Silvae Book II. A Commentary*, Leiden, 1984, p. 233.

Lorsque Stace fait l'éloge de la villa de Pollius, il souligne de façon soutenue la docilité de la Nature « vaincue » par l'initiative esthétique de l'homme[1]. Ces lieux naturels sourient à l'homme, puis lui cèdent la place[2]. Sur le site de la villa antique, la Nature riche et plantureuse se montre bien favorable aux modifications que l'art lui impose[3]. Chez Gravina en revanche, elle apparaît sous un jour bien différent, voire opposé. Dès l'incipit de l'éloge de Sorrente, *Natura artifex* s'érige en véritable figure créatrice : *Naturae gaudentis opus* (v. 1). L'aspect paradisiaque de Sorrente témoigne selon le poète de la complaisance de Nature à l'égard d'elle-même, car elle a préservé pour son propre bonheur (*sibi*, v. 19) un lieu béni de paix, de pureté et de solitude. C'est donc la Nature qui se ménage à Sorrente un lieu d'exception, dans lequel elle nourrit aussi le bonheur et la longévité des hommes :

*Hunc sibi dum seruat felix natura recessum,*
*Vndique montanis cinxit amica iugis,*
*Longaeui cumulata senes per gaudia uitae,*
*Carpunt foecundi grata alimenta soli*[4].

« Tant que la Nature bienheureuse, son amie, se préserve cette retraite
Qu'elle entoure partout de sommets montagneux,
Des vieillards fort anciens, ayant accumulé les joies de la vie,
Cueillent les précieux aliments du sol fécond. »

Les joies de la *Natura gaudens* de l'incipit réservent ainsi aux hommes les « joies accumulées » d'une vie longue, paisible et heureuse. Or, cette qualification de la Nature comme « heureuse » (*felix*), qui préserve pour elle-même un coin de perfection caché par des montagnes, provient d'un souvenir de Stace. La fin de l'hexamètre *natura recessum* (19) évoque une tournure rencontrée à la fin de l'épithalame en l'honneur de Stella et de Violentilla[5] et dans l'éloge de la villa de Pollius[6]. Aux alentours de

1 Selon Z. Pavlovskis (*Man in an Artificial Landscape. The Marvels of Civilization in Imperial Roman Literature*, Leiden, 1973, p. 12), Stace « ...attempts to picture contemporary life as happy, comfortable, and characterized by a refined and harmonious relationship with subjugated nature... »). Voir aussi E. Fantham, « Gods in Statian Settings », in *Latin Poets and Italian Gods*, Toronto, 2009, p. 171.

2 *Silves* II, 2, 52-53 : *His fauit natura locis, hic uicta colenti / Cessit et ignotos docilis mansueuit in usus.*

3 *Silves* II, 2, 15-16 : *Dat natura locum montique interuenit unum / Litus et in terras scopulis pendentibus exit.*

4 *De Surrenti amoenitate* 19-22.

5 *Silves* I, 2, 271-273 : *...cumque tuos tacito natura recessu / formarit uultus, multum de patre decoris, / plus de matre feras.*

6 *Silves* II, 2, 14-15 : *Placido lunata recessu / hinc atque hinc curuas perrumpunt aequora rupes.*

Sorrente, la Nature revêt un aspect « joyeux » qui annonce sa fécondité belle et généreuse, partout évidente dans ces lieux. Gravina ne manque pas d'insister sur ce trait, car il attribue à la Sorrente de son époque une qualité – celle du bonheur, de la joie – qui constitue justement un motif récurrent dans l'éloge de la villa de Pollius. Or chez Stace, le « sol se réjouit », non de sa propre générosité féconde, mais bien des virtuosités de l'art qui lui impose des modifications gracieuses et bienvenues[1]. La demeure de Pollius est protégée par la double vigilance de Neptune et d'Hercule qui surveille les champs fertiles ; aux pieds de ces deux divinités, le port se réjouit[2]. Même les couleurs de la peinture d'Apelle, dont plusieurs chefs-d'œuvre figurent parmi les possessions de Pollius, « se réjouissent » d'animer les objets qu'ils représentent[3]. Ces jouissances, attribuées aux œuvres d'art chez le poète flavien, sont mises chez l'humaniste napolitain sur le compte de la Nature.

Malgré ce parti pris qui l'amène à préserver rigoureusement le statut de la Nature comme source et paradigme de toute création, Gravina n'hésite pas à louer les œuvres humaines qui rehaussent de manière durable la gloire de Sorrente. Nombreux, explique-t-il, sont les agréments de la vie sociale et des divertissements honnêtes[4]. À cet endroit, l'écho des voix antiques apporte une solennité à l'éloge, créant parfois un certain effet de reconnaissance sonore qui souligne la légitimité de ces références à une tradition illustre et ancienne. Ainsi, à titre d'exemple, un écho virgilien transparaît dans le distique où l'humaniste évoque les vestiges des grands ancêtres, toujours éminemment visibles en Campanie. La région de Sorrente possède en effet de nombreux « monuments » dont la présence laisse deviner un passé glorieux :

1 *Silves* II, 2, 56-58 : *...domuit possessor, et illum / formantem rupes expugnantemque secuta / gaudet humus.*

2 *Silves* II, 2, 23-25 : *Felicia rura tuetur / Alcides ; gaudet gemino sub numine portus : / Hic seruat terras, hic saeuis fluctibus obstat.*

3 *Silves* II, 2, 63-64 : *Quid referam ueteres ceraeque aerisque figuras, / Si quid Apellei gaudent animasse colores...*

4 *De Surrenti amoenitate* 27-32 : *Hospitibus faciles aditus, nec blanda negantur / Colloquia, et nitidis mensa parata locis. / Si uolucres laqueo cupias, si fallere uisco, / Piscibus et uarios arte parare dolos. / Mille modis sese obtulerit iucunda uoluptas, / Mille tibi tellus, et mare mille dabit.* (« Aux étrangers, on ne refuse ni l'accueil amical, ni les doux / Propos, et à la table on leur prépare des places de distinction. / Si tu le souhaites, tu peux prendre des oiseaux avec le filet, les piéger avec de la glu, / Et pour les poissons préparer avec art diverses ruses. / De mille manières s'offre à toi une volupté agréable, / Mille plaisirs la terre et l'onde te donneront. »)

*Hic et equestris honos, hic sunt monimenta priorum,*
*Patritium ueteres stemma recenset auos*[1].

« Ici se maintient l'honneur équestre, ici sont les monuments des grands devanciers,
Des Patriciens la guirlande généalogique énumère les ancêtres. »

La construction qui clôt l'hexamètre, *monimenta priorum*, reflète sans doute un souvenir de lecture, car la même formule apparaît lorsque Virgile décrit l'émerveillement d'Énée arrivé au palais d'Évandre[2]. Absente des œuvres de Stace, cette terminaison d'hexamètre, par le substantif neutre *monimenta* suivi d'un génitif trisyllabique, est attestée fréquemment chez Virgile et Ovide. Il demeure toutefois probable que Gravina s'inspire ici d'un passage dans l'éloge de la villa de Pollius, où Stace décrit une galerie de marbres qui exhibe « les bustes des chefs, des poètes inspirés, des sages d'autrefois[3]... ». Le modèle discursif de la *Silve* sert ici de principe structurant qui fournit à l'auteur le *topos* qu'il embellit de tournures puisées dans une variété de sources y compris celles de l'épopée augustéenne.

Gravina affirme que les splendeurs naturelles de Sorrente sont le repaire des Muses inspiratrices qui animent les œuvres des hommes. Leur présence se marque de manière féconde sur les poètes de la région. En outre, les substantifs toponymiques *Cirrha* et *Nysa* signifient ici par métonymie le concours d'esprits inspirateurs chers, l'un à Apollon, l'autre à Bacchus :

*Quod si praesentes uictura in carmina Musas,*
*Et facilem ingenio forte rogabis opem,*
*Hic dederit tibi Cyrrha sacros, hic Nysa furores,*
*Sedabis medio saepe Helycone sitim*[4].

« À ce propos, si par hasard ce sont des Muses aptes à faire des chants vainqueurs, / Et une œuvre disposée avec de l'esprit que tu requiers, / Ici Cyrrha, ici Nysa te conféreront leurs fureurs sacrées, / Souvent, au milieu de l'Hélicon, tu apaiseras ta soif. »

---

1 *De Surrenti amoenitate* 25-26.

2 *Énéide* VIII, 310-312 : *Miratur facilisque oculos fert omnia circum / Aeneas capiturque locis et singula laetus / Exquiritque auditque uirum monimenta priorum.*

3 *Silves* II, 2, 69-70 : *...Ora ducum ac uatum sapientumque ora priorum, / Quos tibi cura sequi, quos toto pectore sentis...*

4 *De Surrenti amoenitate* 33-36.

Absent du corpus ovidien et des Élégiaques, le mot *Cirrha* désigne la ville de Phocide consacrée au culte d'Apollon. Il apparaît chez Stace dans l'éloge du temple d'Hercule sorrentin[1] et au début du chant funèbre pour son père[2]. *Nysa*, qui renvoie à la montagne et ville de l'Inde chères à Bacchus, est moins rare chez les poètes[3]. Stace l'emploie dans l'épithalame de Stella et de Violentilla pour évoquer la patrie de Bacchus qui arrive de loin pour fêter le mariage[4]. L'expression lucrétienne *sitim sedare*[5] relève ici, selon toute vraisemblance, non de sa source originelle, mais d'un souvenir de l'éloge de la villa de Sorrente chez Stace, dans un passage qui déploie les mêmes composantes lexicales dans le cadre d'une référence à l'Hélicon. Que des divinités inspiratrices de la Grèce ancienne investissent symboliquement ce paysage de Campanie reflète la disposition heureuse de ce lieu naturel à l'égard des initiatives créatrices des hommes, bénéficiaires de la fécondité spirituelle qui accompagne celle d'une luxuriante flore domestique.

LE POÈTE À SORRENTE (37-58)

Dans le dernier tiers du poème, Gravina évoque la grande figure de Virgile qui, lui aussi, se laissa inspirer par les douceurs de la région napolitaine. Il l'interpelle directement, par une apostrophe soudaine, et lui souhaite de voir enfin s'exaucer les désirs auxquels il donnait voix dans le deuxième chant des *Géorgiques.* Virgile, selon les vœux de son admirateur, se reposera tranquillement « dans les fraîches vallées de l'Hémus » abreuvées par les eaux pures du Sperchius et du Taygète[6]. Cette apostrophe abrupte et joyeuse s'inspire de l'exclamation virgilienne qui précède l'éloge célèbre du bonheur de celui *qui potuit rerum cognoscere causas*[7].

---

1 *Silves* III, 1, 140-143 : *Hos nec Pisaeus honores / Iuppiter aut Cirrhae pater aspernetur opacae. / Nil his triste locis ; cedat lacrimabilis Isthmos, / Cedat atrox Nemee : litat hic felicior infans.*

2 *Silves* V, 3, 3-5 : *Neque enim antra moueri / Delia nec solitam fas est impellere Cirrham / te sine.*

3 Ainsi Virgile, *Énéide* VI, 805.

4 *Silves* I, 2, 219-221 : *At procul ut Stellae thalamos sensere parari / Letous uatum pater et Semeleius Euhan, / Hic mouet Ortygia, mouet hic rapida agmina Nysa.*

5 Lucrèce II, 663.

6 *De Surrenti amoenitate* 37-40 : *Magne Maro tibi habe gelidis in uallibus Haemi / Quod cupis, atque ingens protegat umbra caput. / Nec tua Sperchius, nec iam tua uota morentur / Taygeti, abluerit gratus et ora liquor.* (« Grand Maro, garde pour toi, dans les vallées glaciales du Hémus, / Tout ce tu désires, et puisse l'immense ombre protéger ta tête. / Que ni le Sperchius, ni le Taygète ne refusent tes vœux, / Et qu'une eau agréable inonde tes lèvres. »)

7 *Géorgiques* II, 486-489 : *O ubi campi / Spercheosque et uirginibus bacchata Lacaenis / Taugeta ! o qui me gelidis in uallibus Haemi / Sistat et ingenti ramorum protegat umbra !*

Cette invocation au grand poète antique annonce la clôture de l'élégie, qui n'est pas sans ressemblance avec la prosopopée d'Hercule à la fin de la *Silve* III, 1 de Stace, où le dieu exprime sa reconnaissance à l'égard de Pollius qui lui érigea un temple. Chez Stace en effet, Hercule promet à son fidèle une « verte vieillesse » (*teque nihil laesum uiridi renouabo senecta*, 174), puis jure qu'il n'habitera de son gré aucun autre endroit[1]. Gravina termine son poème avec un dialogue parallèle, non entre le propriétaire de la villa et la divinité tutélaire, mais entre le poète humaniste vieillissant et un modèle ancien qui habita et chanta la beauté des mêmes lieux.

La dernière partie du poème comporte une description du panorama qui réjouira le poète pendant sa vieillesse à Sorrente. Ici, Gravina reproduit une énumération de toponymes dont l'origine remonte au chant IX de l'*Énéide*. Il ranime une tradition étiologique qui perçoit, dans le terrain volcanique de la Sicile et de l'Italie méridionale, les vestiges de l'ancien combat des Géants contre Jupiter :

*Saepe Dicharcheae fumantia sulphura terrae,*
*Miseni Aeolidae prospiciamque rogum*
*Et Prochytae Inarimen surgenti mole propinquam*
*Qua premitur merita conditione Typhon*[2].

« Souvent le soufre fumant de la terre de Dicéarchée
Je contemplerai, le tombeau de Misène fils d'Éole
Et l'île d'Ischia non loin de Procida, la masse élevée
Qui enferme Typhon dans une sépulture bien méritée. »

La référence au tombeau de Misène dans ces vers constitue évidemment une allusion au célèbre épisode des jeux funèbres narré par Virgile[3]. Mais il témoigne également, selon toute vraisemblance, d'un souvenir de Stace qui, dans l'éloge du temple d'Hercule, mentionne les mêmes lieux à travers une référence métonymique à Misène. Du haut de son promontoire, le compagnon d'Énée contemple les jeux de Naples[4]. Gravina, bien conscient de l'origine virgilienne de l'épisode, adopte une perspective résolument esthétique – celui du spectateur pris dans la contemplation

1 *Silves* III, 1, 183-184 : *Nec mihi plus Nemee priscumque habitabitur Argos / Nec Tiburna domus solisque cubilia Gades.*

2 *De Surrenti amoenitate* 51-54.

3 *Énéide* VI, 162-234. *Cf.* Properce III, 18, 3.

4 *Silves* III, 1, 150-153 : ...*Phrygioque e uertice Graias / Addisces, Misene, tubas, ridetque benigna / Parthenope gentile sacrum nudosque uirorum / Certatus et parua suae simulacra coronae.*

d'un panorama spectaculaire – qui le rapproche une nouvelle fois de Stace. Ce même genre d'esthétisme délibéré caractérise également le distique suivant, dans lequel l'accumulation des noms propres *Prochyta*, *Inarime* et *Typho* renvoie à l'étiologie épique de Procida et d'Ischia. L'humaniste imite donc un passage de Stace dans lequel celui-ci revisite des vers de l'*Énéide*. Au milieu de la bataille qui oppose les Rutules aux Troyens, Virgile insère, l'espace de deux hexamètres, une référence à ce mythe antique et qui contient les trois noms propres[1]. Ensuite, Ovide, dans son petit récit des aventures d'Énée, ne manque pas de rappeler que le navire du héros « côtoie Inarimé, Prochyté et Pithécuse[2] ». Il est certainement possible que ces deux références fugaces à la géographie méridionale, rencontrées dans les récits des aventures d'Énée, modèlent la composition de ce distique de Gravina. Néanmoins, la fiction du spectateur ravi d'un panorama charmant semble plus proche de Stace qui, dans l'éloge de la villa de Pollius, vante les splendeurs naturelles visibles à partir des fenêtres[3]. Sans emprunter le motif de l'architecture, ni, plus généralement, la célébration de l'art si prononcée chez Stace, Gravina adopte le regard esthétique du poète flavien. Cette posture d'esthète sans château lui permet de chanter l'éloge du lieu naturel de Sorrente, tout en lui préservant le mystère d'une puissance créatrice dont la grandeur se manifeste précisément dans le verbe magique des poètes nourris en son sein.

L'élégie de Gravina à l'éloge de Sorrente se construit à travers l'imitation subtile des lieux poétiques dans lesquels Stace chante la louange de la villa de son mécène Pollius. Cet éloge de la ville campanienne et de ses environs naturels déploie en effet une variété d'expressions puisées dans le texte des *Silves* ainsi que dans les œuvres d'Ovide et de Virgile. Gravina introduit dans le regard consciemment esthétique de son modèle flavien une sensibilité pastorale inspirée du poète des *Bucoliques*. Son choix du

1 *Énéide* IX, 715-716 : *Tum sonitu Prochyta alta tremit durumque cubile / Inarime Iouis imperiis imposta Typhoeo.*

2 *Métamorphoses* XIV, 88-90 : *...orbataque praeside pinus / Inarimen Prochytenque legit sterilique locatas / Colle Pethecusas, habitantum nomine dictas.* Il convient de remarquer qu'Ovide mentionne aussi, dans le même passage, le « tombeau du fils d'Éole » (*Aeolidae tumulum*, v. 103).

3 *Silves* II, 2, 73-76 : *Sua cuique uoluptas / Atque omni proprium thalamo mare, transque iacentem / Nerea diuersis seruit sua terra fenestris : / haec uidet Inarimen, illinc Prochyta aspera paret...*

genre élégiaque pour cette œuvre d'imitation inventive suggère qu'il attribue à l'élégie un statut particulier, qui se définit par rapport au rôle encomiastique, hautement formalisé, dévolu au genre de la silve. Chez l'humaniste napolitain, l'élégie occupe un terrain qui appartient à la poésie occasionnelle, dont le ton serait de caractère moins solennel que ne l'est celui du discours ou de l'épître encomiastique adressé aux chefs d'État et aux chefs militaires. L'élégie est réservée aux sujets qui exigent, dans toute leur variété, un effet de voix subjective dont les couleurs servent à animer le discours intime et la correspondance privée.

John NASSICHUK
Université Western Ontario, Canada

# *MILES IN CASTRIS MEREBO TUIS*

## Les élégies de Johannes Fabricius Montanus sur la vie simple

Johannes Fabricius Montanus (1527-1566) découvrit sa vocation poétique à l'âge de vingt ans grâce au poète allemand Petrus Lotichius, l'un des grands poètes néo-latins du XVIe siècle nord-européen[1]. Depuis lors, il ne cessa jamais d'écrire de la poésie. Mais c'est surtout à Dieu que notre humaniste consacra sa vie, sous la houlette du réformateur Heinrich Bullinger, le successeur d'Ulrich Zwingli à la tête de l'église zurichoise. Fabricius Montanus fut maître d'école et pasteur à Zurich d'abord, puis à Coire, dans les Grisons, où Bullinger lui avait promis qu'il resterait peu de temps, mais où il passa de longues années et mourut de la peste en 1566 – dans son autobiographie en vers il affirme que les rochers qui l'entourent, à Coire, doivent être stupéfaits de le voir écrire de la poésie[2] ! On le voit, le surnom de Montanus lui convient à merveille, bien qu'il soit en réalité inspiré par le nom de son village d'origine, Bergheim, en Alsace, non loin de Strasbourg. Quant à « Fabricius », il

---

1 On trouvera un bon résumé de la vie de Montanus ainsi que d'utiles indications bibliographiques dans l'article de E. Wenneker, « Fabricius Montanus », *Biographisch-Bibliographisches Kirchenlexikon* 15, 1999, col. 547-551 ; voir aussi H. Jaumann, « Fabricius Montanus », *Handbuch Gelehrtenkultur der Frühen Neuzeit, I, Bio-bibliographisches Repertorium*, Berlin, 2004, p. 262 ; C. Bonorand, « Fabricius Montanus », *Neue Deutsche Biographie* 4, 1959, p. 737-738 ; T. Schiess, *Bullingers Korrespondenz mit den Graubündnern, II. Teil, April 1557 – August 1566*, Basel, 1905, chap. « Johannes Fabricius Montanus », p. VII-LXIII.

2 Fabricius Montanus, *Autobiographie* 213-214 : *In mediis igitur turbis quod carmina scribo, / horrida me circum saxa stupere puto*. Sur ce texte, voir D. Amherdt, « La postérité d'Ovide : *Tristes* 4, 10 et l'autobiographie en vers de l'humaniste Johannes Fabricius Montanus », *IJCT*, 12, 2006, p. 483-506 (avec une traduction française de l'autobiographie). Montanus est aussi l'auteur d'une autobiographie en prose. Les deux autobiographies sont éditées par S. Döpp, *Ioannes Fabricius Montanus : Die beiden lateinischen Autobiographien*, Stuttgart, 1998 ; je cite l'autobiographie en vers d'après cette édition. Les deux textes sont aussi édités par J. J. Ulrich, *Miscellanea Tigurina*, t. III, Zurich, 1724, p. 373-392 (prose) et 396-402 (vers).

s'agit d'une adaptation latine de son patronyme, Schmid (ou Schmied), qui signifie « forgeron ».

Fabricius Montanus fut un acteur important du débat religieux des années 1550-1560. Il composa notamment plusieurs opuscules anticatholiques[1]. Il fut en contact avec l'élite intellectuelle zurichoise de l'époque, en particulier avec Heinrich Bullinger, Conrad Gessner et Conrad Pellikan[2]. On a aussi conservé un échange de poèmes de Montanus avec Pomponne de Bellièvre, le futur chancelier de France, alors ambassadeur dans les Grisons[3].

Montanus s'est essayé à un grand nombre de genres poétiques, comme s'il voulait donner un ou plusieurs exemples de chaque genre. Il a écrit une bucolique à l'imitation de Virgile[4], des épigrammes (surtout funéraires), des odes horatiennes, des poèmes de circonstance composés dans des mètres divers, un poème épique sur Guillaume Tell[5], une autobiographie en vers adressée à la Postérité et imitée d'Ovide[6], un poème descriptif sur les sources thermales de l'Engadine, le début d'une épopée sur l'histoire de Zurich, ainsi que deux élégies sur la vie simple, que nous allons examiner en détail dans cet article. On trouve la plus grande partie de ses œuvres poétiques dans le recueil de *Poemata* publié en 1556 chez Gessner, à Zurich ; quelques textes ont été publiés séparément par l'auteur lui-même, le reste a été imprimé par divers éditeurs après sa mort[7].

L'imitation des poètes antiques est plus ou moins perceptible dans ses poèmes. Tantôt elle envahit tout, tantôt elle se fait plus discrète. Montanus adopte bien des valeurs de l'Antiquité, sacrifie à bien des motifs littéraires antiques (sans jamais sacrifier au dieu des épigrammes coquines, auxquelles bien peu parviennent à échapper à l'époque), mais

1 La liste de ses œuvres théologiques figure dans l'article d'E. Wenneker, « Fabricius Montanus », cité *supra*.

2 À la mort de Pellikan, Montanus prononça un discours retraçant sa vie : *Historica oratio qua et vita Conradi Pellicani et brevis temporis illius res continentur*, Marbourg, 1608 ; ce texte a été réédité dans Ulrich, *op. cit.*, p. 413-439. Il lui dédia en outre son poème sur la geste de Guillaume Tell ; voir D. Amherdt, « Le *De Vuilhelmo Thellio elegia* de l'humaniste Johannes Fabricius Montanus », *Latomus*, 65, 2006, p. 986-1007.

3 Il s'agit de deux poèmes, publiés dans Ulrich, *op. cit.*, p. 394.

4 C'est le texte intitulé *Orion* auquel il est fait allusion *infra*, p. 249-251 et n. 2 p. 251.

5 *Cf. supra*, n. 2.

6 *Cf. supra*, p. 245, n.2.

7 Pour ce qui est de sa poésie, voir en particulier les poèmes édités dans Ulrich, *op. cit.*, p. 373-439.

toute son œuvre est marquée par sa foi inconditionnelle en ce Dieu qui effacera toute larme des yeux des mortels. Et des larmes, Montanus en a beaucoup versées ; le spectre de la mort est omniprésent dans sa vie : la mort a emporté sa première femme, puis la plupart de ses nombreux enfants. Ces multiples malheurs marquent profondément sa poésie, qui semble révéler un esprit plutôt pessimiste, enclin aux plaintes et aux lamentations ; mais en fait ce pessimisme est transcendé par une acceptation totale de la volonté du créateur et par une aspiration intense aux joies du ciel.

Si l'on considère l'œuvre poétique de Johannes Fabricius, on a le sentiment d'être en présence d'un *enchiridion uatis christiani*, d'un manuel du parfait poète chrétien – que l'on nous permette ici de jouer avec le titre du célèbre *Enchiridion militis christiani* d'Érasme, le « Manuel du soldat chrétien ». Ce manuel poétique enseigne au lecteur comment écrire de la poésie chrétienne tout en s'appuyant sur les modèles antiques. Précisons toutefois que l'œuvre de Montanus n'a absolument rien d'un livre pieux ; les thèmes sont rarement des thèmes chrétiens, si l'on excepte deux hymnes adressés au Christ : pas de paraphrase de la Bible, pas d'épopée sur des personnages de l'Ancien Testament, etc. Les thèmes sont essentiellement des thèmes de la vie de tous les jours, l'amour, la mort, l'amitié…, mais imprégnés d'esprit chrétien et, bien sûr, antique.

Ce qu'on peut dire de l'ensemble de l'œuvre peut être dit de bon nombre de ses poèmes, et singulièrement de ses deux élégies sur la vie simple. Ces textes, en effet, non seulement sont caractéristiques de l'art littéraire de Montanus, mais révèlent aussi ses aspirations et sa vision du monde. Par le biais de ces élégies, le poète zurichois donne au lecteur des conseils pour bien vivre. Par leur style et leur facture, ces pièces sont un bel exemple de l'appropriation des beautés de l'Antiquité par la poésie chrétienne, du mariage littéraire entre Antiquité et christianisme. Il s'agit d'une sorte de manuel poétique dont le titre pourrait être : comment vivre heureux. C'est d'ailleurs presque le titre de la première élégie, qui s'intitule *De beata uita*, tandis que le titre de la seconde, *De paupertate*, indique plutôt la méthode pour parvenir au bonheur : la pauvreté. Ces deux élégies sont éditées dans le *Syluarum liber* qui occupe la plus grande partie du volume des *Poemata*[1].

1 I. Fabricius Montanus, *Poemata*, Zurich, 1556, p. 7-8 (*De beata uita*) et p. 14-15 (*De paupertate*).

Le *De beata uita* est une élégie de 54 vers, que l'on peut résumer de la manière suivante. Pour vivre heureux, il faut vivre en Dieu ; les richesses importent peu : il faut se contenter de vivre modestement à la campagne avec son épouse et sa famille, puis mourir en paix après une longue vie de travail. Cette existence idéale est comparée à l'Âge d'or.

Le *De paupertate* compte 94 vers. La thématique est semblable à celle du *De beata uita*. Contrairement à ce qu'on pourrait penser, la pauvreté est un trésor. En effet, les désirs de richesses sont à l'origine de tous les maux : massacres, guerres, vices, luxure, dangers de la mer. Tout allait mieux lorsque les hommes étaient pauvres, en communion avec la nature, à l'époque de l'Âge d'or. Montanus adresse à la pauvreté un véritable hymne : grâce à elle, il est possible de se contenter de peu par amour des Muses, et les poèmes écrits sous leur inspiration valent toutes les richesses. Pour peu que le Christ ne le rejette pas, Montanus est prêt à vivre dans la pauvreté. D'ailleurs le Christ est tout sauf hostile aux Muses. Et le poète, s'adressant à la pauvreté des temps anciens, lui demande de revenir. Il est prêt à consacrer sa vie à combattre pour elle, *miles in castris merebo tuis* (« je servirai comme soldat dans ton camp ») : c'est la phrase qui clôt l'élégie *De paupertate*.

Nous allons examiner successivement les quatre thèmes clés de ces deux élégies : l'amour de la vie simple et de la nature ; l'amour matrimonial ; Dieu ; la poésie.

## LA VIE SIMPLE À LA CAMPAGNE

L'amour de la vie simple et de la pauvreté, tel est le thème central – éminemment tibullien et propertien[1] – de nos deux élégies. Lui sont naturellement liés le thème de l'Âge d'or et celui de la haine des richesses, de la cupidité et de la guerre.

Évidemment, la vie de Montanus ne ressemble guère à celle qu'il présente dans ses élégies. Il y a une grande part de conventions littéraires. Le poète zurichois n'a jamais été berger, ni sa femme bergère ; il est vrai

1 Voir notamment Tibulle, I, 1 ; II, 3 ; III, 3 ; mais aussi I, 4 et I, 10 ; Properce, IV, 1, ainsi que III, 13.

toutefois qu'il est « pasteur » protestant – nous y reviendrons. Mais il n'en demeure pas moins que toute sa vie est caractérisée par la simplicité. Le parcours qui le mène de sa modeste et campagnarde Bergheim natale jusqu'à Zurich est marqué par une grande simplicité et une pauvreté réelle, beaucoup plus réelle que celle de Tibulle, d'ailleurs, pour qui la pauvreté est une pauvreté somme toute assez confortable. L'amour pour la nature se reflète aussi dans l'intérêt de notre auteur pour la botanique. D'une manière générale, la nature est déclinée de multiples manières dans ses poèmes ; il s'agit d'un thème récurrent chez lui.

## L'AMOUR MATRIMONIAL

Le deuxième thème, intimement lié au premier, est celui de l'amour pour la bien-aimée, le nid d'amour n'étant autre qu'une jolie chaumière à la campagne. Rien de plus élégiaque, dira-t-on. Mais Fabricius Montanus est un bon pasteur protestant, et sa bien-aimée n'est pas une *puella* plus ou moins fictive, mais son épouse légitime.

Cet intérêt porté à l'épouse comme objet de poésie dans le cadre élégiaque est caractéristique de nombreux auteurs de la Renaissance[1]. À titre d'exemple on peut citer Pontano, qui parle de sa femme Adriana dans son *De amore coniugali*, Jean Salmon Macrin, qui chante son amour pour sa Gelonis, Jakob Micyllus qui déplore la mort de sa femme Gertrude[2]. Une manière de sauver l'élégie amoureuse, le jeu érotique cultivé, était de l'ouvrir à l'amour matrimonial et de faire succéder l'épouse à la *puella diuina* de l'élégie traditionnelle. En outre, les auteurs insistent beaucoup sur le thème de la *concordia*, de la fidélité réciproque[3]. Cette

---

1 Voir P. Galand-Halyn et J. Nassichuk (dir.), *Aspects du lyrisme conjugal à la Renaissance*, Genève, 2011.

2 Voir W. Kühlmann, « Die verstorbene Gattin – die verstorbene Geliebte : Zum Bild der Frau in der elegischen Dichtung des deutschen Humanismus (Jacob Micyllus und Petrus Lotichius Secundus) », in *Die Frau in der Renaissance*, édit. P. G. Schmidt, Wiesbaden, 1994, p. 21-54.

3 Les valeurs de la fidélité matrimoniale ne sont pas absentes de Tibulle et de Properce, même si ce ne sont pas, évidemment, les valeurs dominantes chez ces auteurs. Ainsi, dans l'élégie II, 2, s'adressant à Cornutus, Tibulle imagine le vœu que son ami va prononcer pour son anniversaire : « Je le prévois, l'amour fidèle de ton épouse, voilà ce que

présence de l'épouse sur un mode élégiaque est aussi très fréquente dans la poésie funèbre[1].

Lorsqu'il parle de son épouse, Fabricius Montanus parle vraiment de la sienne, non d'une épouse imaginaire ou idéale aux traits un peu vagues. C'est ainsi qu'aux vers 21-24 du *De beata uita*, après s'être déclaré prêt à mener la rude vie d'un paysan, il affirme[2] :

*Si super haec Agathe sociat sua gaudia mecum*[3],
*Tunc etiam uita caelicolum potiar.*
*Ipsa mihi dulces natos pulchramque iuuentam,*
*Et simul amplexus et bona uerba dabit.*

« Si en plus de cela Agathe associe ses joies aux miennes, alors ma vie sera celle des habitants du ciel. C'est elle qui me donnera des enfants chéris et une belle jeunesse, en même temps que des caresses et de douces paroles. »

La dénommée Agathe n'est autre qu'Agatha Ambühl, sa seconde femme, la première, Katharina Amstütz, étant morte en couches. Dans l'élégie du poète zurichois, l'aimée porte le même nom que dans la réalité – il faut préciser, bien sûr, qu'il a eu la chance de pouvoir insérer sans problème le nom grec de sa « bonne » épouse dans le mètre...

Fabricius Montanus imite manifestement le poème III, 3 du corpus tibullien, où Lygdamus, affirmant préférer aux richesses une longue vie pauvre mais heureuse avec Neaera, s'écrie : « mais je voulais avec toi partager les joies d'une longue existence ». Fabricius Montanus conserve un vocabulaire traditionnel païen en parlant des *caelicolae*, des habitants du ciel, pour dire simplement que sa vie sera la plus heureuse qui soit ; il ne faut pas nécessairement y voir une allusion au ciel chrétien.

---

tu souhaiteras » ; et il poursuit, un vers plus loin : « et tu ne préférerais pas avoir tout ce que, par l'univers entier, l'infatigable paysan laboure de terres à l'aide du bœuf robuste, avoir toutes les perles que les heureux Indiens recueillent en Orient dans l'onde de la mer Rouge » (v. 11 et 13-16 : *auguror, uxoris fidos optabis amores : / (...) / Nec tibi malueris, totum quaecumque per orbem / fortis arat ualido rusticus arua boue, / nec tibi, gemmarum quidquid felicibus Indis / nascitur, Eoi qua maris unda rubet*). On trouve aussi le thème de la fidélité conjugale dans l'élégie III, 12 de Properce, à propos de la fidélité d'Aelia Gallia, l'épouse de Postumus ; voir aussi Properce IV, 3, à propos d'Aréthuse, fidèle à son mari Lycotas, et Properce IV, 11, monologue de Cornélie s'adressant des Enfers à son mari Paulus.

1 Que ce soit l'épouse du poète ou l'épouse de quelque autre personnage. Sur ce thème, voir Kühlmann, art. cit.

2 Les traductions de Montanus sont de l'auteur de cet article. Le texte et la traduction des auteurs latins antiques sont empruntés à la C.U.F (Belles Lettres).

3 [Tibulle] III, 3, 7 : *sed tecum ut longae sociarem gaudia uitae.*

En parlant des enfants que lui donnera Agathe, Montanus insiste sur les valeurs familiales : amour pour l'épouse, naissance d'enfants. Et de fait, Agathe lui donnera douze enfants, dont trois seulement survécurent. D'ailleurs, dans le reste du poème Montanus décrit les activités paysannes de son épouse : elle s'occupe de la ferme, du repas, elle fait du fromage et du beurre, elle tond les brebis et file la laine[1]. Tout cela correspond parfaitement à l'idéal de la femme proposé à l'époque par les protestants de tout bord, ainsi, du reste, que par les catholiques. Mais en l'occurrence cet idéal est en conformité avec le modèle élégiaque.

Ajoutons que dans ses poèmes, Montanus s'est plusieurs fois plu ou complu à décrire son amour pour son épouse, que ce soit la première ou la seconde. Ainsi, peu de temps après la mort de la première, Katharina, il la met en scène dans une bucolique funèbre qui fournit aussi un bel exemple de la *translatio* de la *puella* à la *coniux*[2].

## DIEU

Dans les deux élégies sur la vie simple, comme dans presque tous les poèmes de notre auteur, Dieu est présent. Montanus le berger fictif est aussi « pasteur » d'âmes. Cette présence de Dieu est plutôt discrète – Montanus ne peut se permettre de s'écarter par trop des conventions du genre[3] – mais elle est essentielle. Les dix premiers vers du *De beata uita* en sont une illustration particulièrement éclairante. Ils constituent en même temps une sorte de résumé de l'ensemble du poème, où apparaissent la plupart des thèmes dont il a déjà été question, sauf celui de l'épouse, qui apparaît un peu plus loin, dans les vers 21 à 24 que nous venons d'examiner.

1 *De beata uita*, v. 45-52.

2 Voir D. Amherdt, « L'églogue funèbre *Orion* de l'humaniste zurichois Johannes Fabricius Montanus. Le poème bucolique d'un pasteur protestant sur la mort de son épouse », *Neulateinisches Jahrbuch*, 9, 2007, p. 5-36.

3 Il est vrai que la religion n'est pas absente de Tibulle : on trouve chez lui le thème de la religiosité traditionnelle, de l'intérêt porté aux divinités rustiques comme Silvanus, Priape ou Palès, mais nous allons voir qu'il s'agit ici de quelque chose de très différent.

*Vita datur nulli dono, datur omnibus usu*[1].
*Vis quicumque diu uiuere, uiue bene.*
*Quod tibi non gemmae dederint, non diuitis auri*[2]
*Pondera, non culti iugera mille soli*[3].
*Diuitiis hominum mentes capiuntur auarae ;*
*Nullus ab his didicit cedere corde dolor.*
*Est pietas contenta Deo ; cui contigit illa*[4]
*Possidet in parua maxima regna casa*[5].
*Hanc oro, maneatque precor ; tunc paupere cultu*[6]
*Par etiam magnis regibus esse uolo.*

« À personne la vie n'est donnée en cadeau, à tous elle est donnée en usufruit. Si tu veux vivre longtemps, vis bien. C'est une chose que les pierres précieuses ne peuvent te donner, ni des monceaux d'or précieux, ni mille arpents d'un sol bien cultivé. Les esprits avares des hommes sont prisonniers des richesses ; aucune douleur ne nous a appris à nous détacher d'elles dans notre cœur. La piété trouve son contentement en Dieu ; celui à qui elle est donnée en partage possède dans sa petite maison les plus grands royaumes. C'est elle que je demande, et je prie qu'elle ne me quitte pas ; de la sorte, tout en vivant ainsi modestement, je veux être l'égal même des grands rois. »

Montanus commence (v. 1) par une imitation, non des élégiaques, mais du troisième livre du *De rerum natura* de Lucrèce. Dans le passage en question, le poète romain explique qu'il ne faut pas craindre la mort et que les êtres ne cesseront jamais de s'engendrer les uns les autres ; il affirme alors : « la vie n'est la propriété de personne, tous n'en ont que l'usufruit ». Montanus opère une légère *uariatio*, remplaçant le terme juridique *mancipium* par *donum*. Le « païen » et le chrétien sont ici en consonance : pour les deux, l'homme n'a en fin de compte que peu d'emprise sur sa vie, qui dépend de forces qui le dépassent. Mais évidemment, pour Montanus, la vie est confiée à l'homme par Dieu et l'homme doit s'efforcer de la vivre au mieux. On remarquera la

1 Lucrèce III, 971 : *uitaque mancipio nulli datur, omnibus usu.*

2 Tibulle I, 9, 31-32 : *diuitis auri / pondere, non gemmis*, « Alors tu me jurais que ni la somme d'or la plus élevée ni les pierreries ne te feraient vendre ta foi » ; voir aussi Tibulle I, 1, 1 : *Diuitias alius fuluo sibi congerat auro.*

3 Tibulle I, 1, 2 : *culti iugera multa soli* ; [Tibulle] III, 3, 11-12 : *Nam graue quid prodest pondus mihi diuitis auri / aruaque si findant pinguia mille boues*, « Ah, que peuvent me servir un lourd monceau de l'or qui enrichit, des terres fertiles sillonnées par mille bœufs ? ».

4 Tibulle I, 1, 49 : *Hoc mihi contingat !*

5 Properce IV, 1, 10 : *unus erat fratrum maxima regna focus* ; Tibulle I, 10, 39-40 : *Quam potius laudandus hic est, quem prole parata / occupat in parua pigra senecta casa.*

6 Tibulle I, 10, 19 : *cum paupere cultu.*

construction parallèle du v. 1, qui est suivie du chiasme *diu uiuere, uiue bene* du v. 2, ainsi que les multiples jeux de mots (répétitions, polyptote) et de sonorités (et notamment l'allitération du *u*) qui résultent de l'agencement de ces deux vers.

Voilà pourquoi le poète continue en disant (v. 2) : « Si tu veux vivre longtemps, vis bien ». L'homme doit vivre sa vie au mieux, il doit vivre une vie morale, autrement dit une vie conforme à la volonté de Dieu. Il y a derrière cette sentence morale aux accents stoïciens l'idée qu'une vie d'obéissance à Dieu apporte bonheur et longévité, conception semble-t-il typiquement protestante, que l'on peut rapprocher de l'idée que la réussite est signe de sainteté ou la preuve qu'on jouit des faveurs de Dieu.

Les vers 3-4 présentent un entrecroisement de références tibulliennes. La thématique est en particulier très proche de la première élégie de Tibulle, qui commence ainsi : « Qu'un autre s'amasse un trésor d'or fauve et possède des milliers d'arpents d'un sol bien cultivé ». Le thème général de l'élégie tibullienne est identique à celui de notre texte : le poème du poète romain est une apologie de la vie simple avec la bien-aimée ; il faut se contenter de vivre de peu à la campagne, où l'on peut servir Vénus et éviter la guerre et les voyages, qui éloigneraient le poète de sa belle. Nous n'insistons pas sur les autres échos tibulliens indiqués plus haut en note. Remarquons simplement, pour ce qui est du style, le rejet de *pondera* au début du v. 4 : il y a tellement d'or qu'il déborde du vers...

Les vers 5-6 reprennent le thème des richesses qui retiennent les hommes prisonniers et introduisent le passage clé du poème (v. 7-8) : « La piété trouve son contentement en Dieu ; celui à qui elle est donnée en partage possède dans sa petite maison les plus grands royaumes » : si l'on est près de Dieu, la réalité prend des couleurs nouvelles et même si l'on vit dans une toute petite maison on est heureux comme un roi. L'agencement du vers 8 mérite d'être relevé : les *maxima regna* sont pris en tenaille par la *parua casa* (hyperbate). Ce même vers est un écho manifeste de Properce IV, 1, 10, où le poète élégiaque affirme : « un seul foyer formait jadis l'ensemble du royaume de deux frères ». À l'époque, le royaume se limitait à un foyer ; pour Montanus, avec Dieu, le foyer est un royaume. Ajoutons en passant que le thème du foyer-royaume se retrouve, par exemple, chez Joachim Du Bellay qui, dans son élégie latine « *Patriae desiderium* », « Regret de la patrie », qu'il écrivit alors qu'il séjournait à Rome, vers 1558, affirme : « Quand viendra le jour où je verrai fumer la cheminée de ma maison familière, à la campagne, où je verrai la surface exiguë de mon royaume[1] ? ». Dans notre texte, à l'exigence de la vie simple, Montanus ajoute celle de la vie en Dieu. Le thème des v. 9-10 est le même que dans les vers précédents : si l'on est en Dieu, même la vie la plus simple est grande ; la piété, l'intimité avec Dieu est ce qu'il y a de plus important.

## LA POÉSIE

Le thème de Dieu aurait sans doute dû venir en dernier, comme le couronnement de la pensée de Montanus. Mais il fallait parler de Dieu avant de parler de poésie, car si Montanus milite dans le camp de la pauvreté, c'est surtout dans le camp de Dieu qu'il combat, et qu'il combat un combat poétique.

Il ne faut pas sous-estimer l'importance de la littérature chez Fabricius Montanus. Cette importance est thématisée de manière remarquable dans son autobiographie en vers. Dans ce texte, Montanus imite l'*epistula ad posteritatem* d'Ovide (*Tristes* IV, 10), où le poète romain parle de sa vocation poétique[2]. La poésie, de fait, a accompagné Fabricius Montanus tout au long de sa vie. Et dans plusieurs de ses pièces transparaît l'idée que la poésie permet une certaine survie, soit du poète, soit de la personne dont il est question dans le poème ; ainsi, un poème funèbre permet au mort de survivre dans la mémoire du lecteur.

Il convient maintenant, pour illustrer le thème de cette section, d'analyser quelques vers caractéristiques du *De paupertate* (v. 73-78 et 83-94), où se mêlent vie simple, Dieu et poésie.

*Praeterea faciles Musae tibi carmina dictant,*
*Carmina diis ipsis cognita coelitibus,*
*Carmina quae superant reges, et munera regum*[3]

1 Joachim Du Bellay, *Œuvres poétiques*, t. VII, *Œuvres latines : Poemata*, éd. par G. Demerson, Paris, 1984, p. 62-69, *Patriae desiderium*, v. 49-50 : *Quando erit ut notae fumantia culmina uillae, / Et uideam regni jugera parua mei ?*

2 Voir Amherdt, « La postérité d'Ovide », art. cit.

3 [Tibulle] III, 3, 23-24 : *Sit mihi paupertas tecum iucunda, Neaera : / at sine te regum munera nulla uolo.*

*Carius aut si quid maximus orbis habet.*
*Possideant alii quicquid felicibus aruis*[1],
*Quicquid et in toto nascitur Oceano.*

« En outre, les Muses complaisantes te dictent des poèmes, des poèmes connus des dieux du ciel eux-mêmes, des poèmes qui dépassent les rois et les richesses des rois, ou tout ce qu'un grand de ce monde a de plus cher. Que d'autres possèdent tout ce qui naît dans les champs fertiles et sur toute l'étendue de l'Océan ! »

Montanus s'adresse à la pauvreté. Parmi les activités qui forment la vie simple et sont dignes de la pauvreté, la poésie joue un grand rôle. Et surtout, la poésie est divine, inspirée par les Muses, connue des dieux. On retrouve en outre dans ce passage le thème du foyer-royaume, décliné sous une autre forme : en vivant modestement mais selon la volonté de Dieu, on possède plus que les rois. Ici Montanus renvoie directement au poème III, 3 du corpus tibullien : « La pauvreté avec toi, Neaera, me serait agréable : sans toi je ne veux rien des richesses des rois ». On notera en particulier dans ce passage l'insistance sur le terme *carmina*, qui apparaît à trois reprises. Enfin, au v. 77, *possideant alii* fait directement écho au *Haec alii cupiant* (« À d'autres ces convoitises ») du poème III, 3 du corpus tibullien dont il vient d'être question. Dans l'extrait suivant, Montanus va encore plus loin et fait du Dieu chrétien un ami des Muses !

*Dummodo me sancto non dedignetur amore*[2],
*Qui reserat caeli lucida templa puer*[3],
*Non dubitem solis habitare mapalia syluis*[4],
*Non olidas sterili pascere monte capras*[5].
*Diuitias circum labor et stat dira cupido*[6] :
*Res est securae mentis habere nihil.*
*Sancte puer, nostras non auersate Camoenas*[7],
*Mecum Pieriis te quoque misce choris*[8].
*Paupertas sed prisca redi ; sic pristina tecum*
*Simplicitas animi sic redeatque uigor.*

1 [Tibulle] III, 3, 31 : *Haec alii cupiant* ; Properce IV, 7, 93 : *nunc te possideant aliae.*
2 La thématique est proche de Tibulle II, 3, 1-10.
3 Lucrèce I, 1014 : *caeli lucida templa* ; II, 1039 : *suspicere in caeli dignatur lucida templa.*
4 Virgile, *Géorgiques* III, 339-340 : *quid pascua uersu / prosequar et raris habitata mapalia tectis.*
5 Horace, *Épîtres* I, 5, 29 : *olidae... caprae.*
6 Pour l'expression *dira cupido*, voir notamment Virgile, *Énéide* VI, 273.
7 Catulle 64, 95 : *sancte puer.*
8 Ovide, *Pontiques* I, 5, 58 : *Pieriis inuigilate choris.*

*Te sequar et quantum uitae dant fata benigna,*
*Miles id in castris omne merebo tuis*[1].

« Pourvu qu'il ne me juge pas indigne de son saint amour, l'enfant qui nous ouvre les lumineux domaines du ciel, je n'hésiterais pas à habiter une hutte dans une forêt isolée, ni à mener paître des chèvres puantes sur une montagne où rien ne pousse. Le souci des richesses et le funeste désir est tenace : la fortune d'une âme exempte de soucis est de ne rien posséder. Saint enfant, toi qui ne t'opposes pas à mes Camènes, toi aussi mêle-toi avec moi au chœur des Muses. Mais toi, ancienne pauvreté, reviens ; de même, que reviennent avec toi l'antique simplicité de l'âme, ainsi que sa vigueur ! Je te suivrai et, toute la durée de vie que m'accordent les destins bienveillants, je servirai comme soldat dans ton camp. »

Dans l'élégie II, 3 de Tibulle, le poète romain affirme qu'il est prêt à mener la dure vie d'un paysan, pourvu qu'il puisse voir sa maîtresse. Montanus, lui, est prêt à vivre dans la pauvreté pourvu que le saint enfant lui ouvre les domaines du ciel – la différence est de taille. L'Enfant est le Christ, qui ouvre à l'homme les *caeli lucida templa*, c'est-à-dire les « espaces brillants du ciel ». Cette dernière expression est empruntée au païen Lucrèce : Montanus se sert d'un vocabulaire païen pour parler de réalités chrétiennes[2]. Pour Montanus, peu importe s'il faut vivre dans des *mapalia*, dans des huttes virgiliennes, ou s'il faut supporter l'odeur des *olidae caprae*, les « chèvres puantes » d'Horace, puisqu'il est accueilli par Dieu.

Aux vers 89-90 nous assistons au baptême de la poésie : le saint enfant, en effet, n'est pas opposé aux Camènes, tant s'en faut, puisqu'il se mêle lui-même au chœur des Muses. Du point de vue du style, le *sanctus puer* partage les extrémités du vers avec les Camènes, le *te*, c'est-à-dire l'Enfant, se mêle effectivement au chœur des Piérides, pris en tenaille entre *Pieriis* et *choris*. Dans ce même vers 90 sont réunis le poète (*me*), Dieu (*te*) et les muses (*Pieriis*). En ce qui concerne l'expression *sancte puer*, il n'est pas impossible que Montanus ait voulu évoquer Catulle 64, 95, où elle désigne Éros[3], mais ce n'est pas sûr du tout ; l'expression est en effet relativement fréquente dans un contexte chrétien.

---

1 *Cf.* Tibulle I, 1, 75 : *hic ego dux milesque bonus* ; II, 3, 33-34 : *At tu, quisquis es, cui tristi fronte Cupido / imperat, ut nostra sint tua castra domo* ; Ovide, *Héroïdes* VII, 32 : *castris militet ille tuis* ; *Amours* I, 9, 1 : *Militat omnis amans et habet sua castra Cupido.*

2 C'est l'appropriation joyeuse d'un thème païen ; Fabricius Montanus montre par là qu'il connaît ce poète fort peu goûté des chrétiens en raison de son « paganisme ».

3 Fabricius Montanus connaissait très bien Catulle. Voir le poème sur la mort du fils de Rudolph Ambühl étudié dans D. Amherdt, « Le *In funere Ioannis Collini* de Johannes

Enfin, aux vers 91-94, Montanus retourne à la raison élégiaque. Il demande à la pauvreté de revenir, et lui promet de la suivre toute sa vie et de servir dans son camp. C'est le thème du combat d'amour élégiaque : *miles id in castris omne merebo tuis*. Mais au lieu de mettre en avant l'amour plus ou moins réglé pour la *puella*, Montanus détourne de manière frappante ce motif littéraire pour l'appliquer à la vie simple. Ce dévoiement du motif apparaît tout à la fin du poème, scellant le message de Montanus : l'amour, c'est bien, pourvu que ce soit l'amour matrimonial, mais l'important est surtout, dans la logique élégiaque, de s'attacher à la vie simple. Et de vie simple il n'y en a pas, sauf en Dieu.

## CONCLUSION

Fabricius Montanus est pétri de modèles antiques, dans la forme comme dans le ton de ses élégies, qui sont d'une certaine façon très romaines. La foi chrétienne toutefois, bien que discrète, imprime sa marque. La vocation poétique de Montanus est intiment liée à sa foi, puisque Dieu, loin de s'opposer aux Camènes du poète, se sert même de lui pour enseigner au lecteur l'importance de la vie simple ; or la vie simple est une vie modeste et pauvre, certes, mais aussi, et peut-être surtout, une vie en Dieu, ce Dieu avec qui tout est plus simple, ou en tout cas plus serein. Dans son autobiographie en vers, où il évoque sa vocation poétique, Montanus affirme que les auteurs païens Virgile, Horace, Tibulle et Ovide furent pour lui des guides et des maîtres[1] : c'est un guide et un maître qu'il veut être à son tour pour le lecteur en lui enseignant justement les vertus de la vie simple en Dieu. En outre, en bon humaniste, en même temps qu'il propose un modèle de vie, il propose un modèle littéraire : comment imiter l'Antiquité sur un mode chrétien.

Être un guide et un maître, ce fut le but de la vie du pasteur Montanus, que ce soit dans la langue de ses pères, l'allemand, lorsqu'il s'adressait

Fabricius Montanus. Mort du fils de Rudolf Ambühl et survie du moineau de Lesbie », *Latomus*, 69, 2010, p. 489-506.

1 Fabricius Montanus, *Autobiographie* 123-124 : *Hos sibi proposuit crescens mea Musa magistros, / carminis hos ipsos est imitata duces.*

à ses fidèles à Coire, ou dans la langue de ses pairs, le latin, la langue des savants, langue d'élite, dans ses poèmes.

Si Fabricius Montanus n'appartient pas, de toute évidence, au groupe des grands humanistes de la Renaissance, son œuvre, et singulièrement ses élégies sur la vie simple, donnent une belle image de l'humanisme chrétien protestant… zurichois.

David AMHERDT
Universités de Fribourg et de Neuchâtel

# BIBLIOGRAPHIE GÉNÉRALE

Les abréviations des revues sont celles en usage dans *L'Année Philologique.*

## TEXTES, ÉDITIONS ET COMMENTAIRES

Les textes antiques cités, sauf mention contraire, selon la Collection des universités de France, Paris, Les Belles Lettres, ne sont pas repris dans la bibliographie.


*Anthologie de la poésie lyrique latine de la Renaissance*, dir. P. Laurens, Paris, Gallimard, 2004.

APULÉE

MAL-MAEDER, Danielle van, *Apuleius Madaurensis Metamorphoses. Livre II. Texte, Introduction et Commentaire*, Groningen, Egbert Forsten, 2001.

ENNIUS

SKUTSCH, Otto, *The Annals of Q. Ennius, edited with introduction and commentary*, Oxford, Clarendon Press, 1984.

EURIPIDE

STEVENS, P. T., *Euripides : Andromache*, Edited with introduction and commentary, Oxford, Clarendon Press, 1971.

FABRICIUS MONTANUS

DÖPP, Siegmar, *Ioannes Fabricius Montanus. Die beiden lateinischen Autobiographien*, Stuttgart, Steiner, 1998.

FABRICIUS MONTANUS, Ioannes, *Historica oratio qua et vita Conradi Pellicani et brevis temporis illius res continentur*, Marbourg, Kezelius, 1608.

FABRICIUS MONTANUS, Ioannes, *Poemata*, Zurich, Gessner, 1556.

ULRICH, Johann Jakob (éd.), *Miscellanea Tigurina*, t. III, Zurich, Gessner, 1724.

FICIN

FICIN, Marsile, *Marsile Ficin, Théologie platonicienne de l'immortalité de l'âme*, éd. R. Marcel, Paris, Les Belles Lettres, 1964-1970.

GRAVINA

GRAVINA, Pietro, *Petri Gravineae neapolitani poematum libri ad illustrem Joannem Franciscum de Capua senensium comitem*, Naples, Sulzbach, 1532.

HORACE

WATSON, Lindsay C., *A Commentary on Horace's Epodes*. Oxford, Oxford University Press, 2003.

MAXIMIEN

AGOZZINO, Tullio, *Massimiano. Elegie*, a cura di T. A. (avec introduction, traduction et commentaire ; le texte est celui de Baehrens), Bologna, Silva editore, 1970.

BAEHRENS, Aemilius, *Maximiani elegiae*. Poetae Latini Minores, V, Lipsiae, in aedibus B.G. Teubneri, 1883, p. 313-348.

GUARDALBEN, Dario, *Massimiano. Elegie della vecchiaia*. Traduzione e introduzione, Firenze, Ponte alle Grazie, 1993.

PETSCHENIG, Michael, *Maximiani elegiae*. Ad fidem codicis Etonensis recensuit et emendauit M. P., Berliner Studien für classische Philologie und Archaeologie, XI/2, Berolini, S. Calvary, 1890.

PRADA, Iosephus, *Maximiani Elegiae*. Codicibus denuo collatis cum apparatu critico locupletissimo codicum et editionum, Abbiatecrassi, D. De Angeli, 1919.

SANDQUIST ÖBERG, Christina, *Versus Maximiani. Der Elegienzyklus textkritisch herausgegeben, übersetzt und neu interpretiert*, Stockholm, Almqvist & Wiksell International, 1999.

SCHNEIDER, Wolfgang Christian, *Die elegischen Verse von Maximian. Eine letzte Widerrede gegen die neue christliche Zeit*, Palingenesia 79, Wiesbaden, Franz Steiner, 2003.

SPALTENSTEIN, François, *Commentaire des Élégies de Maximien*, Bibliotheca Helvetica Romana, Rome, Institut suisse de Rome, 1983.

WEBSTER, Richard, *The Elegies of Maximianus*, edited by R. W. (avec introduction et commentaire), Princeton, Princeton Press, 1900.

WERNSDORF, Johann Christian, *Maximiani Etrusci Elegiarum liber*. Poetae Latini Minores, VI/1, Helmstadii, 1794, p. 260-382.

OVIDE

GIBSON, Roy K., *Ovid : Ars amatoria Book 3*, Edited with introduction and commentary, Cambridge Classical Texts and Commentaries 40, Cambridge, Cambridge University Press, 2003.

HENDERSON, A. A. R., *P. Ovidi Nasonis* Remedia amoris. Edited with an Introduction and Commentary, Edinburgh, Scottish Academic Press, 1979.

JANKA, Markus, *Ovid. Ars Amatoria Buch II. Ein Kommentar*, Heidelberg, Universitätsverlag C. Winter, 1997.

KENNEY, E. J., *Ovid Heroides XVI-XXI*, Cambridge, Cambridge University Press, 1996.

McKeown, J. C., *Ovid : Amores*, Text, prolegomena and commentary in four volumes, Volume I : Text and prolegomena, ARCA, Liverpool, Francis Cairns, 1987.

PACUVIUS

Schierl, Petra, *Die Tragödien des Pacuvius, Ein Kommentar zu den Fragmenten mit Einleitung, Text und Übersetzung*, Texte und Kommentare 28, Berlin/New York, de Gruyter, 2006.

PÉTRARQUE

Santagata, Marco (ed.), *Francesco Petrarca Canzoniere*, Milan, A. Mondadori, 1996.

PONTANO

Pontano, Giovanni, *I Dialoghi*, a cura di C. Previtera, Firenze, Sansoni, 1943.
Pontano, Giovanni, éd. J. Oeschger, *I. I. Pontani Carmina*, Bari, Laterza, 1948.

PROPERCE

Fedeli, Paolo, *Properzio. Il primo libro delle elegie*, Firenze, L.S. Olschki, 1980.
Fedeli, Paolo, *Properzio :* Elegie *Libro II*, Introduzione, testo e commento, ARCA 45, Cambridge, Francis Cairns, 2005.
Fedeli, Paolo, *Sesto Properzio, Il Primo libro delle Elegie*, introduzione, testo critico e commento a cura di P. Fedeli, Firenze, Olschki, 1980.
Heyworth, Stephen J., *Cynthia. A Companion to the Text of Propertius*, Oxford, Oxford University Press, 2007.
Hutchinson, Gregory, *Propertius Elegies Book IV*, Cambridge, Cambridge University Press, 2006.
*Propertius, Elegies I-IV*, éd. L. Richardson, Norman, University of Oklahoma Press, 1977.

STACE

Van Dam, Harm-Jan, *P. Papinius Statius Book II. A Commentary*, Leiden, Brill, 1984.

VIRGILE

Thomas, Richard F., *Virgil :* Georgics, *Volume 2, Books III-IV*, Cambridge Greek and Latin Classics, Cambridge, Cambridge University Press, 1988.

VARIA

Charlet, Jean-Louis (éd.), *Deux pièces de la controverse humaniste sur Pline : N. Perotti, Lettre à Guarnieri ; C. Vitelli, Lettre à Partenio di Salò*, édition critique et commentaire, Sassoferrato, Istituto internazionale di studi piceni, 2003.

## ÉTUDES

ACOSTA-HUGHES, Benjamin, STEPHENS, Susan A., « Rereading Callimachus' Aetia Fragment 1 », *CPh*, 97.3, 2002, p. 238-255.

ADAMS, James Noel, *The Latin Sexual Vocabulary*, London, Duckworth, 1982.

AGACHE, Sylvie « La villa comme image de soi (Rome antique, des origines à la fin de la République) », in *La villa et l'univers familial dans l'Antiquité et à la Renaissance*, édit. P. Galand-Hallyn et C. Lévy, Paris, Presses de l'Université Paris-Sorbonne, 2008, p. 15-44.

ALFONSI, Luigi, « Sulle Elegie di Massimiano », *AIV*, 101, 1941-1942, p. 333-349.

ALPERS, Klaus, « Innere Beziehungen und Kontraste als hermeneutische Zeichen in den *Metamorphosen* des Apuleius von Madaura », *WJA* N.F., 6a, 1980, p. 197-207.

ALVAREZ HERNÁNDEZ, Arturo, *La poética de Propercio, Autobiografía artística del Calímaco romano*, Assisi, Accademia Properziana del Subasio, 1997.

AMHERDT, David, « La postérité d'Ovide : Tristes 4,10 et l'autobiographie en vers de l'humaniste Johannes Fabricius Montanus », *IJCT*, 12, 2006, p. 483-506.

AMHERDT, David, « Le *De Vuilhelmo Thellio elegia* de l'humaniste Johannes Fabricius Montanus », *Latomus*, 65, 2006, p. 986-1007.

AMHERDT, David, « L'églogue funèbre "Orion" de l'humaniste zurichois Johannes Fabricius Montanus. Le poème bucolique d'un pasteur protestant sur la mort de son épouse », *Neulateinisches Jahrbuch*, 9, 2007, p. 5-36.

AMHERDT, David, « Le *In funere Ioannis Collini* de Johannes Fabricius Montanus. Mort du fils de Rudolf Ambühl et survie du moineau de Lesbie », *Latomus*, 69, 2010, p. 489-506.

ANASTASI, Rosario, « La III Elegia di Massimiano », *Miscellanea di Studi di Letteratura cristiana antica*, 3, 1951, p. 45-92.

ANDERSON, R. D. J., Parsons, P. J., Nisbet, R. G. M., « Elegiacs by Gallus from Qasr Ibrîm », *JRS*, 69, 1979, p. 125-155.

*Antique notion d'inspiration (L')*, dir. J. Assaël, *Noesis*, 4, 2000.

ARNALDI, Francesco, GUALDO ROSA, Lucia, MONTI SABIA, Liliana, *Poetae Latini del Quattrocento*, Milano/Napoli, R. Ricciardi, 1964.

*Art of Love (The). Bimillenial Essays on Ovid's* Ars Amatoria *and* Remedia Amoris, édit. R. Gibson, S. Green et A. Sharrock, Oxford, Oxford University Press, 2006.

BAAR, Mechthild, *Dolor et ingenium. Untersuchungen zur römischen Liebeselegie*, Stuttgart, F. Steiner, 2006.

BARCHIESI, Alessandro, *The Poet and the Prince. Ovid and Augustan Discourse*, Berkeley/Los Angeles, University of California Press, 1997.

BARCHIESI, Alessandro, « Vers une histoire à rebours de l'élégie latine : les *Héroïdes* 'doubles' (16-21) », in *Élégie et épopée dans la poésie ovidienne (Héroïdes et Amours). En hommage à Simone Viarre*, édit. J. Fabre-Serris et A. Deremetz, Villeneuve d'Ascq, Université Charles-de-Gaule Lille III, 1999, p. 59-62.

BARCHIESI, Alessandro, « Insegnare ad Augusto. Orazio, Epistole 2, 1 e Ovidio, Tristia II », *MD*, 31, 1993, p. 149-184 [= *Id.*, *Speaking Volumes, Narrative and Intertext in Ovid and other Latin Poets*, London, Duckworth, 2001, p. 79-103].

BARCHIESI, Alessandro, *Speaking Volumes. Narrative and Intertext in Ovid and other Latin Poets*, London, Duckworth, 2001.

BARCHIESI, Alessandro, « Women on Top : Livia and Andromache », in *The Art of Love. Bimillenial Essays on Ovid's* Ars Amatoria *and* Remedia Amoris, édit. R. Gibson, S. Green et A. Sharrock, Oxford, Oxford University Press, 2006, p. 96-120.

BARCHIESI, Alessandro, HARDIE, Philip R., « The Ovidian career model. Ovid, Gallus, Apuleius, Boccaccio », in *Classical Literary Careers and their Reception*, édit. Ph. Hardie et H. Moore, Cambridge, Cambridge University Press, 2010, p. 59-88.

BERGREN, Ann L.T., « Language and the female in early Greek thought », *Arethusa*, 16, 1983, p. 69-95.

BERTINI, Ferruccio, « Boezio e Massimiano », in *Atti del Congresso internazionale di Studi Boeziani*, Pavia, 5-8 ottobre 1980, dir. L. Obertello, Roma, Herder, 1981, p. 273-283.

BETTINI, Maurizio, *The Portrait of the Lover*, trans. L. Gibbs, Berkeley/Los Angeles/London, University of California Press, 1999.

BIANCHI, Rosella, *Intorno a Pio II : un mercante e tre poeti*, Messina, Sicania, 1988.

BINDER, Gerhard, « *Amor omnibus idem.* Liebeswahn als Konstante in Vergils Dichtung », in *Genie und Wahnsinn, Konzepte psychischer ‚Normalität' und ‚Abnormität' im Altertum*, édit. B. Effe et R. F. Glei, Trier, Wissenschaftlicher Verlag Trier, 2000, p. 123-148.

BÖMER, Franz, *Untersuchungen über die Religion der Sklaven in Griechenland und Rom*, Wiesbaden, Verlag der Akademie der Wissenschaften und der Literatur, 1957 (1re partie) et 1960 (2e partie).

BONJOUR, Madeleine, *Terre natale. Études sur une composante affective du patriotisme romain*, Paris, Les Belles Lettres, 1975.

BOUCHER, Jean-Paul, *Études sur Properce. Problèmes d'inspiration et d'art*, Paris, De Boccard, 1965.

BOUCHER, Jean-Paul, *Caius Cornélius Gallus*, Paris, Les Belles Lettres, 1966.

BRAIDOTTI, Cecilia, « Prefazioni in distici elegiaci », in *La poesia cristiana latina in distici elegiaci. Atti del Convegno internazionale*, Assisi, 20-22 marzo 1992, a cura di G. Catanzaro, F. Santucci, Assisi, Accademia Properziana del Subasio, 1993, p. 58-83.

BRETZIGHEIMER, Gerlinde, *Poetik in der Erotik*, Classica Monacensia 22, Tübingen, Narr, 2001.

BRINK, C. O., *Horace on Poetry I : Prolegomena to the Literary Epistles*, Cambridge, Cambridge University Press, 1963.

BRINK, C. O., *Horace on Poetry II : The 'Ars Poetica'*, Cambridge, Cambridge University Press, 1971.

BRUNELLE, Christopher, « Form vs. function in Ovid's *Remedia amoris* », *CJ*, 96.2, 2000-2001, p. 123-140.

BRUNELLE, Christopher, « Ovid's Satirical Remedies », in *Gendered Dynamics in Latin Love Elegy*, Arethusa Books, édit. R. Ancona et E. Greene, Baltimore, The Johns Hopkins University Press, 2005, p. 141-158.

CAGNONE, Giacomo, *Pietro Gravina. Umanista del secolo XVI*, Catania, Niccolo Giannotta, 1901.

CAIRNS, Francis, *Vergil's Augustan Epic*, Cambridge, Cambridge University Press, 1989.

CAIRNS, Francis, *Sextus Propertius : The Augustan Elegist*, Cambridge, Cambridge University Press, 2006.

*Cambridge Companion to Ovid (The)*, édit. Ph. Hardie, Cambridge/New York, Cambridge University Press, 2002.

*Cambridge Companion to Virgil (The)*, édit. Ch. Martindale, Cambridge/New York, Cambridge University Press, 1997.

CAMERON, Alan, *Callimachus and His Critics*, Princeton N.J., Princeton University Press, 1995.

CARRILHO DE MACEDO, Monalisa, *Les fureurs à la Renaissance*, Paris, L'Harmattan, 2007.

CASANOVA-ROBIN, Hélène, « Le simulacre et l'empreinte. L'image de l'autre dans les *Héroïdes* d'Ovide » *BAGB*, 2, 2005, p. 117-134.

CASANOVA-ROBIN, Hélène, « Présence de la mythologie dans les élégies de Properce : de la cristallisation à la diffraction de l'image », *L'Information littéraire*, 1, mars 2007, p. 3-10.

CECCHINI, Piero, « Per un'edizione critica dei *Carmina* di G. Campano », *Res Publica Litterarum*, 5.1, 1982, p. 53-76.

CECCHINI, Piero, « Vino, musica, un toponimo 'fantasma' in un'elegia del Campano » in P. Cecchini, *Giannantonio Campano. Studi sulla produzione poetica*, Urbino, QuattroVenti, 1995, p. 113-123.

CECCHINI, Piero, *Giannantonio Campano. Studi sulla produzione poetica*, Urbino, QuattroVenti, 1995 (posthume).

CHARLET, Jean-Louis, « Permanence et mutation d'un genre littéraire antique au Quattrocento : un *paraclausithyron* de C. Landino (*Xandra* 2,20) », *Res Publica Litterarum*, 7 (= *Studi Umanistici Piceni*, 4), 1984, p. 39-51.

CHARLET, Jean-Louis, « Die Poesie », in *Spätantike mit einem Panorama der byzantinischen Literatur*, Neues Handbuch der Literaturwissenschaft, Bd. 4, édit. L. J. Engels et H. Hofmann, Wiesbaden, Aula Verlag, 1997, p. 538-539.

CHARLET, Jean-Louis, « Trois témoignages humanistes sur les débuts de l'imprimerie : Niccolò Perotti, Francesco Mario Grapaldo et Polidoro Virgili », *Helmantica* no. sp., *Mélanges A. Michel*, 151-153, Salamanca, 1999, p. 97-107.

CHARLET, Jean-Louis, « Le mythe de l'âge d'or dans une élégie de G. Campano », *Res Publica Litterarum*, 22, 1999 [2000], p. 128-138.

CHARLET, Jean-Louis, « Entre la *Lettre à Guarnieri* et le *Cornu copiae* : la correspondance philologique de N. Perotti avec le cardinal Ammannati », *Studi Umanistici Piceni*, 22, 2002, p. 55-68.

CHARLET, Jean-Louis, « Qu'est-ce que l'épigramme latine au Quattrocento ? », *Istituto Lombardo, Rendiconti. Classe di lettere e scienze morali e storiche*, 139, 2005 [2008], p. 373-390.

*Classical Literary Careers and their Reception*, édit. Ph. Hardie et H. Moore, Cambridge, Cambridge University Press, 2010.

CLAUSEN, Wendell V., *Virgil's Aeneid. Decorum, Allusion, and Ideology*, Beiträge zur Altertumskunde, 162, München/Leipzig, Saur, 2002.

CLÉMENT-TARANTINO, Séverine, *Fama ou la renommée du genre. Recherches sur la représentation de la tradition dans l'Énéide*, thèse de doctorat nouveau régine soutenue à l'Université de Lille 3, décembre 2006 (dir. A. Deremetz).

*Commentatori e traduttori di Properzio dall'umanesimo al Lachmann*, a cura di G. Catanzaro e F. Santucci, Assisi, Accademia Properziana del Subasio, 1996.

COMPAGNON, Antoine, *Les cinq paradoxes de la modernité*, Paris, Seuil, 1990.

CONSOLINO, Franca Ela, « *Amor spiritualis* e linguaggio elegiaco nei Carmina di Venanzio Fortunato », *ASNP*, s. III, 7.4, 1977, p. 1351-1368.

CONSOLINO, Franca Ela, « Venanzio Fortunato : il vescovo come capo spirituale e difensore terreno del suo popolo », in *Ead.*, *Ascesi e mondanità nella Gallia tardoantica. Studi sulla figura del vescovo nei secoli IV-VI*, Napoli, D'Auria, 1979, p. 143-167.

CONSOLINO, Franca Ela, « L'elegia amorosa nel *De excidio Thoringiae* di Venanzio Fortunato », in *La poesia cristiana latina in distici elegiaci. Atti del Convegno internazionale*, Assisi, 20-22 marzo 1992, a cura di G. Catanzaro, F. Santucci, Assisi, Accademia Properziana del Subasio, 1993, p. 241-254.

CONTE, Gian Biagio, « Love without Elegy : The *Remedia amoris* and the Logic of a Genre », *Poetics Today*, 10, 1989, p. 441-469.

COPLEY, Frank O., « *Servitium amoris* in the Roman Elegists », *TAPhA*, 78, 1947, p. 285-300.

COPPINI, Donatella, « Il commento a Properzio di Domizio Calderini », *ASNP*, s. III, 9, 1979, p. 1119-1173.

COPPINI, Donatella, « Properzio nella poesia d'amore degli umanisti », in *Colloquium Propertianum (secundum)*, a cura di S. Vivona e F. Santucci, Assisi, Accademia Properziana del Subasio, 1981, p. 169-201.

CROCE, Benedetto, « Un umanista gaudente », in B. Croce, *Uomini e cose della vecchia Italia*, t. 1, Bari, Laterza, 1927, p. 13-26.

CURTIUS, Ernst Robert, *Letteratura europea e Medio Evo latino*, a cura di R. Antonelli, trad. ital. di A. Luzzatto e M. Candela, Scandicci (Firenze), La Nuova Italia, 1995.

DANGEL, Jacqueline, VIDEAU, Anne, « L'écriture polémique au début de l'Empire », in *La parole polémique*, études réunies par G. Leclercq, M. Murat et J. Dangel, Paris, Champion, 2003, p. 105-130.

DAY, Archibald A. *The Origins of Latin Love-Elegy*, Oxford, Blackwell, 1938.

DE BEER, Susanna, « G. Campano and the Rhetoric of Patronage », *Nieuwsbrief Neolatinistenverband*, 15, 2003, p. 3-9.

DE BEER, Susanna, *Poetry and Literary Strategies in the Poems of G. Campano*, Unpublished PhD de l'université d'Amsterdam, 2007.

DEBAILLY, Pascal, *L'esthétique de la Satire chez Mathurin Régnier*, Thèse de doctorat, Paris X, 1993.

DEBROHUN, Jeri B., *Roman Propertius and the Reinvention of Elegy*, Ann Arbor, University of Michigan Press, 2003.

DELBEY, Évrard, *Poétique de l'élégie romaine. Les âges cicéronien et augustéen*, Paris, Les Belles Lettres, 2001.

DELBEY, Évrard, « Du *locus amoenus* au paradis de Venance Fortunat : la grâce et le sublime dans la tradition élégiaque », in *Présence de Catulle et des élégiaques latins. À R. Chevallier in memoriam, Actes du Colloque*, Tours, 28-30 novembre 2002, édit. R. Poignault, Caesarodunum, 2005, p. 225-234.

DELBEY, Évrard, *Venance Fortunat ou l'enchantement du monde*, Rennes, Presses Universitaires, 2009.

DEREMETZ, Alain, *Le miroir des muses. Poétiques de la réflexivité à Rome*, Villeneuve d'Ascq, Presses Universitaires du Septentrion, 1995.

DEREMETZ, Alain, « Descriptions de villas : Horace et Martial », in *La villa et l'univers familial dans l'Antiquité et à la Renaissance*, édit. P. Galand-Hallyn, C. Lévy, Paris, Presses de l'Université Paris-Sorbonne, 2008, p. 45-60.

DEWAR, Michael J., « Episcopal and Epicurean villas : Venantius Fortunatus and the Silvae », in *Epicedion. Hommage à P. Papinius Statius 96-1996*, édit. F. Delarue *et alii*, Poitiers, La Licorne, UFR Langues Littératures Poitiers, 1996, p. 297-313.

DI BERNARDO, Flavio, *Giannantonio Campano tipica figura di umanista-vescovo*, Roma, Universitas Gregoriana, 1969.

DI BERNARDO, Flavio, *Un vescovo umanista alla Corte pontificio Giannantonio Campano (1429-1477)*, Roma, Università Gregoriana, 1975.

DUPONT, Florence, *La Vie quotidienne du citoyen romain sous la République*, Paris, Hachette, 1989.

DUPONT, Florence, *Le théâtre latin*, Paris, Armand Colin, 1999 [1re éd. 1988].

EHWALD, Rudolphus, *Ad historiam carminum Ovidianorum recensionemque symbolae*, Gothae, Engelhard-Reyer, 1889.

*Élégie et épopée dans la poésie ovidienne (Héroïdes et Amours) en hommage à S. Viarre*, édit. J. Fabre-Serris et A. Deremetz, Villeneuve d'Ascq, Université Charles-de-Gaulle Lille III, 1999

ELLIS, Robinson, « On the Elegies of Maximianus », *AJPh*, 5.1, 1884, p. 1-14 et 5.2, p. 145-163.

ENENKEL, Karl A. E., *Die Erfindung des Menschen. Die Autobiographik des frühneuzeitlichen Humanismus von Petrarca bis Lipsius*, Berlin/New York, W. de Gruyter, 2008.

FABRE-SERRIS, Jacqueline, « Tibulle 1, 4 : l'élégie et la tradition de la poésie didactique », *Dictynna* 1, 2004, p. 29-43.

FANTHAM, Elaine, *Latin Poets and Italian Gods*, Toronto, University of Toronto Press, 2009.

FARRELL, Joseph, « Greek Lives and Roman Careers in the Classical *Vita* Tradition », in *European Literary Careers, The Author from Antiquity to the Renaissance*, édit. P. Cheney et F. de Armas, Toronto, University of Toronto Press, 2002, p. 24-46.

FARRELL, Joseph, « Ovid's Virgilian Career », *MD*, 52, 2004, p. 41-55.

FEDELI, Paolo, « Properzio I, 15 : arte allusiva e interpretazione », *Colloquium Propertianum*, a cura di M. Bigaroni e F. Santucci, Assisi, Accademia properziana del Subiaso, 1977, p. 73-99.

FEENEY, Denis, *Literature and Religion at Rome. Cultures, Contexts and Beliefs*, Cambridge/New York, Cambridge University Press, 1998.

FELGENTREU, Fritz, *Claudians Praefationes. Bedingungen, Beschreibungen und Wirkungen einer poetischen Kleinform*, Stuttgart/Leipzig, Teubner, 1999.

FLASCHENRIEM, Barbara L., « Sulpicia and the rhetoric of disclosure », *CPh*, 94, 1999, p. 36-54.

FO, Alessandro, « Il problema della struttura della raccolta elegiaca di Massimiano », *BStudL*, 16, 1986, p. 9-21.

FONTAINE, Jacques, « Valeurs antiques et valeurs chrétiennes dans la spiritualité des grands propriétaires terriens à la fin du IV^e siècle occidental », in *Epektasis. Mélanges patristiques offerts au cardinal J. Daniélou*, édit. J. Fontaine et Ch. Kannengiesser, Paris, Beauchesne, 1972, p. 571-595.

FOUCAULT, Michel, *Histoire de la sexualité*, Paris, Gallimard, 1976-1984.

FOUCAULT, Michel, *Dits et écrits, 1954-1988*, Paris, Gallimard, 2001.

FRANCHET D'ESPÈRY, Sylvie, « Le statut du "tu" dans le monologue tibullien » in *Jeux de voix : énonciation, intertextualité et intentionnalité dans la littérature antique*, édit. D. Van Mal-Maeder *et al.*, Bern, Lang, 2009, p. 119-139.

FRANZOI, Alessandro, critique de Schneider (*op. cit.*), *Lexis*, 24, 2006, p. 573-584.

FRÉCHET, Catherine, « Les *Remèdes à l'amour* d'Ovide ou l'hygiène d'un genre », in *Musa docta. Recherches sur la poésie scientifique dans l'Antiquité.* Centre Jean Palerne. Mémoires 30, édit. Ch. Cusset, Saint-Etienne, Publications de l'Université de Saint-Etienne, 2006, p. 193-214.

FUBINI, Riccardo, *Quattrocento fiorentino. Politica, Diplomazia, cultura*, Ospedaletto (Pisa), Pacini, 1966, cap. XI, « Umanesimo curiale del Quattrocento : il caso di Giovann'antonio Campano ».

FUBINI, Riccardo, « Umanesimo curiale del Quattrocento : nuovi studi su Giovann'Antonio Campano », *Rivista storica italiana*, 88, 1976, p. 745-755.

FUCECCHI, Marco, 2004, « L'orgoglio dei meno grandi : autocoscienza, sagacia e abilità diplomatica di alcune divinità "minori" dei Fasti », in *Nunc teritur nostris area maior equis. Riflessioni sull'intertestualità ovidiana. I Fasti*, édit. L. Landolfi, Palermo, Flaccovio Editore, 2004, p. 25-46.

FULKERSON, Laurel, « Omnia vincit amor : Why the Remedia Fail », *CQ*, 54.1, 2004, p. 211-223.

GALAND-HALLYN, Perrine, « Une rhétorique de l'onirisme », in *Ead.*, *Les yeux de l'éloquence. Poétiques humanistes de l'Évidence*, Orléans, Paradigme, 1995, p. 123-134.

GALAND-HALLYN, Perrine, *Le reflet des fleurs. Description et métalangage poétique d'Homère à la Renaissance*, Genève, Droz, 1994.

GALAND-HALLYN, Perrine, *Un professeur-poète humaniste : Joannes Vaccaeus, la sylve parisienne (1522)*, Genève, Droz, 2002.

GALAND-HALYN, Perrine, NASSICHUK, John (dir.), *Aspects du lyrisme conjugal à la Renaissance*, Genève, Droz, 2011.

GALE, Monica R., « Man and Beast in Lucretius and the Georgics », *CQ*, 41.2, 1991, p. 414-426.

GARIN, Eugenio, « *Phantasia* et *imaginatio* », *GCFI*, 64, 1985, p. 349-361.

GAVOILLE, Elisabeth, « La comédie de l'amour dans l'*Ars amatoria* et les *Remedia amoris* », in *La théâtralité de l'œuvre ovidienne*, Études anciennes 40, édit. I. Jouteur, Nancy, A.D.R.A., 2009, p. 6788.

GEISLER, Hans Joachim, *P. Ovidius Naso* – Remedia amoris *mit Kommentar zu Vers 1-396*, Berlin, 1969.

GENETTE, Gérard, *Palimpsestes. La Littérature au second degré*, Paris, Seuil, 1982.

GEORGE, Judith, *Venantius Fortunatus : A Latin Poet in Merovingian Gaul*, Oxford, Clarendon Press, 1992.

GIBSON, Bruce John, « Ovid on reading : reading Ovid. Reception in Ovid *Tristia* 2 », *JRS*, 89, 1999, p. 19-37.

GOLD, Barbara K., « 'The House I Live in is Not My Own': Women's Bodies in Juvenal's *Satires* », *Arethusa*, 31.3, 1998, p. 369-386.

GREENE, Ellen, « Elegiac Woman : Fantasy, *Materia*, and Male Desire in Propertius 1.3 and 1.11 », *AJPh* 116.2, 1995, 303-318.

GRIFFE, Élie, « Un évêque de Bordeaux au VI^e siècle : Léonce le Jeune », *Bulletin de littérature ecclésiatique*, 64, 1963, p. 63-71.

GRIFFITHS, J. Gwyn, *Apuleius of Madauros : The Isis Book (Metamorphoses, Book XI)*, Leiden, Brill, 1975.

GRIMAL, Pierre, *Le lyrisme à Rome*, Paris, PUF, 1978.

GRIMAL, Pierre, « Introduction à l'élégie romaine », in *L'élégie romaine. Enracinement – Thèmes Diffusion, Actes du Colloque international*, Faculté des Lettres et Sciences Humaines de Mulhouse, mars 1979, sous la dir. d'A. Thill, Mulhouse, Éditions Ophrys, 1980, p. 9-15.

GUALANDRI, Isabella, « Aspetti dell'ekphrasis in età tardo-antica », in *Testo e immagine nell'alto medioevo*, 15-21 aprile 1993, Settimane di studio del centro italiano di studi sull'alto medioevo, Spoleto, Presso la sede del centro, 1994, p. 301-341.

GUALDO-ROSA, Luciana, « Un seguace del Valla all'Università di Napoli nel '400 : Aurelio Bienato », in *Valla e Napoli. Il dibattito filologico in età umanistica*, édit. M. Santoro, Pisa/Roma, Istituti Editoriale Poligrafici Internazionali, 2007, p. 171-186.

GÜNTHER, Hans-Christian, « The fourth book », in *Brill's Companion to Propertius*, édit. H.-Chr. Günther, Leiden/Boston, Brill, 2006, p. 353-395.

HALLETT, Judith P., « Woman as *same* and *other* in classical Roman élites », *Helios*, 16, 1989, p. 59-78.

HALLETT, Judith P., « Sulpicia and her *fama* : an intertextual approach to recovering her Latin literary image », *CW*, 100, 2006, p. 37-42.

HARDIE, Philip R., *Virgil's* Aeneid. *Cosmos and Imperium*, Oxford, Clarendon Press, 1986.

HARDIE, Philip R., *Ovid's Poetics of Illusion*, Cambridge, Cambridge University Press, 2002.

HARRISON, Stephen J., « Ovid and genre : evolutions of an elegist », in *The Cambridge Companion to Ovid*, édit. Ph. Hardie, Cambridge/New York, Cambridge University Press, 2002, p. 79-94.

HARRISON, Stephen, « Literary Texture in the Adultery-Tales of Apuleius, *Metamorphoses* Book 9 », in *Desultoria Scientia. Genre in Apuleius' Metamorphoses and Related Texts*, édit. R. Nauta, Leuven, Peeters, 2006.

HAUSMANN, Frank R., *Giovanni Antonio Campano (1429-1477) : Erläuterungen und Ergänzungen zu seinen Briefen*, Diss. Freiburg i. B., 1968.

HAUSMANN, Frank R., « Giovanni Antonio Campano (1429-1477) : ein Beitrag zur Geschichte des italienischen Humanismus im Quattrocento », *Römanische hist. Mitteilungen*, 12, 1970, p. 125-178.

HAUSMANN, Frank R., « Untersuchungen zum neolateinischen Epigramm Italiens im Quattrocento », *Humanistica Lovaniensia*, 21, 1972, p. 1-35.

HEEGE, Friedrich, *Der Elegiker Maximianus*, Programm des ev.-theologischen Seminars 580, Blaubeuren, Mangold, 1893.

HEINZE, Richard, *Ovids elegische Erzählung*, Leipzig, Teubner, 1919, réédité dans *Vom Geist des Römertums*, édit. E. Burck, Stuttgart, Teubner, 1960 (3^e éd.)

HENDERSON, Jeffrey, *The Maculate Muse, Obscene Language in Attic Comedy*, New Haven/London, Yale University Press, 1975.

HERBERT-BROWN, Geraldine, *Ovid and the Fasti : an Historical Study*, New York/Oxford, Oxford University Press, 1994.

HINDERMANN, Judith, « Orte der Inspiration in Plinius' Epistulae », *MH*, 66, 2009, p. 223-231.

HINDERMANN, Judith, « The Elegiac Ass. The Concept of *servitium amoris* in Apuleius' *Metamorphoses* », *Ramus* 38.1, 2009, p. 75-84.

HINDERMANN, Judith, *Der elegische Esel. Apuleius' Metamorphosen und Ovids Ars amatoria*, Frankfurt am Main, Peter Lang, 2009.

HINDS, Stephen, « The poetess and the reader : further steps towards Sulpicia », *Hermathena* 143, 1987, p. 29-46.

HINDS, Stephen, *The Metamorphosis of Persephone. Ovid and the self-conscious Muse*, Cambridge/New York, Cambridge University Press, 1987.

HINDS, Stephen, « Arma in Ovid's Fasti. Part 1 : Genre and mannerism », *Arethusa*, 25, 1992, p. 81-112.

HINDS, Stephen, « Arma in Ovid's Fasti Part 2 : Genre, Romulean Rome and Augustan Ideology », *Arethusa*, 25, 1992, p. 113-154.

HINDS, Stephen, *Allusion and Intertext. Dynamics of Appropriation in Roman Poetry*, Cambridge/New York, Cambridge University Press, 1998.

HINDS, Stephen E., « Essential Epic. Genre and Gender from Macer to Statius », in *Matrices of Genre. Authors, Canons, and Society*, Center for Hellenic Studies Colloquia 4, édit. M. Depew et D. Obbink, Cambridge, Mass./London, Harvard University Press, 2000, p. 221-246.

HOLZBERG, Niklas, *Die römische Liebeselegie : eine Einführung*, Darmstadt, Wissenschaftliche Buchgesellschaft, 2001 (1990).

HOLZBERG, Niklas, « Ovids erotische Lehrgedichte und die römische Liebeselegie », *WS* N.F., 15, 1981, p. 185-204.

HOLZBERG, Niklas, « Ovids Version der Ehebruchsnovelle von Ares und Aphrodite (Hom., *Od.* VIII, 266-366) in der *Ars Amatoria* (II, 561-59) », *WJA* NF 16, 1990, p. 137-152.

HOLZBERG, Niklas, « Staging the Reader Response : Ovid and His 'Contemporary Audience' in *Ars* and *Remedia* », in *The Art of Love. Bimillenial Essays on Ovid's* Ars Amatoria *and* Remedia Amoris, édit. R. Gibson, S. Green et A. Sharrock, Oxford, Oxford University Press, 2006, p. 40-53.

HORDEN, Peregrine, PURCELL, Nicholas, *The Corrupting Sea. A Study of Mediterranean History*, Oxford/Malden Mass., Blackwell, 2000.

JAMES, Paula, *Unity in Diversity : A Study of Apuleius' Metamorphoses with Particular Reference to the Narrator's Art of Transformation and the Metamorphosis Motif in the Tale of Cupid and Psyche*, Hildesheim/Zürich/New York, Olms-Weidmann, 1987.

JANSON, Tore, *Latin Prose Prefaces. Studies in Literary Conventions*, Stockholm/Göteborg/Uppsala, Almqvist &Wiksell, 1964.

JAUSS, Hans Robert, *Pour une esthétique de la réception*, Paris, Gallimard, 1978 (traduction française de C. Maillard).

JOLIVET, Jean-Christophe, « Les amours d'Arès et Aphrodite, la critique homérique et la pantomime dans l'*Ars amatoria* », revue en ligne *Dictynna*, n° 2, 2005 (adresse url de la revue : http://dictynna.revue.univ-lille3.fr).

JOUTEUR, Isabelle, « Les fondations épiques de l'élégie romaine classique : acte de naissance d'un genre boiteux », in *Les genres de travers. Littérature et transgénéricité*, édit. D. Moncond'huy et H. Scepi, Rennes, Presses Universitaires de Rennes, 2008, p. 271-295.

JOUTEUR, Isabelle, *Jeux de genre dans les Métamorphoses d'Ovide*, Louvain, Peeters, 2001.

JULHE, Jean-Claude, *La critique littéraire chez Catulle et les Élégiaques augustéens, Genèse et jeunesse de l'élégie à Rome (62 avant J.-C. – 16 après J.-C.)*, Bibliothèques d'études classiques 40, Louvain/Paris/Dudley MA, Peeters, 2004.

KASTER, Robert A., *Emotion, Restraint, and Community in Ancient Rome*, Oxford/New York, Oxford University Press, 2005.

KATINIS, Teodoro, « Il ruolo della *imaginatio-phantasia* in alcuni contesti ficiniani », *Les cahiers de l'humanisme*, II (série), *Marsile Ficin ou les mystères platoniciens*, 2002, p. 217-223.

KEITH, Alison M., « Corpus eroticum : Elegiac Poetics and Elegiac puellae in Ovid's *Amores* », *CW*, 88, 1994, p. 27-40.

KEITH, Alison, « *Tandem uenit amor* : a Roman woman speaks of love », in *Roman Sexualities*, édit. J. P. Hallett et M. B. Skinner, Princeton, Princeton University Press, 1997, p. 295-310.

KENNEY, E. J., « Nequitiae poetae », in *Ovidiana, Recherches sur Ovide*, publiées à l'occasion du bimillénaire de la naissance du poète, édit. N. J. Herescu, Paris, Les Belles Lettres, 1958, p. 201-209.

KOPFF, Christian, « Dido and Penelope », *Philologus*, 121, 1977, p. 244-248.

KORENJAK, Martin, « Horaz' und Ovids epistolographisches Spätwerk (Einleitung und Teil 1) », *Mnemosyne*, 58.1, 2005, p. 46-61.

KORENJAK, Martin, « Horaz' und Ovids epistolographisches Spätwerk (Teil 2) », *Mnemosyne*, 58.2, 2005, p. 218-234.

KÜHLMANN, Wilhelm, « Die verstorbene Gattin – die verstorbene Geliebte : Zum Bild der Frau in der elegischen Dichtung des deutschen Humanismus (Jacob Micyllus und Petrus Lotichius Secundus) », in *Die Frau in der Renaissance*, édit. P. G. Schmidt, Wiesbaden, Harrassowitz, 1994, p. 21-54.

LA PENNA, Antonio, « Appunti sulla fortuna di Properzio », in *Id.*, *L'integrazione difficile, un profilo di Properzio*, Torino, Einaudi, 1977.

LABARRIÈRE, Jean-Louis, « Nature et fonction de la *phantasia* chez Aristote », in *De la phantasia à l'imagination*, dir. D. Lories et L. Rizzero, Louvain, Peeters, 2003, p. 15-30.

LABATE, Mario, « La poétique de l'élégie et la carrière poétique d'Ovide », in *Élégie et épopée dans la poésie ovidienne (Héroïdes et Amours) en hommage à S. Viarre*, édit. J. Fabre-Serris et A. Deremetz, Villeneuve d'Ascq, Université Charles-de-Gaulle Lille III, 1999, p. 127-143.

LABATE, Mario, « Questioni di poetica elegiaca », in *Il rinnovamento umanistico della poesia. L'epigramma e l'elegia*, a cura di R. Cardini e D. Coppini, Firenze, Polistampa, 2009, p. 125-144.

LANGLANDS, Rebecca, *Sexual Morality in Ancient Rome*, Cambridge, Cambridge University Press, 2006.

*Latin Erotic Elegy. An Anthology and Reader*, édit. P.A. Miller, London/New York, Routledge, 2002.

LAURENS, Pierre, *L'abeille dans l'ambre. Célébration de l'épigramme*, Paris, Les Belles Lettres, 1989.

LAURENS, Pierre, « *Memoriae haerent.* Matériaux pour une histoire de l'épigramme polémique », dans *La parole polémique*, études réunies par G. Leclercq, M. Murat et J. Dangel, Paris, Champion, 2003, p. 131-147.

LEACH, Eleanor Winsor, « Georgic Imagery in the *Ars amatoria* », *TAPhA*, 95, 1964, p. 142-154.

LECOINTE, Jean, *L'idéal et la différence. La perception de la personnalité littéraire à la Renaissance*, Genève, Droz, 1993.

LEFKOWITZ, Mary R., *The Lives of the Greek Poets*, Classical life and letters, London, Duckworth, 1981.

LENZ, Friedrich Walter, *Ovid : Heilmittel gegen die Liebe, Die Pflege des weiblichen Gesichtes*, Schriften und Quellen der alten Welt 9, Lateinisch und deutsch, Berlin, Akademie Verlag, 1960.

LEROUX, Virginie, « Refuge ou rival ? Sommeil élégiaque et écriture du dormir-veille chez Jean Second et ses modèles », *Camenae* 5, novembre 2008 (revue électronique en ligne sur le site http://www.paris-sorbonne.fr/fr/spip.php?article8615), p. 135-169.

LEROUX, Virginie, « La Renaissance du genre élégiaque de Pontano à Minturno », à paraître dans les actes du Colloque international *La Renaissance des genres. Pratiques et théories*, dirigé par G. Sangirardi et P. Bravo à l'Université de Bourgogne les 17-18 octobre 2009.

LESCA, Giuseppe, *Giovannantonio Campano detto l'episcopus Aprutinus*, Pontedera, Tip. Ristori, 1892.

LIEBESCHUETZ, W., « Beast and Man in the Third Book of Virgil's *Georgics* », *G&R*, 12.1, 1965, p. 64-77.

LIPKING, Lawrence, *The Life of the Poet, Beginning and Ending Poetic Careers*, Chicago/London, University of Chicago Press, 1981.

LOWE, N., « Sulpicia's syntax », *CQ*, 38, 1988, p. 193-205.

LUCARINI, Carlo Martino, « Una fonte di Properzio 3.14 e le origine greche dell'elegia d'amore romana », *Philologus*, 152.2, 2008, p. 246-269.

LUCIFORA, Rosa Maria, *Prolegomeni all'elegia d'amore*, Pisa, Ed. ETS, 1996.

LUCK, Georg, *Die römische Liebeselegie*, Heidelberg, C. Winter, 1961 (*The Latin Love-Elegy*, London, Methuen, 1959).

LUCKE, Christina, *P. Ovidius Naso :* Remedia amoris, *Kommentar zu Vers 397-814*, Bonn, Rudolf Habelt, 1982.

LYNE, R. O. A. M., *Collected Papers on Latin Poetry*, Oxford, Oxford University Press, 2007.

MAILLÉ, Marquise de, *Recherches sur les origines chrétiennes de Bordeaux*, Paris, Éditions A. & J. Picard et Cie, 1960.

MALEUVRE, Jean-Yves, *Jeux de masques dans l'élégie latine. Tibulle, Properce, Ovide*, Louvain/Namur, Peeters, 1998.

MALTBY, Robert, *A Lexicon of Ancient Latin Etymologies*, Leeds, F. Cairns, 1991.

MANZONI, Gian Enrico, *Foroiuliensis poeta, Vita e poesia di Cornelio Gallo*, Milan, Vita e Pensiero, 1995.

MARINONE, Nino, *Berenice da Callimaco a Catullo*, Roma, Ed. dell'Ateneo, 1984.

MARTIN, René, GAILLARD, Roger, *Les Genres littéraires à Rome*, Paris, Nathan-Scodel, 1990.

MASTANDREA, Paolo, « Per la cronologia di Massimiano elegiaco : elementi interni ed esterni al testo », in *Poesía latina medieval (siglos V-XV). Actas del IV Congreso del* Internationales Mittellateinerkommitee, Santiago de Compostela, 12-15 de septiembre de 2002, al cuidado de M. C. Díaz y Díaz y J. M. Díaz de Bustamante, Firenze, SISMEL, 2005, p. 151-179.

MATHIS, Amanda G., « Playing with Elegy : Tales of Lovers in Books 1 and 2 of Apuleius' *Metamorphoses* », in W. Riess (ed.), *Paideia at Play : Learning and Wit in Apuleius, Ancient Narrative Supplements* 11, Groningen, Barkhuis, 2008, p. 195-214.

MEAD, William E. (ed.), *The Famous Historie of Chinon of England by Christopher Middleton*, London, Oxford University Press, 1925.

MERLI, Elena, *Arma canant alii. Materia epica e narrazione elegiaca nei* Fasti *di Ovidio*, Firenze, Università degli studi di Firenze, Dipartimento di scienze dell'antichità "Giorgio Pasquali", 2000.

MESCHONNIC, Henri, *Modernité, modernité*, Paris, Gallimard, 2005 (1re édition : Paris, Verdier, 1988).

METTE-DITTMANN, Annette, *Die Ehegezetze des Augustus. Eine Untersuchung im Rahmen der Gesellschaftspolitik des Princeps*, Stuttgart, F. Steiner, 1991

MILES, Gary B., « *Georgics* 3.209-294 : *Amor* and Civilization », *Californian Studies in Classical Antiquity*, 8, 1976, p. 177-197.

MILES, Gary B., *Virgil's* Georgics, *A New Interpretation*, Berkeley/Los Angeles, University of California Press, 1980.

MILLER, John F., *Ovid's Elegiac Festivals. Studies in the Fasti*, Studien zur klassischen Philologie, 55, Frankfurt/Bern, Peter Lang, 1991.

MINCIONE, Giuseppino, « Giannantonio Campano a cinquecento anni dalla morte », *Voce Pretuziana*, 63, 1977, p. 33-43.

MONTI SABIA, Liliana, « Un canzoniere per una moglie : realtà e poesia nel *De amore coniugali* de Giovanni Pontano », in *Poesia umanistica in distici elegiaci*, a cura di G. Catanzaro e F. Santucci, Assisi, Accademia properziana del Subasio, 1999, p. 23-65.

MONTI SABIA, Liliana, « Tre momenti nella poesia elegiaca di Giovanni Pontano », in *Il rinnovamento umanistico della poesia umanistica, L'epigramma e l'elegia*, a cura di R. Cardini e D. Coppini, Firenze, Polistampa, 2009, p. 321-397.

MOST, Glenn W., « Epinician envies », in *Envy, Spite and Jealousy, The Rivalrous Emotions in Ancient Greece*, Edinburgh Leventis Studies 2, édit. D. Konstan et N. K. Rutter, Edinburgh, Edinburgh University Press, 2003, p. 123-142.

MURGATROYD, Paul, « *Militia amoris* and the Roman Elegists », *Latomus*, 34, 1975, p. 59-79.

MURGATROYD, Paul, « *Servitium amoris* and the Roman Elegists », *Latomus*, 40, 1981, p. 589-606.

MYEROWITZ-LEVINE, Molly, « The Women of Ovid's *Ars Amatoria* : Nature or Culture », *SCI*, 6, 1981-1982, p. 30-56.

MYEROWITZ, Molly, *Ovid's Games of Love*, Detroit, Wayne State University Press, 1985.

MYERS, Karen Sara, *Ovid's Causes. Cosmogony and Aetiology in the Metamorphoses*, Ann Arbor, University of Michigan, 1994.

NASSICHUK, John, « Images de l'union conjugale dans l'œuvre poétique de G. Pontano », in *Aspects du lyrisme conjugal à la Renaissance*, dir. P. Galand et J. Nassichuk, Genève, Droz, 2011, p. 37-58.

NASSICHUK, John, « Giannantonio Campano et la misère des poètes », à paraître dans *Le poète au miroir de ses vers. Études sur la représentation de l'artiste en poésie* (actes du colloque international *Représentations du poète dans la poésie à travers les siècles : du monde antique à l'ère contemporaine*, Paris IV, 14-15.12.2009), édit. H. Casanova-Robin et A. Billaut, Grenoble, Éditions Jérôme Million, 2012.

NASSICHUK, John, « *Lautus luxus* : une épître en vers de Pietro Gravina à Girolamo Carbone », à paraître dans *Le luxe et la cité : penser le luxe*, édit. M. Deramaix et A. Vial, Le Havre, Presses de l'Université de Rouen, 2011.

NASSICHUK, John, « Pie II dans les œuvres poétiques de Giannantonio Campano », actes du Colloque international *Enea Silvio Piccolomini (Pape Pie II) : homme de lettres et homme d'église*, Université de Grenoble III, 22-23 avril 2010, à paraître dans *Cahiers des Études Italiennes*, dir. S. Stolf, 2011.

NEWLANDS, Carole, *Playing with Time. Ovid and the Fasti*, Cornell studies in classical philology, Ithaca (N.Y.), Cornell University Press, 1995.

NICOLL, W. S. M., « Cupid, Apollo and Daphne (Ovid, *Met.* 1.452 ff.) », *CQ*, 30, 1980, p. 174-182.

*Ovide. Figures de l'hybride. Illustrations littéraires et figurées de l'esthétique ovidienne à travers les âges*, édit. H. Casanova-Robin, Paris, Champion, 2009.

PAGE, Denys L., « The Elegiacs in Euripides' *Andromache* », in *Greek Poetry and Life*, Essays presented to Gilbert Murray on his seventieth birthday, Oxford, Clarendon Press, 1936, p. 206-230.

PANOFSKY, Erwin, *Idea*, éd. française Paris, Gallimard, 1983.

PARENTI, Giovanni, *Poeta Proteus alter, Forma e storia di tre libri di Pontano*, Firenze, Olschki, 1995.

PARKER, Holt N., « Love's Body Anatomized : The Ancient Erotic Handbooks and the Rhetoric of Sexuality », in *Pornography and Representation in Greece and Rome*, édit. A. Richlin, Oxford, Oxford Univ. Press, 1992, p. 90-111.

*Parole polémique (La)*, études réunies par G. Leclercq, M. Murat et J. Dangel, Paris, Champion, 2003.

PARRONI, Piergiorgio, critique de Schetter (*op. cit.*), *Gnomon*, 51, 1979, p. 144-150.

PASCO-PRANGER, Moly, *Founding the Year. Ovid's Fasti and the Poetics of the Roman Calendar*, Leiden/Boston, Brill, 2006.

PAVLOVSKIS, Zoja, *Man in an Artificial Landscape. The Marvels of Civilization in Imperial Roman Literature*, Leiden, Brill, 1973.

PFAFF-REYDELLET, Maud, « Élégie et étiologie : le genre littéraire à l'épreuve de l'hybridité », in *Ovide. Figures de l'hybride. Illustrations littéraires et figurées de l'esthétique ovidienne à travers les âges*, édit. H. Casanova-Robin, Paris, Champion, 2009, p. 183-195.

PINOTTI, Paola, *Publio Ovidio Nasone : Remedia amoris*, Edizioni e saggi universitari di filologia classica 39, Bologna, Pàtron, 1988.

PISCITELLI CARPINO, Teresa, « Paolino elegiaco », in *La poesia cristiana latina in distici elegiaci. Atti del Convegno internazionale*, Assisi, 20-22 marzo 1992, a cura di G. Catanzaro, F. Santucci, Assisi, Accademia Properziana del Subasio, 1993, p. 99-133.

*Poesia cristiana latina in distici elegiaci (La). Atti del Convegno internazionale*, Assisi, 20-22 marzo 1992, a cura di G. Catanzaro, F. Santucci, Assisi, Accademia Properziana del Subasio, 1993.

*Poétiques de la Renaissance. Le modèle italien, le modèle franco-bourguignon et leur héritage en France au XVIe siècle*, dir. P. Galand-Hallyn et F. Hallyn, Genève, Droz, 2001.

PRINZ, Karl, « Untersuchungen zu Ovids *Remedia amoris* », *WS*, 36, 1914, p. 36-83.

PRINZ, Karl, « Untersuchungen zu Ovids *Remedia amoris* », *WS*, 39, 1917, p. 91-121 et 259-291.

RACE, William, *The Classical Priamel from Homer to Boethius*, Leiden, Brill, 1982.

RAMBAUX, Claude, « Remarques sur la composition de l'*Art d'aimer* et des *Remèdes à l'amour* », *REL*, 64, 1986, p. 150-171.

RAPISARDA, Carmelo A., « Linguaggio biblico e motivi elegiaci nel *Commonitorium* di Orienzio », in *La poesia cristiana latina in distici elegiaci. Atti del Convegno internazionale*, Assisi, 20-22 marzo 1992, a cura di G. Catanzaro, F. Santucci, Assisi, Accademia Properziana del Subasio, 1993, p. 166-190.

REED, Joseph D., *Virgil's Gaze. Nation and Poetry in the Aeneid*, Princeton, Princeton University Press, 2007.

REYDELLET, Marc, « Venance Fortunat et l'esthétique du style », in *Haut Moyen-Âge. Culture, éducation et société. Études offertes à P. Riché*, Paris, Éditions Européennes ERASME, 1990, p. 69-77.

RICCI, Maria, « Claudiano e i distici elegiaci », in *Tredici secoli di elegia latina. Atti del Convegno internazionale*, Assisi, 22-24 aprile 1988, a cura di G. Catanzaro, F. Santucci, Assisi, Accademia Properziana del Subasio, 1989, p. 289-300.

*Rinnovamento umanistico della poesia (Il). L'epigramma e l'elegia*, a cura di R. Cardini e D. Coppini, Firenze, Polistampa, 2009.

ROBERTS, Michael, *The Jeweled Style. Poetry and Poetics in Late Antiquity*, Ithaca/London, Cornell University Press, 1989.

ROBERTS, Michael, « Venantius Fortunatus and the Uses of Travel in Late Latin Poetry », in *Lateinische Poesie der Spätantike*. Internationale Tagung, Castelen bei Augst, 11.-13. Oktober 2007, édit. H. Harich-Schwarzbauer et P. Schierl, Basel, Schwabe Verlag, 2009, p. 293-306.

ROBERTS, Michael, *The Humblest Sparrow : The Poetry of Venantius Fortunatus*, Ann Arbor, The University of Michigan Press, 2009.

ROSATI, Gianpero, « La boiterie de Mademoiselle Élégie : un pied volé et ensuite retrouvé », in *Élégie et épopée dans la poésie ovidienne (Héroïdes et Amours) en hommage à S. Viarre*, édit. J. Fabre-Serris et A. Deremetz, Villeneuve d'Ascq, Université Charles-de-Gaulle Lille III, 1999, p. 147-163.

ROSEN, Ralph M., FARRELL, Joseph, « Acontius, Milanion, and Gallus. Vergil. Ecl. 10.52-61 », *TAPhA*, 116, 1986, p. 241-254.

ROSS, D. O., *Backgrounds to Augustan Poetry : Gallus, Elegy, and Rome*, Cambridge, Cambridge University Press, 1975.

SALEMME, Carmelo, critique d'Agozzino (*op. cit.*) et de Schetter (*op. cit.*), *BStudL*, 4, 1974, p. 314-320.

SANDY, Gerald, *The Greek World of Apuleius. Apuleius and the Second Sophistic*, Leiden/New York/Köln, Brill, 1997.

SANTIROCCO, Matthew, « Sulpicia reconsidered », *CJ*, 74, 1979, p. 229-239.

SANTORELLI, Paola, « L'*Epitaphium Eusebiae* di Venanzio Fortunato (IV 28) », in *La poesia cristiana latina in distici elegiaci. Atti del Convegno internazionale*, Assisi, 20-22 marzo 1992, a cura di G. Catanzaro, F. Santucci, Assisi, Accademia Properziana del Subasio, 1993, p. 285-294.

SCHEID, John, *Religion et piété à Rome*, Paris, La Découverte, 1985 (1983).

SCHETTER, Willy, *Studien zur Ueberlieferung und Kritik des Elegikers Maximian*, Klassisch-Philologische Studien, Heft 36, Wiesbaden, Otto Harrassowitz, 1970.

SCHIESS, Traugott, *Bullingers Korrespondenz mit den Graubündnern*, II. Teil, April 1557 –August 1566, Basel, Verlag der Basler Buch- und Antiquariatshandlung, 1905, chap. « Johannes Fabricius Montanus », p. VII-LXIII.

SCHMITZ, Thomas, « *Cetera quis nescit* : Verschwiegene Obszönität in der Liebesdichtung Ovids », *Poetica*, 30, 1998, p. 317–349.

SCOBIE, Alexander, *Aspects of the Ancient Romance and its Heritage*, Meisenheim am Glan, Hain, 1969.

SHARROCK, Alison, « Gender and Sexuality » in *The Cambridge Companion to Ovid*, édit. Ph. Hardie, Cambridge/New York, Cambridge University Press, 2002, p. 95-107.

SIMON, Gérard, *Le Regard, l'être et l'apparence dans l'Optique de l'Antiquité*, Paris, Seuil, 1988.

SIMON, Gérard, *Archéologie de la vision. L'optique, le corps, la peinture*, Paris, Seuil, 2003.

SPACKS, Patricia A. Meyer, *Gossip*, Chicago/London, University of Chicago Press, 1986.

STAHL, Hans-Peter, *Propertius. Love and War. Individual and State under Augustus*, Berkeley/Los Angeles/London, University of California Press, 1985.

STEMPEL, Wolf-Dieter, « Mittelalterliche Obszönität als literarästhetisches Problem », in *Die nicht mehr schönen Künste, Grenzphänomene des Ästhetischen*, Poetik und Hermeneutik III, édit. H. R. Jauss, München, Fink, 1968, p. 187-205 (discussion p. 611-617).

STEUDEL, Marion, *Die Literaturparodie in Ovids* Ars amatoria, Altertumswissenschaftliche Texte und Studien 25, Hildesheim/Zürich/New York, Olms-Weidmann, 1992.

STOK, Fabio, « L'ambiguo Romolo dei Fasti », in *Ovidius parodèsas*, édit. G. Brugnoli et F. Stok, Testi e studi di cultura classica, 10, Pisa, ETS Editrice, 1992, p. 75-110.

STROH, Wilfried, *Die Römische Liebeselegie als werbende Dichtung*, Amsterdam, Verlag A.M. Hakkert, 1971.

STROH, Wilfried, « Ovids Liebeskunst und die Ehegesetze des Augustus », *Gymnasium*, 86, 1986, p. 323-352.

SUZUKI, Mihoko, *Metamorphoses of Helen : Authority, Difference, and the Epic*, Ithaca/London, Cornell Univ. Press, 1989.

TANDOI, Vincenzo, « La tradizione manoscritta di Massimiano », *Maia*, n. s. 25, 1973, p. 140-151.

TARRANT, Richard J., « Ovid and ancient literary history », in *The Cambridge Companion to Ovid*, édit. Ph. Hardie, Cambridge/New York, Cambridge University Press, 2002, p. 13-33.

TATEO, Francesco, « Properzio nella poesia latina del Quattrocento », in *Properzio nella letteratura italiana*, a cura di S. Pasquazi, Roma, Bulzoni, 1987, p. 41-64.

TATEO, Francesco, « Le elegie properziane di Giovannantonio Campano » in *A Confronto con Properzio (da Petrarca a Pound)*, Atti del convegno internazionale, Assisi, 17-19 maggio 1996, a cura di G. Catanzaro e F. Santucci, Assisi, Accademia Properziana del Subasio, 1998, p. 125-140.

THEODORAKOPOULOS, Elena, « Closure : The Book of Virgil », in *The Cambridge Companion to Virgil*, édit. Ch. Martindale, Cambridge/New York, Cambridge University Press, 1997, p. 155-165.

THOMAS, Jean-François, « L'expression lexicale de l'idée de nouveauté en latin », à paraître dans un ouvrage collectif dirigé par S. Luciani et B. Pérez, Paris, Champion, 2011.

TRAILL, Ariana, « Menander's *Thais* and the Roman Poets », *Phoenix*, 55, 2001, p. 284-303.

VALENTINI, Roberto, « Liriche religiose di G. A. Campano », *Bolletino della R. Deputazione di storia patria per l'Umbria*, 34, 1937, p. 41-56.

VÁZQUEZ BUJAN, Manuel Enrique, « *Vernat amoenus ager.* Sobre las descriptiones de la naturaleza en la poesía de Venancio Fortunato », *Euphrosyne*, 13, 1985, p. 97-109.

VERSNEL, Hendrik Simon, *Inconsistencies in Greek and Roman Religion I. Ter Unus. Isis, Dionysos, Hermes. Three Studies in Henotheism*, Leiden/New York, Brill, 1990.

VEYNE, Paul, « L'homosexualité à Rome », *Communications*, 35, 1983, p. 26-33.

VEYNE, Paul, *L'Élégie érotique romaine. L'amour, la poésie, l'Occident*, Paris, Seuil, 1983.

VEYNE, Paul, « L'Empire Romain », in *Histoire de la vie privée*, vol. I, édit. Ph. Ariès, G. Duby, Paris, Seuil, 1985, p. 19-223.

VIDEAU, Anne (Delibes-), « Situation du personnage élégiaque », *L'Éclat du jour. Le fait politique*, n°4, mai 1987 (édit. J. Clims), p. 73-80.

VIDEAU, Anne (Delibes-), *Les* Tristes *et l'élégie romaine. Une poétique de la rupture*, Paris, Klincksieck, 1991.

VIDEAU, Anne, *La Poétique d'Ovide, de l'élégie à l'épopée des* Métamorphoses. *Essai sur un style dans l'Histoire*, Paris, PUPS, 2010.

VIDEAU, Anne, « Properce et le ' mourir d'aimer ' élégiaque », *Mélanges en l'honneur de Mme le Professeur J. Dangel, réunis par M. Baratin, C. Lévy, R. Utard et A. Videau*, Paris, Garnier, 2011, p. 721-735.

VIELBERG, Meinolf, « *Extensa viatica ?* Zur poetischen Selbstreflexion des Venantius Fortunatus », *REAug*, 51, 2005, p. 153-186.

WILDBERGER, Jula, *Ovids Schule der "elegischen" Liebe. Erotodidaxe und Psychagogie in des* Ars Amatoria, Frankfurt am Main/Bern, P. Lang, 1998.

WILLIAMS, Gordon, *Tradition and Originality in Roman Poetry*, Oxford, Clarendon Press, 1968.

WILLS, Jeffrey, *Repetition in Latin Poetry. Figures of Allusion*, Oxford, Clarendon Press, 1996.

WIMMEL, Walter, *Kallimachos in Rom, Die Nachfolge seines apologetischen Dichtens in der Augusteerzeit*, Hermes Einzelschrift 16, Wiesbaden, Steiner, 1960.

WLOSOK, Antonie, « Zur Einheit der *Metamorphosen* des Apuleius », *Philologus* 113, 1969, p. 68-84.

WOODMAN Tony, WEST, David, *Poetry and Politics in the Age of Augustus*, Cambridge/London, Cambridge University Press, 1984.

WORMAN, Nancy, « The body as argument : Helen in four Greek texts », *ClAnt*, 16, 1997, p. 151-203.

WOYTEK, Erich, « *In medio et mihi Caesar erit...* : Vergilimitationen im Zentrum von Ovids *Remedia amoris* », *WS*, 113, 2000, p. 181-213.

WYKE, Maria, *The Roman Mistress : Ancient and Modern Representations*, Oxford, Oxford University Press, 2002.

ZETZEL, James E. G., « Rome and its traditions », in *The Cambridge Companion to Virgil*, édit. Ch. Martindale, Cambridge/New York, Cambridge University Press, 1997, p. 188-203.

ZIOLKOWSKI, Jan M., « Obscenity in the Latin Grammatical and Rhetorical Tradition », in *Obscenity, Social Control and Artistic Creation in the European Middle Ages*, Cultures, beliefs and traditions 4, édit. J. M. Ziolkowski, Leiden, Brill, 1998, p. 41-59.

## USUELS


BÄCHTOLD, Hans Ulrich, « Fabricius Montanus, Johannes », *Dictionnaire historique de la Suisse*, 4, 2005, p. 666.

BONORAND, Conradin, « Fabricius Montanus », *Neue Deutsche Biographie*, 4, 1959, p. 737-738.

CERRONI, M., « Gravina, Pietro », *Dizionario Biografico degli Italiani*, t. 28, A. M. Ghisalberti (dir.), Roma, Istituto della Enciclopedia Italiana, 2002, p. 770-772.

FIEHN, Karl, « Thais », *RE* V A.1, 1934, col. 1184-1185.

GÄRTNER, Hans, « Zoilos [14] », *RE* Suppl. XV, 1978, col. 1531-1554.

GÖRLER, Woldemar, « obtrectatores », *Enciclopedia virgiliana* III, 1996, p. 807-813.

GORSEN, Peter, « Obszön », *Historisches Wörterbuch der Philosophie*, édit. J. Ritter, Basel, Schwabe, 1984, t. 6, col. 1081-1084.

HAUSMANN, Frank R., « Giovanni Antonio Campano », *Dizionario Biografico degli Italiani*, 15, Roma, Istituto della Enciclopedia italiana, 1974, p. 424-429.

JAUMANN, Herbert, « Fabricius Montanus », *Handbuch Gelehrtenkultur der Frühen Neuzeit*, I, Bio-Bibliographisches Repertorium, Berlin, de Gruyter, 2004, p. 262.

LEVY, Friedrich, « Maximianus », *RE* XIV.2, 1930, col. 2529-2533.

MEHL, Erwin, « P. Vergilius Maro, III.A. Nachwirkung im Altertum », *RE* VIII A.2, 1958, col. 1463-1476.

ROTT, Jean, « Fabricius Montanus », *Nouveau dictionnaire de biographie alsacienne*, 10, 1987, p. 878.

WENNEKER, Erich, « Fabricius Montanus », *Biographisch-Bibliographisches Kirchenlexikon* 15, 1999, col. 547-551.

# INDEX DES AUTEURS ET DES PASSAGES CITÉS

# PRÉSENTATION DES AUTEURS

David AMHERDT enseigne la langue et la littérature latines de l'Antiquité et de la Renaissance à l'université de Fribourg. Ses domaines de recherche sont l'épistolographie et la poésie latines de l'Antiquité tardive (Sidoine Apollinaire, Ausone, Paulin de Nole), ainsi que la littérature latine humaniste (Sébastien Castellion, Étienne Dolet, André Alciat, les humanistes suisses). Il est en outre coéditeur de la correspondance de Jean Du Bellay (université de Neuchâtel).

Hélène CASANOVA-ROBIN est professeur de littérature latine de la Renaissance à l'université de Paris Sorbonne. Ses travaux portent essentiellement sur la poésie augustéenne (Virgile, Ovide, Properce) et sur sa réception à la Renaissance (*Diane et Actéon. Éclats et reflets d'un mythe d'Ovide à la Renaissance et à l'Âge baroque* et direction d'ouvrages collectifs : *Ovide, figures de l'hybride; Amor scribendi, lectures des Héroïdes d'Ovide*), en particulier chez les Humanistes italiens de langue latine (édition des *Églogues latines* de G. Pontano, à paraître), avec un intérêt particulier pour le mythe, le dialogue des genres, la poésie intime et réflexive.

Jean-Louis CHARLET est professeur de latin tardif, médiéval et humaniste à l'université de Provence. Spécialiste de poésie latine tardive (Ambroise, Ausone, Claudien, Prudence, Paulin de Nole, Rutilius...) et humaniste (Pétrarque, Enea Sivio Piccolomini, Landino, Pontano, Politien, Marulle...), de lexicographie latine humaniste (Valla, Tortelli, Perotti, Nestore Dionigi, Calepino...), de philologie et de métrique humanistes ainsi que de l'histoire du livre et de numismatique, il est l'auteur de plus de vingt livres et de deux cents articles.

Alessandro FRANZOI est professeur de littérature latine à l'université *Ca' Foscari* de Venise. Ses publications portent sur l'élégie augustéenne,

Tacite (*Annales* XV-XVI dans l'œuvre complète publiée chez Einaudi-La Pléiade), l'*Appendix Vergiliana* (éditions critiques commentées de la *Copa* et du *Priapeum* 83 Büch.), et la poésie tardo-antique (notamment Ausone, édition commentée du *Cupido cruciatus*, et Maximien).

Lavinia GALLI MILIĆ est actuellement chargée d'enseignement à l'université de Genève et collaboratrice du Fonds national suisse de la recherche scientifique pour un projet sur l'intertextualité. Spécialiste de Dracontius et de poésie latine tardive, ses recherches portent en particulier sur les genres littéraires, dont l'épithalame.

Philip HARDIE est Senior Research Fellow au Trinity College et Honorary Professor de latin à l'université de Cambridge. Ses publications majeures portent sur Ovide, Virgile et Lucrèce. Ses recherches actuelles portent sur l'histoire de la rumeur et de la renommée, d'Homère à Pope (*Rumour and Renown. Representations of Fama in Western Literature*, Cambridge, 2011) ainsi que sur la réception de la littérature antique à la Renaissance anglaise.

Judith HINDERMANN est chargée d'enseignement et collaboratrice scientifique à l'université de Bâle. Ses recherches portent sur l'intertextualité rattachant les *Métamorphoses* d'Apulée à l'*Art d'aimer* d'Ovide (*cf. Der elegische Esel. Apuleius' Metamorphosen und Ovids Ars amatoria*, Frankfurt am Main etc., 2009). Elle collabore au projet interuniversitaire EUCOR « Salz der Antike » / « Le sel antique » portant sur la réception des genres poétiques chez les humanistes.

Sylvie LAIGNEAU-FONTAINE est professeur de latin à l'université de Bourgogne et spécialiste de poésie augustéenne et de poésie épigrammatique néo-latine. Ses principales publications dans ces deux domaines ont trait à Ovide, Virgile, et Nicolas Bourbon, et abordent les questions de l'amour, du mariage, ainsi que de la convergence des genres littéraires.

John NASSICHUK est Associate Professor à l'université Western Ontario (Canada). Ses publications portent sur la littérature de la Renaissance, en particulier sur Pontano, Campano, Gravina, Jodelle, Bonnefons, ainsi que sur la silve et sur les livrets des entrées solennelles. Il vient de coéditer avec Perrine Galand l'ouvrage *Aspect du lyrisme conjugal à la Renaissance* (Genève, 2011).

Maud PFAFF-REYDELLET est maître de conférences à l'université Marc-Bloch de Strasbourg. Spécialiste des *Fastes* d'Ovide, ses recherches portent sur les récits des origines, l'image idéologique de Rome et la fabrication du mythe à l'époque impériale, ainsi que sur le croisement des genres.

Cédric SCHEIDEGGER LÄMMLE est doctorant à l'université de Bâle (Suisse). Ses recherches, conduites dans le cadre d'un projet du Fonds national suisse, se centrent sur la poésie d'Ovide, avec un intérêt particulier porté à la conception et à la définition que cet auteur donne de son œuvre en face du système littéraire de l'époque augustéenne. Il est en outre collaborateur de la rédaction centrale du *Thesaurus Cultus et Rituum Antiquorum* (ThesCRA).

Anne VIDEAU est maître de conférences, habilitée à diriger les recherches, à l'université de Paris-Ouest – Nanterre La Défense. Ses travaux portent sur la poésie de Catulle, des élégiaques et poètes augustéens, spécialement Ovide, qu'elle aborde dans ses dimensions stylistique et poétique, éthique et politique. Elle vient de publier *La poétique d'Ovide, de l'élégie à l'épopée des Métamorphoses* (Paris, 2010).

# TABLE DES MATIÈRES

DEUXIÈME PARTIE

## MÉTAMORPHOSES GÉNÉRIQUES : RÉCEPTION ET TRANSFORMATION DE L'ÉLÉGIE À L'ÉPOQUE TARDO-ANTIQUE



TROISIÈME PARTIE

## RENAISSANCE ET RENOUVELLEMENT DU GENRE : L'ÉLÉGIE NÉO-LATINE

Achevé d'imprimer par Corlet Numérique,
à Condé-sur-Noireau (Calvados), en octobre 2012
N° d'impression : 91743 – Dépôt légal : octobre 2012
*Imprimé en France*